KB234178

박봉주

——

著

동학사

머리말

인간은 만물의 영장이기에 다른 생물에 비해 막강한 힘을 지니고 있으므로 착한 일을 할 수도 있고 악한 일을 저지를 수도 있다.

'나' 라는 인간은 하나인 것 같아도 두 개의 나로 이루어져 있으며 하나의 선(善)한 나는 또 다른 악(惡)한 나와 항상 싸우면서 살아가고 있는 것이다. 유교나 불교의 성선설과 기독교의 원죄설을 다 같이 공유하고 있는 셈이다. 종교의 존재가치는 우리의 마음속 '선과 악의 싸움터'에서 선의 편을 들어 우리 인생의 항로를 선한 방향으로 길잡이 해주는 데 있다. 따라서 모든 도덕심의 원천은 선한 마음이며 모든 선행의 근본은 효심이다. 이 숭조효친사상의 발로가 바로 풍수지리이다.

교회의 설교나 스님들의 불경이 모두 다 권선하는 내용뿐이며 이를 따르는 신도들은 기하급수적으로 불어만 가는데 왜 세상 인심은 정반대로 자연과 함께 썩어만 가고 있을까?

특히 한심스러운 것은 숭조효친사상이 자취를 감추어가고 있다는 현실이다. 땅속에 숨어 있는 뿌리는 썩어가는데 태양빛만 쪼인다고 탐스런 열매를 바랄 수 있겠는가? 뿌리를 망각한 내 마음속에 행복의 열매가 맺힐 수 있겠는가?

때문에 이 책에서는 천조공응론(天祖共應論)을 강조하였다. 풍수지리의 근본사상이 숭조효친사상이기 때문이다.

이 한 권의 책을 통해서 참다운 풍수지리를 이해하고 나아가 사회도덕성의 근간인 숭조효친사상의 회복에도 일조가 되기를 간절히 바랄 뿐이다.

1998년을 보내면서

雲月 朴 奉 柱

제3부　보국명당론 ——————— 79

제4부　나경론 ——————— 109

제❶부

총론

제1장
풍수지리의 개요

제1절 풍수지리의 의의와 목적

1. 종교적 차원에서 보는 풍수지리

세계 인구 중 유물사상을 제외한 거의 전 인류가 유신론자들이다. 유일신주의든 범신주의든 간에 모든 신앙은 신의 존재를 인정하기 때문이다. 유신주의를 바탕으로 하는 모든 종교는 내세지향적 기복(祈福) 종교이다. 쉽게 표현하자면 현재에서의 불행, 불만, 외로움, 고통 등을 달래기 위해 내세에 대한 희망으로 마음의 위안을 삼는 기원이 곧 종교인 것이다. 그럼에도 불구하고 조상신은 없고 신앙신만 있다는 이론은 큰 모순이다.

풍수지리학은 신을 믿는 종교에 비한다면 훨씬 과학적이다. 왜냐하면 풍수지리의 근원인 음양오행과 주역(周易)이 비과학적 학문이 아니기 때문이다. 또 풍수지리설이 미신이 아니라는 것을 실증하기 위한 연구가 우리나라가 아닌 서구 선진국에서 활발히 진행되고 있다.

주역이 미신이 아니라는 증거는 옛날 주역에 통달했던 우리 선현들이 천 년 또는 수백 년 전에 예언했던 내용(지명, 사회변천, 국제정세, 명당론, 국운 등)들이 지금까지 정확히 적중되고 있음을 보아도 알 수 있다.

또 사람의 혼백과 동기감응론(同氣感應論)을 과학적으로 규명하기 위한 연구가 선진국들에 의해 활발하게 진행되고 있는 현실이다.

1960년도 노벨 화학상 수상자인 미국의 윌라드 리비(Willard Libby) 박사가 인체에서 발견한 14종의 방사성탄소는 풍수지리학에서의 동기감응론 또는 친자감응론(親子感應論)을 과학적으로 뒷받침해준 좋은 실례이다.

2. 풍수지리의 기본정신

진(晋)나라 때 곽박(郭璞)이 쓴 『장경(葬經)』에는 "장자 승생기야(葬者 乘生氣也)"라 하였다. 장법(葬法)은 생기를 타는 것이란 뜻이다. 우리 우주공간에는 엄청난 힘을 지니고 있는 생기가 존재한다.

이 생기란 물리화학적 방법이 아닌 생체 에너지 즉 생명력을 말한 것이다. 태양열을 위시하여 하늘에 있는 생기를 천기(天氣)라 하며 땅에는 지기(地氣), 대기 중에 있는 것을 공기(空氣)라 한다. 이 세 가지 생기를 고루 조화 있게 흡수하여 살아가고 있는 우리 체내의 기를 인기(人氣)라 한다. 풍수지리학에서는 이러한 생기가 모여든 곳을 명당(明堂)이라고 한다.

생기는 산천의 형세와 바람이나 물의 흐름과 배열에 따라 어느 한 곳으로 모이기도 하고 흩어지기도 한다. 때문에 생기가 모이는 곳을 혈(穴) 또는 명당이라 하며 많은 기가 모인 곳을 대명당, 적게 모인 곳을 소명당이라 한다.

우리 체내에 있는 기는 고루 분산되면 별것 아니지만 발끝이나 손끝 등 한 곳에 모이면 무서운 위력을 나타내게 된다. 그 이치를 이용한 운동이 우리의 태권도이다.

산의 기는 그와 같은 이치이다. 어린이의 기를 합친 힘에 비해 단련된 성인의 기를 합친 힘이 훨씬 위력이 큰 것처럼 산도 크고 이름난 명산의 기가 집결되는 혈이 대명당인 것이다.

그리고 살아 있는 우리 인체에는 생명 에너지가 작동하고 죽은 자의 시체에는 유골의 인자(因子) 에너지가 작동한다. 따라서 우리가 살아 있는 동안은 생명 에너지의 작용에 의해 활동할 수 있고, 죽으면 뼈의 인자 에너지에 의해 주파수가 같은 자손들의 생명 에너지와 접합하여 그 결과에 따라 자손의 길흉에 영향을 준다. 명당에 조상의 뼈를 모시면 뼈에 굳어서 뭉쳐진 천기와 지기가 양질의 생명 에너지로 변화하여 유전자가 같은 자손들에게 상생 에너지로 공급된다. 때문에 그러한 명당의 후손들은 정신적 육체적 발전을 가져오게 된다.

이러한 사실을 과학적으로 쉽게 검증하기는 어렵지만 어떤 가문을 막론하고 조상의 묘를 3~4대만 감정해보면 후손들의 상황을 어느 정도 짐작할 수 있다.

3. 조상 에너지와 자손 에너지의 관계

우주 속에 존재하는 태양계는 우주의 에너지장 내에 있고 우리가 살고 있는 지구는 태양계의 에너지장 내에 있으며 지구 안에 존재하는 모든 개체는 지구의 에너지장 내에 존재한다. 따라서 지구상에 있는 우리 인간은 조상과 자손이 동일한 유전인자이기 때문에 동일한 에너지 인자를 갖고 있음으로 라디오나 무선전화의 주파수가 같아야 잘 들리는 이치처럼 서로 상생과 상극관계를 가지면서 삶과 죽음의 현상이 연속되고 있다. 예를 들면 춘(春), 하(夏), 추(秋), 동(冬) 사계절에 따라 대자연의 우주 에너지 및 태양 에너지와 동식물의 개체 에너지 사이에 상생 에너지가 작용하면 꽃이 피고 열매를 맺으며, 상극 에너지가 작용하면 낙엽이 지고 성장이 중단되며 고사하기도 하는 현상이 일어난다.

우리의 육신은 백여 종에 달하는 에너지 원소의 집합체로 되어 있

기 때문에 다른 개체로부터 상생이건 상극이건 간에 서로 영향을 받
으면서 살고 있다.

특히 조상과 자손의 관계는 같은 에너지 인자이기 때문에 그 에너
지의 파장은 조상과 자손 간의 상생과 상극 현상이 가장 강하게 작용
된다. 특히 여기서 강조하고 싶은 점은 인간만이 간직하는 영적 인자
(靈的 因子 : 정신을 관장하는 혼)는 죽음과 동시에 육신에서 떠나 소
멸되어버리기 때문에 영적 인자가 살아 있을 때 작동했던 정신과 이
성도 동시에 소멸되어버린다. 즉 살아 있는 인체에는 생명 에너지(육
체 에너지＋정신 에너지)가 있어 이성이 작용한다.

큰 자전(字典)을 찾아보면 혼(魂)은 천기(天氣 ; 陽氣)를 흡수하여
정신을 관장하고 땅에서는 지기를 흡수하여 육체를 관장하는 백(魄 :
넋)을 조성한다고 혼과 백을 분리해서 풀이하고 있다. 따라서 자식이
아무리 미운 일을 해도 피해를 가할 수 없는 것이 부모의 이성이었으
며 부모 자식 간에 상극 에너지가 작동하는 것을 억제할 수 있는 것이
부모의 정신 에너지(이성)이다. 그러나 사후에는 정신 에너지가 없어

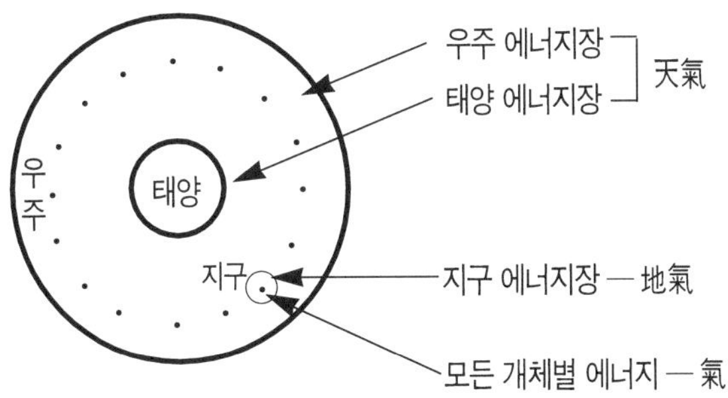

지고 백골(魄骨) 에너지만 남기 때문에 같은 에너지 인자를 지닌 자손에게 상생과 상극의 구별없이 유골의 환경(혈의 길흉) 여하에 따라 그대로 반영되어버린다.

풍수지리학을 과학적으로 추구하려 들면 자꾸만 어려워지기 때문에 지금 이 시점에서 완전무결한 과학적 해명은 어려운 일이다. 아인슈타인이 말한 것처럼 유형인 과학과 무형인 영과의 사이에는 과학의 힘으로 풀 수 없는 한계가 있기 때문이다. 그러나 많은 사람들이 초심리학 또는 심령과학의 연구에 주력하고 있기 때문에 풍수지리학에 대한 과학적 접근도 급진적으로 이루어질 것으로 예상된다.

그 예를 한 가지 소개하면 다음과 같은 내용들이 속속 발표되고 있음을 감안할 때 풍수지리학의 핵심 이론인 동기감응설이 이제 미세한 전자기(電磁氣)와 관련해 과학적으로 규명되어가고 있다.

4. 동기감응에 대한 과학적 연구

조선일보 1996년 9월 2일자 문화란에 실린 「수맥(水脈) 위의 묘(墓) 위해전자파 발생」이란 제목의 기사 내용을 보면 풍수지리학의 핵심 원리에 속하는 동기감응에 대한 설명을 과학적 실험을 통한 접근방법으로 풀고 있다. 그 중요한 줄거리를 간추려보면 다음과 같다.

문제 1 수맥 위의 조상시신(祖上屍身)이 방사하는 전자기파가 후손 에게 영향을 미친다는 것은 과학적으로 입증이 가능한가? 동기감응이란 무엇일까?

〔실험 1〕 일본의 한 섬에 사는 마카 원숭이 중 하나가 흙이 묻은 고구마를 바닷물에 씻어 먹으면 좋다는 것을 알고 그 섬의 원숭이들이 모두 고구마를 씻어 먹게 되었다. 그러자 얼마 안 가 멀리 떨어진 다른 섬의 원숭이

들도 고구마를 씻어 먹게 되었다. 누가 이 정보를 어떻게 전달했을까?

〔실험 2〕영국의 푸른 박새가 가정집에 배달된 우유병 뚜껑을 부리로 쪼아먹는 법을 알게 되자 이것이 순식간에 다른 박새들에게 전달돼 전 유럽에 파급되었다. 누가 어떻게 정보를 전달했을까?

• 학자들은 이 같은 예를 들어 같은 종족끼리는 보이지 않는 형태의 공명장(共鳴場)이란 연결선이 있어 이를 통한 상호작용 속에 스스로 발전 진화하는 것이라고 주장한다.

〔실험 3〕예일대학 버(Burr) 교수는 미세한 전압 측정계를 개발 측정한 결과 난자 주위에 미약한 전자장이 있다는 것을 발견했다. 이 전자장의 힘에 의해 수정란이 제멋대로 자라는 것이 아니라 조상의 특성을 닮은 일정한 형태로 분열 성장한다는 것이 버 교수의 주장이다.

문제 2 위 실험으로 보아 후손은 어떻게 조상의 시신에서 방사되는 미약한 신호를 주위 전자파의 잡음과 구분하여 감지할 수 있을까?

〔실험 1〕북미산 나방에 대한 캘러한의 연구에서 암나방을 찾아오는 수나방은 암컷의 성분비물에서 나는 냄새를 맡는 것이 아니라 거기서 방사되는 미약한 전자기파를 더듬이로 감지한다는 것이다.

〔실험 2〕꽃가루 알레르기 환자가 실험관 속에 밀폐된 꽃가루 근처에만 가도 알레르기 반응을 일으키는 것을 발견했다. 꽃가루와 직접 접촉이 없어도 거기서 방사되는 전자파에 의해 알레르기 반응을 일으킬 수 있다는 것이다.

이 모든 실험의 결과들은 모든 생물체들이 전자파를 이용하여 교신하고 있다는 사실이다.

문제 3 후손들이 조상의 시신에서 발사되는 전자파의 위해로부터 벗어나는 길은 무엇일까?

가장 간단한 방법은 길지(吉地)로 이장하는 것이라고 답할 것이다. 그러나 길지를 골라 부모나 조상의 체백(體魄)을 옮긴다는 것이 그렇게 쉬운 일은 아니다. 어려운 일이기 때문에 자손들의 정신자세가 더욱 중요하다. 인간의 전자기장은 다른 동물과는 전혀 다르다. 사람은 영적 동물이기 때문이다. 인간은 고정된 주파수를 갖고 있는 송수신 장치가 아니라 마음(정신 에너지)을 어떻게 작동하느냐에 따라 인체 전자파가 전혀 다른 주파수를 갖게 된다는 사실이다.

조상님께 감사드리는 마음을 가진 자손과 그와 반대인 자손은 동기감응에서 전혀 다른 주파수를 갖게 된다는 것이다.

조상의 유골 에너지 ⇄ 자손의 생명 에너지(육체 에너지＋정신 에너지), 즉 좋은 자리에 조상의 유골을 모시면 뼈와 넋에 뭉쳐진 천기와 지기가 질이 좋은 에너지 인자로 변화하여 유전인자가 같은 자손들에게 도움을 주는 에너지로 공급(수신)된다. 묘가 흉하면 그와 반대로 해로운 에너지가 공급된다. 이러한 동기감응에서 자손들의 정신 에너지에 따라 이로운 에너지를 받느냐 해로운 에너지를 받느냐에 커다란 영향을 준다는 것이다. 말을 바꾸어 설명하자면 숭조효친사상(崇祖孝親思想)이 강할수록 조상을 길지에 모시게 되어 복을 받는다는 진리가 과학자들의 실험에 의해 증명되어가고 있다는 사실이 한없이 기쁠 뿐이다.

5. 풍수지리의 형기론과 이기론

우리나라 풍수지리학은 고승 도선국사가 중국의 풍수지리설을 전함으로써 활발해졌다. 우리나라의 북쪽으로부터 유입된 풍수이론은 방위법(方位法 : 24방위에 의한 법)으로 알려진 이기학파(理氣學派)

에 의한 오행과 괘(卦)를 주로 강조하는 풍수이론이다. 또 하나인 남쪽 해안으로부터 유입된 풍수이론은 강서법(江西法)이라 하여 지형, 산의 형세에 의해 위치를 결정하는 형기학파(形氣學派)의 풍수이론이었다.

도선국사의 풍수방법론은 강서법(형기론)에 해당되는 지형과 산의 용세를 강조하는 풍수이론이었다. 그렇다 해서 이기학파의 논리가 형기론과 무관하다는 말은 아니며 형(形)이 없는 이(理)가 없고 세(勢)를 떠난 기(氣)도 없기 때문에 이기와 형기는 서로 조화 통합되어야 한다고 했다. 앞에서도 설명한 바 있지만 형기와 이기가 모두 중요함을 강조하는 뜻에서 간략히 설명해본다.

첫째, 풍수지리는 바람과 물과 지질과 이기를 합쳐서 풍수지리라 했다. 때문에 이 네 가지가 서로 조화를 이루어야 한다. 청룡과 백호가 가깝게 겹겹이 감싸주며 주산(主山)과 현무(玄武)는 뒤에서 병풍처럼 잘 감싸줘야 되며 안산(案山)은 묘지에서 보았을 때 높으면 눈썹높이, 낮으면 배꼽높이가 알맞으며 너무 낮으면 바람막이가 안 되고 너무 높으면 위압감이 들거나 햇빛이 가려져 좋지 않다. 청룡, 백호도 묘의 좌향에 따라 너무 가깝고 높으면 햇빛이 가려지기 때문에 잔디가 죽고 천기를 흡수하기 어려우니 적당한 거리에서 겹겹이 싸인 것이 좋으며 청룡, 백호, 안산, 조산(朝山) 등의 만남으로 묘지에 강한 살풍이 닿지 않아야 한다.

둘째, 물은 건수, 지하수, 생수 등이 있으나 어떤 물이든 혈 속에 스며들면 안 좋다. 때문에 물을 피하기 위해서는 용이 좌우로 꿈틀거리고 기복(起伏)과 과협(過峽)이 있어야 지하수를 피할 수 있다. 지하수 외에 혈의 주위를 흐르는 물은 그 득(得 ; 처음 보이는 곳)과 수구(水口) 또는 파(破 ; 불견지처 또는 합금지처)의 위치에 따라 혈의 길흉이 결정되기도 한다. 용(龍), 혈(穴), 사(砂), 수(水) 중에서 산은 음이요, 물은 양이기 때문에 음과 양이 잘 배합되게 하기 위해서는 물이 소중하므로 혈을 정하기 위해서는 제일 먼저 수구를 보라 했다. 그 외에도 미망수, 금어수 등이 있으며 청룡, 백호가 없을 때 수청룡(水靑龍), 수백호(水白虎)가 대신할 수 있기 때문에 풍수지리에서 물이란 소중한 것이다.

셋째는 지(地)이다. 지라 함은 곧 지질 또는 혈토(穴土)의 토질과 산의 용세를 포함해서 말한다. 혈토는 비석비토(非石非土)로 단색, 삼색, 오색토가 있으며 광택이 나며 괭이로 깎으면 마치 나무를 대패질해놓은 것 같은 토질을 진혈토(眞穴土)라 한다. 이러한 좋은 혈토 속에는 나무뿌리, 벌레, 뱀, 들쥐 등이 침범하지 못한다. 이처럼 진혈토가 있는 곳이라야 땅속에 흐르는 생기를 얻을 수 있으며 청룡 · 백호의 용세가 묘지를 배반하지 않고 포근하게 둘러싸고 앞에 안산과 조산이 보기 좋게 대치하여 아름다운 수세를 얻었을 때 길지가 된다. 혈토가 진흙이나 화산의 재땅, 모래나 자갈이 섞인 땅은 좋지 않으며 토색(土色)의 경우 백토(白土)는 금기(金氣), 청토(靑土)는 목기(木氣), 흑토(黑土)는 수기(水氣), 적토(赤土)는 화기(火氣), 황토(黃土)는 토기(土氣)가 더한 것이기 때문에 여러 가지 색을 갖춘 것이 좋으나 황색은 흙의 원색으로 황토 단색도 무방하다. 그리고 산성이나 알칼리성이 강한 토질은 뼈에 좋지 않고 중성 토질이 좋다.

넷째, 이(理)라는 것은 곧 이기(理氣)를 말한다. 어떤 사람은 바람과 물과 지리 세 가지로 나누기도 하지만 원래 중국에서 형기론과 이기론으로 나누어 들어왔기 때문에 풍, 수, 지는 곧 형기에 속하는 과학이다. 이는 이기를 말하며 음양오행을 바탕으로 하는 역리(易理)를 근본으로 삼기 때문에 과학적으로 검증하기 어려운 분야라 미신으로 취급되기 쉬운 영역이다. 예를 들자면 묘의 좌향(坐向)이 자좌오향(子坐午向)이라면 앞을 흐르는 물의 끝〔水口〕은 갑파(甲破), 정파(丁

破), 신파(辛破)라야 좋고 그렇지 않으면 다른 형기가 아무리 좋아도 불길하기 때문에 자손들이 불행하게 된다는 이기론은, 역리를 이해하지 못한 사람은 알 수 없으므로 미신으로 취급해버리기 쉽다. 그러나 과학적으로 검증이 안 된다 해서 미신으로 취급할 문제는 아니다. 따라서 묘지의 길흉은 바람과 물과 지질과 직결되며 풍, 수, 지는 지기의 길흉에 직접적인 원인이 된다. 산맥의 용세가 좋고, 흐르는 수세가 좋아 산진수요(山盡水繞 : 산의 끝을 물이 감고 도는 것), 장풍회수(藏風回水 : 바람을 가두고 물이 감도는 것)하면 명당으로 보이지만 그에 못지않게 복잡하고도 중요한 것은 음양오행을 바탕으로 하는 이기가 맞아야 지기와 인기(人氣)의 융합이 잘 되고 동기감응이 이루어져 유골이 깨끗이 보존될수록 그와 동기인 자손들의 신기(身氣)가 편안하고 복이 따르게 된다는 것이다. 이러한 친자감응론(親子感應論) 또는 천·지·인 상관론이 모두 이기에 속한다.

6. 풍수지리의 상반된 이론들

풍수지리의 핵심인 용(龍), 혈(穴), 사(砂), 수(水)와 나경(羅經)의 사용법 등 다섯 가지 핵심 요소 중 한 가지도 완전 통일된 내용이 없다. 때문에 신안(神眼)의 경지에 이른 사람을 제외하고 풍수지리 서적을 통해 연구해보려는 사람들은 누구나 어려움에 부딪치게 된다. 어느 이론이 진리인지 어느 책의 내용을 믿어야 되는지 당황하게 될 뿐이다.

풍수지리에 관한 많은 서적이 쏟아져나오고 있는 이때 새삼스럽게 이 책을 쓰게 된 동기도 여기에 있다.

우리 영혼의 유무도 과학적으로 검증할 수 없고, 저승이 있느냐 없느냐도 양론임과 동시에 풍수지리설도 미신이다, 과학이다로 의견이 구구한데다 그 내용 자체가 서로 상반된 이론이 허다하기 때문에 무엇인가 객관적 자료를 통해 그러한 의심을 다소나마 풀어볼 욕심이었다. 그러나 필자 역시 만족스러운 해답을 얻을 수는 없었다. 그것이 당연한 결과였는지도 모른다. 왜냐하면 풍수지리에 관한 서적들은 초과학적인 영역이기 때문에 상반된 이론 중 그 어느 것도 과학적인 비교검증을 통한 명확한 답을 찾아낼 수 없었기 때문이다.

다만 개인적으로 명묘(名墓)와 피해를 본 문제의 흉묘(凶墓)들을 확인 답사하면서 많은 지사들간에 서로 주장하고 있는 핵심적인 문제에 대해서 비교 연구해볼 수 있는 기회를 가졌다.

필자는 2차적으로 객관성을 얻기 위해 다음과 같은 작업을 했다. 풍수지리에 관심이 있는 사람이라면 누구나 한번쯤은 읽었을 것으로 믿어지는 도선국사의 전국 유산록과 산도(山圖)들 가운데 좌향과 물의 득파가 분명히 기록된 50개소의 명묘들에 대한 분석을 통해 제일 논쟁이 심각한 포태법(胞胎法)과 구성법(九星法) 등 여러 가지 수법(水法)들에 대한 검증을 비롯하여 용, 혈, 사, 수, 나경사용법 등에 대한 여러 가지 학설들을 비교 연구해보았고 그 결과를 정리하게 된 것이다.

필자는 앞으로도 개인적으로나 학회 차원의 사업으로 이 작업을 계속해서 더 정확하고 객관적이며 광범위한 자료들을 통한 연구로 풍수지리에 대한 이론적 갈등해소에 도움이 되었으면 하는 생각이다.

제2절 풍수지리 원리의 양면성

1. 기맥에 대한 지자기와 전기적 해석

동양의 전통적 풍수사상의 저변에는 산의 용맥(龍脈)을 타고 흐르는 기가 뭉친 곳을 음양택간(陰陽宅間)에 명당이라 하며 위인들은 이러한 명당의 정기를 받아 태어난다는 사상이 깊이 깔려 있다.

때문에 이 기에 대한 연구를 위해 선진국들도 서로 다투어 투자를 아끼지 않고 있으며 우리 국내 학자들도 열을 올리고 있다. 한편 영(靈)을 통해 수맥과 기맥을 탐지하는 방법도 확산되어가고 있다. 서구에서는 초심리학 또는 심령과학이란 이름으로 풍수지리학의 과학적 접근에 노력하고 있다. 머지않아 기의 측정을 정확히 할 수 있는 기구가 만들어진다면 풍수지리학은 보다 과학화될 것으로 기대된다.

그러나 그때까지 기다리고만 있을 수 없어 우선 기에 대한 가장 기초적이고 보편적인 해석을 내려볼까 한다.

많은 풍수지리서에는 한반도의 정기가 백두산에서 시작하여 태백산맥을 타고 내려오다가 중간에 여러 산맥으로 나누어져 한반도 곳곳으로 흘러든다고 설명한다. 그 기맥에 대한 설명을 저명한 교수들은 다음과 같이 전기(電氣)와 관련지어 설명하고 있다.

높은 산으로부터 기가 발생한다는 것은 벼락이 칠 때 가장 높은 곳을 통해 방전(放電)이 일어나므로 높은 산꼭대기에는 평지에 비해 공중방전이 많이 일어나고 전자기(電磁氣)적인 에너지가 가장 많이 쏟아지게 된다. 이렇게 높은 산꼭대기에서 발생한 기는 전기와 유사한 성질을 가진 에너지로서 땅의 표면을 따라 낮은 곳으로 흘러가게 된다. 그러다가 물을 만나면 더 이상 가지 못하고 방향을 바꾸거나 그곳에 뭉쳐지게 되는데 이곳을 명당이라 한다.

최근 서울대 전자공학과 이충웅 교수, 일본의 유아사 야스오 박사 등 국내외 저명학자들의 연구보고서를 보면 한반도 전체의 기맥은 전기회로처럼 각 기맥의 중간지점에서 얼마나 강한 기가 흐르는지를 확인할 수 있다고 했다. 종전에는 기를 전자기 형태의 에너지로만 생각해왔는데 최근에 출간된 기에 관한 서적에서는 기가 전자기 형태의 적외선, 자력선, 빛, 초저주파 등을 포함하고 있다고 소개했다.

그러니까 기맥에 대한 종래의 통설은 백두산의 정기가 남단의 각 산맥까지 흘러내려온 것으로만 설명해왔으나 실은 그렇게 된 것만은 아니라고 본다. 왜냐하면 중조산(中祖山), 소조산(少祖山), 종산(宗山), 주산(主山)에서 직접 형성된 기가 더 크게 혈장(穴場)에 영향을 줄 수 있기 때문이다.

그림에 표시된 것처럼 우주에서 생성되는 방전 에너지와 태양에서 발생하는 빛과 적외선 등 천기는 인간을 비롯한 우주만물에게 흡수된다. 산에서도 마찬가지다. 〈그림 1〉처럼 주산의 봉우리를 기점으로 생각한다면 그곳을 향해 올라오는 지자기 및 땅의 온도에 의한 에너지와 태조산(太祖山), 중조산, 소조산으로부터 그곳(주산의 봉우리)까지 흘러온 지기와 그곳에서 흡수된 천기가 모두 합쳐져 기맥을 이루고 산의 용맥을 따라 혈지까지 흐르게 된다. 그리고 산에 따라 지층의

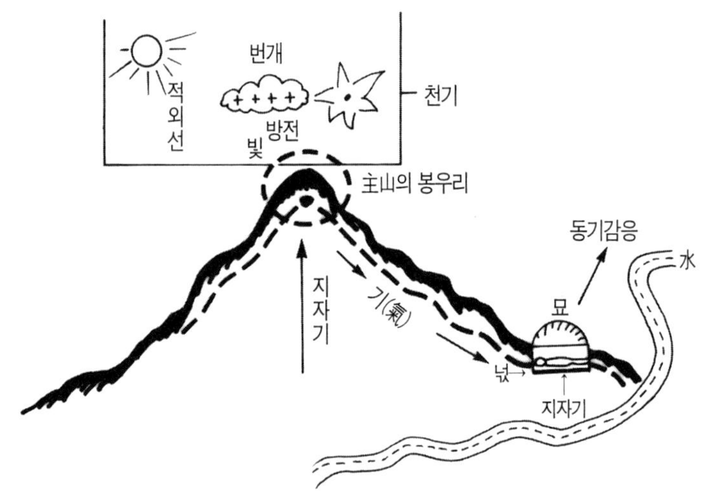

〈그림 1〉 기맥에 대한 지자기와 전기적 해석

구조가 각기 다르기 때문에 산의 형질 또는 향(向)에 따라 지기의 강도가 다르다.

지기가 강하게 작용되는 산일수록 명산이며 이처럼 종합된 기가 융결된 곳이 진혈(명당)이며 이러한 곳에 조상을 모시면 체백이 편안하고 자손들에게 동기감응을 일으켜 화복을 전할 수 있다는 풍수지리학이 이제 서서히 공학적인 계측장비를 통한 기의 강도 측정에 이르고 있다. 더구나 그 결과가 예부터 전해온 풍수지리학의 내용과 일치한다는 점이 더욱 신기할 뿐이다.

2. 풍수지리의 양면성

풍수지리학은 2천 년의 전통을 가진 학문이지만 그 원리는 음양오행을 바탕으로 하는 동양철학적인 면과 현대과학적인 면에서 살펴야 한다. 즉 동양철학적 측면이란 풍수지리에서 말하는 이기법을 말하며 과학적 측면이란 형기법을 말한다.

따라서 동양철학적 측면을 이해하지 못한 사람들은 풍수지리를 미신이라고 매도하며 과학적 측면을 이해 못 한 사람들은 각각 자기 이법만을 주장하기 때문에 객관성을 잃어 결과적으로 비과학적인 학문이라고 지탄받는다.

앞으로 풍수지리 연구는 과학적으로 접근할 수 있는 형기법 연구(공학적 계측장비 연구 포함)에 주력함과 동시에 통일된 이기법의 연구로 두 측면이 서로 조화 있는 발전을 도모할 수 있도록 함께 연구해야 할 것이다. 이것이 바로 세계 선진국들이 열을 올리고 있는 풍수지리 연구의 과학적 접근이다. 특히 풍수지리 연구의 세계 중심국인 우리나라가 뒤져서는 안 될 새로운 방향인 것이다.

3. 풍수지리의 다섯 가지 핵심

풍수지리는 풍(風), 수(水), 지(地), 광(光) 네 가지 에너지의 상호조화를 기본으로 음양이법(陰陽理法)과의 합법성 연구에 그 원리를 두고 있다. 풍수지리를 분석해보면 풍(바람)과 수(물)와 광(빛)을 포함한 지에다 음양이법의 이를 합쳐서 풍수지리라 했다. 장경에 이르기를 "장자(葬者) 승생기야(乘生氣也)"라 하였으니 즉 장사는 생기가 뭉쳐진 곳에 체백(뼈와 넋)을 편안하게 모시는 일이다.

생기란 땅과 물과 바람과 햇빛에 의해 형성된다. 이 네 가지 핵심 요소간의 상호작용에 의해 생기는 에너지가 이른바 풍수지리적 생기이다. 따라서 앞으로 우리가 연구해야 할 풍수지리의 핵심적 바탕은 지수풍광(地水風光)의 4요건과 여기에 작용하는 이법 즉 음양오행법을 합친 다섯 가지 핵심요건이다.

한편 모든 기본 물질에는 각기 근원적 음과 양이 있으며 다른 물질의 재창조도 그 기본 물질의 음양오행이 상호작용하여 제3의 물질이 생기게 된다. 따라서 풍수지리적 생기의 화생도 예외는 아니다. 즉 풍수지리에서도 4요건인 지수풍광의 근원적 음양과 오행은 각기 다르다. 그러므로 명혈진결(明穴眞結)은 지수풍광의 외적 상호조화와 각기 다른 음양오행의 합리적 융합으로 이루어지는 제3의 생기에 의해 결혈(結穴)된다.

4. 풍수지리의 형기와 이기

풍수지리에서 형기란 눈으로 구별할 수 있는 산세의 형상적(形象的) 실태를 말하며 이기는 이를 음양오행과 결부시켜 길흉화복을 판단하는 이법을 말한다. 즉 형기는 용혈사수 등 외적 형태의 변화모습이요, 이기는 이와 같은 형기를 음양오행에 맞도록 조절하는 이법을 말한다.

그러므로 형기법은 비교적 과학적이고 객관적이며 가시적이기 때문에 이해하기 쉬운 반면에 이기법은 음양오행의 심오한 연구가 수반되어야 하기 때문에 어려운 학문이다.

따라서 명당길지(明堂吉地)는 산형과 지세 즉 '형기'를 바탕으로 하고 여기에 신묘한 우주의 이법인 '이기'가 함께 작용하여 조화를 이루는 터이다.

이와 같이 음양택간에 명당이란 오직 형기와 이기의 합작된 소산인 바 그 중 한 가지라도 소홀하면 명당이 될 수 없다는 것이 풍수지리의 이치이다. 그러나 최근 풍수지리학계에서는 풍수지리에 관한 책은 한 권도 읽지 않았다고 오히려 자랑하며 이기를 소홀히 하고 단지 접신(接神)을 가장한 산세 위주의 형기에만 집착하거나 반대로 역리(易理)를 깊이 연구했다 해서 형기는 도외시하고 이법만 중시하는 경향이 있다. 이는 두 가지를 모두 정확히 습득하려면 너무도 어렵고 많은 시간이 소요되기 때문에 그렇겠지만 어느 한 가지에 소홀해도 오류를 범하기 쉬운 것이다.

외적 형기와 내적 이기는 서로 합쳐 하나가 되는 풍수지리의 진실한 학문이다. 그러므로 풍수지리적 명당길지는 산세가 수려한 형기와 이를 뒷받침해주는 이기가 서로 부합된 땅을 말한다.

옛 글에도 '주형기자 약리기요, 주리기자 약형기 졸지체용부전(主形氣者 略理氣, 主理氣者 略形氣 猝地體用不全)'이라 하였고 '형기자위체 이기자위용(形氣者爲體 理氣者爲用)'이라 하였으니 앞에 설명한 내용을 말한 것이다.

5. 용수(龍水)의 음양배합 진리

용과 물의 음양배합이란 용은 음이요, 물은 유동하기 때문에 양에 속한다. 따라서 용맥과 수세의 배합에서 풍수지리의 궁극적 목적인 명당결지와의 관계를 추구해본다.

앞에서도 말한 것처럼 산과 물은 풍수지리의 기본이다. 그러므로 용(산)과 물의 화합 여부와 길지진결은 불가분의 관계인 것이다.

우주만상이 음양의 조화로 이루어지는 것이 불변의 진리이다. 풍수지리 역시 음용양수(陰龍陽水)의 상호작용에 바탕을 두는 것이다.

따라서 산과 물의 음양배합에 의해 명당이 융결하는 이치는 참으로 신묘하다. 선사도 말하기를 '풍수지리적 결지의 원리는 용과 수의 배합과 음양의 교배(交配)로 혈이 맺어진 것'이라 했다.

산수의 이치를 인간에 비유한다면 음에 해당되는 용〔婦〕에게 양동(陽動)하는 물〔夫〕이 접근하고 음양이 화합하여 결혈(結穴)하는 이치는 마치 남녀가 교합하여 자식을 얻는 이치와 다를 바 없다. 이러한 이치는 만물생성의 진리임과 동시에 풍수지리의 기본 원리이다.

따라서 혈을 찾는 요령은 오직 산과 물이 서로 어울린 곳, 즉 음양이 잘 배합된 곳을 찾아야 한다. 산수가 어울린 것이란 용은 생왕룡(生旺龍)이라야 되며 물은 청수(淸秀)하고 다정하여 외적 상배(外的 相配 = 형기)와 음양산법(陰陽山法 = 이기)에 알맞은 배합이라야 한다. 또 그래야 혈을 맺을 수 있는 것이다.

한편 물에는 대해수(大海水)나 강호수(江湖水) 같은 가시적 물과 육안으로 감지할 수 없는 오행상의 수기(水氣)가 있는데 진결(眞結)에는 두 물이 모두 필요하다.

제2장
풍수지리학의 연구과정

제1절 지리십결(地理十訣)의 연구

풍수지리학을 배우고 싶어하는 목적은 명당진혈을 찾기 위함이다. 본서에서도 주로 진룡(眞龍), 진혈(眞穴), 진사(眞砂), 진수(眞水)를 찾는 요령과 그에 동원되는 나경패철(羅經佩鐵) 사용법에 대한 여러 학설을 비교 연구하고 궁극적으로 명당길지를 찾는 방법을 터득하는 데 목적을 두고 있다.

① 원리론(原理論)　② 용세론(龍勢論)　③ 혈장론(穴場論)
④ 보국명당론(保局明堂論)　⑤ 음양오행론(陰陽五行論)
⑥ 나경론(羅經論)　⑦ 사격론(砂格論)　⑧ 수세론(水勢論)
⑨ 향법론(向法論)　⑩ 형국론(形局論)

위의 열 가지 중요한 사항을 비교적 알기 쉽게 여러 가지 학설을 비교 연구하여 이기와 형기를 조화 있게 통달개안(通達開眼)할 수 있도록 항목별로 요약 설명하였다.

1. 용세론

주산 주룡은 혈의 모체가 된다. 주룡기세(主龍氣勢)의 생사활기여하(生死活氣如何)에 따라 혈지의 모든 길흉이 결정되기 때문에 제일 중요한 것이다.

주룡은 첫째 임산부의 모체가 건강해야만 건강한 자식을 출산할 수 있듯이 주룡의 기세가 생동하고 수려해야 한다. 진혈을 맺기 위해서는 용세가 변화무쌍하고 기세가 생동적이어야 한다. 이와 같은 용세의 여러 가지 내용은 제5부에서 자세히 설명하기로 한다.

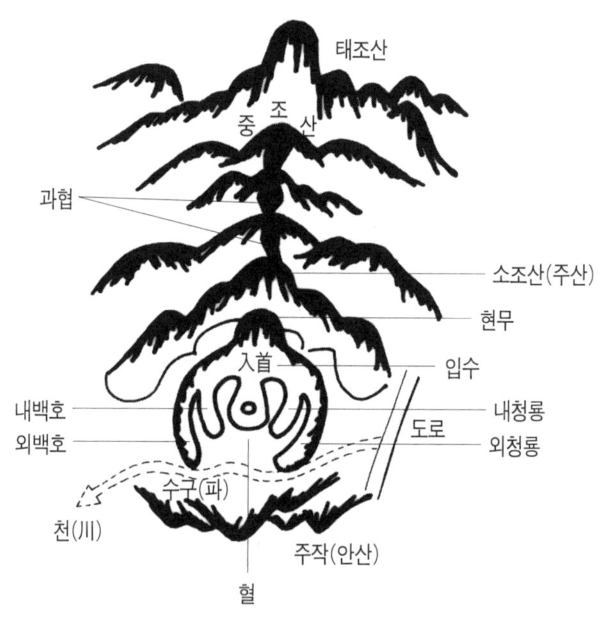

〈그림 2〉 용세 및 혈장도

2. 혈장론

혈장은 음택(陰宅)의 핵이다. 아무리 용과 수, 사가 이법에 맞고 산천의 형세가 혈장을 위해 다정할지라도 혈장 내에 뚜렷한 혈증(穴證)이 없으면 이는 가혈(假穴)인 것이다.

혈에는 진혈(眞穴)과 가혈(假穴)이 있다. 진혈이란 산천의 정기가 모여 엉기고 여기에 지구의 양기와 음기가 서로 배합하여 잉혈한 곳을 말한다. 가혈이란 얼핏 보면 짜임새가 그럴싸하게 보이지만 혈증이 뚜렷하지 못한 곳을 말한다.

진혈의 외적 형상을 보면 양래음수(陽來陰受) 또는 음래양수(陰來陽受)에 결인속기(結咽束氣)하고 입수처(入首處)가 분명하며 뇌두(腦頭)에 취기(聚氣)하며 상하분합(上下分合) 선익(蟬翼), 순전(脣氈)이 확연하여 혈성(穴星)이 특출하고 와겸유돌(窩鉗乳突)의 혈상(穴相)이 분명해야 된다.

그러나 허국가혈(虛局假穴)은 사룡절맥(死龍絶脈)에 기가 탕진하였고 와겸유돌의 혈상이 분명치 않으며 혈증(穴證)이 없는 곳을 말한다.

이와 같은 진가길흉(眞假吉凶)을 정확히 분별할 수 있는 여러 가지 내용은 제6부 혈장론에서 상세히 설명키로 한다.

3. 사격론

사격(砂格)이란 혈을 지닌 용과 그 혈을 중심으로 멀고 가까운 사방에서 다정하게 감싸주고 있는 크고 작은 산봉우리〔山峰〕들이다.

이러한 사산(砂山)들은 첫째 주룡을 보호하고 진혈을 맺는 데 중요한 역할을 하기 때문에 그 혈의 부귀빈천과 화복을 가늠하는 데 큰 역할을 한다.

사격은 용혈을 중심으로 앞에는 안산과 조산, 뒤에는 소조산, 주산,

태조산(太祖山) ──▶ 소조산(少祖山)
주산
복종사
기고사
천을
태을
천마사
어병사
현무봉
대부사
금성
학슬
목성
귀인사
귀성
옥호사
뇌두(승금)
문필봉
화성
수성
창고사
요성
안산
아미사
삼태봉(砂)
금성
창고사
관성
문성
수성
관모사
(사모사)
일월
옥대사
한문
대귀인사
(옥녀봉)
일자문성
면궁사
토성
구사한문
조산
마상귀인
어산
쌍귀사
토성

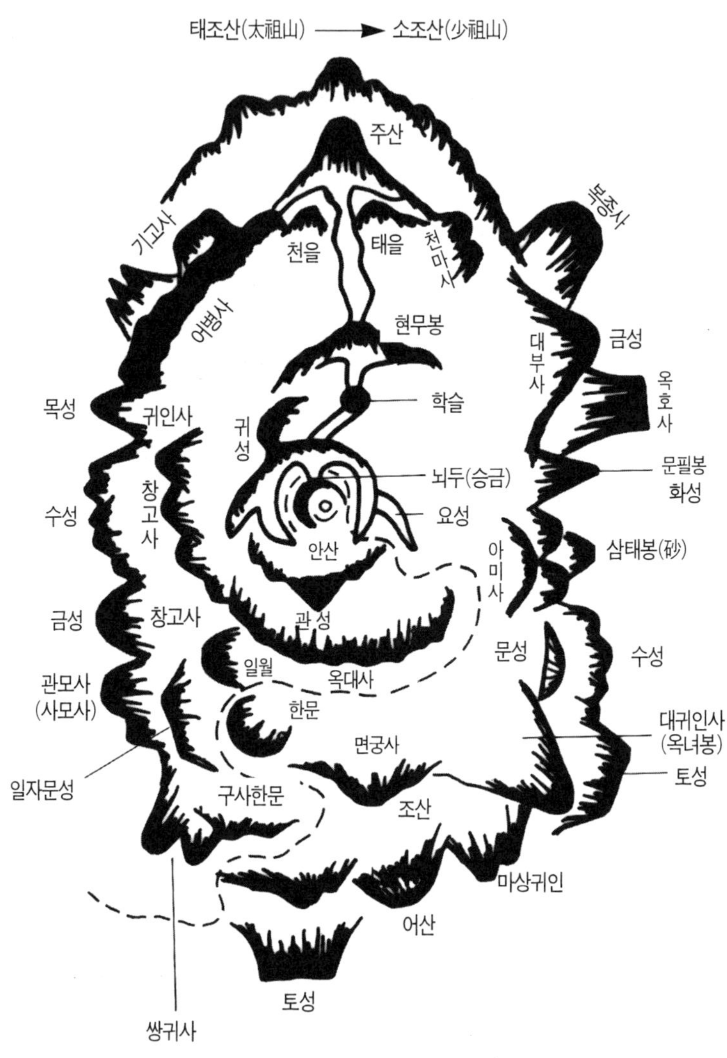

<그림 3> 사격 명칭도

현무, 옆에는 청룡과 백호가 있고 그 외에도 멀리서 나열하는 각종 산봉우리들이 있다. 이러한 사산들을 산의 형상과 위치와 역할을 기준으로 다음과 같은 각종 명칭을 붙여 구별한다.

태조산(太祖山), 주산(主山), 현무봉(玄武峰), 안산(案山), 조산(朝山), 천을봉(天乙峰), 태을봉(太乙峰), 어병사(御屛砂), 장막사(帳幕砂), 옥대사(玉帶砂), 고축사(誥軸砂), 귀인사(貴人砂), 문필사(文筆砂), 문성사(文星砂), 삼태봉(三台峰), 관모봉(官帽峰), 천마사(天馬砂), 기고사(旗鼓砂), 복종사(伏鍾砂), 옥호사(玉壺砂), 아미사(蛾眉砂), 면궁사(眠弓砂) 등 그 형태, 역할, 위치에 따라 명칭이 다르다.

이 밖에도 금체(金體), 수체(水體), 목체(木體), 화체(火體), 토체(土體) 등 오행성 사격으로 구분하기도 하고 방위이법(方位理法)에 따라 삼길육수(三吉六秀), 귀인녹마(貴人祿馬), 겁살(劫殺) 등의 길흉방에 따른 사격으로 구분하기도 한다.

이러한 여러 가지 사격에 대한 연구를 제7부 사격론에서 자세히 설명하기로 한다(〈그림 3〉 사격 명칭도 참고).

4. 수세론

용은 어머니 격이요(산은 음이기 때문) 동적인 수는 혈의 아버지 격에 해당된다. 그만큼 풍수지리에서 물의 역할은 중요하다. 혈의 진가는 오직 용과 물의 음양상교(陰陽相交)에 달려 있다 해도 지나친 표현이 아닐 것이다.

풍수지리적 수세 및 형체의 분류는 다양하며 길흉을 보는 방법도 너무 많아서 초심자에게는 이 수세론이 가장 어려운 분야인지도 모른다.

첫째 형세적 분류 — 심천적(深淺的) 분류, 곡직적(曲直的) 분류, 원근적(遠近的) 분류, 방위적(方位的) 분류로 대별한다.

물의 명칭은 대략 〈그림 4〉를 참고하면서 기억해두면 좋을 것 같다.

대해수(大海水), 강호수(江湖水), 계곡수(溪谷水), 용천수(湧泉水), 지당수(池塘水), 조수(朝水), 거수(去水), 진응수(眞應水), 합금수(合襟水), 천심수(天心水), 공배수(拱背水), 직사수(直射水), 사협수(射脇水), 반궁수(反弓水), 반도수(反跳水), 임두수(淋頭水), 할각수(割脚水), 누조수(漏槽水), 원진수(元辰水), 하수수(蝦鬚水), 해안수(蟹眼水), 금어수(金魚水), 구곡수(九曲水) 등은 혈에 대한 상징적 물이다. 그 외에도 여러 가지 수법에 따른 물의 종류에는 양생수(養生水), 관왕수(官旺水), 고장수(庫藏水), 탐낭수(貪狼水), 녹존수(祿存水), 파군수(破軍水) 등 많은 명칭이 있으며 이는 구성(九星)과 포태법(胞胎法)에 의한 길흉수에 속하며 이 밖에도 귀인수(貴人水), 녹수(祿水), 팔요황천수(八曜黃泉水), 도화수(桃花水) 등 음양이법에 의한 길흉수도 있다. 한편 득파수(得破水)의 이기론에 의해 생왕녹방(生旺祿方 : 吉方)에서 득수하여 묘절방(墓絶方 : 凶方)으로 거수(去水)하는 것이 길수의 정론으로 알려져 있다.

다음에는 수구(水口)에 한문(捍門), 화표(華表), 북진(北辰), 나성(羅星) 등이 있어 수구를 막거나 구사(龜砂), 금어(金魚), 고궤(庫櫃) 등 귀사(貴砂)가 가로놓여 있거나, 수구가 좁을수록 좋은 수구이기 때문에 틀림없이 그 안에는 부귀(富貴)와 왕정(旺丁 : 자손이 번창하는 것)이 기약되는 명당길지가 있다는 증거로 삼고 있다.

한편 수세론 중에서 가장 중요하고 여러 가지 학설이 많은 것이 득파수론(得破水論)이다. 득수(得水)와 파구처(破口處 : 水口)의 이법에 의한 길흉관계는 혈의 진가와 화복에 제일 큰 영향을 주면서도 그를 판정하는 이법은 수십 가지가 되며 차길피흉(此吉彼凶) 서로 자기 주장만 옳다고 하니 공부하는 사람들이 가장 어렵게 느끼는 내용이 바로 이 득파수론이다. 여기서는 간략하게 설명을 끝마치고 각종 수법에 대한 자세한 설명은 제8부 수세론에서 하기로 한다.

물의 명칭

1. 대해수(大海水) : 혈전(穴前)에 가득 차 있는 바닷물
2. 강호수(江湖水) : 강 또는 하천 물이나 큰 호수
3. 계곡수(溪谷水) : 산골 물
4. 용천수(湧泉水) : 솟아오르는 물
5. 지당수(池塘水) : 저수지, 연못, 물웅덩이
6. 조수(朝水) : 혈전에서 서로 합수하여 흘러오는 길수
7. 거수(去水) : 혈하(穴下)에서 직거(直去)하는 물
8. 진응수(眞應水) : 용세가 생왕(生旺)하여 혈의 앞, 좌우에서 흐르는 길수〔眞水〕
9. 합금수(合襟水) : 혈 위에서 현무, 뇌두나 구(毬)에서 상분(上分)한 물이 혈하에 합한 물
10. 천심수(天心水) : 혈전명당의 중심에 모여든 물
11. 공배수(拱背水) : 수전현무수(水纏玄武水)라고도 하며 명당수가 혈후를 감고 도는 길수
12. 직사수(直射水) : 혈전에서 혈을 향하여 곧게 사(射)하고 들어오는 흉수
13. 사협수(射脇水) : 혈장 좌우 양쪽을 직사하는 흉수
14. 반궁수(反弓水) : 반궁수는 조입수(朝入水)가 혈장을 반궁하는 지극히 흉한 수
15. 반도수(反跳水) : 반신수(反身水)라고도 하며 도입혈전(到入穴前)한 물이 회귀반거(回歸反去)하는 역수(逆水)
16. 임두수(淋頭水) : 용혈이 기진맥지(氣盡脈止)하여 뇌두도 뚜렷하지 않아 혈중침수한 것
17. 할각수(割脚水) : 혈장내외수(穴場內外水)가 계수(界水)한 후 불합한 채 각자 산거(散去)하는 흉수
18. 누조수(漏槽水) : 묘혈 앞이 파열여조(破裂如槽)되어 빈 통과 같아 용혈의 기를 누설시키는 것
19. 원진수(元辰水) : 혈전에서 합쳐진 물이 직거하면 흉수, 지현구곡(之玄九曲)이면 길수
20. 하수수(蝦鬚水) : 혈전에서 용호합금혈전계맥(龍虎合襟穴前界脈)이면 하수수라 한다.
21. 해안수(蟹眼水) : 혈후 뇌두〔乘金〕에서 혈로 이어지는 접맥처(구 : 毬)의 분수(分水)
22. 금어수(金魚水) : 혈장 내에서 생기는 미망수(微茫水)가 혈하에 합쳐진 물
23. 구곡수(九曲水) : 명당 앞에 흐르는 구불구불 지현자(之玄字) 모양으로 흐르는 길수

반도수
凶
凶
임두수
직사수
凶
천심수
吉
吉
융취명당
공배수
길수
할각수
凶
구곡수
來
길수
去
사협수
凶
사협수
반신수
吉
원진수
吉
원진수
吉
吉
원진수
凶
원진수
凶

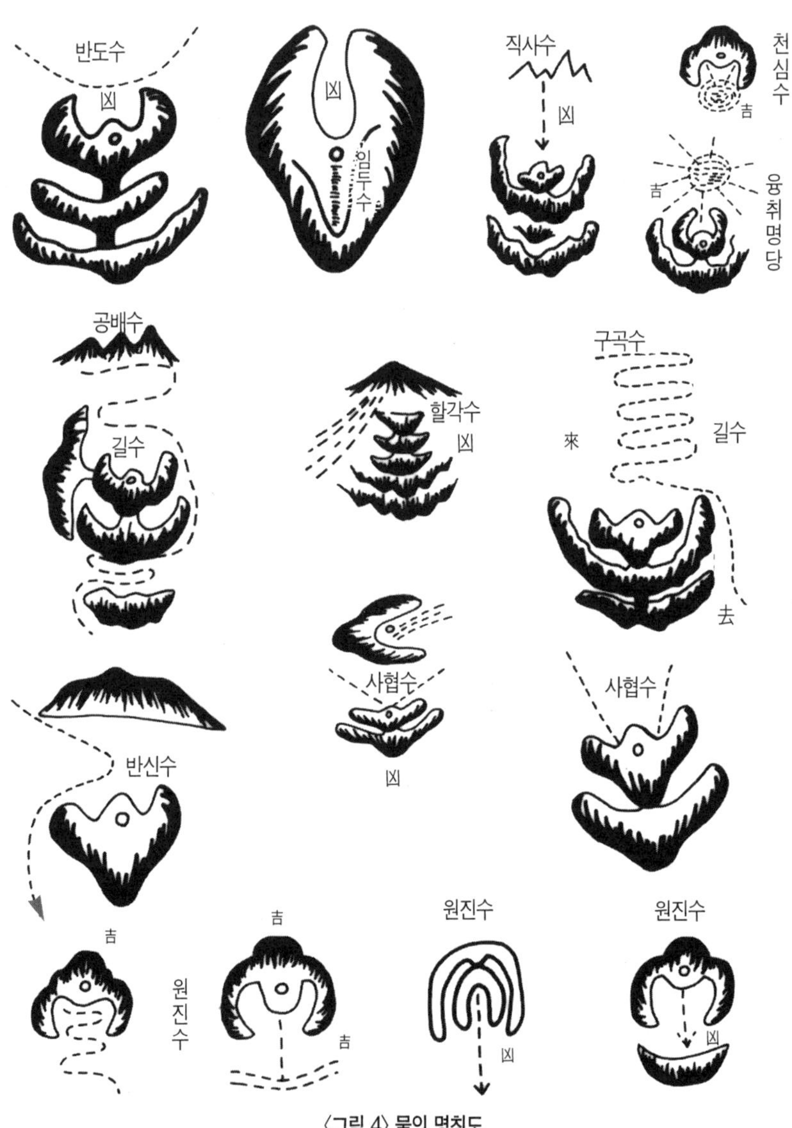

〈그림 4〉 물의 명칭도

5. 향법론

향법론(向法論)은 일명 88향법이라고도 하며 그의 이법상 타당성에 대한 논란도 많으나 현재 제일 많이 활용되고 있는 이법이다. 옛글에도 '능지 88향(能知八十八向)이면 횡행천지(橫行天地)에도 무기지(無棄地)'라 하여 88향만 잘 알면 천지 어느 곳을 가도 몰라서 버릴 것이 없다 했다. 풍수지리학에서 용혈사수는 결혈의 기본요건이 되며 향법은 그 혈지로 인한 길흉화복을 가늠하는 신묘한 이법인 것이다.

향법은 풍수지리학의 대가인 당나라 국사 구빈(救貧) 양균송(楊筠松) 선생의 십사진신수법(十四進神水法)과 십퇴신수법(十退神水法) 등을 근거로 하는 묘법으로 화복판단의 적중율이 신과 같다 했다.

이 향법과 수구 사국포태법(四局胞胎法)과 향상포태법(向上胞胎法) 등을 준거하여 운용하며 화국(火局), 금국(金局), 수국(水局), 목국(木局) 등 사국 88향으로 편성된다.

이 향법상 길격입향(吉格立向)과 흉격입향(凶格立向)은 다음과 같다.

정생향(正生向), 자생향(自生向), 정왕향(正旺向), 자왕향(自旺向), 정양향(正養向), 정묘향(正墓向) 등 6개 향은 진신수법(進神水法)에 의한 길격입향으로 대지(大地)는 대발(大發)하고 소지(小地)는 소발(小發)하여 부귀왕정하는 입향법이며, 태향(胎向), 목욕향(沐浴向), 관대향(冠帶向), 임관향(臨官向), 쇠향(衰向), 병향(病向) 등 6개 향은 퇴신수법(退神水法)에 의한 흉격입향으로 패가상정(敗家傷丁)의 원인이 되는 흉한 입향법이다. 그 외에도 우선룡(右旋龍)에는 좌선수(左旋水)가, 좌선룡(左旋龍)에는 우선수(右旋水), 또는 역수(逆水)와 순수(順水) 등 여러 가지 수법에 대해서는 각기 다른 주장들이 수십 가지에 달하기 때문에 여러 가지 수법에 대한 비교 검증을 통한 연구결과를 가급적 자세히 제8부 수법론에서 관련지어 설명할 계획이다.

6. 음양오행론

천지만물에는 음과 양의 절대성을 지닌 음양이원으로 분류되지 않는 것이 하나도 없다. 아인슈타인의 상대성 원리도 따지고 보면 음양의 원리이며 인류의 공포의 대상인 핵(核)의 원리도 궁극적으로는 음양의 원리에서 시작되는 것이다. 예를 들면 천지, 주야, 명암, 고저, 냉온(葬法에서는 반대로) 솟은 곳(凸)과 오목한 곳(凹), 급완 등에서 전자는 모두 양이요 후자는 음에 속한다. 그 밖에도 솟은 것, 거칠고 굳세고 돌출한 것은 모두 양이다.

음양오행은 풍수지리학의 기본적 바탕이 되기 때문에 옛 글에도 '음양지리지오묘(陰陽地理之奧妙)는 지재음양오행중(只在陰陽五行中)'이라 하였다. 따라서 풍수지리와 음양오행은 불가분의 관계이며 혈지의 융결은 오로지 음양양의(陰陽兩儀)의 동정(動靜)과 충화(沖和)에 의해 이루어지며 이의 길흉화복 또한 음양오행의 상생상극하는 이법에 의해 결정되는 것이다. 그러므로 음양오행론은 풍수지리학의 기본적 밑바탕이며 우주자연의 이치이기 때문에 첨단 과학문명 시대인 오늘날에도 동서양의 석학들이 이에 대한 연구에 열을 올리는 동양철학의 본원인 것이다.

선현들이 '음양오행은 불가승궁(不可勝窮)'이라 하였다. 그 무궁한 진리와 신묘한 창조력을 누가 다 추궁할 수 있을 것이냐는 뜻이다.

특히 풍수지리에서 사용되는 음양오행을 간추려보면 대략 다음과 같다.

정오행(正五行), 삼합오행(三合五行), 납음오행(納音五行), 홍범오행(洪範五行), 향상오행(向上五行), 구성법(九星法), 구궁법(九宮法), 포태법(胞胎法), 쌍산오행(雙山五行), 장생오행(長生五行)

　위 열 가지 오묘하고도 다양한 운용 이법을 잘 이해하여 풍수지리
학의 연구에 활용해야 할 것이다. 이와 같은 음양오행론은 제2부에서
자세히 설명키로 한다.

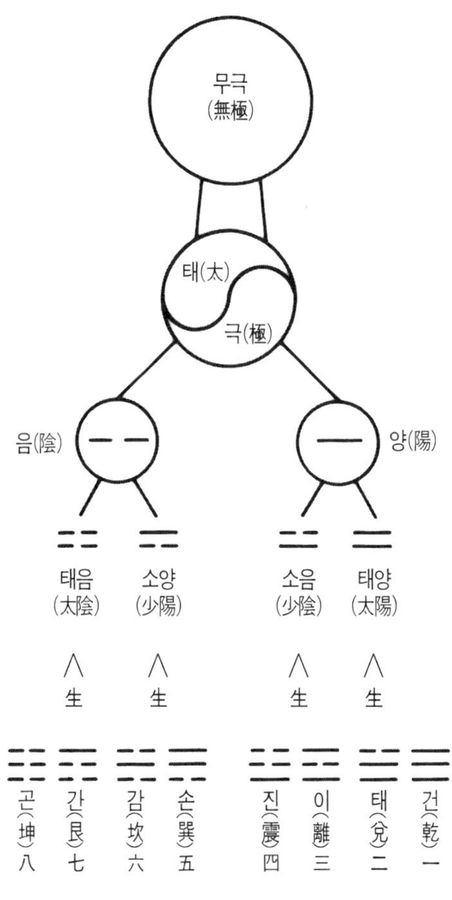

〈그림 5〉 음양변화도

7. 보국명당론

　보국(保局)이란 말의 뜻은 주룡과 혈을 중심으로 각종 사산(砂山)과 물〔砂水〕들이 모여 다정하게 혈을 감싸주면서 한 판국을 이루는 것이다. 이 보국이 수려하고 원만하여 화창온화한 기운이 국 안에 가득 차 있어야 명당진혈이 맺힌다. 그리고 명당은 용혈의 전면에 펼쳐진 내명당(앞뜰)과 외명당(바깥 뜰)을 말하며 이 명당에는 보국 안에 있는 모든 물이 취수(聚水)하고 산천의 정기 또한 이곳에 모여든다. 따라서 명당의 길흉은 혈지의 융결과 득재(得財)와 직결된다. 즉 내외명당이 원만하고 평탄안정하면 용혈 역시 진결되고 여기에 육곡구수(六谷九水)가 모임으로 부자가 기약되지만 반대로 경사가 심하여 물이

〈그림 6〉 보국명당도

급하게 흐르면 국 내에 다정한 기운이 없어 결혈이 되지 않으며 그런 곳에 조상의 유해를 모시면 재산이 없어지고 집안이 몰락하게 된다.

한편 명당에는 다음과 같은 종류가 있으나 각종 명당에 대한 구체적 설명은 제3부 보국명당론에서 길격명당과 흉격명당에 대한 자세한 설명을 갖기로 하고 여기서는 그 명칭만 소개한다.

길격명당에는 대회명당(大會明堂), 조진명당(朝進明堂), 광취명당(廣聚明堂), 주밀명당(周密明堂), 교쇄명당(交鎖明堂), 관창명당(寬暢明堂)이 있고 흉격명당에는, 반배명당(反背明堂), 경도명당(傾倒明堂), 겁살명당(劫煞明堂), 파쇄명당(破碎明堂)이 있다.

8. 나경론

나경(羅經)은 일명 패철(佩鐵)이라 하여 풍수지리에서 유일하게 사용되는 기구이기 때문에 무엇보다도 중요한 부분이다.

다른 분야에서도 그렇지만 중요한 내용일수록 학설이 구구하여 초심자들을 고통스럽게 하는데 풍수지리학 역시 마찬가지이다. 또 그것이 풍수지리의 비과학성을 면치 못하게 하는 요인도 된다. 나경론에서도 같은 실정이다. 가장 권위 있는 중국죽림서국판『나경투해(羅經透解)』에 의하면 나경은 본래 36층으로 되어 있으나 풍수지리에서는 이 중 10여 층만 주로 사용하기 때문에 주로 9층용 패철이 가장 많이 시판되고 있다.

패철은 6층, 7층, 9층, 16층, 20층 등 다양하게 사용되고 있는 실정이지만 이 책에서는 가장 많이 사용되는 9층 패철만 완전 해독하고 이를 바르게 사용하는 방법만 이해한다면 풍수지리의 운용상 큰 불편과 지장이 없을 것으로 생각된다. 그럼 제4부 나경론에서 자세히 설명하기로 하고 우선 9층 나경도와 그 층별 사용법만 소개한다.

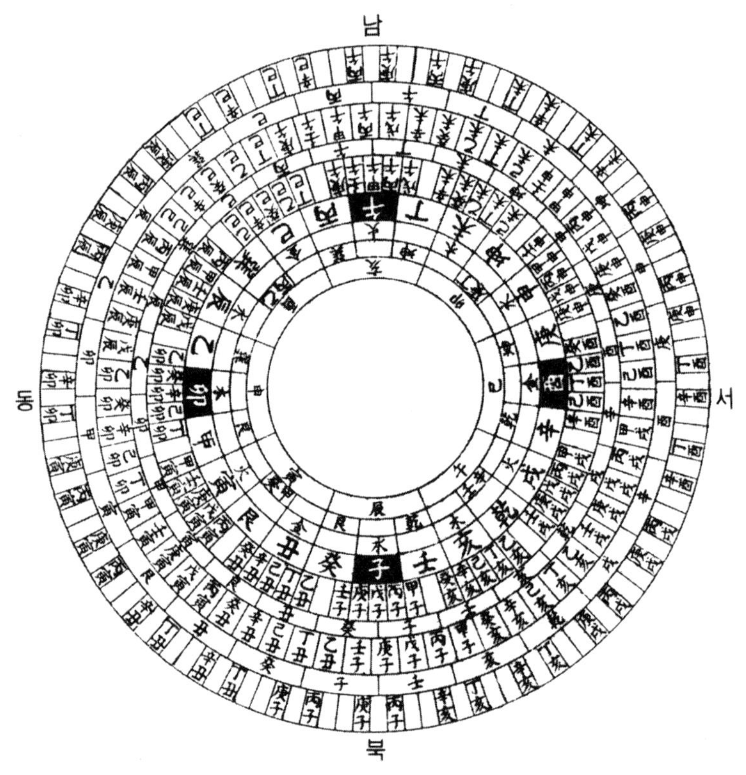

〈그림 7〉 나경패철도

- 제1층 : 팔살황천(八煞黃泉 : 八曜水)을 분별하는 층이다.
- 제2층 : 팔로(八路, 八天干) 사로(四路, 四維) 황천(黃泉)을 분별하는 층이다.
- 제3층 : 오행 중에서 토를 제외한 사행(金, 水, 木, 火)의 삼합(三

合)을 나타내는 층이다.
- 제4층 : 지반정침(地盤正針)을 표시한 층으로 좌향의 방위를 결정하고 입수룡(入首龍)의 방위를 결정하는 데 사용한다.
- 제5층 : 천산(穿山) 72룡(七十二龍)을 분별하는 층이다.
- 제6층 : 인반중침(人盤中針)을 표시한 층으로 사(砂)와 좌(坐)와의 오행관계를 살핀다.
- 제7층 : 투지(透地) 60룡(六十龍)이란 4층의 24방위를 각 2.5등분한 것으로 쌍산〔干支〕을 5등분한 것과 같다.
- 제8층 : 천반봉침(天盤縫針)으로써 물의 방위를(4층 正針으로 보지 않고) 본다.
- 제9층 : 분금(分金)을 표시한 층이다.

9. 물형론

물형론(物形論)은 용혈과 사산의 형상을 어느 물형(物形)에 비유하여 진혈의 위치를 찾고 또 그 혈의 기세와 역량을 확인하기 위한 산에서 혈을 찾는 한 방법론이다.

물형론은 일명 형국론이라고도 하며 옛날부터 논란이 많은 영역이다. 그 원리는 우주만상이 유리유기(有理有氣), 유형유상(有形有象)이라는 동양철학의 자연생성 법칙에 근거를 두고 있다. 즉 우주만물이 생기는 이유가 있고 기가 존재하며 거기에는 반드시 모양이 있고 상이 있게 마련이라는 자연생성의 법칙에 근거하여 그 물형의 상태 속에서 기의 집중된 곳을 찾아 심혈(尋穴)하는 방법인 것이다. 그 대상인 물상에는 일정한 원칙은 없지만 옛날부터 내려온 물형은 약 150여 종에 달한다. 인물(人物), 용사(龍蛇), 금수류(禽獸類), 화수우마(花樹牛馬), 구갑류(龜甲類), 어류(魚類) 등이 주대상이 된다.

<그림 8> 회룡고조형

10. 장택론

장택론(葬擇論)이란 장사 절차 및 장사일을 택일하는 법을 연구하는 풍수지리의 마무리 과제이다. 장사에는 여러 절차가 있고 그 절차 또한 정해진 법도에 의해 행해져야 하며 장사택일 역시 음양오행에 의한 이법에 따라 정해져야 된다. 특히 장택은 살(煞)을 피하고 복을 받을 수 있는 날을 택하기 위하여 길(吉)을 취하고 살을 피할 수 있도록 음양이법에 의한 방법으로 택일을 해야 된다.

장경에서도 '사인(死人)의 장택은 마치 생인(生人)의 출생사주와 같은 바 장사일의 길흉 여하는 묘지의 길흉화복에도 적지 않은 가감 작용이 있는 것'이라 하여 장택의 중요성을 강조하고 있다.

한편 장사에는 초상시(初喪時)의 초장(初葬)과 이장(移葬), 합장(合葬) 등 여러 가지가 있으며 장택에도 길한 해를 가리는 택년법(擇年法), 달을 가리는 택월법(擇月法), 가장 중요한 하관(下棺) 날짜와 시간을 가리는 택일법(擇日法)과 택시법(擇時法)이 있다. 이상 각 항목에 대한 내용은 바로 음택요결의 핵심이다. 각 분야별로 깊이 연구하여 능지통달(能知通達)하고 수도자의 자세로 많은 명혈을 답사하여 이기와 형기를 조화롭게 익혀 개안하는 길만이 지사가 거쳐야 할 바른 길이라고 생각된다.

제3장
생기와 동기감응론

제1절 생기론

1. 생기의 의의

『장경』 기감편(氣感篇)에 '장자(葬者)는 승생기야(乘生氣也)'라 하였다. 쉽게 말하자면 지(地) 중에 뭉쳐진 생기 위에 체백(體魄)을 모시는 일이 풍수지리적 장사법이란 말이다. 따라서 풍수지리학을 연구하는 목적은 오직 생기가 엉켜 뭉쳐진 곳, 즉 진혈이 있는 곳을 찾는 데 있다.

그 생기가 무엇이냐고 묻는다면 쉽게 설명하기가 난감하다. 요즘 들어 기에 대한 연구가 오히려 동양보다 서양에서 활발해지고 있다. 우리 풍수지리에 관심 있는 사람들은 먼저 이 기에 대해서 자기 나름대로 확고한 인식이 있어야 한다.

조상의 묘지가 어떻게 후손에게 영향을 주는지는 1960년도 노벨 화학상을 수상한 미국인 윌라드 리비(Willard Libby) 박사가 인체에서 발견한 14종의 방사성탄소(放射性炭素)로 그 원리를 규명하고 있다. 윌라드 리비 박사에 의하면 이 원소는 죽은 사람의 경우 시간이 경과할수록 점점 퇴화된다고 했다.

　조상과 후손은 같은 혈통관계이기 때문에 서로 같은 유전인자를 많이 내포하고 있으며 인체의 여러 가지 원소에서 발산되는 방사선 파장도 같은 파장이 많으며 동일한 파장으로써 서로 감응을 일으키는 현상이 많다고 했다. 이것은 방송국에서 송신하는 각종 전파 가운데 라디오는 라디오 전파를 받아서 작용하고 텔레비전은 텔레비전 전파끼리 작용하는 이치와 같이 조상의 묘지와 후손들 사이에서도 서로에게서 발산되는 동일한 방사선 파장은 시공을 초월하여 서로 감응을 일으킬 것이라고 했다. 이때 혈통이 가까울수록 같은 유전인자가 더욱 많을 것이기 때문에 동일한 방사선 파장이 더욱 많아서 서로 감응하는 정도가 강할 것이며 오래 되지 않은 묘지 또는 썩어 퇴화되지 않은 뼈일수록 감응하는 정도가 더욱 강해 그 영향도 크게 나타날 것이라 했다.

2. 동양철학적 생기론

　동양철학적인 면에서 추구되는 생기론에서는 '기(氣)는 우주의 본원으로 어느 곳에나 없는 곳이 없고 불생불멸(不生不滅)하여 무시무종(無始無終)에 불변형질(不變形質)의 한 우주의 기운'이라고 설명하고 있다.

　그러므로 인간을 비롯한 우주만물은 이와 같은 기의 작용에 의해 생멸하고 존재한다는 이론이 생기론이다. 한편 풍수지리도 기의 이치에서 이루어지는 것으로 생각되기 때문에 혈지융결(穴地融結)의 원리도 생기와 직결시켜 생각해야 될 것이다. 풍수지리에 관심을 갖는 사람은 누구나 앞으로 동양철학적 또는 과학적 양면에서 깊은 연구가 병행되어야 할 것으로 생각된다. 따라서 진혈은 이 생기가 땅속을 마치 수맥처럼 기맥을 따라 흐르다가 어느 한 지점에서 멈추고 뭉쳐진 것으로 추정되는 것이다.

그러한 바 풍수지리의 동양철학적 추구는 이와 같이 용혈에 모인 우주의 기와 체백의 기를 융합시켜 더욱 강한 생기(좋은 에너지)로 동화시키는 방법을 연구하는 학문이라고 설명할 수 있다.

3. 과학적 생기론

앞에서도 윌라드 리비 박사의 생기론에 대한 과학적 해석을 소개했지만 동양철학적 생기론과 현대과학적 생기론의 근원은 다 같이 궁극적으로는 우주의 모든 천체운동에서 발원하는 음양 기운에 관한 추구론이다. 즉 양에 속하는 천기는 태양에서 나오는 기운이요, 음에 속하는 지기는 지구에서 발생하는 기운이다.

첫째 양기의 발생처인 태양은 그 중심부에서 계속되는 핵반응에 의해 무한량의 열을 방출하고 있다. 즉 태양의 대부분을 차지하고 있는 수소가 헬륨으로 변하는 핵융합 과정에서 엄청난 열 에너지를 방출한다. 이 많은 에너지는 지구를 비롯한 태양계 안에 있는 모든 성진(星辰)에게 고루 방사하여 천체와 그 안에 있는 생물의 생육을 돕고 있다. 1억 5천만 킬로미터나 멀리 떨어진 지구에도 1제곱미터에 초당 1.4킬로와트의 강한 광열을 보내 모든 생물을 길러주고 있다. 따라서 풍수지리에서 말하는 양의 기도 이러한 맥락에서 추구해야 할 것이다.

둘째 음기의 발생지인 지구는 인간과 만물이 직접 생존하는 곳이며 죽으면 다시 돌아가는 곳도 역시 지구이다.

지구는 태양계의 한 행성으로 약 45억 년 전에 우주에서 떨어져나온 한 개의 기체로 된 고열의 불덩어리였으나 긴 세월의 경과에 따라 지금과 같은 형태로 변했다 한다. 이 지구는 계속되는 지각의 변동, 기후의 변화, 공기 중 산소의 증감 등 지구운동에 의해 자신의 존속과 모든 생물의 성장을 위한 지기를 발하고 있다. 이와 같은 지구의 힘을 현대과학에서는 지구 에너지라 하고 풍수지리학에서는 지기라고 한다. 지상의 모든 생물은 지기[陰]와 천기[陽]를 받아들여 음양배합으로 생육하고 있다.

4. 사람의 혼백과 생기

우리는 흔히 귀신, 영혼, 신령, 혼백 등의 용어를 똑같은 개념으로 쓰고 있다. 그러나 큰 자전(字典)에서 혼(魂)과 백(魄)을 찾아보면 그 뜻이 완전히 다르다는 것을 알 수 있다. 즉 우리는 생명을 유지하는 동안 하늘로부터는 양에 해당되는 천기를 흡수하여 혼이 길러져 우리의 정신을 관장하고 땅으로부터는 음에 해당되는 지기를 흡수하여 넋(魄)을 길러 육신을 관장하면서 정신과 육체를 조화롭게 발육시켜간다고 했다. 다시 말해 하늘에서 양의 기와 땅에서 음의 기를 흡수하여 음양의 조화 속에 인간의 기가 형성된다는 것이다.

평생을 끝마치고 죽게 되면 우리의 혼은 양기의 근원인 하늘로 올라가 소멸되며 육신을 관장해오던 백(넋)은 음기의 근원지인 땅속으로 육신과 함께 되돌아간다. 따라서 시신에 붙어 있는 넋은 혼(이성 또는 정신)을 잃은 음기만으로 존재하게 된다. 지기가 왕성한 길지에 들어가면 체백의 인자[氣]도 왕성하여 같은 인자를 가진 자손들에게 동기감응(친자감응)을 일으키게 된다. 다만 혼이 소멸됨에 따라 이성을 잃었기 때문에 넋(유골 에너지)은 혈지의 길흉 환경에 따라 그대로 자손들에게 감응을 나타낼 뿐이다. 우리의 시체를 체혼이라 하지 않고 체백 또는 백골이라 하는 것도 뼈에 남은 넋은 곧 기이며 기가 곧 인자 에너지임을 말한 것이다.

5. 생기와 용혈의 융결

내룡의 기세와 혈장의 융결은 오직 기의 융결을 말한다. 즉 주룡에서 흐르는 생기가 혈에서 어떻게 뭉쳐지느냐에 따라 용혈의 생사왕쇠

(生死旺衰)가 결정된다.

내룡의 생기는 용의 기세를 보아 알 수 있고 혈의 생기는 여러 가지 혈 중에서 알 수 있을 것이며 이와 같이 생기가 모여서 뭉치고 혈 속에 머물게 하는 것은 주로 사(砂)와 수와 바람이 이를 맡아서 하는 것이다. 즉 내룡의 주기(主氣)는 물에 의해서 유도되고 혈장의 생기 역시 물이 머물러 유실되지 않게 하여 취결토록 하며 보국내(保局內 : 羅城內)의 생기는 사격(砂格)과 장풍(藏風)이 보기(保氣)토록 한다.

6. 동기감응론(친자감응론)

옛날부터 묘지의 길흉과 자손들의 화복을 조자손동기(祖子孫同氣 : 과학적으로는 같은 인자)의 이론에 근거한 동기감응론으로 설명하고 있다. 쉽게 말하자면 앞에서도 설명한 바와 같이 길지명당에 모셔진 조상의 체백은 양질의 기를 발산하여 같은 기의 자손들에게 전달되어 그 음덕으로 부귀왕정(富貴旺丁)하게 되는 것이며 흉한 혈에 매장된 백골은 나쁜 기가 발산되어 그 흉기가 역시 같은 기의 자손에게 전달되어 그 음해로 인해 자손들이 피해를 입게 된다. 그러나 이런 친자감응론을 아무리 설명해도 쉽게 납득할 현대인은 별로 많지 않을 것이다. 같은 인자끼리 감응한다는 이론에는 수긍이 갈지라도 그렇다면 외손발복(外孫發福)이나 장방(長房)은 흥하고 차방(次房)은 망한 예를 들면서 의심이 풀리지 않을 것이다.

이러한 풍수지리의 이치를 서구의 과학적 방법으로만 해결할 수는 없다. 왜냐하면 유형인 과학과 무형인 영과의 사이에는 과학의 힘으로 풀 수 없는 한계가 너무 많기 때문이다. 그렇다고 엄연히 있는 사실을 과학적으로 증명할 수 없다고 하여 그 자체가 없는 일이라 할 수는 없다.

7. 천조공응론

천조(天祖)란 천(天)은 종교적 신앙심에서 하느님을 지칭하는 말이며 그 개념 속에는 모든 종교가 포함된다. 조(祖)는 자기 조상을 말한다. 따라서 모든 종교적 신앙심과 자기 조상에 대한 숭조효친사상(崇祖孝親思想)을 함께 지니고 같이 받드는 경천숭조사상(敬天崇祖思想)을 천조공응사상(天祖共應思想)이라 한다.

하늘에 뜬 태양열이 제아무리 강하다 해도 엄동설한에 얼어붙은 나의 몸을 녹여주기에는 가장 가깝게 있는 우리집 방안에 있는 난롯불만 못하다. 종교적 구원이 아무리 강하다 해도 가까운 내 조상의 온기만 못할 것이 분명하니 부모자식을 서로 죽이는 말세현상은 종교만 알고 내 부모조상의 가까운 온기(음덕)를 소중하게 여기지 못한 때문일 것이다.

필자는 풍수지리에서 먼저 숭조효친사상과 진인사대천명(盡人事待天命)하는 부지런함이 앞서야 된다고 생각하기 때문에 천조공응사상(하늘과 조상으로부터 함께 감응을 받고자 하는 마음)을 강조하는 바이다. 이웃 나라인 일본 사람들의 95퍼센트가 신앙을 가지고 있는데, 일본인들은 이 신앙을 신교(神敎 : 일본의 天照大神을 믿는 신앙)라 한다. 이 신교가 바로 필자가 강조하는 천조공응사상이다. 중국이나 우리나라 풍수사상은 원래 윤리성(숭조효친사상)에서 출발했기 때문에 풍수지리의 적극적인 이론연구에 들어가기 전에 이를 강조하는 바이다.

제4장
풍수지리학의 역사적 배경

제1절 풍수지리의 발상 동기와 시기

풍수지리학은 원래 고대 중국에서 발생했다고 한다. 그 오묘한 이치는 동양철학에 기인한 것이며 어디까지나 우주의 원리이며 법칙인 하도(河圖)와 낙서(洛書)에 학문적 기원을 두고 있는 것이다. 따라서 풍수지리의 발상 시기는 고대 요순(堯舜)의 황하치수설(黃河治水說) 등 여러 설이 있으나 확실한 문헌은 없고 공자님께서 말씀하신 글이 시작이다.

공자님이 말씀하시기를 '길지를 가려 조상을 편안하게 모시면 영혼이 안녕하고 그 자손은 성창(盛昌)하리라' 하셨다. 따라서 약 2천5백년 전에도 풍수제도가 있었고 공자께서도 이를 권장한 것이 확실하다.

중국의 음양오행설에서부터 시작되는 풍수지리설은 『역경(易經)』에 양택과 음택에 대한 발전과정이 기록되어 있고, 맨 처음의 지리서는 BC 2백 년경에 중국의 황석공(黃石公)이 장량(張良)에게 전수했다는 『청낭경(靑囊經)』으로, 이는 풍수지리학의 경전으로 불리어오고 있다. 그 후 진나라 때 곽경순(郭京純)이 펴낸 『장서(葬書)』가 알려졌고 당나라 때 양균송(楊筠松)에 의해 더욱 발전했다고 전해진다.

역리에서 설명하기로는 우주창조의 섭리는 생역(生易), 장역(長易), 성역(成易)의 3역으로 변화가 있게 되며 동이족(東夷族)의 선조인 복희씨께서 밝힌 복희 8괘는 '천도변화의 원리'로 생역(生易)에 속하며 문왕(文王) 8괘는 인도(人道)를 밝힌 장역(長易)이며 김일부 선생의 정역(正易)은 지도(地道 : 지구의 운행)를 밝힌 성역(成易)에 해당된다. 예를 들면 김일부 선생의 정역에서 밝힌 천지일월의 주기는 생역에서는 366도요, 장역에서는 365¼도이며 성역에서는 360도로 변할 것이라고 밝히고 있다.

따라서 앞으로 인류는 1년이 360일이 되는 이상적인 세계에서 살게 된다는 것이다. 그렇게 되면 기온은 좀 냉각되어 시원해지며 사람의 체온도 현재 36.5도에서 36도로 변하게 되며 지구도 북극의 빙하수가 남쪽으로 몰려 태평양의 일부가 육지로 변하고 일본과 미국의 일부 및 유럽의 일부 나라가 물 속으로 침몰될 것임을 예고하고 있다.

진나라 때의 대역학자인 주선도(朱仙桃)라는 분이 『수산기(水山記)』라는 책을 펴냈는데 이 책에서는 명당자리 보는 비법을 밝혔다. 당시 역학을 이해하지 못한 많은 사람들은 신빙성이 없다며 믿으려 하지 않았고 이구동성으로 그를 미친 사람으로 취급했다. 그러나 『수산기』가 신통하게도 잘 맞아 들어가자 진시황제는 『수산기』를 일반에게 공개하지 못하게 했다고 한다. 왜냐하면 『수산기』를 인용하여 군왕지를 써버리면 왕통이 무너질까 걱정했기 때문이었다. 뿐만 아니라 아예 『수산기』의 저자 주선도에게 죄를 씌워 죽여버리고 그 학설을 비밀리에 인용해서 대대로 좋은 명당에 묘를 쓰게 하여 왕통을 이어가도록 했다 한다.

후한 시대에 이르러 청오자(靑烏子)라는 기인이 나와 풍수지리학의 원전인 『청오경(靑烏經)』을 저술한 것이 풍수지리학의 역사적 근원이다.

그 뒤 진나라 때 곽박은 『청오경』을 바탕으로 한 유명한 『장서(葬書 금낭경)』를 저술해 학문의 기반을 담았으나 비단주머니(금낭)에 넣어두고 역대 황제가 대대로 물려받았기 때문에 일반에게는 알려지지 않았다고 한다. 만약 민간인 중에서 이 『금낭경』의 명당 이치를 알고 왕이 태어나기를 원하는 자는 구족(九族)을 멸하리라는 엄한 명령을 내린 것이 오히려 일반 백성들의 호기심을 자아내게 하였다.

결국 당나라 말기부터는 도학자들이 목숨을 걸고 『금낭경』을 연구하고 또 자기 나름대로의 풍수학을 정리하여 전파하게 되어 그때부터 일반 대중들도 널리 알게 되었다고 한다. 이때 풍수지리의 중흥조(中興祖)인 유명한 구빈(救貧) 양균송(楊筠松) 선생이 그 동안의 풍수지리설을 정리하여 체계 있는 학문으로 정립하였다. 풍수지리의 발달사에 대해서도 여러 가지 설이 있으나 우리가 풍수지리를 연구하는 데는 그다지 중요하지 않다.

제2절 우리나라 풍수지리

우리나라는 신라말 고려초 선승(禪僧) 도선국사에 의해 그 연구가 심화되어 고려, 조선 시대를 거쳐 현재에 이르기까지 천 년 이상 계속 연구되어오고 있다.

명당을 찾는 방법은 풍수지리학의 4대 요소인 용, 혈, 사, 수의 관계로 공식화하여 오묘한 역리학으로 풀이하고 있으며 역리학적 통계에 의해 길흉을 판단한다.

풍수지리학은 원래 효사상에서 시작된 것이며 적선후봉길지(積善後逢吉地)라 하여 부모에게 효도하며 적선을 많이 해야만 명당을 쓸 수 있다고 하여 효와 선을 강조하고 있다. 만약 이에 역행하면 천벌을 받는다고 했다. 부모나 조상에 대한 효도에는 3단계로 나눌 수 있으나 살아계실 때는 부모를 평안하고 즐겁게 해드려야 되고 사후에도 양지바른 좋은 묘지에 편하게 모셔드리고 제사에는 부모나 조상의 음덕을 기리는 마음이 필요하다. 부모를 편안하게 모시고자 하는 마음은 생전이나 사후나 또는 귀천을 가릴 것 없이 누구나 공통된 마음가짐일 것이다.

이러한 효행심은 조상의 묘택도 나의 생활환경의 주택처럼 양지바르고 풍치 좋은 자리에 편안하게 모시려 노력한다면 소원해진 윤리도덕도 바로 설 수 있다는 것이 풍수지리학의 참뜻이라 할 것이다. 그러기에 명당을 찾아 자기 당대 또는 자손들의 부귀를 누리려는 타산적 심리보다 순수한 효심에서 명당을 찾으면 하늘이 그 효심에 감동하여 좋은 자리를 얻게 된다. 하늘이 감동해서 명당을 얻는다 하면 미신처럼 생각되기 쉽기 때문에 과학적으로 이를 해명하자면 부귀와 번창만 강하게 희구하고 그에 비해 효심이 희박한 사람은 심리학적으로 강한 탐욕의 소유자이기 때문에 정직한 지관(풍수)의 정직한 말에는 귀를 기울이지 않고 사기성이 강한 지관들의 허황된 명당론에 속아 엉뚱한 자리에 부모나 조상을 모시게 된다. 옛날부터 사기성이 강한 지관들이 부자들 옆에 접근하여 허황된 심리를 부추겨 패가망신하게 만든 예가 허다하다.

제3절 풍수지리학에 관한 연구서적

풍수지리에 관한 고금의 서적과 결록(訣錄)은 그 수가 많지만 대략 이를 살펴보면 다음과 같다.

① 중국에서 발간된 서책은 청오자(靑烏子)의 청오경(靑烏經), 곽박(郭璞)의 장서(葬書), 산해경(山海經), 청낭경(靑囊經), 도장경(倒杖經), 평양결(平洋訣), 옥척경(玉尺經), 옥수경(玉髓經), 최관(催官)편, 직지원진(直指原眞), 탁옥부(琢玉斧), 현묘경(玄妙經), 발미경(發微經), 지리정종(地理正宗), 인자수지(人子須知), 지리오결(地理五訣), 설심부(雪心賦)

② 우리나라에서 발간된 산서결록(山書訣錄), 도선국사의 옥룡자결록(玉龍子訣錄), 유산록(遊山錄), 무학결(無學訣), 고려 때의 나학천비기(羅鶴天秘記), 해동보감(海東寶鑑), 남사고결(南師古訣), 일지승유산록(一指僧遊山錄), 일이승답산가(一耳僧踏山歌), 박상희결(朴相熙訣), 한강록(寒崗錄), 두사충(杜師忠)의 모명재감여유결(慕明齋堪輿遺訣), 이중환(李重煥)의 택리지(擇理誌), 팔역지(八域誌), 만산도(萬山圖), 이 외에도 88향과 위 중국 서책의 번역서들이 많이 있다.

제**2**부

음양오행론

제1장
음양오행 총론

제1절 음양오행의 원리

음양오행은 우주본원의 기(氣)이며 천지조화의 이법이다. 음양오행은 우주를 하나의 태극으로 보고 거기서 일기(一氣)가 생(生)하고 그 일기가 다시 동(動)하고 정(靜)하는 데 따라 음과 양으로 나뉘어졌다. 이것이 이른바 음양양의(陰陽兩儀)이다.

양은 태양지기(太陽之氣)이고 음은 태음지기(太陰之氣)이다. 양의 본성은 맑고 능동적이며 음의 본성은 중탁(重濁)하고 수동적이다. 그러므로 양동음정(陽動陰靜)이라 한다. 음과 양은 다시 변화하여 사상(四象)을 이루고 사상은 다시 팔괘(八卦)를 생한다. 이 팔괘는 다시 64괘로 발전한다.

한편 이와 같은 음양의 변화과정에서 금, 목, 수, 화, 토, 5기(氣)가 자연발생하게 되고 이 세상에 존재하는 만물의 생장과 소멸은 이 음양오행의 상생과 상극의 작용에 따라 이루어진다고 하겠다.

이와 같이 신비하고 심오한 음양오행의 발상 근원은 하도(河圖)와 낙서(洛書)이다. 한편 고대 성인들이 탐구 발전시켜온 이 위대한 우주철리(宇宙哲理)는 오늘날 동서양의 철학과 과학의 바탕이 되어 우리

생활을 올바르고 풍요롭게 해주고 있다. 따라서 우리는 천기지정(天氣地精)과 풍수조화(風水造化)를 바탕으로 하는 풍수지리학의 입문에 앞서 음양오행을 충분히 익혀야 한다.

그러나 음양오행은 범위가 너무 심오하고 무한하기 때문에 보통사람들은 풍수지리학 연구에 지장이 없을 정도의 실용오행(實用五行)만 익혀두면 된다. 때문에 여기에서는 풍수지리와 직접 관련된 내용만을 간략히 소개함과 동시에 용혈사수와 관련지어 보충설명하기로 한다.

1. 하도

하도(河圖)는 먼 옛날 중국 황하에서 용마가 등에 지고 나왔다는 신비한 그림이다. 성주(聖主) 복희씨는 하도를 보고 우주의 모든 이치가 함축되어 있음을 알고 이를 팔괘로 만들고 우주의 원리와 순환의 이치를 설명하였다.

그러나 이 하도에 나타난 이치는 다만 천지사방과 음양천간(天干), 천지음양수, 우주만상의 생성과 운행의 도(道)가 명시되어 있을 뿐이다.

• 우선 천일(天一)이 생임양수(生壬陽水)하고 북(北)에 거(居)함에 지륙(地六)의 계음수(癸陰水)가 이에 합성한다.

• 천삼(天三)은 생갑양수(生甲陽水)하고 동(東)에 속하며 지팔(地八)의 을음목(乙陰木)이 이에 합성한다.

• 천오(天五)가 생무양토(生戊陽土)하여 중앙에 거함에 지십기음토(地十己陰土)가 이에 합성한다.

• 천칠(天七)이 생병양화(生丙陽火)하여 남(南)에 속하며 지이정음화(地二丁陰火)가 이에 합성한다.

• 천구(天九)가 생경양금(生庚陽金)하여 서(西)에 거함에 지사(地四)의 신음금(辛陰金)이 이에 합성한다.

이것이 곧 음양천간과 음양지수(陰陽之數)의 출처이며 그 배치 근원이며 천지만상의 운행과 조화의 바탕이 된다.

이와 같이 1, 3, 5, 7, 9로 합 25의 천양지수(天陽之數)가 중앙과 사방에 거함에 2, 4, 6, 8, 10으로 합 30의 지음(地陰)의 수가 이에 배합하여 만상을 나타낸다. 한편 1, 2, 3, 4, 5의 수는 천지만상의 기본 수인 생수(生數)가 되고 6, 7, 8, 9, 10의 수는 조화를 나타내는 성수(成數)가 된다.

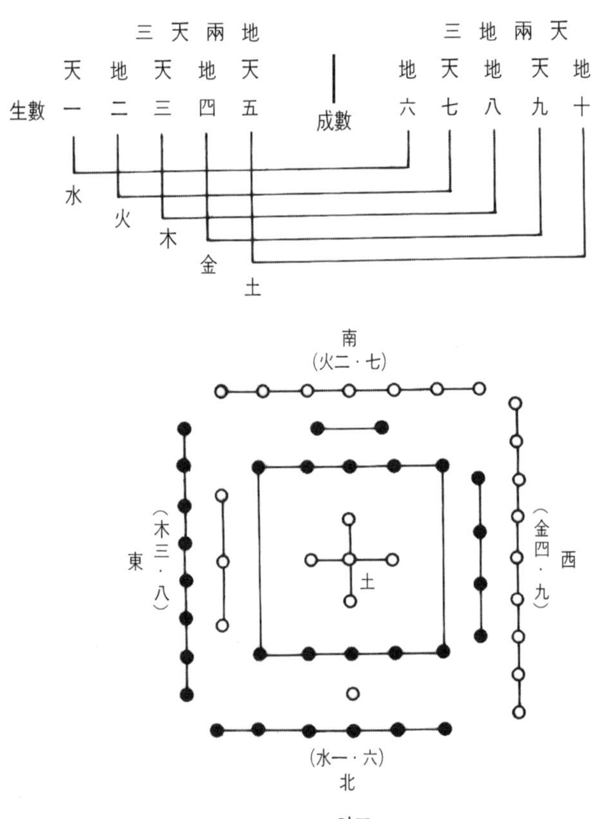

하도

2. 낙서

낙서(洛書)는 약 4천여 년 전 중국의 성군 하우(夏禹) 때 낙수(洛水)에서 신구(神龜)가 등에 지고 나온 신비한 그림이다. 이 그림을 하우께서 자세히 살펴본즉 만상의 생성조화와 천지운행의 이치가 구체적으로 표시되어 있음을 알게 되었다 한다.

이 낙서의 내용인즉 ʻ이화구(離火九)를 머리에 이고 감수일(坎水一)을 밟고 좌에 진목삼(震木三)을 우에 태금칠(兌金七)을 각각 배치하고(離는 午, 坎은 子, 震은 卯, 兌는 酉이다) 다시 우에 곤토이(坤土二)를, 좌에 손목사(巽木四)가 있어 양쪽 어깨가 되고 건금륙(乾金六)은 우에, 간토팔(艮土八)은 좌에서 두 발이 되고 토오(土五)는 중앙에 거함이 신구지상(神龜之象)이다. 그런즉 천양지수(天陽之數) 1, 3, 7, 9는 사정방(四正方)에 거하고 지음지수(地陰之數) 2, 4, 6, 8은 사유방(四維方 : 건손간곤의 사간방)에 거한다.

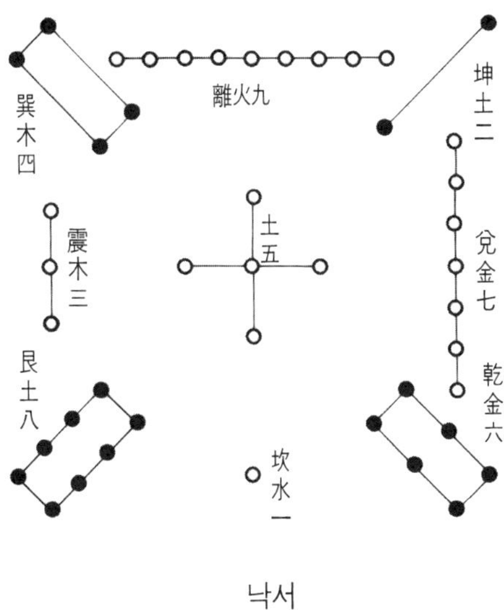

낙서

한편 구궁(九宮)의 배치는 일백궁(一白宮)이 자위(子位)에 속하고, 이흑궁(二黑宮)이 미신위(未申位)에 속하며, 오황궁(五黃宮)이 중앙에 속하며 육백궁(六白宮)은 술해위(戌亥位)에, 칠적궁(七赤宮)은 유위(酉位)에, 팔백궁(八白宮)은 축인위(丑寅位)에 거하고 구자궁(九紫宮)은 오위(午位)에 각각 배치되어 있다.

이와 같이 구성팔문(九星八門)의 위치와 십이지(十二支)의 방위가 정해지고 양둔(陽遁)은 순행하고 음둔(陰遁)은 역행한다.

3. 하도와 낙서의 비교

하도와 낙서는 1, 3, 5의 위치는 같다. 즉 1은 하도나 낙서가 모두 북에 있고 3은 모두 동이요 5는 모두 중앙에 속한다.

그러나 2는 하도는 남인데 낙서에는 서남간(西南間)이요, 4는 하도는 서인데 낙서는 동남이요, 6은 하도는 북인데 낙서는 서북, 7은 하도는 남인데 낙서는 서요, 8은 하도는 동인데 낙서는 동북, 9는 하도는 서인데 낙서는 남, 10은 하도는 중앙인데 낙서에는 10의 수가 없다. 그리고 하도는 사정방(四正方)에만 있으나 낙서는 사정(四正), 사유방(四維方)을 포함한 8방에 배치되어 있는 것 등이 다르다.

4. 하도와 낙서의 운행순서

하도의 운행순서는 북의 1·6수로부터 좌선으로 상생하고 대립되는 곳과 상극하는 바, 즉 북방1·6(水)은 동방3·8의 木을 생하고(水生木) 3·8(木)은 남방2·7(火)을 생하고, 2·7(火)은 중앙5·10(土)을 생하고, 5·10(土)은 서방4·9(金)를 생하고 4·9(金)는 북방1·6(水)을 생하니 좌선으로 중앙을 경유하면서 계속 생하기만 한다. 그리고 1·6(水)은 남방2·7(火)을 상충상극하고, 동방3·8(木)은 서방4·9(金)와 마주보고 상충상극하며 또 남의 火가 서의 金과 상극이요 동의 木은 중앙 土를 극하고 중앙 土는 북의 水를 극한다.

　낙서의 운행순서는 역시 하도처럼 좌선으로 상생하고 동서남북의 대궁위(對宮位)를 상충상극하는 바 감(坎 : 子)의 水(1)가 진(震 : 卯)의 木(3)과 손목(巽木·4)을 생하고, 진손목(震巽木)은 이(離 : 午)방 火(9)를 생하고 이방화(離方火)는 곤방토(坤方土 : 2)를 생하고 곤토(坤土)는 兌〔酉〕방 金(7)과 乾金(6)을 생하고 태건금(兌乾金)은 북방 감(坎 : 子)의 水(1)를 생한다. 반대로 상극되는 궁은 감이(坎離 : 子午), 진태(震兌 : 卯酉) 건손(乾巽)이니 대립 상극방이며 진중(震中 : 卯方과 중앙), 감중(坎中 : 子방과 중앙)은 상극은 되나 대충(對沖)은 아니요 간곤(艮坤)은 상극은 아니지만 대충방(對沖方)이 된다.

　이와 같이 상생상극이 있음은 천지조화의 묘(妙)이니 생하기만 하고 극이 없으면 극성함을 억제 못하며 극하기만 하고 생하지 못하면 만물이 소멸하게 된다. 그러므로 하도와 낙서는 곧 우주대자연의 섭리요 만 가지 이치의 근원이니 그 이치가 무궁하다.

제2절 선후천팔괘

1. 선천팔괘

　선천팔괘(先天八卦)는 태호(太昊) 복희씨께서 천지의 기본 이치를 그림으로 설명한 것이다.

　첫째는 우주의 기본구조에 관한 설명이다.

　건1은 천(天)이요 곤8은 지(地)이다. 그리하여 천지는 정위(定位)하고 간7은 산이요 태〔酉〕2는 못〔澤〕이다. 그리하여 산과 못은 통기(通氣)하고 진〔卯〕4는 우레〔雷〕요, 손5는 바람이니 뇌풍은 상박(相搏)하고 감〔子〕6은 물〔水〕이요, 이〔午〕3은 불〔火〕이다. 그리하여 수화는

불상사(不相射)라 한다. 이는 우주의 기본구조이며 우주만상의 상대
성 원리이다.

둘째는 우주운기의 음양순환의 이치에 대한 설명이다.

천지만상을 제정하는 음양운기의 순역(順逆)은 진〔卯〕4에서 양이
출발하여 이〔午〕3과 태〔酉〕2를 지나 건1에 순행하고, 음은 손5에서 출
발하여 감〔子〕6과 간7을 지나 곤8에 역행하니 우주음양의 순역은 태

八	七	六	五	四	三	二	一
坤	艮	坎	巽	震	離	兌	乾
太陰		少陽		少陰		太陽	
陰				陽			
太極							

복희팔괘변화차서(伏羲八卦變化次序)

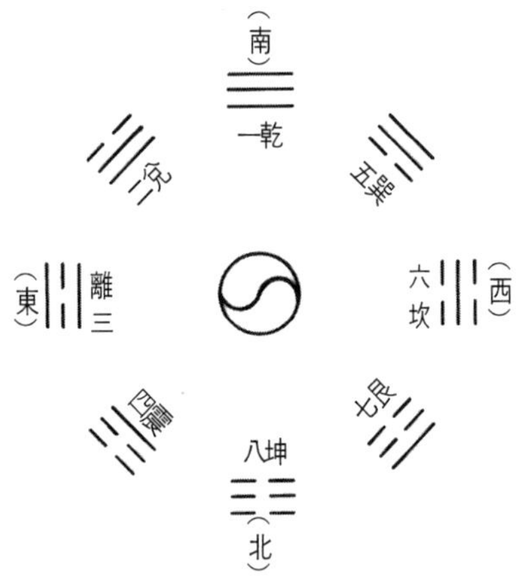

선천도(先天圖)

극의 원리이다.

한편 선천팔괘의 본성은 다음과 같다.
- 건이군(乾以君)은 왕성함이요
- 곤이장(坤以藏)은 포용함이다.
- 감이우(坎以雨)는 풍요로움이요
- 이이일(離以日)은 따뜻한 기운이다.
- 진이뢰(震以雷)는 움직이는 기운이요
- 손이풍(巽以風)은 흩어지는 성질이다.
- 간이산(艮以山)은 움직이지 않는 상태요
- 태이열(兌以悅)은 화합과 즐거움이다.

2. 후천팔괘

후천팔괘(後天八卦)는 성주 문왕께서 우주만상의 생왕사절(生旺死絶)과 순환의 이치를 그림으로 설명한 것이다.

천지만상은 진〔卯〕3(東·春)에서 나와 손4(東南方·春夏交替期)에 이르고 나아가 이〔午〕9(南夏)에서 왕성한 기운을 얻어 곤2(西南方·夏秋交替期)에서 발전 성장하고, 태〔酉方〕7(西·秋)에서 결실성숙하여 건6(西北·秋冬交替期)에서 성취 수확하고, 감〔子〕1(北·冬)에서 되돌아가 간8(東北·冬春交替期)에서 끝맺고 다시 소생한다는 천지만물의 순환이치를 설명한 것이다. 그런즉 선천팔괘는 우주의 기본 즉 체(體)의 표상이요, 후천팔괘는 우주의 운용 즉 용(用)의 표상이며 우주팔방(宇宙八方)의 도시(圖示)이다.

3. 음양양의
- 양 ━━ 양의 표상
- 음 ━ ━ 음의 표상

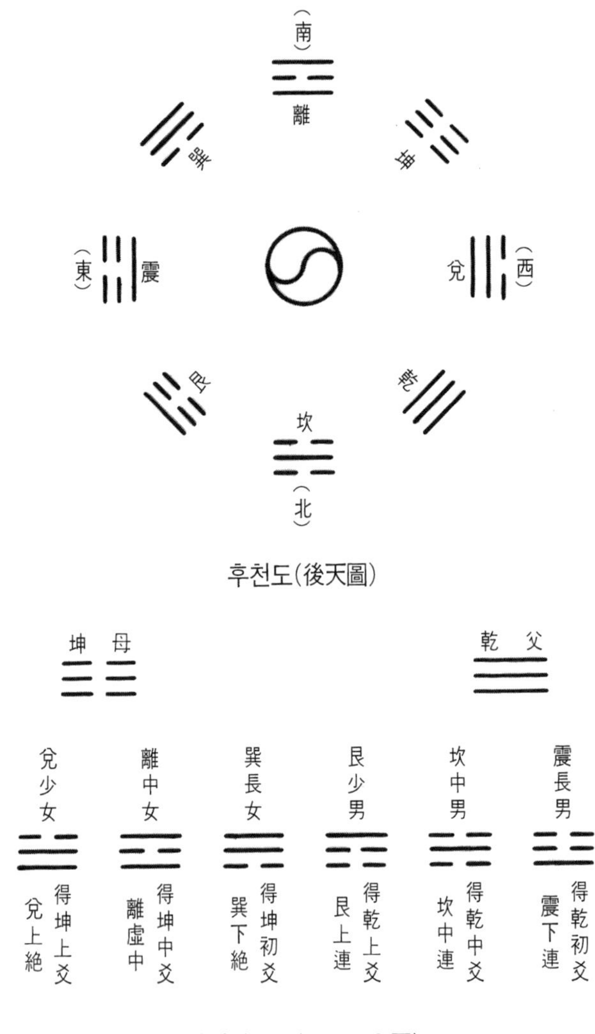

후천도(後天圖)

팔괘혈육도(八卦血肉圖)

양은 천양지기(天陽之氣)로 동(動)하고 충(沖)하고 창조하는 적극적 본성이며 음은 태음지기(太陰之氣)로 정(靜)하고 포용하고 화육(和育)하고 보수적인 소극적 본성이다.

우주 삼라만상은 이와 같은 상반된 두 기운의 흐름에 의한 상생과 상극의 작용에 의해 생장(生長)과 소멸(消滅)의 순환이다.

다시 말하면 음과 양은 모든 사물의 근원일 뿐만 아니라 그 기를 어느 구체적 현상으로 변화시키는 우주법칙이며 이법이다.

제3절 사상팔괘

1. 사상

음양의 일차적 배합에 의해 사상(四象)이 이루어진다.

- 태양(太陽) ⚌ 양 위에 또 양을 더하니 태양이다.
- 소음(少陰) ⚎ 양 위에 음을 더하니 소음이다.
- 소양(少陽) ⚍ 음 위에 양을 더하니 소양이다.
- 태음(太陰) ⚏ 음 위에 음을 더하니 태음이다.

태양, 소음, 소양, 태음을 사상이라 하며 이 사상은 우주 삼라만상의 사원체(四原體)이다. 그리하여 음중유양(陰中有陽)하고 양중유음(陽中有陰)이라 한다.

2. 팔괘

팔괘(八卦)는 사상이 다시 배합 변화하여 우주조화의 기본 괘상을 다음과 같이 여덟 가지로 나누어 표시한다.

- 건괘(乾卦) ☰ (乾三連)…태양(⚌)에 양(━)을 더하니 건괘가 된다.

- 곤괘(坤卦) ☷ (坤三絶)…태음(☶)에 음(━━)을 더하니 곤괘가 된다.
- 감괘(坎卦) ☵ (坎中連)…소양(☱)에 음(━━)을 더하니 감괘가 된다.
- 이괘(離卦) ☲ (離虛中)…소음(☲)에 양(━)을 더하니 이괘가 된다.
- 진괘(震卦) ☳ (震下連)…소음(☲)에 음(━━)을 더하니 진괘가 된다.
- 손괘(巽卦) ☴ (巽下絶)…소양(☱)에 양(━)을 더하니 손괘가 된다.
- 간괘(艮卦) ☶ (艮上連)…태음(☶)에 양(━)을 더하니 간괘가 된다.
- 태괘(兌卦) ☱ (兌上絶)…태양(☰)에 음(━━)을 더하니 태괘가 된다.

건곤은 천지정위(天地定位)하고 감과 이의 양괘는 수화불상사(水火不相射)되며 간과 태〔酉〕 양괘는 산택통기(山澤通氣)하고 진손은 뇌풍(雷風)이 상박(相撲)한다. 그러한 바 팔괘는 우주의 기본적 기틀이 된다.

3. 64괘

우주조화의 기본 괘인 팔괘만으로는 우주만상의 천지이치를 다 표현할 수가 없다. 그러한 바 이 팔괘를 배이중지(倍而重之 : 제곱)하여 천지만상 창조의 근원인 64괘가 된다.

괘에 따른 자세한 설명은 지면 관계로 생략하기에 깊이 연구하고 싶은 분은 주역에 관한 도서를 보면 자세히 파악할 수 있다.

풍수지리에서 직접 이용되는 예로는 용에 대해서 괘로 풀이하는 경우이다. 즉 경룡(庚龍)이라면 화풍정괘(火風鼎卦)이다. 정(鼎)괘는 크게 뻗어 발전하는 괘이며 또 불과 바람이 합작하여 크게 길한 괘이므로 경룡인 경우는 이러한 내용과 관련이 된다.

그 외에도 64괘는 풍수지리에서 여러 가지로 이용되지만 그 깊이나 연구 결과는 미흡하다. 그러나 도선국사처럼 심오한 연구를 하기 위해서는 많은 도서를 통한 끊임없는 노력이 필요할 것이다.

제4절 오행론

1. 오행의 원리

金 木 水 火 土를 오행이라 한다. 양이 변하고 음이 합하여 사상이 생기고 여기에서 다시 오행을 이루고 팔괘를 이루었다 한다. 다시 말해서 오행은 음양양의(陰陽兩儀)와 사상의 변화과정에서 자연발생한 천지만상의 본성이며 그 작용이법(作用理法)이다.

金 木 水 火 土는 물질 그 자체가 아니라 모든 물질의 성분을 다섯 가지로 분류해놓은 것을 말한다.

동양의 성인들은 모든 사물의 성분과 작용이법을 오행이라는 간편한 방법으로 분류하여 이의 상호 생과 극으로 우주만상이 창조됨을 일찍이 해득하였다. 다시 말하면 이 음양오행의 상생(相生), 상극(相剋), 화합(和合), 동정(動靜), 순역(順逆) 등 우주의 자연법칙에 의한 조화로 천지만물이 생장하고 소멸되는 자연의 이치를 스스로 알게 된 것이다.

현대과학도 위대한 음양오행학의 테두리 속에서 그 일부만을 구체적으로 검증한 것에 불과하며 앞으로도 영원히 이를 앞지르지 못할 것이다. 옛 성인이 말하기를 음양오행은 우주 안에 없는 곳이 없고 모든 사물에 관련되지 않은 게 없다고 했기 때문이다.

우선 모든 사물은 음과 양으로 분류되며 각기 특이한 오행성(五行性)을 지니고 있다. 첫째 하늘에는 양을 나타내는 해와 음을 나타내는 달과 각종 별이 있으며, 이 별 또한 금성, 목성, 수성, 화성, 토성 등 오행으로 분류된다. 이 칠정성(七政星)은 천체 안에 있는 수많은 모든 별들을 대표하는 별들이다. 땅에서는 낮(양)과 밤(음)이 구분되고 동(목), 서(금), 남(화), 북(수), 중앙(토)이 구분된다.

산에는 크게 음산과 양산이 구분되며 다시 금체, 목체, 수체, 화체, 토체 등으로 나누어진다. 사람 역시 음양남녀로 구분하고 사람의 장부 또한 오행으로 나뉘어 간장은 목, 심장은 화, 위장은 토, 폐장은 금, 신장은 수이다. 그리하여 각기 인체의 특이한 생리작용을 맡게 된다. 그러한 바 의학적으로도 신장이 나쁘면 우선 허파가 좋아지는 약을 복용해야 신장의 기능이 회복된다. 신장은 수요, 폐는 금이기 때문에 금생수하여 오행상의 수에 해당되는 신장을 폐에 해당되는 금이 도와주기 때문이다.

이 밖에도 선현들께서는 인간의 윤리도덕에까지도 오행을 인용하여 오륜(五倫)과 오덕(五德)으로 가르치고 사회질서 유지에 이를 선용하였다. 뿐만 아니라 인간을 비롯하여 모든 만물이 음양과 오행의 이치에 의해 태어나고 음양오행의 테두리 속에서 살다가 다시 음양오행의 힘에 의해 사라지고, 이를 반복하는 것이 우주만물의 생사순환의 이치이다.

한편 오행의 5라는 수는 하도의 1, 2, 3, 4, 5의 생수(生數)로 천지만물을 창조하는 기본수이다. 즉 1은 양수의 수가 되고, 2는 음수이며 화가 되고, 3은 양수의 목이 되고, 4는 음수이며 금이 되고, 5는 양수이며 토가 된다. 양수는 천수(天數)이고 음수는 지수(地數)인바 1, 3, 5는 천수, 2, 4는 지수이다(三天兩地라 한다).

2. 실용오행

실용오행(實用五行)은 음양오행의 이기를 통해 살아 있는 사람과 죽은 체백의 길흉화복을 제도하는 각종 이법을 말한다. 각 부에서 음양오행과 관련된 이법은 자세히 설명할 계획이기 때문에 가급적 중복을 피하기 위해 간략히 설명할까 한다.

■ 기본오행

이른바 목, 화, 토, 금, 수의 오행을 말하며 오행의 차례에 대해서는 학설이 구구하나 우주순환의 질서와 오행상생법에 따라 목(春, 東), 화(夏, 南), 토(四季節, 中央), 금(秋, 西) 수(冬, 北)의 순서에 따라 목생화, 화생토, 토생금, 금생수의 순서를 나타낸다.

■ 정오행

정오행(正五行)은 모든 오행의 기본이다. 각종 오행은 이 정오행에 준하여 화생(化生)된 오행이다.

1과 6은 수, 2와 7은 화, 3과 8은 목, 4와 9는 금, 5와 10은 토이며 홀수는 양이요 짝수는 음이다.(다음 표 참고)

五行	水		木		土		火		金	
陽	一	壬子	三	甲寅	五	辰戌	七	丙午	九	庚申
五行	火		金		水		木		土	
陰	二	丁巳	四	辛酉	六	癸亥	八	乙卯	十	丑未

■ 천간과 지지

천간 : 갑을병정무기경신임계(甲乙丙丁戊己庚辛壬癸)를 10천간(天

干)이라 한다. 다만 나경의 방위에서는 무기(戊己)를 제한 8천간을 갑경병임(甲庚丙壬)의 양간과 을신정계(乙辛丁癸)의 음간에다 건손간곤(乾巽艮坤)을 합해 12간으로 한다.

지지 : 자축인묘진사오미신유술해(子丑寅卯辰巳午未申酉戌亥)를 12지지(地支)라 한다.

■ 오행과 방위

사방과 중앙에도 각기 오행이 다음과 같이 배정된다.

正北方 → 壬子癸(坎卦) → 水	正南方 → 丙午丁(離卦) → 火
正東方 → 甲卯乙(震卦) → 木	正西方 → 庚酉辛(兌卦) → 金
東北方 → 丑艮寅(艮卦) → 土	東南方 → 辰巽巳(巽卦) → 木
西南方 → 未坤申(坤卦) → 土	西北方 → 戌乾亥(乾卦) → 金
中 央 → 戊 己　　→ 土	

■ 오행의 상생과 상극

상생은 목생화, 화생토, 토생금, 금생수, 수생목이며,

상극은 목극토, 토극수, 수극화, 화극금, 금극목이다.

한편 상생은 길하고 상극은 흉함이 원칙이나 이는 절대적인 것은 아니다. 오행의 조화는 생극이 다 같이 필요하기 때문이다.

■ 형살(刑煞)

자묘형(子卯刑), 인사형(寅巳刑), 사신형(巳申刑), 축술형(丑戌刑), 미술형(未戌刑), 이 밖에도 진진(辰辰), 오오(午午), 유유(酉酉), 해해(亥亥)는 자형(自刑)이다.

예를 들면 자(子)와 묘(卯)는 형살이기에 서로 상충한다.

■ 지지육해(地支六害)

자미해(子未害), 축오해(丑午害), 인사해(寅巳害), 묘진해(卯辰害), 해신해(亥申害), 유술해(酉戌害)

예를 들면 자좌(子坐)에 망명(亡命)이 미생(未生)이면 해롭다.

■ 원진살(怨嗔煞)

자미(子未), 축미(丑未), 인유(寅酉), 묘신(卯申), 진해(辰亥), 사술(巳戌)은 상호 불화불목(不和不睦)의 관계이다.

■ 홍범오행(洪範五行)

홍범오행은 좌(坐)가 연운(年運)의 극을 받는지 아닌지를 보는 이장시 택일에 필요한 오행이다. 즉 연운이 산운[坐]을 생조(生助)하거나 비화(比和)하면 길하고 상극(相剋)하면 흉하다. 단 연운은 납음오행(納音五行)을 필요로 한다.

갑인진손(甲寅辰巽)은 水, 술자신신(戌子辛申)은 水, 묘간사산(卯艮巳山)은 木, 오임병을(午壬丙乙)은 火, 유정건해(酉丁乾亥)는 金, 계축곤경미(癸丑坤庚未)는 土이다.

■ 소현공오행(小玄空五行)

소현공오행은 향(向)을 대상으로 물의 득(得)과 파(破)의 길흉을 논하는 오행이다. 즉 내득(來得)은 생방(生方)이 길하고 거파(去破)는 극방이 길하며 비화(比和)는 다 같이 흉하다.

병정을유(丙丁乙酉)는 火, 건곤묘오(乾坤卯午)는 金, 술경축미(戌庚丑未)는 土, 갑계해간(甲癸亥艮)은 木, 자인손신진사신임(子寅巽辛辰巳申壬)은 水가 된다.

3. 각종 특수 이법

음양이법에 의한 길흉화복의 구체적 판단은 다음 각 항의 특수 이법을 사용하는 것이다.

■ 정음정양법(淨陰淨陽法)

24방위를 음양으로 나눈다.

정양(淨陽) : 건갑(乾甲), 곤을(坤乙), 감(坎 : 子)계신진(癸申辰), 이(離 : 午)임인술(壬寅戌)

정음(淨陰) : 간병(艮丙), 손신(巽辛), 진(震 : 卯), 경해미(庚亥未), 태(兌 : 酉)정사축(丁巳丑)

이 정음정양법은 특히 풍수지리에 의한 화복판단에 사용되는 여러 이법의 바탕이 되기 때문에 암기해두어야 된다.

예를 들어 보면 양룡 입수룡에는 양향이라야 길하며 양방 내거수(來去水)해야 길하며 음이 혼합되면 흉하다.

• 음룡(陰龍)은 음향에 음방내거수(陰方來去水)해야 길하며 양이 혼합되면 흉하다.

■ 칠길성위(七吉星位)

• 삼길(三吉)‥‥‥‥亥庚卯

• 육수(六秀)‥‥‥‥艮丙巽辛酉丁

• 삼양(三陽)‥‥‥‥巽丙丁

• 팔귀(八貴)‥‥‥‥艮丙巽辛酉丁震卯庚

• 문필(文筆)‥‥‥‥巽辛

• 사문(赦文)‥‥‥‥丙丁庚辛

• 남극장수성(南極長壽星)‥‥‥‥艮丙兌丁

■ 삼합오행

건갑정해묘미는 木국, 간병신인오술은 火국,
손경계사유축은 金국, 곤임을신자진은 水국

■ 쌍산삼합오행사국(雙山三合五行四局)

수법에서 자세히 다루어지겠지만 쌍산이란 천간과 지지가 서로 배
합하여 이루어진 오행이다. 즉 임, 계, 간, 갑, 을, 손, 병, 정, 곤, 경,
신, 건은 천간이요 자, 축, 인, 묘, 진, 사, 오, 미, 신, 유, 술, 해는 지
지이기 때문에 임자, 계축, 간인……으로 배합된 오행을 말하며 곤신,
임자, 을진의 쌍산이 곤임을과 신자진의 천간은 천간끼리, 지지는 지
지끼리 삼합(나경에서는 정삼각형을 이룬다)을 이루며 다음과 같이
사국(四局)을 이루기 때문에 쌍산과 삼합오행은 풍수지리에서 가장
많이 사용되는 오행이다.

- 건갑정(乾甲丁)
  해묘미(亥卯未) 〉 木국

- 간병신(艮丙辛)
  인오술(寅午戌) 〉 火국

- 손경계(巽庚癸)
  사유축(巳酉丑) 〉 金국

- 곤임을(坤壬乙)
  신자진(申子辰) 〉 水국

■ 사국의 용(龍)과 수세의 가늠법

용은 정(靜) 즉 음이요, 물은 움직이기 때문에 양이다. 그러므로 수
세의 길흉 판단은 좌선순행(左旋順行 : 시계 방향)하고 용의 길흉은
우선역행(右旋逆行 : 시계 반대 방향)하여 포태법으로 가린다.

■ 금국정룡(金局丁龍)

수구사국(水口四局) … 계축(癸丑), 간인(艮寅), 갑묘(甲卯), 수구

(水口) … 금국(金局)

수법(水法) … 절(絶, 起胞) → 간인(艮寅), 생(生) → 손사(巽巳),
　　　　　　　대(帶) → 정미(丁未), 왕(旺) → 경유(庚酉), 묘
　　　　　　　(墓) → 계축(癸丑 : 순포태(順胞胎)

용법(龍法) … 절(絶, 起胞) → 임자(壬子), 생(生) → 경유(庚酉),
　　　　　　　대(帶) → 정미(丁未), 왕(旺) → 손사(巽巳), 묘
　　　　　　　(墓) → 계축(癸丑) : 역포태(逆胞胎)

■ 수국신룡(水局辛龍)

수구사국 … 을진(乙辰), 손사(巽巳), 병오(丙午), 수구(水口)…수
　　　　　　국(水局)

수법 … 절 → 손사(巽巳), 생 → 곤신(坤申), 대 → 신술(辛戌), 왕
　　　　→ 임자(壬子), 묘 → 을진(乙辰)

용법 … 절 → 갑묘(甲卯), 생 → 임자(壬子), 대 → 신술(辛戌), 왕
　　　　→ 곤신(坤申), 묘 → 을진(乙辰)

■ 목국계룡(木局癸龍)

수구사국 … 정미(丁未), 곤신(坤申), 경유(庚酉), 수구(水口)… 목
　　　　　　국(木局)

수법 … 절 → 곤신(坤申), 생 → 건해(乾亥), 대 → 계축(癸丑), 왕
　　　　→ 갑묘(甲卯), 묘 → 정미(丁未)

용법 … 절 → 병오(丙午), 생 → 갑묘(甲卯), 대 → 계축(癸丑), 왕
　　　　→ 건해(乾亥), 묘 → 정미(丁未)

■ 화국을룡(火局乙龍)

수구사국 … 신술(辛戌), 건해(乾亥), 임자(壬子), 수구(水口)…화

국(火局)

수법 … 절 → 건해(乾亥), 생 → 간인(艮寅), 대 → 을진(乙辰), 왕
　　　→ 병오(丙午), 묘 → 신술(辛戌)
용법 … 절 → 경유(庚酉), 생 → 병오(丙午), 대 → 을진(乙辰), 왕
　　　→ 간인(艮寅), 묘 → 신술(辛戌)

　수법의 생궁(生宮)은 용법(龍法)의 왕궁이 되고 수법의 왕궁은 용법의 생궁이 되고 용법의 생궁은 수법의 왕궁이 되며 용법의 왕궁은 수법의 생궁이 되며 대궁(帶宮)과 묘궁(墓宮)은 용과 수가 같은 궁위(宮位)이다.

■ 육친법(六親法)

　육친법은 일명 육신법(六神法)이라 하며 오행의 상생, 상극, 비화(比和)의 이치에 따라 이해득실을 가늠하는 오행법칙이다. 즉 상생, 상극, 비화의 세 가지 원칙이 다시 피아(彼我)의 관계에 따라 각각 길흉으로 나누어지기 때문에 육신법이라 한다.

- 생아자(生我者)는 부모이다 … 인수(印綬)와 편인(偏印)이 있다.
  (길) 인수(異陰陽) …… 총명인의(聰明仁義) 가운창성(家運昌盛)한다.
  (흉) 편인(同陰陽) …… 매사부진(每事不振)하고 박명색난(薄命色難)이다.
- 아생자(我生者)는 자손이다 … 식신(食神)과 상관(傷官)이 있다.
  (길) 식신(同陰陽) …… 재물이 풍족하고 후덕인정(厚德人情)이다.
  (흉) 상관(異陰陽) …… 극자(剋子), 극처(剋妻) 다재불운(多災

不運)하다.

- 아극자(我剋者)는 처재(妻財)이다 … 정재(正財)와 편재(偏財)가 있다.

　　(길) 정재(異陰陽) …… 처현자효(妻賢子孝)하고 득재치부(得財致富)한다.

　　(흉) 편재(同陰陽) …… 작첩주색(作妾酒色)에 편법축재(便法蓄財)한다.

- 극아자(剋我者)는 관살(官煞)이다 … 정관(正官)과 편관(偏官)이 있다.

　　(길) 정관(異陰陽) …… 조입관운(早入官運)하고 정재양왕(丁財兩旺)이라.

　　(흉) 편관(同陰陽) …… 완강험로(頑强險路)에 병권형벌(兵權刑罰)이다.

- 비화자(比和者)는 형제이다 … 비견(比肩)과 겁재(劫財)가 있다.

　　(길) 비견(同陰陽) …… 상조발전(相助發展)하나 과즉손재(過則損財)이다.

　　(흉) 겁재(異陰陽) …… 경쟁불화(競爭不和) 손재가패(損財家敗)한다.

이음양(異陰陽)과 동음양(同陰陽)은 뒤에 나오는 납음오행 조견표를 참고, 홀수는 양이요 짝수는 음이다.

제**3**부

보국명당론

제1장
보국론

제1절 보국 개요

1. 형상적 보국론

풍수지리의 밑바탕은 용혈사수(龍穴砂水)임을 앞에서 강조한 바 있다. 따라서 보국(保局)이란 혈을 중심으로 주산, 현무, 안산, 청룡, 백호, 명당, 강호, 하천 등 혈에서 보이는 모든 용혈사수에 의해 둘러싸인 한 개의 울 안을 뜻한다. 이는 진혈을 위해 모든 기를 보호해주는 성곽(城廓)이라고 생각하면 된다. 따라서 보국의 길흉은 혈의 맺음과 화복에 큰 작용을 한다.

보국을 이루는 용혈사수가 기운이 왕성하고 수려하며 다정하게 감싸주어야 좋은 명국(明局)으로 기를 혈장 내로 뭉쳐주어 진혈이 맺게 된다.

풍수지리에서는 이와 같이 짜임새가 좋은 명당일수록 올라오는 지기(地氣)와 내려오는 천기(天氣)의 음양이 서로 합하여 혈의 진결과 자손의 발복으로 이어지는 보국을 명당 또는 길국(吉局)이라 한다.

이와 반대로 보국이 파열되었거나 요결(凹缺) 험상스럽게 보이고 춥고 습기가 차고 바람소리나 물소리가 요란하고 어쩐지 살기가 등등하여 패가망신의 재앙이 이어지는 보국을 살국 또는 흉국이라 한다.

위와 같이 형상적으로 식별할 수 있는 방법을 형상적 길흉보국론이라 한다.

2. 이법적 보국론

수구사국을 알고 용혈의 길흉을 가늠하는 이법으로 수구사국을 기준으로 12포태법 또는 구성법(九星法)으로 용혈의 생왕과 사절에 따른 자손의 길흉화복을 가늠하는 이법이다.

득파수포태법(得破水胞胎法)은 포태법 사국을 먼저 알고 용입수(龍入首)와의 길흉관계를 가늠하는 이법으로 수(水)의 길흉은 양포태(陽胞胎 시계 방향)로 돌리고 용(입수 포함)은 음이기 때문에 음포태(역으로 돌린다)로 돌려서 상호배합으로 혈의 길과 흉을 판정하는 이법이다.

수구사국

辛戌乾亥壬子는 火국

癸丑艮寅甲卯는 金국

乙辰巽巳丙午는 水국

丁未坤申庚酉는 木국

포태사국

乾甲丁亥卯未는 木국

艮丙辛寅午戌은 火국

巽庚癸巳酉丑은 金국

坤壬乙申子辰은 水국

정음정양법

정음 : 亥卯未, 艮丙辛, 巽庚丁, 巳酉丑

정양 : 乾甲癸, 寅午戌, 坤壬乙, 甲子辰

이를 동궁(同宮)별로 정리하면

정음 : 艮丙, 巽辛, 亥卯未庚, 巳酉丑丁

정양 : 乾甲, 坤乙, 坎癸甲辰, 寅午戌壬

우선 여기서는 수구사국과 포태사국을 이해함과 동시에 풍수지리에서 보국의 소임은 무엇보다 중요하며 보국의 길흉이 곧 혈의 진부(眞否)와 화복의 길흉에 크게 작용함을 인식하고 산을 찾아 심혈하는데 보국의 형세(형기)와 이법(이기)이 서로 맞아야 된다는 것 정도만 인식하고 여러 가지 이법의 운용방법은 다음 향법론에서 자세히 설명하기로 한다.

득파수사국을 알고 득수의 길흉을 알기 위해서는 양포태(陽胞胎, 順胞胎)로, 좌(坐)나 용의 길흉을 알기 위해서는 음포태(陰胞胎, 逆胞

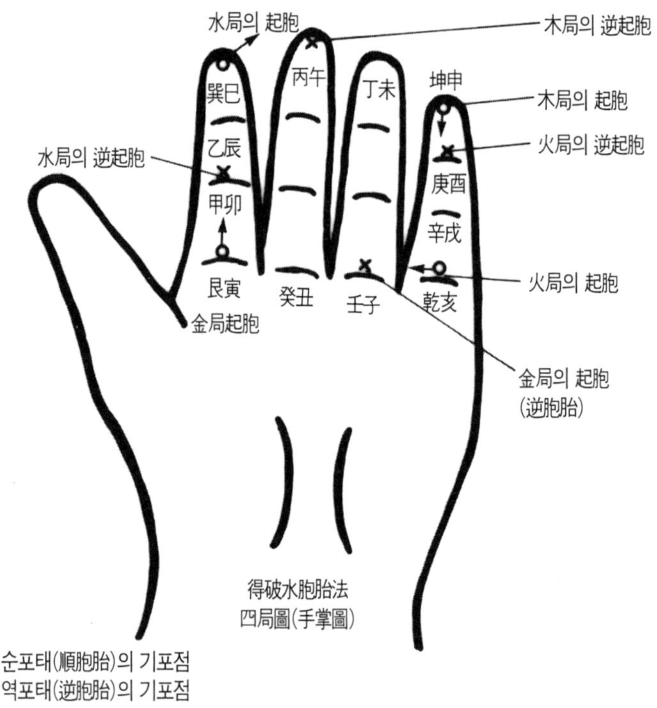

〈그림 9〉 得破水胞胎法 四局圖(手掌圖)

胎 → 시계 바늘과 반대 방향)로 돌려 득수가 혈에 미치는 영향과 수
구와 혈의 좌향과의 배합이 맞는가를 알아보는 방법 중 제일 많이 활
용되는 방법이니 그 기본법만 알고 선사들에 의한 여러 가지 이법에
대한 비교연구는 다음 제8부에서 자세히 설명하기로 한다.

제2절 나성원국론

1. 나성

혈을 중심으로 높고 낮은 산들이 첩첩이 휘감아 싼 모습이 마치 산
성과 흡사하다 하여 나성(羅城)이라 한다. 혈을 중심으로 수많은 중성
(衆星 : 산)들이 둘러싸고 있는 형세와 같다 하여 이를 나성원국(羅城
垣局)이라 하며 이처럼 높고 웅장한 많은 산들이 용과 혈을 중심으로
외곽을 공허하거나 오목한 곳이 없이 이중삼중으로 멀리 둘러싸고 있
는 판국을 풍수지리에서는 나성원국이라 하며 나성 내에 있는 국세
(局勢)가 광활하고 평원하며 그곳에 모인 물이 지현구곡(之玄九曲)으
로 회류(廻流)하며 수기(收氣)하고 수구를 첩첩 가두어주면 대명당을
이룰 수 있는 좋은 나성원국인 것이다.

2. 전응후고

전응(前應)이란 중첩된 안산과 조산이 혈의 정면에서 대응해주는
것을 말하며 후고(後靠)란 주산 뒤에 붙어 있는 높은 산이 주산과 혈
을 뒷받침해주는 것을 말한다.

3. 좌보우필사

혈의 좌우에 우뚝 솟은 두 봉이 대치하여 양쪽에서 용혈을 가깝게

호위하고 보호해주는 것을 말하며 이를 복음성(伏吟星)이라고도 하며 구성법에서는 무곡(武曲), 탐랑(貪狼), 거문(巨門)의 삼길성(三吉星) 다음 가는 중격길성(中格吉星)으로 취급되고 있다.

이 좌보우필사는 자태가 단정하고 수려하며 높이와 대소 및 원근거

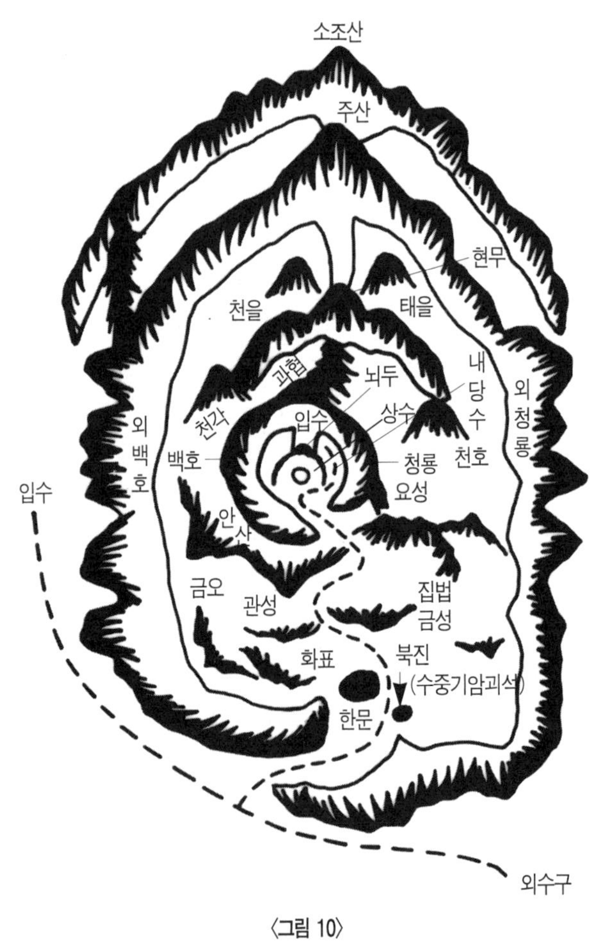

〈그림 10〉

리가 비슷하여 서로 조화로워야 길격인 것이다. 좌보우필 중에서도, 용혈 뒤쪽 좌우에 특립(特立)한 귀봉을 좌는 천을(天乙), 우는 태을 (太乙)이라 하며(〈그림10〉 참고), 혈후과협(穴後過峽)의 좌우에 대치 한 귀봉을 좌는 천각(天角)이요 우는 천호(天弧)라 하며, 혈장 앞 좌 우에 양봉이 대치한 귀봉을 좌는 금오(金吾), 우는 집법(執法)이라 한 다. 이러한 좌우에 있는 귀봉들을 장군대좌혈(將軍大坐穴)이나 군신 봉조혈(君臣奉朝穴) 등에서는 좌시우시(左侍右侍)로 표현하는 경우 도 있다.

제3절 수구사

수구사(水口砂)란 물이 흘러가는 것이 보이는 끝(水口)을 금성(禽 星)으로 명당수의 급류직거를 막아 당기(堂氣 : 혈장 내에 뭉치는 기) 를 보전케 하는 귀중한 길사(吉砂)이다.

이 수구사는 주로 수구 양안(兩岸)에 우뚝 솟은 산봉우리나 물 가 운데에 있는 암석의 두 가지로 나누고 있다.

무릇 수구사는 주밀(周密)하고 양변이 서로 얽혀 개의 어금니와 같 이 교착(交錯)되고 혹은 수중기암(水中奇岩)이 인(印), 홀(笏), 수 (獸), 금(禽), 구(龜), 사(蛇), 어(魚), 순(筍) 등과 같거나 수구 좌우 고산(高山)의 대치함이 사자(獅子), 상(象), 기(旗), 고사(鼓砂) 등의 귀사(貴砂) 들이 멀리 중첩될수록 좋다.

수구에는 혈전 내당수가 합금유거(合襟流去)하는 내수구와 청룡 백호 밖에서 흐르는 외당수가 출거(出去)하는 외수구가 있다.

특히 이러한 수구사가 없어 내외 명당수의 역관사(逆關砂)가 없이 무관직류(無關直流) 또는 순관(順關)은 진룡진혈(眞龍眞穴)이 아니기에 도산(倒産)하게 되는 것이 풍수지리의 상식이다. 그러므로 수구처는 양쪽 산봉이 교착대치하거나 수중기암으로 주밀하여 명당수가 완만하게 구곡수로 흘러야만 혈지진결(穴地眞結)은 물론 그에 따른 자손의 번영과 부귀가 보장된다(순관과 역관은 하수사론에서 설명).

물 가운데 암석을 일괄 금성(禽星)이라 호칭하며 기타 수구사에 한문(捍門), 화표(華表), 북진(北辰), 나성(羅星) 등으로 요약하고 있다.

1. 한문

한문(捍門)이란 수구 양쪽에 있는 산이 대치하여 서 있는 기봉을 말한다.

수구문의 양쪽 문설주에 해당된다. 그 형상은 사자나 우마(牛馬) 등의 동물상 또는 일월(日月)이나 기고사(旗鼓砂) 등 각기 다르나 양쪽 간격은 불능통주(不能通舟)할 정도라 했으니 소형 조각배가 겨우 통과할 정도로 좁은 것이 길격이다. 한편 삼격(三格)이 있는데, 한문 제일격은 혈의 정면 좌우에 양봉이 대치한 한문으로 외양산수(外陽山水)가 조입(朝入)한 것이다. 이 격은 극히 귀한 것으로 공후, 황후, 귀비, 신동, 장원 등이 속출한다.(〈그림11〉 참고)

한문 제이격은 혈 앞 좌우에 산이 문(門)과 같이 대치하여 물이 가운데로 거한 것이다. 이 격도 대귀격이다. 다만 내명당수가 수구를 거쳐 흘러 나가는 문호이다. 이 역시 귀한 수구사로 큰 부자나 큰 귀가 기약되는 한문수구사이다.(〈그림12〉 참고)

그러나 수구문 밖에 큰 강이나 호수가 있거나 혹은 수구처에 북진(北辰), 화표사(華表砂) 등이 이중삼중으로 놓여 있지 않고 원진수, 내당수가 길게 직거하면 오히려 큰 화가 있게 된다.

한문 제삼격은 용혈을 감도는 횡수가 수구를 통과할 즈음에 좌우에 있는 산이 문과 같이 서로 대치한 한문이다. 이 또한 큰 귀격 수구사

〈그림 11〉 한문 제일격

로 진격(眞格)인 용혈과 합국이면 백자천손(百子千孫)에 부귀가 기약
되는 귀한 한문이다.

　이는 수구한문이 혈에서 보이지 않는 것이 필연적 요건이다.(〈그림
13〉 참고)

〈그림 12〉 한문 제이격

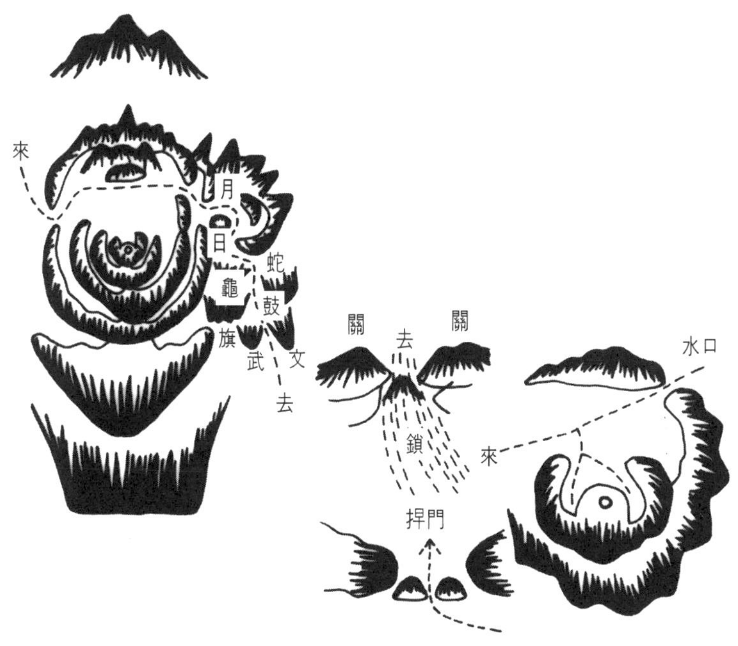

〈그림 13〉 한문 제삼격

2. 화표사

화표(華表)란 수구의 양쪽 언덕이 서로 마주 있는 수구한문(水口捍
門)의 물 가운데에 우뚝 솟아 있는 한 개의 큰 바위이다. 이와 같은 화
표가 수구를 잠그면 그 안에 오랜 부귀가 기약되는 진혈이 있는 것이
다.

3. 북진

북진(北辰)이란 화표사보다 더욱 웅장하고 큰 암석이 수구의 물 가운데에 탁립한 사(砂)라는 설과 거수처(去水處 : 水口)의 물 가운데에 모여 있는 일월성진(日月星辰), 잠룡(潛龍), 영구(靈龜), 선학(仙鶴), 유어(遊魚), 고궤(庫櫃), 금상(金箱) 등 영물형상(靈物形像)을 닮은 기이한 큰 바위들이라 주장하는 두 설이 있다. 인자수지(人子須知) 등 여러 가지 기록을 보아도 두 가지 설을 다 수용하는 것이 옳을 것 같다.

수구에 괴석이 있으면 대소고저로 경중을 논할 것이니 고대(高大)한 것은 북진이라 하여 반드시 영웅을 낳을 것이라 했다.

만일 수구에 북진성이 보이면 거석이 솟아 담(膽)이 서늘할 것이며 북진성이 다른 산들을 누르면 대대로 문무가 많이 나며 수 중에 둥근 석인사(石印砂)가 낮게 있으면 창영(昌榮)함에 그칠 것이라 했다.

따라서 수구에 크고 높은 바위가 있으면 대귀지임을 알 수 있으니 진혈을 찾아볼 만한 곳임에 틀림이 없다.

4. 나성

나성(羅城)이란 수구에 있는 돈부(墩阜 : 土石으로 된 높은 언덕)로 된 작은 섬을 말한다. 즉 명당수의 수구에 있는 토석혼성(土石混成)의 금체(金體) 또는 토체(土體)로 된 퇴부(堆阜 : 언덕)를 말한다.

암석으로 된 것이 상(上)이요 흙으로 된 것이 다음이다. 이와 같이 나성이 수구를 잠그면 물의 직류나 급류를 막아주기 때문에 물의 흐름이 완만하게 지현자(之玄字) 모양으로 구불구불 흐르게 되어 길한 것이다.

나성에는 진위(眞僞)가 있는데 진나성은 수미(首尾)가 있어 그 머리는 역상류하고 꼬리가 물을 이끈다고 했다. 머리를 위로 꼬리를 아래로 하여 역수등문(逆水登門)하면 길격 나성인 것이다.

또 설명하기를 한 쪽은 발을 베개삼고 밭 가운데 골맥(骨脈)이 있어 돌이나 흙의 집토(集土)로 견고하게 이어지는 나성의 여기(餘氣)가 솟은 성진(星辰)이 물가에 있는 것이라 했다. 이상과 같은 화표, 한문, 북진, 나성은 다 수구에 있는 지극히 귀한 사들이니 이 중 하나만 얻어도 부귀용혈의 증거가 되는 것이다.

제4절 관·귀·금·요론

관(官), 귀(鬼), 금(禽), 요(曜)의 네 가지 귀성(貴星)은 진룡, 진혈의 보조사(補助砂)이며 혈의 전후좌우에 생기는 여기(餘氣)로 인한 산을 말하는 것이니 앞에 있는 것을 관성(官星)이라 하고 뒤에 있는 것을 귀성(鬼星)이라 하며 용호(청룡과 백호) 좌우에 붙어 있는 것을 요성(曜星)이라 하고 명당의 좌우나 수구의 좌우에 있는 것을 금성(禽星 : 明曜라고도 한다)이라 한다.

이들은 모두 부와 귀를 기약할 수 있는 혈과 용의 증거가 되는 것이다. 사영가(四靈歌)에 '금요성과 관귀성은 다 길룡이 강한 기(氣)를 낳은 증거이므로 혈의 전후나 용호 곁에 사성이 있으면 정해놓고 공상지(公相地)라' 하였고 또 '금성 수성(獸星)이 수구에 있으면 한림(翰林)이 나며 생요생관(生曜生官)이면 왕사(王謝 왕씨와 사씨는 진나라의 명가임)의 명을 얻으리라' 하였으니 이는 명혈에 관귀금요는 없어서는 안되는 귀중한 사(砂)임을 강조하는 것이다.

무릇 용진귀혈(龍眞貴穴)이란 높고 준엄한 주산과 현무, 청아하고 단정한 안산과 조산, 수려하고 다정하게 감싸주는 청룡과 백호, 원만하고 평탄한 명당, 기이하고 견고한 수구사가 확연한 혈지를 말한다.

여기에 다시 관, 귀, 금, 요의 사귀성(四貴星)이 용혈에 다정하게 병립한다면 그 혈은 더욱 명당길지가 확실할 것이다.

이를 각 귀성별로 설명하면 다음과 같다.

1. 관성

옛 글에 '관성자(官星者) 조안배후유산(朝案背後有山) 역타향전자시야(逆拖向前者是也)' 라 하였다.

즉 관성은 조산과 안산의 배후에서 혈을 보호해주는 귀사(貴砂)이다. 이 관성은 진혈의 증거이며 대귀를 기약하는 귀사이다.

관성은 혈에서 보이지 않는 것이 원칙이나 뚜렷하게 보이면 이를 현세관(現世官)이라 하여 당대에 높은 벼슬이 기약된다.

2. 귀성

옛 글에 '귀성자(鬼星者) 혈후(穴後) 타탱지산(拖撑之山) 침락혈장자야(枕樂穴場者也)'라 하였고 양공(楊公)께서는 귀성이란 혈산 뒤에 있는 후장(後嶂)이며 혈장의 침락(枕樂)이라 했다. 그러므로 대개 직룡으로 뻗어내려온 용맥에서 결혈되는 개혈(蓋穴)이나 당혈(撞穴)에서는 필요가 없고 오직 횡룡입수(橫龍入首)한 횡룡결지(橫龍結地)에서만이 필수적 요건이 된다.

용의 기가 중대하면 귀성도 고대한 것이고 용의 기가 경소한 것은 귀성 역시 경소한 것이니 기맥의 역량에 따라 차이가 있는 것이며 귀성이 지나치게 고대한 것은 오히려 흉한 것이므로 높이와 크기는 혈장에 비하여 적당해야 길한 것이다. 끝으로 귀성의 역할과 화복은 "횡혈귀성(橫穴鬼星)은 결혈의 증거이며 귀성탱조(鬼星撑助)는 갑부가 나는 것을 기약할 수 있다"는 옛 글과 같이 귀성은 부사(富砂)의 하나이다.

3. 금성

금성(禽星)이란 수구 중의 암석을 말함인데 옛 글에 금성을 '금성자수구지석(禽星者水口之石) 역위지(亦謂之) 낙하화성(落河火星)'이라 하였으니 금성은 곧 명당좌우 또는 수구의 물 가운데 금수 또는 귀물(貴物) 모양의 바위를 말하며 금성은 요성(曜星)과 함께 뛰어난 귀사(貴砂)이기 때문에 2~3장 이상의 뿌리 박힌 바위가 수구를 관란(關欄 : 난간처럼 닫아준다)하면 높은 벼슬이나 지방장관이 된다 했다. 무근부석(無根浮石 : 작은 돌)은 금성이라 하지 않는다. 혹 시골 산중에 들러 수구에 이러한 기암괴석을 보면 그 안에 반드시 큰 귀혈이 있음을 믿고 찾아볼 만하다.

4. 요성

요성(曜星)이란 용의 기(氣)가 왕성해 일부가 옆으로 새나가서 생
긴 것을 말한다.

쉽게 설명하자면 용의 왕성한 기운이 용신혈장(龍身穴場) 혹은 명
당좌우에 출현한 특이한 귀사로 진룡진혈의 필수적 요건의 하나이다.
다시 말하자면 요성은 혈신의 지각(枝脚) 청룡 백호의 주외(肘外 :팔

관귀금요(官鬼禽曜)

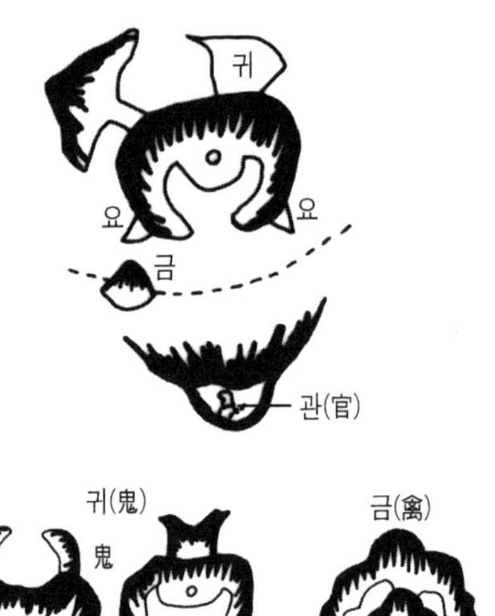

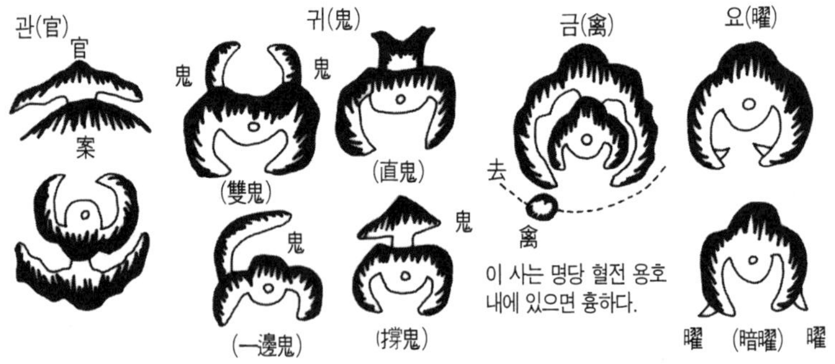

〈그림 14〉 관귀금요

뚝 밖의), 혈전의 좌우 혹은 용신혈체(龍身穴體)에 붙어 있는 날카롭고 뾰족한 사석(砂石)이다. 한편 용신혈체에 붙어 있는 요성은 길하지만 흉한 살성(殺星)과 뾰족하기가 같은 바 이를 분별할 줄 아는 요령이 필요하다. 즉 용혈이 진(眞)이면 귀인은 본래 보검(寶劍)을 차는 것이 이치에 맞기 때문에 그 뾰족하고 날카로운 사석은 요성이 되어 길하며 용혈이 부진(不眞)이면 악인은 흉검을 갖는 것이 이치이기 때문에 뾰족하고 날카로운 사석은 흉살이 되는 것이다.

제5절 하수사론

하수사(下水砂)란 동서남북을 불문하고 물이 나가는 곳(去水)의 혈체(穴體) 한쪽에 붙어 있는 귀사를 말하며, 상수(元辰水)를 역수시키는 역할을 하기 때문에 역관사(逆關砂) 또는 하비(下臂 : 아래 팔뚝)라 하기도 한다. 옛 결(訣)에 '혈이 있고 없음은 먼저 하비를 보라' 하였고, 또 '후룡이 오고 안 오는 것을 보지 말고 하관(下關 : 下水砂 또는 하비)의 유무를 볼 것이며, 결혈이 완전한가 아닌가를 보기 전에 하관이 긴밀한가 아닌가를 보라 하였다. 대개 혈은 하수사와의 관계가 가장 긴요한 것이니 하관이 있으면 결혈이 있고 하관이 없으면 결혈이 없는 것이며 하관이 중첩되면 대혈이요 하관이 공허하면 결지가 없는 것이다.

따라서 진혈에는 물의 역관이 중요하다. 특히 하수사에 의한 원진수(微茫水 또는 相水라고도 함)의 역수는 그 혈의 생명의 표상이다. 즉 혈장 내에서 흐르는 원진수의 역수는 그 혈장의 팔이 되는 하수사(下手砂)가 역관수수(逆關收水)하며 순수와 역수는 다음과 같이 구별되며 순과 역은 혈의 진부를 결정하는 중요한 역할을 한다(여기서 下

手砂와 下水砂는 같은 뜻으로 생각해도 무방하다).

1. 좌선혈장과 우선혈장

좌선혈장(左旋穴場)은 좌측 하수사(선익사)가 더 길어 원진수를 역관하고 우선혈장(右旋穴場)은 우측 하수사가 더 길어 원진수를 역관하여야 산수음양이 바르게 배합되어 좋은 혈을 맺게 되는 것이다. 만약 반대로 좌선혈장에 우측 하수사가 더 장대하면 좌선 원진수의 역수(逆水)가 이루어지지 않으며 우선혈장에 좌측 하수사가 장대하면 이 또한 좌선 원진수의 역수가 불가능하다.

다음 좌선룡에 있어서는 우선수가 역수이며 장대한 청룡을 따라 내려오는 좌선수는 순수(順水)이며 우선룡에는 좌선수가 역수이며 우선룡에 우선수는 순수이다.

풍수지리에서는 역수는 사용하고 순수는 쓰지 않는 것이 원칙이다. 즉 용이 물을 따라가면 혈을 맺지 못하며 부자를 바라기 어렵다는 옛 선사의 글도 있다.

靑龍逆關　길

白虎逆關　길

靑龍順關　흉

白虎順關　흉

〈그림 15〉

한편 내당수건 원진수건 간에 역관수수(逆關收水)하기 위해서는 한쪽 하수사는 반대쪽보다 길게 혈을 감아주며 한쪽은 짧고 약간 높아야 된다. 만약 양쪽 어깨에 해당되는 하수사가 다 같이 길거나 짧으면 역관이 이루어지지 않아 원진수가 곧게 흘러내리기 때문에 혈을 맺지 못한다. 또한 좌선혈장에 우측 선익사가 길거나 우선혈장에 좌측 선익사가 길어 서로 위치가 뒤바뀌면 이 역시 산수의 바른 배합이 되지 못해 혈을 맺지 못한다.

한편 지리학에서는 내당수의 역수가 혈을 맺고 부자가 되는데 중요하다고는 하지만 외당수의 역수도 이에 못지않게 중요함을 강조하고 있다.

2. 좌선룡과 우선룡의 경우

위에서는 좌선혈장과 우선혈장의 경우 역관수 관계를 설명하였으나 여기서 독자들이 혼돈하기 쉬운 내용에 부딪치게 된다. 그것은 즉 『인자수지』에서의 역관에 대한 설명과 다른 책에서 설명된 내용과는 정반대로 되어 있기 때문이다.

즉 다음 『인자수지(人子須知)』에서 설명한 〈그림 16〉의 내용과 〈그림 15〉의 내용을 비교해보면 정반대로 되어 있다. 『인자수지』에서는 청룡역관은 청룡이 장대하고 백호역관에서는 백호가 장대하게 되어 있는 데 반해 〈그림 15〉에서는 정반대로 청룡역관은 백호가 장대하고 백호역관은 청룡이 장대하게 표현되고 있다.

그러나 양측 그림과 설명을 자세히 검토해보면 앞 그림은 청룡이나 백호역관이 아니라 좌선혈장과 우선혈장에서 생기는 원진수의 역관관계를 설명한 그림인 것 같다. 따라서 『인자수지』의 제일 아래 그림을 보면 백호역관 속에다 앞의 〈그림 15〉의 백호역관을 합쳐놓은 것과 일치가 된다.

　따라서 결론적으로 혈지의 참된 혈은 좌선룡에는 우선수(右旋水)를 장대한 청룡이 역관하고 우선룡에는(〈그림16〉 참고) 좌선수를 장대한 백호가 역관하여 명당수를 역수해야 한다. 원진수와 내당수 그리고 외당수의 역수는 서로 반대의 방향으로 역관되어야 격에 맞는

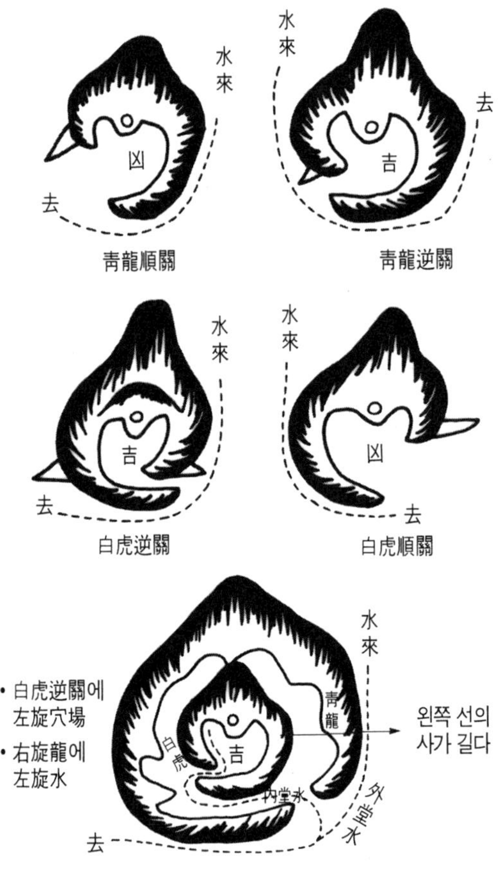

〈그림 16〉 인자수지에서 설명하는 좌선룡과 우선룡

역수이다. 즉 좌측 선익사 또는 하수사가 우선 원진수를 역수시키고 또 원진수와 내당수의 합수를 장대한 백호가 역관하여 좌선하는 외당수와 합류하게 되어 이중 또는 삼중으로 음양이 배합되면서 역으로 음양교배가 제대로 되어야 원진수가 혈 앞에서 곧게 흐르는 것을 막고 부혈(富穴)의 기본이 된다.

3. 용과 혈장에 대한 또 다른 설명

앞에서도 용과 혈장, 하수사, 선익사 등에 의한 물의 역관과 순관에 대해서 비교적 상세히 비교 설명했다고 본다. 그러나 최근에 발행된 어느 도서의 좌우선룡과 혈장의 설명도(〈그림 17〉 참고)를 보면 또 내용이 다르다. 좌선룡에 우선혈장의 경우 백호를 장대하게 표시하고 있다. 즉 청룡이 장대한 쪽을 우선룡으로 표시하고 있으나 청룡이 장대하면 좌선룡에 우선혈장이라야 한다. 이런 경우 우선 선익사가 더

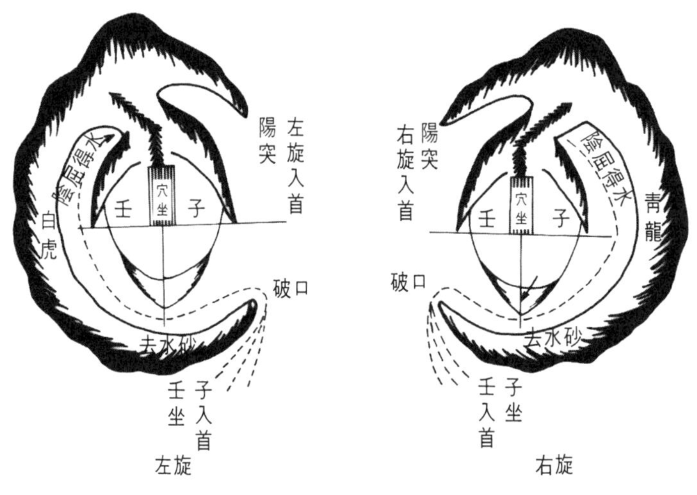

〈그림 17〉 작국도

길고 청룡 쪽 선익사는 좀 짧고 혈 쪽으로 약간 굽어지며 지반이 좀 높아 그쪽에서 흐르는 원진수가 혈 앞을 지나(過堂) 우선 선익사에서 일차 역관하여 흐른다. 내당수와 합수한 후 다시 장대한 청룡에서 이 차로 역관하게 되어야 산수음양의 이치에 맞는 것이다.

제2장
명당론

제1절 명당 개요

풍수지리에서 명당이란 두 가지 뜻이 있다. 그 중 하나는 참다운 길혈(吉穴)을 뜻하는 명당과 혈의 앞에 펼친 내당과 외당을 호칭하는 명당이다. 본 장에서의 명당은 용혈 전면의 내당과 외당을 지칭하는 지리학적 명당이다.

원래 명당이란 궁전의 내정과 외정에 백관이 집합하여 조회하고 만방의 제후들이 엎드려 조공하는 곳을 명당이라 했다. 따라서 풍수지리에서는 모든 산이 둘러싸고, 모든 물이 모여드는 기세와 형상이 마치 이에 흡사하기 때문에 혈의 전면에 펼쳐진 평탄한 자리를 명당이라 한다. 때문에 명당은 국세(局勢)의 대소와 부귀빈천을 판단하는 기준이 된다.

이 명당에도 궁전에 내외 정이 있듯이 내명당과 외명당으로 구분된다. 이를 일명 소명당과 대명당 또는 내당과 외당이라 하기도 한다.

내명당이란 내청룡 내백호와 내수구 사이를 말하며 이는 원진수가 혈을 지켜주고 음양내기(陰陽內氣)가 서로 융화하는 중요한 곳이다.

외명당은 외청룡 외백호와 외수구 사이에 펼쳐진 비교적 광활하고 여러 산수(山水)가 모여드는 곳을 외당이라 한다.

제2절 명당 불가 5원칙

명당으로 불가한 다섯 가지 원칙이 있다.

첫째, 명당이 용혈에 비해 지나치게 광활하면 바람을 가두지 못하여 국(局)을 이루지 못한다.

둘째, 명당이 너무 좁으면 생기를 쪼그려 용과 혈이 귀하지 못하다.

셋째, 명당이 너무 기울면 바람과 물이 너무 빠르게 흘러 생기를 보존하기 어렵다.

넷째, 명당에 여러 가지 흉한 살이 많으면 살기가 사나워 불가하다.

다섯째, 명당이 오목하게 너무 낮으면 바람과 물이 고르지 못하여 기(氣)가 흩어져버린다.

위의 불가 오원칙이 명당을 범하면 참된 국(局)이나 혈이라 할 수 없으며 그 정도가 심하면 패망(敗亡)을 피하기 어렵다. 그런즉 명당은 한쪽으로 기울지 않고 평탄하고 원만하며 산수가 잘 배합되어 화기가 충만해야 길하다.

제3절 명당의 형세

명당의 넓이는 용혈의 형세 및 판국의 규모에 따라 알맞고 조화 있게 이루어져야 된다.

우선 내명당의 넓이는 내청룡 내백호가 감싸주는 범위에서 그 내부가 평탄하고 원만하여 용수(龍水)가 배합하는 데 지장이 없을 정도의 넓이면 충분하다. 외명당의 넓이는 만마(萬馬)를 수용할 수 있을 정도의 넓은 평판(平版)에 많은 산과 물이 모여 교류하고 용혈과 내당을 감싸줄 수 있는 정도라야 한다. 요컨대 내외명당의 대소 광협은 그 전체 국세와 균형이 알맞아야 된다. 즉 명당은 용혈의 기세와 주위 형세에 합당해야 하며 국세에 비해 지나치거나 모자람이 있으면 불가하다. 다시 말하면 주위가 주밀(周密)하고 넓이가 알맞고 원만하며 사와 수가 다정하게 모여들어 화기가 국 내에 가득해야 좋은 명당으로 진국진혈(眞局眞穴)에 부귀와 자손의 번영을 바랄 수 있다.

이에 반해 명당 내 사방이 요결(凹缺)하고 허약하여 바람과 물이 요란하고 사수(砂水)가 비탈지면 좋은 혈을 맺지 못하여 패가망신한다.

결론컨대 음양택을 막론하고 진격(眞格) 내외명당이 갖추어져야 이른바 큰 명당이라 할 수 있을 것이다.

제4절 각종 길흉 명당론

1. 길격 명당

■대회명당(大會明堂)

대회란 여러 용들이 멈추고 여러 물들이 당으로 모이는 것이니 그 국세가 광대하여 천산만수가 거듭거듭 감싸주며 육곡구수(六谷九水)가 모여 과당(過堂 : 혈 앞을 지나는 것)하는 그 형세는 마치 여러 나라 공신들이 헌납하는 것과 같다 하여 대회명당이라고 한다. 여기에 진룡진혈(眞龍眞穴)이면 대부대귀할 명당인 것이다.

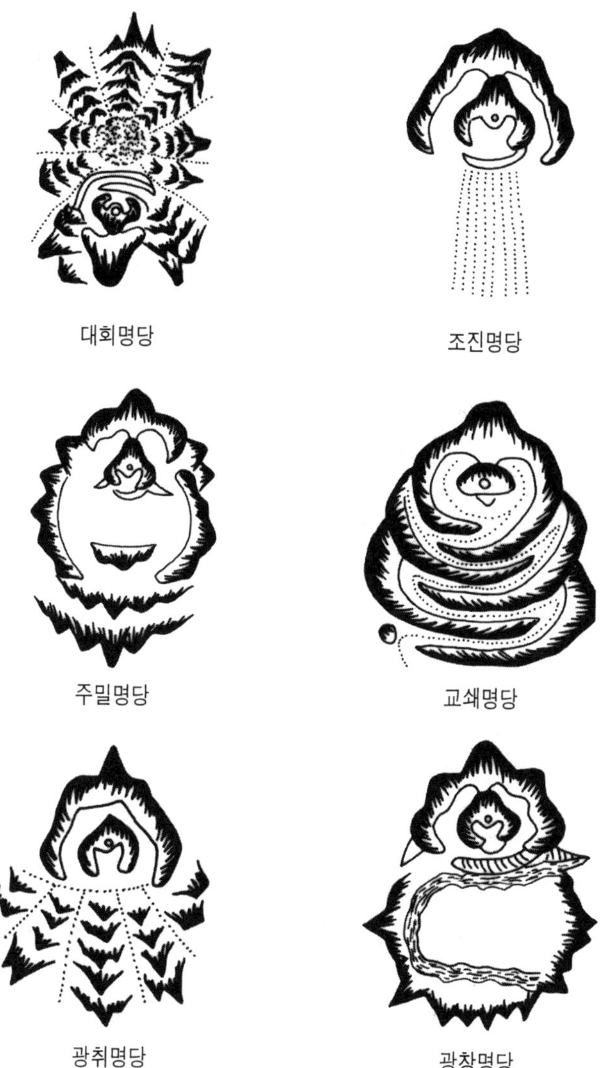

〈그림 18〉 길격명당

■조진명당(朝進明堂)

혈 앞에 바닷물이나 호숫가 혈을 향해 조입(朝入)하는 것을 말하며
방향이 적중하면 재록(財祿)이 속발(速發)하며 귀현(貴顯 : 높은 벼
슬)과 왕정(旺丁 : 자손이 성하는 것)의 대혈이 진결되는 명당이다.
한편 혈전(穴前)의 전원수(田園水)가 혈전내당(穴前內堂)에 유입하
면 이 또한 치부(致富)하는 물이다.

■주밀명당(周密明堂)

명당 외곽이 낮고 함한 곳이 없어 명당이 주밀하여 생기가 빠져나
감이 없이 혈이 맺어지는 명당을 말한다.

■교쇄명당(交鎖明堂)

교쇄명당은 명당 중에서 최상격이며 많은 물이 혈 앞에 모여 양쪽
산들이 사진과 같이 거듭거듭 감싸주는 것을 말한다. 극히 길하여 부
자와 높은 벼슬이 난다.

■광취명당(廣聚明堂)

많은 산에서 여러 줄기의 물이 널리 모여드는 것을 말한다. 이 명당
역시 지극히 귀하다. 산이 밝고 물이 청수(淸秀)해야 귀격이다.

■광창명당(廣暢明堂)

혈전 명당이 훤하게 트여서 좁거나 옹색하지 않고 광활하여 생기가
가득 찬 길격 명당이다. 그러나 주밀하지 않고 중수(衆水)의 모임이
없는 엉성한 넓은 들은 광창명당(廣暢明堂)이 아니다. 한편 낮은 산이
나 길수(吉水)가 혈을 궁포(弓抱 : 둥글게 둘러싸면)하면 더욱 길하
다. 그리하면 물과 기가 가득 차 부와 귀를 겸하는 대지가 된다.

이상 여섯 가지 명당은 길격 명당으로 큰 부자나 높은 벼슬을 기약할 수 있다.

2. 흉격 명당

■반배명당(反背明堂)

명당에 모여든 물이 활처럼 혈을 감아주어야 길함인데 그와 반대로 등을 돌리거나 거역하는 상이 되면 백무일성(百無一成)의 흉격 명당이다.

■경도명당(傾倒明堂)

혈 앞의 명당이 기울어져 물이 청룡 백호를 따라 곧게 흐르는 것이다. 경도명당이 되면 원진수가 곧게 흘러버리기 때문에 당내(堂內)의 기가 누설되어 재산을 팔고 자손이 빨리 죽는다.

■겁살명당(劫殺明堂)

겁살명당은 명당에 새의 부리와 같이 뾰족한 바위나 물이 혈을 직사(直射)하거나 또는 가까이 보이면 이러한 곳에는 혈을 쓸 수 없다. 그림처럼 첨사(尖砂 : 뾰족한 산)가 물과 함께 혈을 향해 직사하면 형살이를 하거나 전사로 인해 재산이 없어지고 고향을 떠나게 된다.

■파쇄명당(破碎明堂)

부서진 산이 근접해 보이거나 곡살(谷殺) 또는 명당 내에 바위가 많거나 차고 습기가 많아 음한 것을 말한다. 이는 재화(災禍)나 도적이 많고 집안이 평안치 못하며 백사(百事)가 불성(不成)이니 가장 불

〈그림 19〉 흉격명당

길한 명당 중 하나이다.

■ 핍천명당(逼穿明堂)

이것은 안산이 혈전에 너무 가깝게 있어 명당이 너무 협소한 것이다. 만약 진룡진혈인 경우 소혈이 있는 경우도 있으나 거의 취할 수 없는 것이다.

■ 질색명당(窒塞明堂)

언덕이 혈 앞을 가로막아 앞이 트이지 않고 막힌 것이니 혈전이 답답하여 난산, 형제불화 등 불길한 명당이다.

제**4**부

나경론

제1장
나경 패철 총론

제1절 나경의 개요

나경(羅經)이란 포라만상(包羅萬象)에 경위천지(經緯天地)라는 글의 뜻을 줄인 명칭이며 일명 패철(佩鐵)이라고도 부른다. 나경은 풍수지리에서 없어서는 안 되는 유일무이한 기구로 태양, 태음, 지구 등 우주 기본삼체의 조화로운 운동에 의한 우주운기(宇宙運氣) 방향과 도수를 측정하는 초과학적 신기(神機)이다. 따라서 이 작은 나경상에는 천지운행과 풍수법칙이 상세하게 기록되어 있다. 옛날부터 우리 조상들은 이 나경을 사용하여 음택인 묘지와 양택인 주택지를 분별 선정하여 조상 영혼의 안녕과 살아 있는 자손들이 화를 피하고 복을 받을 수 있도록 노력해왔다.

1. 나경의 역사

나경의 유래와 역사는 약 5천 년 전 중국 황제 때부터 비롯된 것이라고 생각된다. 나경에 관한 여러 설이 전해지고 있으나 구체적 발달 과정을 살펴보면 전한시대 장량(張良 : 赤松子라고도 함)이 선천도(先天圖)에 의해 지반정침(地盤正針)을 제정하고 그 후 당나라 양균송(楊筠松)과 송나라 뇌공문준(賴公文俊)이 이 정침을 중심으로 여러 법을 보완하여 천반봉침(天盤縫針)과 인반중침(人盤中針)을 제정하였다. 현재 널리 쓰이고 있는 나경은 청나라 지리학자 매곡천(梅穀天)이 이를 다시 정리하여 제작한 정교한 강희윤도(康熙輪圖)에 근거한 것이다. 이와 같이 나경의 원리는 심오하고 정교하여 그 법수(法數)는 성인이나 선인(仙人)이 아니고서는 제작도 불가능할 뿐만 아니라 그 이법도 해득(解得)이 불가능하리라 생각된다. 그러나 이 나경에 관한 학설은 구구하고 용법이 다양하여 우리 후학들은 이해하기도 어렵고 오류를 범하기도 쉬운 현실이다. 다행히도 『나경투해(羅經透解)』 같은 명저가 출간되어 크게 참고가 되고 있다. 『나경투해』는 36층까지 소상하게 설명하고 있기 때문에 후학들의 연구에 크게 도움이 될 것으로 사료된다.

2. 나경의 구조

나경의 원리와 근원은 태극에 있고 그 구조와 바탕은 낙서(洛書)와 후천도(後天圖)에 두고 있다. 이 태극의 음양양의(陰陽兩儀)를 사상(四象)으로 나누고, 다시 팔괘방으로 나누어 이를 다시 24방위로 나눈 것이 곧 나경의 기본적 구조이다.

나경의 첫째 지반정침은 주공(周公)께서 처음으로 선천지지 십이위(先天地支 十二位)를 경반(經盤) 위에 배치하고 한나라 장량이 여기에다 사유(四維 : 乾坤艮巽) 팔간(八干 : 甲庚丙壬乙辛丁癸)을 균배하여 24 기본방위를 선정하였다. 그리고 천반봉침과 인반중침은 당나라 양균송이 천간과 지지의 쌍산을 봉합(縫合)하여 천반봉침을 획정(劃定)하고 송나라 뇌문준(賴文俊)이 성수(星宿)의 위치에 따른 인반중침을 획정하여 비로소 천인지(天人地) 삼위(三位)의 정확한 방위를 경반에 등재하였다.

다시 이를 실용화하기 위해 천인지 삼반(三盤)을 더 세분하여 72지기(七十二地紀 : 穿山七十二龍)와 60천기(六十天紀)를 나누고 이어서 이를 120분금과 360도로 분정(分定)하였다. 그러나 나경의 구조에는 6층 구조부터 36층까지 여러 종류가 있어 그 사용법에 대해서도 구구하며 지금 시중에 나오는 나경 중에는 중침이 없이 지반정침과 천반봉침만을 표시한 7층 구조의 나경이 많이 나오고 있으며 그 사용법을 설명한 서적도 있으나 일반적으로 9층으로 된 나경을 사용하는 것이 옳다고 본다. 나경의 층별 용도는 다음과 같다.

3. 나경의 배열

지구는 둥글고 그 둘레는 360도이다. 나경 또한 원형으로 그 둘레 역시 360도이다. 나경의 기본분획은 태극을 바탕으로 하여 남북으로 양분하여 양과 음으로 나누며 정북을 0도로 하고 정남은 180도이다. 또 동서남북(卯·酉·午·子) 사방으로 나누어 각각 90도이다.

다음 이 사방에다 동북(艮), 동남(巽), 서북(乾), 서남(坤) 등 사간방(四間方)을 합하면 8방이 되며 이는 각각 45도씩이다. 이를 팔괘라 하는데 乾, 坤, 坎(子), 離(午), 艮, 巽, 震(卯), 兌(酉)이다.

다시 괘를 각각 3등분하면 24방위(坐)가 되며 1위는 15도씩이다.

이 24방위는 풍수지리의 기본 방위이며 모든 법수측정(法數測定)의 기준이 된다. 이 24위의 이름과 배열은 정북에서부터 좌로 순행(시계 방향)하여 壬, 子, 癸, 丑, 艮, 寅, 甲, 卯, 乙, 辰, 巽, 巳, 丙, 午, 丁, 未, 坤, 申, 庚, 酉, 辛, 戌, 乾, 亥의 순으로 360도를 회전한다.

제2장
나경의 용법

제1절 나경의 측정법

1. 측정방법

첫째 측정에 앞서 정확히 정반(定盤)하고 자오정침(子午定針)을 한다. 이때 나경 중심원의 천지흑선(天地黑線)과 금침(金針)의 공침(孔針) 부위를 자방(子方)에 맞춰서 일직선으로 정치(定置)하고 좌향을 측정한다.

특히 묘지에서의 측정은 우선 혈심처(穴心處) 혹은 상석 위에 수평으로 정침한다.

① 지반정침으로 혈의 좌향과 입수를 측정한다.
② 천반봉침으로 수세의 득과 파를 측정한다.
③ 인반중침으로 멀고 가까운 사격을 측정한다.
④ 1층부터 9층까지 각종 길흉법칙을 측정한다.

입향(立向)에 천반봉침설도 있으나 지반정침에 봉침분금을 쓰는 것이 일반화된 법칙이다.

용절(龍節)의 측정은 과협처에 정반하고 지반정침으로 내룡과 입수 용맥의 변화현상을 측정한다. 이때 천산 72룡이 동원된다. 그러나 너무 세분되어 측정방법이 복잡하기 때문에 많이 이용하지 않는 편이다. 그리고 용절은 기봉변절처(起峰變節處 : 봉을 이루어 용절의 방향을 바꾸는 곳)를 기준으로 한다.

양택에서의 측정은 우선 대지 중심 혹은 건물 중심점에 정반정침하고 측정하며 정침을 사용하여 팔괘 방위를 기준단위로 한다.

2. 층별 실용법

『나경투해』에서는 36층으로 나누어 그 원리 및 활용방법을 자세히 설명하고 있으나 기타 각종 산서(山書)에는 20층, 16층, 9층, 6층 등 층수가 일정하지 않으며 보통 9층 나경을 많이 이용하고 있다.

특히 풍수지리에서는 격룡(格龍), 정혈(定穴), 소사(消砂), 납수(納水)가 나경의 필수적 소임이며 그 기능이다. 이러한 역할들은 주로 천인지 삼반 즉 정침, 중침, 봉침이 담당하기 때문에 나경의 핵심적 역할을 한다. 기타 여러 층은 이 천인지 3층 작용의 원리와 방법론에 대한 보완적 역할을 담당한다. 따라서 층수의 많고 적음에 크게 구애받을 필요는 없으며 용, 혈, 사, 수의 진가길흉(眞假吉凶)을 확인할 수 있으면 되기 때문에 현재 풍수지리에서 많이 사용하고 있는 9층 나경을 완전해독하여 바르게만 사용한다면 큰 불편과 지장은 없을 것으로 생각된다.

3. 각 층별 용도와 역할

나경의 층은 나경의 중심에서 제일 가까운 층이 1층, 다음이 2층, 3층순이며 각 층별 용도와 역할은 1개 층에 1용도가 원칙이지만 층에 따라 두세 가지 용도를 겸하는 층도 있다. 각 층별 용도와 역할은 다음과 같다.

1층 : 황천살(黃泉殺)	4층 : 지반정침(地盤正針)	7층 : 투지(透地) 60룡
2층 : 八天干(八路)四維黃天殺	5층 : 천산(穿山) 72룡	8층 : 천반봉침(天盤縫針)
3층 : 雙山五行 및 三合五行	6층 : 인반중침(人盤中針)	9층 : 내반분금(內盤分金)

(1) 제1층 : 황천살

물의 득과 파에 대한 ① 팔살황천(八煞黃泉)과 ② 혈의 용상팔살(龍上八殺) ③ 선일망명(選日亡命)을 판단한다. 팔살황천은 좌향에 대해 피해야 할 득수의 방위를 말하며 용상팔살은 입수에 대해 피해야 할 혈의 방위(殺)를 말하며 선일은 장사택일(葬事擇日)에 이용된다.

팔살황천

일명 팔요수(八曜水)라 하여 여러 가지 나쁜 살 중에서 가장 나쁜 흉살이다. 장사할 때 반드시 피해야 된다. 그렇지 않으면 사람이 상하고 손재하게 된다. '살요위제악지수조장최기(煞曜爲諸惡之首造葬最忌)'라 하였다. 이를 풀이하면 팔살과 팔요는 나쁜 것 중에서 우두머리이다. 묘를 모실 때 제일 먼저 피해야 된다는 뜻이다.

예를 들어 감룡(坎龍) = 임자계(壬子癸) → 감괘(坎卦) → 진방(辰方), 즉 임자계좌(壬子癸坐)의 묘는 진방(辰方)에서 득수(得水)가 되면 살에 해당된다는 뜻이다.

- 간룡(艮龍) = 축간인(丑艮寅) → 간괘(艮卦)는 인방(寅方)
- 진룡(震龍) = 갑묘을(甲卯乙) → 진괘(震卦)는 신방(申方)
- 손룡(巽龍) = 진손사(辰巽巳) → 손괘(巽卦)는 유방(酉方)
- 이룡(離龍) = 병오정(丙午丁) → 이괘(離卦)는 해방(亥方)
- 곤룡(坤龍) = 미곤신(未坤申) → 곤괘(坤卦)는 묘방(卯方)
- 태룡(兌龍) = 경유신(庚酉辛) → 태괘(兌卦)는 사방(巳方)
- 건룡(乾龍) = 술건해(戌乾亥) → 건괘(乾卦)는 오방(午方)

물의 방위는 8층 천반봉침으로 혈에서 득수의 방위를 본다. 위는 팔살황천수를 말한 것이다. 장사에서 이를 피하지 않으면 극히 해로우며 이 살은 팔괘 방위에 대한 상극이 되는 방위수를 말한 것이다.

다음 표를 참조하면 더욱 자세히 상극관계를 이해할 수 있을 것이다. 일부 지사들은 득수나 거수를 다 같이 피해야 된다고 주장하지만 내수(得水)만을 피하는 것이며 여기에서 용이란 입수일절(入首一節)을 말한다. 이러한 이치는 물만이 아니라 직풍(直風)도 해당되기 때문에 살에 해당되는 방향이 함(陷)해서 그곳으로부터 혈을 향해 화살처럼 불어오면 살풍이 되어 극히 해롭다.

■용상팔살(龍上八殺)

용상팔살도 앞에서 설명한 팔요황천수와 같은 이치이지만 입수에 대한 향의 상극관계를 말한다. 입수나 혈의 좌향은 4층정침을 이용하

기 때문에 예를 들면 나경 4층 임자계(壬子癸) 입수의 경우는 감룡 입수라 하며 감괘는 水(3층)에 해당되기 때문에 진향(辰向)이 되면 辰

은 土에 해당되므로 토극수(土克水) 상극이 되어 흉살이 된다는 것이다. 따라서 용상팔살(입수)에 대한 상극 향을 알기 위해서는 나경의 4층과 1층을 보면 확실히 파악할 수 있다. 좀더 자세히 설명하자면 위의 그림 1층 辰은 4층의 임자계 坎괘(다음 용상팔살표 참조) 水에 해당되기 때문에 1층 辰(土)이 토극수가 되어 황천살이 된다는 것이다.

용상팔살에 대한 설명이 서적이나 각 지사들에 따라 차이가 있기는 하나 아주 상반된 내용들은 아니다. 예를 들면,

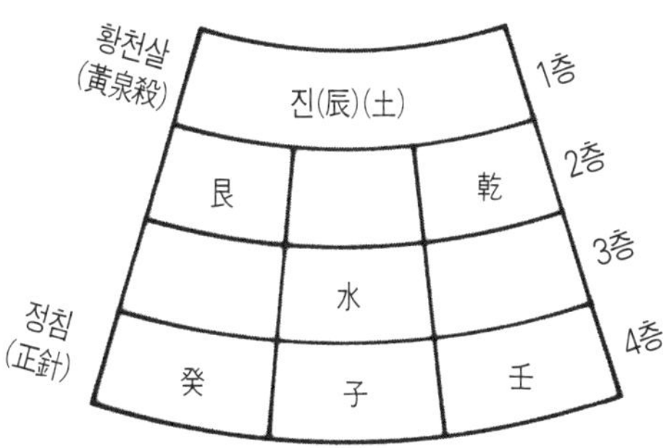

子(水)입수에 辰(土)향, 坤(土)입수에 卯(木)향, 卯(木)입수에 申(金)향, 艮(土)입수에 寅(木)향, 午(火)입수에 亥(水)향, 巽(木)입수에 酉(金)향, 乾(金)입수에 午(火)향, 酉(金)입수에 巳(火)향으로 오행상극 관계를 용상팔살로 설명한 지사도 있으며 어떤 서적에서는,

- 임자입수(壬子入首)에 을진향(乙辰向)
- 곤신입수(坤申入首)에 갑묘향(甲卯向)
- 손사입수(巽巳入首)에 경유향(庚酉向)
- 건해입수(乾亥入首)에 병오향(丙午向)
- 경유입수(庚酉入首)에 손사향(巽巳向)
- 병오입수(丙午入首)에 건해향(乾亥向)

· 간인입수(艮寅入首)에 간인향(艮寅向)

· 갑묘입수(甲卯入首)에 곤신향(坤申向)이 각각 용상팔살(龍上八殺 = 黃泉殺)이라고 설명한 곳도 있다.

그러나 이러한 각기 다른 표현은 완전히 상반된 이론은 아니기에 각자의 이론을 존중해야 하겠지만 일반 독자들의 입장에서는 앞에서 설명한 내용이 좀더 객관적 근거가 있으며 나경에 표시된 내용과 일치되기 때문에 이해가 빠를 것으로 생각된다.

〈표 1〉 용상팔살표

	入首	向과의 관계	괘(卦)	五行	黃泉殺(向)
1	戌乾亥	火剋金	건괘〔乾(☰)卦〕	陽金	午向(陽火)
2	壬子癸	土剋水	감괘〔坎(☵)卦〕	陽水	辰向(陽土)
3	丑艮寅	木剋土	간괘〔艮(☶)卦〕	陽土	寅向(陽木)
4	甲卯乙	金剋木	진괘〔震(☳)卦〕	陽木	申向(陽金)
5	辰巽巳	金剋木	손괘〔巽(☴)卦〕	陰木	酉向(陰金)
6	丙午丁	水剋火	이괘〔離(☲)卦〕	陰火	亥向(陰水)
7	未坤申	木剋土	곤괘〔坤(☷)卦〕	陰土	卯向(陰木)
8	庚酉辛	火剋金	태괘〔兌(☱)卦〕	陰金	巳向(陰火)

■ 택일조명(擇日造命)

장사택일(葬事擇日)에서 팔산(八山 : 山은 坐와 같은 뜻) 구살일(九煞日)을 선일(選日)하면 장사 후 백일 내에 재앙이 있게 되니 이 날의 장사는 반드시 피해야 한다.

· 술건해(戌乾亥)(乾山) … 임오일(壬午日)

· 진손사(辰巽巳)(巽山) … 신유일(辛酉日)

· 임자계(壬子癸)(坎山) … 무진(戊辰), 무술일(戊戌日)

· 병오정(丙午丁)(離山) … 기해일(己亥日)

- 축간인(丑艮寅)(艮山) ⋯ 병인일(丙寅日)
- 미곤신(未坤申)(坤山) ⋯ 을묘일(乙卯日)
- 갑묘을(甲卯乙)(震山) ⋯ 경신일(庚申日)
- 경유신(庚酉辛)(兌山) ⋯ 정사일(丁巳日)

예 ⋯ 갑묘을좌(甲卯乙坐 : 震山)의 장사는 경신일(庚申日)이 불길
　　　하고 병오정좌(丙午丁 : 離山)의 장사는 기해일(己亥日)이
　　　흉일이 된다.

※택일에는 여러 가지 선일법(選日法)이 동원되지만 나경을 이용
한 구살일(九殺日)만을 예시한 것이다.

(2) 제2층 : 팔로 사로 황천살

팔로〔八天干〕 사로(四路 또는 四維) 황천 역시 극히 흉한 흉살이
다. 조장(造葬)할 때 이 살을 피하지 못하면 재앙을 당하게 된다. 그
방향에서 물이 들어오면(득수) 황천살의 피해를 받는다는 것이다. 예
를 들어 나경을 보면 4층 임향(壬向)의 2층에 乾이 있다. 2층 乾의 방
향에서 득수하면 황천살이 된다는 것이다. 나경의 4층과 2층의 내용에
의한 묘의 향에 대한 황천살의 내용을 정리하면 다음과 같으니 황천
살을 피하기 위하여 나경을 잘 이용해야 된다.

※子나 午 등 12지지에는 2층이 빈 칸으로 있어 이 향에 대해서는
황천살이 없는 것으로 생각할 수 있으나 이는 천간과 지지가 합쳐 동
궁(同宮)이 되기 때문에 임자(壬子)는 동궁이므로 자향(子向)도 임향
(壬向)과 같이 건방득수(乾方得水)가 황천살이 된다. 그리고 풍수란
항상 풍(風)과 수(水)를 동일하게 살펴야 되기 때문에 바람도 팔로(八
路) 및 사로(四路)의 방향이 함(陷)해서 그곳에서 살풍(殺風)이 불어
오면 역시 황천살에 해당된다. 다만 바람은 좌(坐)를 기준한다. 예컨

墓의 向(나경4층)	八路四路 黃泉殺 (나경2층)	墓의 向(나경4층)	八路四路 黃泉殺 (나경2층)
壬向에	乾得水	丙向에	巽得水
癸向에	艮得水	丁向에	坤得水
艮向에	甲癸得水	坤向에	丁庚得水
甲向에	艮得水	庚向에	坤得水
乙向에	巽得水	辛向에	乾得水
巽向에	乙得水 丙得水	乾向에	辛得水 壬得水

대 임향(壬向)에 건득수(乾得水)가 황천수(黃泉水)가 되는 것과는 반대로 임좌(壬坐)에 대한 건방(乾方)이 요함공허(凹陷空虛)하여 황천살풍이 불어오면 흉살이 된다.

이 법을 정확히 이해하기 위해서는 앞에서 다루었던 팔간장생오행법(八干長生五行法)을 깊이 이해해야만 되기 때문에 다시 한번 장생오행을 간략히 설명하면 다음과 같다.

나경 4층을 보면 甲庚丙壬의 양간(陽干)과 乙辛丁癸의 음간(陰干)을 합친 팔간(八干)과 사유 乾坤艮巽이 배치되어 있다. 그런즉 팔로사로 황천은 팔간사유의 상호관계에서 이루어진다.

즉 묘가 팔간향(八干向)이면 사유수(四維水)가 황천수요 사유향(四維向)이면 팔간수(八干水)가 황천이다. 즉 팔로사로 황천 관계를 나경 2층과 4층의 상호관계와 비교해보면 다음과 같다.

위에서 설명한 팔로, 사로, 황천살에 대해서도 내수(득)만이 흉하므로 피해야 되고 거수(파)는 오히려 길하다는 설이 있는가 하면 이와는 달리 내수 거수가 다 같이 흉하다는 설도 있다. 그러나 수법에 대한 여러 가지 설에 대한 비교연구는 다음 수법론(水法論)에서 자세히 설명키로 하고 『지리오결(地理五訣)』에 있는 한 구절을 소개하면 '기

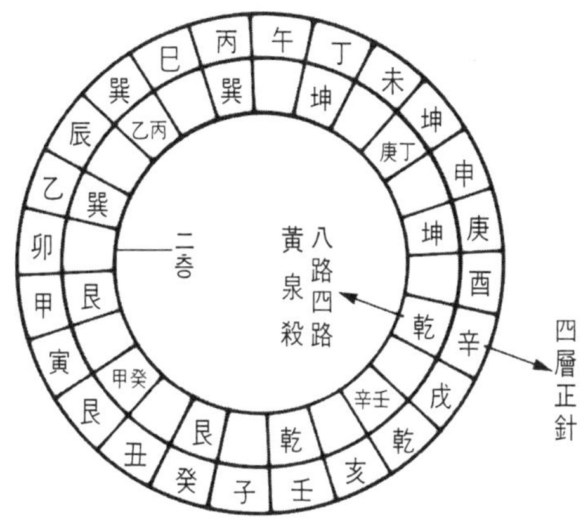

※ 八路四路 黃泉의 상호관계도(나경 2층과 4층)

나경 4층   甲   庚   丙   壬   乙   辛   丁   癸   巽   乾   艮   坤 → 墓向
           ↓   ↓   ↓   ↓   ↓   ↓   ↓   ↓   ↓   ↓   ↓   ↓
나경 2층   艮   坤   巽   乾   巽   乾   坤   艮   乙   辛   甲   丁 → 黃泉殺
                                                       丙   壬   癸   庚

승풍즉(氣乘風則) 산(散)하고 혈유요풍즉(穴有凹風則) 불능장풍취기 (不能藏風聚氣)라. 혈후(穴後)에서 풍취(風吹)면 주수요(主壽夭)하고 좌유풍취(左有風吹)면 장방(長房)이 패절(敗絶)하고 우유풍취(右有 風吹)면 소방(小房)이 초앙(招殃)하며 전유풍취(前有風吹)면 빈한고 고(貧寒孤苦) 고(故)로 왈불선(曰不善)'이라 하였으니 즉 기는 바람 을 만나면 흩어지고, 혈 주위에 요함(凹陷)한 곳이 있어 바람이 불어 오면 장풍취기(藏風聚氣)가 불능하며, 혈후(穴後)에서 바람이 불어오 면 단명하고 좌측에서 바람이 불어오면 장손이 패절(敗絶)하고, 오른 쪽에서 불어오면 작은 아들이 화를 당하게 되며 앞에서 바람이 불어 오면 가난하고 외로우며 고통을 받게 된 고로 결국은 혈의 주위 사방의 사격(砂格)이 다정히 막아주지 않으면 살풍이 불어 좋지 않다는 이론이다.

이 외에도 잡다한 이설(異說)들이 많으나 이들을 다 소개하면 오히려 혼란을 초래할 수 있기 때문에 끝으로 지지황천(地支黃泉)과 백호황천(白虎黃泉)에 대해서만 간략히 소개할까 한다.

■ 지지황천(地支黃泉 : 향 기준)
• 묘진사오향(卯辰巳午向)에 손방내거수(巽方來去水)
• 오미신유향(午未申酉向)에 곤방내거수(坤方來去水)
• 유술해자향(酉戌亥子向)에 건방내거수(乾方來去水)
• 자축인묘향(子丑寅卯向)에 간방내거수(艮方來去水)

즉 12지지향에 건곤간손(乾坤艮巽 : 四維) 방의 물이 내거하면 지지황천이 된다.

■ 백호황천(白虎黃泉 : 향 기준)
• 건감향(乾甲子癸申辰)에 갑방내수(甲方來水)
• 이향(午壬寅戌)에 해방내수(亥方來水)
• 진향(卯庚亥未)에 신방내수(申方來水)
• 태향(酉丁巳丑)에 진방내수(辰方來水)
• 곤향(坤乙)에 축방내수(丑方來水)
• 손향(巽辛)에 자방내수(子方來水)

나경 각 층에는 각종 살이 다양하다. 길흉이 중복되기도 하고 매우 복잡하기도 하다. 그러나 풍수지리음양학의 비조이신 양균송 선생의 영신피살법(迎神避煞法 : 신을 맞아 살을 피하는 법)이 마련되어 있다. 즉 '의수입향즉무차살(依水立向則無此煞)'이라는 편리한 면살법칙(免煞法則 : 살을 면할 수 있는 법칙)이다. '물을 기준으로 수법에 맞도록 정좌입향(定坐立向)하면 이와 같은 모든 흉살은 면해져 귀지(貴地)가 된다. 실제 장사에서 이와 같은 법칙에 따라 살을 피하도록 함은 풍수지리학 연구의 목적이며 사명인 것이다.

(3) 제3층 : 오행

나경 제3층은 쌍산오행(雙山五行)과 삼합오행(三合五行))을 배치한 층이다. 풍수지리학에서는 이 오행의 이법에 따라 혈의 진부와 화복이 결정된다. 따라서 나경의 모든 작용도 이 오행을 근거로 하고 또 오행에 의해 운용되고 있다. 나경 제3층에는 오행 중에서 火, 金, 水, 木 사행(四行)이 지반정침(4층) 12쌍산에 고루 배열되어 있으며 오행 중에서 土는 중앙에 해당되기 때문에 방위를 나타내는 오행에는 들지 않는다. 오행의 배치도는 다음과 같다.

임자(壬子)는 동궁(同宮)이므로 함께 水가 되지만 나경에서 水의 표시는 지지(地支)인 子에만 붙인다. 이는 처음 나경 12지지로만 된 12방위인데 구빈양공(救貧楊公)이 24방위로 만든 것이다. 이를 오행으로 분류해보면,

•목국(木局)은 甲, 卯, 丁, 未, 乾, 亥 방위인데 乾, 甲, 丁을 이으면 정삼각형이 되며 이를 삼합이라 한다. 해묘미(亥卯未)도 같다.

•화국(火局)은 艮, 寅, 丙, 午, 辛, 戌 방위인데 간병신(艮丙辛)과 인오술(寅午戌)로 각각 천간과 지지끼리 삼합을 이룬다.

•금국(金局)은 癸, 丑, 巽, 巳, 庚, 酉 방위인데 손경계(巽庚癸)와 사유축(巳酉丑)이 각각 삼합을 이루는 방위이다.

•수국(水局)은 壬, 子, 乙, 辰, 坤, 申 방위인데 곤임을(坤壬乙)과 신자진(申子辰)이 각각 천간과 지지끼리 삼합을 이룬다.

•토국(土局)은 중앙을 의미하므로 방위에서는 빠진 것이다.

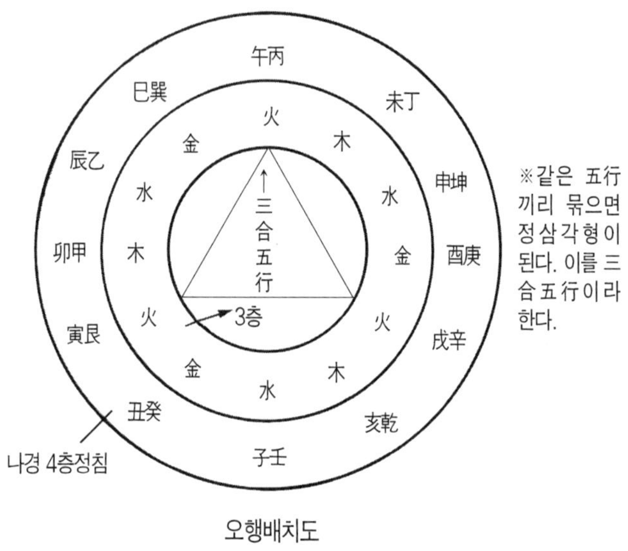

오행배치도

　　좌와 득수, 파구가 삼합을 이루면 대길하다고 했다. 또 좌우룡(청룡과 백호)의 끝과 묘의 좌가 삼합을 이루어도 길하다.

　　위 각 국의 생(生), 왕(旺), 묘(墓 : 이상 포태법으로)위는 삼합쌍산으로 배열되어 있으며 예컨대 임자(壬子)는 水局의 왕위(旺位)가 되고 곤신(坤申)은 생위(生位), 을진(乙辰)은 묘위(墓位)가 된다. 계축(癸丑)은 금국(金局)의 묘위(墓位), 병오(丙午)는 화국(火局)의 왕위(旺位), 건해(乾亥)는 목국(木局)의 생위(生位)이다.

　　이상 각국의 기포점(포태의 출발점)에서 순포태(시계 방향)로 돌리면 위와 같은 결과를 확인할 수 있다.

　　이 오행의 풍수지리학적 용도 및 운용방법은 다음과 같으나 더 자세한 것은 다음 오행론 중 장생오행(長生五行)에 대한 내용을 참조하기 바란다.

오행의 풍수지리학적 용도와 운용방법
첫째 : 용혈의 기본적 성격과 여러 오행의 구분
둘째 : 길흉화복의 발음(發蔭) 방법
셋째 : 발음할 자손과 발음 연대의 추정

이 오행의 풍수지리학적 용법은 좌(坐)를 위주로 하여 쌍산삼합오행법(雙山三合五行法)에 의해 화복을 판정하며 이 밖에도 정오행(正五行)은 해임자계(亥壬子癸)는 북방수(北方水), 인갑묘을손(寅甲卯乙巽)은 동방목(東方木), 사병오정(巳丙午丁)은 남방화(南方火), 신경유신건(申庚酉辛乾)은 서방금(西方金), 진술축미곤간(辰戌丑未坤艮)은 중앙토(中央土)이다.

(4) 제4층 : 지반정침(地盤正針)

4층 지반정침은 나경의 기본층이며 子의 중심이 정북(0도)에 해당되며, 午의 중심이 정남인 180도이며, 卯가 정동(90도)이며 酉가 정서에 해당되는 270도로 동서남북 360도를 정확하게 분획하여 24위가 배열되어 있다. 따라서 각 위는 각각 15도씩이다. 24방위는 12지지와 8간과 4유를 합친 것이다.

그리고 지반정침은 천반봉침과 인반중침뿐만 아니라 각 층의 기본선이 된다.

따라서 ① 혈의 좌와 향 결정 ② 방위의 변별 ③ 격룡(格龍)의 판정 ④ 양택건옥(陽宅建屋)의 좌향변별(坐向辨別) 등은 정침 고유의 역할이다. 한편 지반정침은 다음과 같은 문왕의 후천팔괘방위(後天八卦方位)가 그 근원이 된다.

- 坎(子 : 정북) ·離(午 : 정남) ·震(卯 : 정동) ·兌(酉 : 정서)
- 艮(동북) ·坤(서남) ·巽(동남) ·乾(서북)

그리하여 지반정침은 8괘 방위를 매 괘마다 각 3위씩 분정(分定)하였다. 방위의 기본은 원래 8방이며 특히 양택에서는 주로 8방만을 필요로 하고 세밀해야 할 음택에서는 24방위를 전용한다. 이 8방(8괘)은 각 45도씩이며 24위는 1위가 각 15도씩이다.

■ 지반정침의 조직구조

지반정침의 조직구조는 오행각국(五行各局)의 4정(四正)에 해당되는 子·午·卯·酉와 4생(四生)에 해당되는 寅·辛·巳·亥, 사장(四藏)인 辰·戌·丑·未 등 지지 12위를 각각 30도 간격으로 배정(配定)하고 여기에다 甲·庚·丙·壬·乙·辛·丁·癸의 8간과 乾·坤·艮·巽의 4유를 합쳐 12천간으로 동음동양(同陰同陽)끼리 각각 짝지어 쌍산오행과 생·왕·묘의 삼합오행으로 정침 24위를 후천 8괘 방위의 배치순서대로 각 15도씩 360도를 균등하게 나누어 배열한 것이다.

■ 24위와 정음정양(淨陰淨陽)

· 정음…丑 艮 卯 巽 巳 丙 丁 未 庚 酉 辛 亥…12위
· 정양…壬 子 癸 寅 甲 乙 辰 午 坤 申 戌 乾…12위

이는 선천을 근거로 한 정음정양법에 의한 분류이며 옛날 경반(經盤)에는 양은 홍(紅)자로, 음은 흑(黑)자로 표시되어 있었다.

여기에서 3길6수인 亥·庚·卯와 艮·巽·丙·丁·酉·辛이 다 정음(淨陰)에 속하기 때문에 음이 귀하고 양은 천이라 하였다. 그러므로 선인들은 격룡정혈(格龍定穴)에 주로 음을 많이 취했다.

한편 천간과 지지 24방위를 각각 음과 양으로 구분하기도 한다. 즉 8간 4유 12방위는 양이요, 지지 12방위는 음으로 구분하여 24위가 천지 배합하고 음은 정(靜)하고 양은 동(動)하는 기질을 나타낸다.

결론컨대 본 지반정침의 24위는 크게는 천지를, 작게는 나경을 한 바퀴 도는 것이며 그 역량과 기능은 참으로 크고 위대하다.

(5) 제5층 : 천산(穿山) 72룡

본 층 천산 72룡은 양공(楊公)이 정한 것을 구공(邱空)이 전포한 것으로 전해지고 있으며 일명 지기(地紀)라 하여 내룡정맥(來龍正脈)이 어느 오자순(五子旬)으로 정확하게 뚫고 들어오는가를 가리는 층이다.

즉 주산 현무에서 뻗어내려온 주룡이 입맥결지(入脈結地)에 앞서 24위 중에서 어느 용맥(72룡 중 길흉별)으로 입수도두(入首到頭)하는가를 가늠하는 층선(層線)이다.

■ **72룡의 배분 및 측정방법**

천산 72룡은 12지지에 각각 5룡씩 60룡과 8간(甲·庚·丙·壬·乙·辛·丁·癸) 4유(乾·坤·艮·巽)의 빈 칸 12룡을 합쳐 72룡이 된다.

천산 72룡은 오직 내룡만을 논하는 법칙으로 그 측정방법은 과협(過峽) 또는 결인속기(結咽束氣)한 곳의 중심에 정반정침하고 측정하며 뇌두의 중심처까지를 측정하되 24산(坐) 72룡맥 중에서 병자순(丙子旬)과 경자순(庚子旬)의 왕상맥(旺相脈)은 무조건 취용(取用)하고 갑자순(甲子旬)의 패기맥(敗氣脈)과 임자순(壬子旬)의 퇴기맥(退氣脈)과 고허맥(孤虛脈)은 선별 취용하며 무자순(戊子旬)의 사기맥(死氣脈)과 공망맥(空亡脈 빈 칸)은 취용할 수 없다. 그래서 일룡맥(一龍脈)은 불과 5도이다. 넓은 내룡에서 이 5도의 길맥만을 취해야 되기 때문에 정밀함을 요한다.

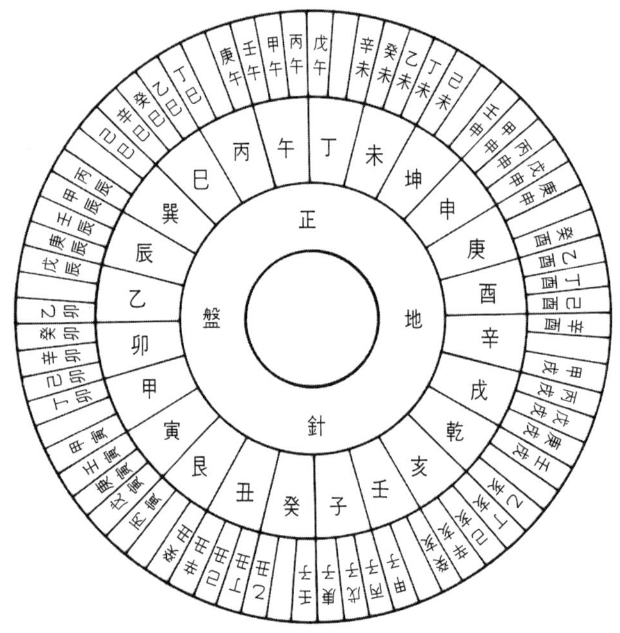

천산 72룡도(穿山七十二龍圖)

■천산룡(穿山龍)의 길흉관계

길흉관계를 가급적 알기 쉽게 정리하면 5자순 72룡 중에서 병자순과 경자순은 모두 용맥이 왕상으로 대길하고 갑자순과 임자순은 냉기(孤虛)맥과 패기맥이 되어 소길다흉하고 무자순은 공망이 되어 모든 용맥이 대흉하다.

5자순 60갑자를 갑자(甲子) 병자(丙子) 무자(戊子) 경자(庚子) 임자위(壬子位) 등을 각각 시점으로 한 갑자순(甲子旬 : 1번선) 병자순

(丙子旬 : 2번선) 무자순(戊子旬 : 3번선) 경자순(庚子旬 : 4번선) 임
자순(壬子旬 : 5번선) 등 5개권으로 나누어진다(위 그림 참조).

■ 천산 72룡의 길흉맥

⊙갑자순(냉기맥)…갑자(甲子), 을축(乙丑), 병인(丙寅), 정묘(丁
卯), 무진(戊辰), 기사(己巳), 경오(庚午), 신미(辛未), 임신(壬申),
계유(癸酉), 갑술(甲戌), 을해(乙亥)의 그림 ①번선에 해당되는 12룡
맥

• 갑자순의 용맥 중 갑자(甲子) 기사(己巳) 갑술(甲戌) 을해(乙亥)
4룡맥은 흉격으로 쓰지 않으나 기타 8룡맥은 길흉상반격(吉凶相半格)
으로 사용할 수도 있는 용맥이다.

⊙병자순(왕기맥)…병자(丙子), 정축(丁丑), 무인(戊寅), 기묘(己
卯), 경진(庚辰), 신사(辛巳), 임오(壬午), 계미(癸未), 병신(丙申),
을유(乙酉), 병술(丙戌), 정해(丁亥)의 12룡(②번선)

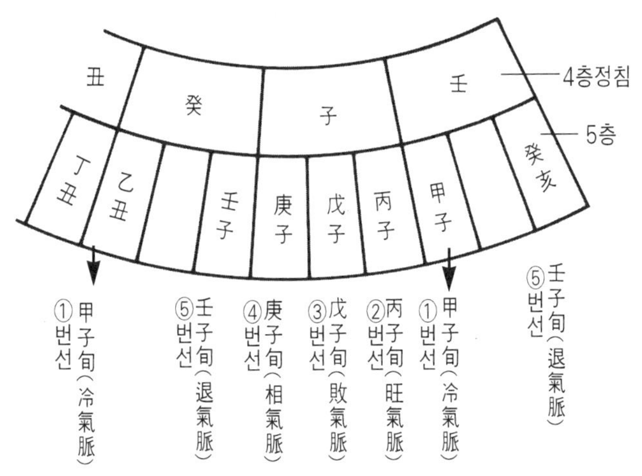

• 모든 용맥이 다 길격이다. 그러므로 전용맥을 취용할 수 있다.

◉무자순(패기맥)…무자(戊子), 기축(己丑), 경인(庚寅), 신묘(辛卯), 임진(壬辰), 계사(癸巳), 갑오(甲午), 을미(乙未), 병신(丙申), 정유(丁酉), 무술(戊戌), 기해(己亥)(③번선)의 12룡맥

• 모든 용맥이 구갑공망(龜甲空亡)으로 대흉하다. 전룡맥을 쓰지 않는다.

◉경자순(상기맥)…경자(庚子), 신축(辛丑), 임인(壬寅), 을묘(乙卯), 갑진(甲辰), 을사(乙巳), 병오(丙午), 정미(丁未), 무신(戊申), 기유(己酉), 경술(庚戌), 신해(辛亥)(④번선)의 12룡맥

• 모든 용맥이 길격이다. 그러므로 전용맥을 쓸 수 있다.

◉임자순(퇴기맥)…임자(壬子), 계축(癸丑), 갑인(甲寅), 계묘(癸卯), 병진(丙辰), 정사(丁巳), 무오(戊午), 기미(己未), 경신(庚申), 신유(辛酉), 임술(壬戌), 계해(癸亥)(그림 ⑤번선)의 12룡맥

• 임자순 용맥은 대체적으로 소길다흉하다. 즉 12룡맥 중에서 계축(癸丑), 갑인(甲寅), 을묘(乙卯), 병진(丙辰), 기미(己未), 경신(庚申), 임술(壬戌) 등 7개 용맥은 흉격으로 쓰지 않고 기타 5룡맥은 길흉 이 상반함으로 사용할 수도 있는 용맥이다. 그러나 5층 천산 72룡은 너무나 세분되어 있기 때문에 실제로 사용하기에는 매우 어렵다고 기록한 서적도 있다.

• 쉽게 이해하기 위해서는 그림과 같이 ②번선에 해당되는 병자순의 각 용맥과 ④번선에 해당되는 경자순(상기맥)의 각 용맥은 길격이기 때문에 ②번선과 ④번선만을 골라 쓸 수 있는 것으로 생각하면 된다.

(6) 제6층 : 인반중침(人盤中針)

인반중침은 사(砂)를 볼 때 사용한다. 즉 사와 좌와의 오행관계를

살펴 사가 좌에 미치는 길흉을 살펴보는 데 사용된다.

사(砂)란 주위의 산을 뜻하며 건물이나 비석도 여기에 속한다.

인반은 4층의 지반정침과 7.5도의 역으로 차(差)가 있다. 이는 용이나 사는 음이기 때문에 역행된 것이다. 사는 성수오행(星宿五行)으로 오행의 생극관계를 살피는데 이때 좌가 주가 된다.

• 성수오행(星宿五行)을 살펴보면,
건곤간손(乾坤艮巽)은 木이요
갑경병임(甲庚丙壬)과 자오묘유(子午卯酉)는 火요
을신정계(乙辛丁癸)는 土요
진술축미(辰戌丑未)는 金이요
인신사해(寅申巳亥)는 水이다.

가령 건좌(乾坐)라면 木이기 때문에 손간곤방(巽艮坤方)의 사는 같은 木이니 비견(형제砂)이 되어 인재(人財)의 득이 있고, 갑경병임(甲庚丙壬)이나 자오묘유(子午卯酉) 방위의 사는 火이니 목생화(木生火)가 되어 아생자(我生者)가 되기 때문에 재물의 손실이 있고(상식 : 傷食), 을신정계(乙辛丁癸) 방위의 사는 土로 목극토(木剋土)가 되어 아극자(我剋者)가 되기 때문에 재성(財星)이 되며, 진술축미(辰戌丑未) 방위의 사는 金이니 관살(官殺)로 인재의 피해를 받으며, 인신사해(寅申巳亥) 방위의 사는 水이므로 생해주니 관인재의 도움을 받는다. 그런데 사는 주로 인정(人丁 : 子孫)을 관리함이 원칙이니 자손들의 번성을 기약할 수 있다(다음 〈표 3〉 참고).

이 외에도 본 층(인반중침)은 3길6수, 장생임관(長生臨官), 녹마귀인(祿馬貴人), 규봉(窺峰) 또는 겁살방(劫煞方)에 있는 원근 길흉사격을 측정하는 데 사용하는 층이다. 무릇 천체에는 수천억 개의 별들이 있다. 그 중에서 지상 만상(萬象)에 대표적으로 크게 조응하는 성

<표 3> 乾坐의 경우 砂의 방위에 따른 길흉화복의 예

穴		穴과 砂의 상생상극 관계	砂　　山			穴과 砂의 길흉화복	
坐	五行		砂山의 방위	오행	砂의 명칭		
乾	木	내가 剋한 砂(我剋者)木剋土	乙辛丁癸	土	財星(財方)	財殺이니 財物의 손실이 있다. 그러나 높고 청하면 길하다.	吉
〃	木	나를 剋한 砂(剋我者)金剋木	辰戌丑未方	金	官殺方	인재의 피해를 받는다.	凶
〃	木	나를 生해준 砂(生我者)水生木	寅申巳亥方	水	印方(印綬)	官人財의 도움을 받는다.	吉
〃	木	내가 生해준 砂(我生者)木生火	甲庚丙壬 子午卯酉 方	火	傷食	재물의 손실이 있다.	凶
〃	木	서로 상조해준 砂(同五行)같은木	坤艮巽	木	兄弟(比和)	비견(형제)이 되어 인재의 득이 있다.	吉

진(星辰)은 해〔日〕와 달〔月〕 그리고 금성, 목성, 수성, 화성, 토성 등 7정성(七政星)과 자미원(紫微垣 - 亥), 천시원(天市垣 - 艮), 태미원(太微垣 - 巽), 소미원(少微垣 - 兌) 등 4원길성은 천상 4진(四鎭)에 있으며 이 밖에 28성수는 천상을 외환배열(外環配列)하여 천상 각 성진에 조(照)하고 다시 지상 각 산사(山砂)에 조응한다. 그러므로 산사가 비록 지상에 있으나 항시 천상 각 성진과 상호 조응하고 그 영기(靈氣)가 지상에 상통하게 된다. 즉 28성수의 각 성진은 천지에 상응하고 그 응기화복(應氣禍福)은 지상에서 작용한다. 한편 28성수의 각 성진은 인반중침 24위와 서로 상배(相配)하여 특수한 법칙에 의해 오행이 별도로 배정되며 3길6수 등 고정된 성좌 이외의 사격에 대한 길흉화복의 측정은 <표 3>의 법칙에 따르며 이때 사격 측정의 기본은 혈좌를 위주로 한다.

■3길6수(三吉六秀)

• 3길…震(卯), 庚, 亥 방위에서 내룡지맥(來龍至脈)하거나 그 방위에 수려한 귀사(貴砂)가 보이면 크게 발복하며 인정(人丁)이 홍왕한다.

• 6수…艮, 丙, 巽, 辛, 兌(酉), 丁으로 내룡지맥하거나 그 방위에

첨원(尖圓) 고용(高聳)한 귀사가 혈에 비추면 관(官)은 득권하고 득
위하며 민(民)은 득재한다.

위와 같이 28성수오행법으로 길사와 흉사를 분별하는 방법 외에도
다음과 같이 4태(四胎), 4포(四胞), 4순(四順), 4정(四正), 4강(四强),
4장(四藏)으로 나누어 좌의 방위에 상관없이 필봉(筆峯), 삼태봉(三
台峯), 선인봉(仙人峯), 아미사(蛾眉砂), 창고사(倉庫砂=노적봉), 사
모사(紗帽砂), 옥대사(玉帶砂), 인사(印砂), 천마사(天馬砂) 등 길사
(吉砂)가 많을수록 혈도 길지가 되는 것이다. 그리고 길사라 할지라도
크기나 높이가 수려하고 장엄한 정도에 따라 그 품격에 차이가 생긴
다. 그러나 명칭이나 발복에 너무 연연함이나 허황된 욕심보다 오히
려 흉살을 피하는 데 신경을 써야 된다.

이 외에도 포태법으로 장생방(長生方)이 높고 유정(有情)하면 장수
하며 낮으면 질병이 많다.

청룡은 장남, 백호는 3남, 안산은 차남으로 비유하여 살펴보며 형
제뿐인 경우는 청룡과 백호만을 대상으로 한다. 즉 청룡이 백호나 안
산보다 특별히 발달되어 있고 유정하면 장남이 크게 발전한다고 보는
것이다. 그러나 일반적으로 청룡은 자손궁을, 백호는 딸 또는 외손이
나 재물로 보며 안산은 노복 또는 후견인, 뒤의 용은 조상 또는 상속

〈표 4〉

四胎	乾 坤 艮 巽　木	丞相 將軍 英雄 聖賢出
四胞	寅 申 巳 亥　水	直巨 王子 師傅出
四順	甲 庚 丙 壬　火	公侯가 代代 不絶
四正	子 午 卯 酉　火	名將不絶
四强	乙 辛 丁 癸　土	守營 方伯 不絶
四藏	辰 戌 丑 未　金	富貴將相 國母多出

※위 五行은 성수오행이다.

재산, 관직을 의미한 것으로 보는 경향이 많다.

　정확한 관찰력은 많은 자기 경험이 필요한 것이다.

(7) 제7층 : 투지 60룡(透地六十龍)

　투지 60룡은 4층(정침)의 24방위를 각 2.5분한 것으로 예컨대 정침 임자(正針壬子)는 갑자(甲子), 병자(丙子), 무자(戊子), 경자(庚子), 임자(壬子)로 나누어진다. 즉 24간지를 60갑자로 등분한 것이 투지 60룡이다. 투지라 함은 통한다는 뜻이며 산이라 하지 않고 지(地)라고 한 것은 산도 만물이 발생하는 지에 포함시킨다는 뜻이다. 투지 60룡은 천산 72룡맥으로 입수도두(入首到頭)한 용맥에서 화갱살요공망맥(火坑煞曜空亡脈)은 피하고 주보왕상맥(珠寶旺想脈)으로 인도입맥시켜 재혈을 올바르게 하는 역할을 한다. 이를 일명 '천기(天紀)'라고도 한다.

길흉과 용(用)·불용(不用)의 구분

　나경을 자세히 살피면 60갑자 5자순 중에서 병자순과 경자순은 주보(珠寶)가 되고 갑자순과 임자순은 차착공망(差錯空亡)이며, 무자순은 화갱살요(火坑煞曜)이다. 이들 60갑자를 5자순별로 구분 정리하면 다음 〈표 5〉와 같다.

　결론컨대 7층 투지 60룡맥의 운용은 장사시에 가장 중요한 작업이다. 즉 정확한 재혈천광(裁穴穿壙)은 풍수지리의 생명이며 지사들의 막중한 책무이다. 다소의 오차나 실수만 있어도 천신만고 끝에 얻은 진혈을 버리는 우를 범하게 된다. 천산 72룡은 투지 60룡만 착오 없이 정확하게 시행하면 별로 중시하지 않아도 상관없다는 이론도 있다. 그만큼 투지 60룡의 역할이 중요함을 의미하는 것이다. 그리고 투지 60룡을 쉽게 운용하려면 60갑자의 내용을 따로따로 전부를 기억하지

甲子旬	甲子, 乙丑, 丙寅, 丁卯, 戊辰, 己巳, 庚午, 辛未, 壬申, 癸酉, 甲戌, 乙亥	冷氣脈	虛	差錯空亡	不用
丙子旬	丙子, 丁丑, 戊寅, 己卯, 庚辰, 辛巳, 壬午, 癸未, 甲申, 乙酉, 丙戌, 丁亥	旺氣脈	旺	珠寶	可用
戊子旬	戊子, 己丑, 庚寅, 辛卯, 壬辰, 癸巳, 甲午, 乙未, 丙申, 丁酉, 戊戌, 己亥	敗氣脈	煞	火坑	不用
庚子旬	庚子, 辛丑, 壬寅, 癸卯, 甲辰, 乙巳, 丙午, 丁未, 戊辛, 乙酉, 庚戌, 辛亥	相氣脈	相	珠寶	可用
壬子旬	壬子, 癸丑, 甲寅, 乙卯, 丙辰, 丁巳, 戊午, 己未, 庚申, 辛酉, 壬戌, 癸亥	退氣脈	虛	差錯空亡	不用

않아도 된다. 예를 들면 혈이 임자좌라면 정침 임자 아래 5자순 중에서 두 번째 순 병자순과 네 번째 순 경자순만 쓸 수 있는 맥(脈)이 되기 때문에 다른 좌에도 이러한 요령으로 2번 순과 4번 순만 가용하는 요령만 터득하면 비교적 쉽고 정확하게 운용할 수 있다.

좀더 자세히 설명하자면 투지 60룡을 정하는 데는 먼저 순서가 있다. 첫째, 나경을 과협이나 결인(結咽) 처(處)의 한 중심부에 놓고 지맥을 뚫고 들어오는 내룡이 60갑자 즉 천산 72룡 중 무슨 글자 위로 들어오는지를 알고 나서 둘째, 뇌두 한가운데에 나경을 놓고 입수내룡의 기가 혈 중의 관(棺) 속으로 도입함에 있어 무슨 글자 위로 들어오는가를 확인한다.

과협에서 뇌두 중심에 있는 나경까지는 천산 72룡으로(5층) 확인하고 나경(뇌두 중심)에서 혈까지를 투지 60룡으로 확인한다.

예를 들면 60룡이 辛亥에 해당된다면 납음오행(納音五行)으로는 金에 해당된다.

예를 들어 입수가 건해룡(乾亥龍)에 속하는 천산 72룡의 ②번선인 정해맥(丁亥 = 土)을 승했다면 坐(뇌두에서 혈까지)는 정침(正針)의 亥位와 중침(中針)의 亥位, 그리고 천산 72룡의 丁亥(土)와 투지 60룡의 辛亥와 分金의 辛亥(金)를 串中시키면 비로소 완벽한 재혈이 될 것이다.

※ 납음오행(納音五行)의 계산법

갑자을축오미(甲子乙丑午未)는(一) 木이요
병인정묘신유(丙寅丁卯申酉)는(二) 金이요
무진기사술해(戊辰己巳戌亥)는(三) 水요
경신(庚辛)은 (四) 火요
임계(壬癸)는 (五) 土이다.
60갑자 납음오행을 기억하기 어려우면 위와 같은 숫자로 계산하는 방법을 익혀두면 편리하다.
수가 1이면 木이요 2는 金이며 3은 水요 4는 火요 5는 土이다. 다만 합한 수가 5를 넘으면 5를 빼고 남는 수로 본다.

위 납음오행은 활용범위가 넓다. 망자(亡者)의 생년과 좌와의 관계, 하관시 투지분금(透地分金) 등 두루 활용된다. 특히 투지 60룡에서 입수내룡이 직래직향(直來直向-임입수에 임좌)하는 것은 기충뇌산(氣沖腦散)의 대과(大過)를 저지르기 쉬우니 조심해야 된다.

(8) 제8층 : 천반봉침(天盤縫針)
천반봉침은 지반정침의 반위(7.5도) 앞에 있으며 이를 수법(水法)에 사용하며 천반의 子午는 정침의 壬子와 丙午의 중간을 봉(縫)하였다 하여 봉침이라 한다. 천반봉침은 양동(陽動)하는 水의 내거와 지호(池湖)나 좌우 水의 득(得水)과 파(破 : 水口)를 측정하는 데 사용되며 쌍산 배합 12위 또는 삼합오행에 따른 수법에 의한 혈의 길흉화복을 가늠한다.

한편 천반은 천지운행의 이치에 따라 정침의 반위 앞에 있음으로 천반은 천기를 지반은 지기를 각각 주관하는 것이다. 그리하여 천기는 양동하고 지기는 음정(陰靜)하는 바 천반봉침은 주로 양동하는 수세를 다루고 지반정침은 주로 음정하는 산룡에 대해서 다룬다. 그러므로 용혈은 음에 속하는 지반에 의해 3길6수나 생왕룡(生旺龍)을 취하고 수세는 천반에 의한 생왕득(生旺得)에 고절파(庫絶破)하되 이 또한 천간으로 유거(流去)하는 것이 원칙이다.

한편 풍수지리에서 물〔水〕의 중요성이란 용혈과 더불어 지리의 양대 기본의 하나이며 물의 유무다소(有無多少)와 친소원근(親疎遠近)에 따라 용혈의 진가(眞假)나 길흉이 가려진다. 물은 이와 같은 외견상의 형세도 중요하지만 수법 또한 못지않게 중요하다. 그런데 수법은 수십 가지로 나누어져 서로 차길피흉(此吉彼凶) 각자 자기 수법만을 옳다고 주장하고 있기 때문에 배우는 사람들 입장에서는 크게 혼란이 생기게 마련이다. 저자가 본서를 집필하게 된 동기도 여기에 큰 비중을 차지한다. 따라서 각종 수법을 비교 연구하는 데 가장 중점을 두었다는 것이 본서의 특징이다. 때문에 본 층 천반봉침이 다룰 수 있는 수법 소개는 다음편 수법론에서 총체적으로 자세히 다루어볼까 한다.

(9) 제9층 : 분금법(分金法)

본 층 분금법은 장사에서 최종적 마무리 작업에 긴요한 층이다. 즉 투지 60룡선으로 입맥한 혈지에 정확한 정좌(定坐) 입향으로 승기(乘氣)가 응결하여 망명(亡命)이 혈좌에 의해 제극(制剋)됨을 피하고 영백(靈魄)의 안녕명복(安寧冥福)과 그 자손들의 부귀번창(富貴繁昌)을 도모하는 층선(層線)이다.

본 9층 경반상(經盤上)의 봉침 분금은 곧 자좌하(子坐下)에 丙子 ·

庚子, 축좌하(丑坐下)에 丁丑·辛丑, 인좌(寅坐)에 丙寅·庚寅 등으로 기재되어 있다. 이는 60갑자 중 甲·乙·戊·己·壬·癸 등은 고허살요분금(孤虛煞曜分金)에 해당되기 때문에 취하지 않고 공란으로 두고 왕상(旺相)인 丙·丁·庚·辛 분금만을 기재한 것이다. 앞에 설명한 투지 60룡에 대한 내용을 참작하면 이해가 빠를 것이다. 즉 본 분금에서도 냉기맥에 해당되는 갑자순과 패기맥인 무자순과 퇴기맥인 임자순은 버리고, 왕기맥인 병자순과 상기맥 경자순만 취하였음을 이해할 수 있을 것이다. 즉 120분금 중 왕상맥인 丙·丁·庚·辛분금 48분금만을 취용하고 48 壬·癸·甲·乙인 분금 고허(孤虛)와 24무기(戊己) 분금 살요(煞曜)는 취용하지 않기 때문에 비워둔 것이다.

丙·丁·庚·辛 왕상분금은 체백의 안녕과 자손의 부귀왕정을 기하며, 甲·乙·壬·癸 분금은 체백이 불녕(不寧)하고 자손이 불성정재(不盛丁財)하며, 무기살요(戊己煞曜) 분금은 생사양영(生死兩靈 – 망명과 자손) 다 같이 매우 흉하다.

이를 좀더 쉽게 정리하면 첫째, 분금의 기본은 내반정침(內盤正針)의 120분금에 있기 때문에 정침의 丙·丁·庚·辛의 왕상분금을 취용승기(取用乘氣)해야 살을 피하고 발복을 기대할 수 있다.

둘째, 내반정침분금으로 혈좌와 망명 또는 자손과의 생극제살(生剋制殺)을 조정할 수 있다. 이때에 내반분금이 망명을 생조(生助)·비화(比和)·극재(剋財)하면 이를 취용하고, 좌산(坐山)이 망명을 제극(制剋)하면 극아자(剋我者) 정침분금을 버려야 한다.

예를 들면 갑자생(甲子生)을 경좌갑향(庚坐甲向)으로 장사할 때 정침분금을 보면 병신좌(丙申坐)에 병인향분금(丙寅向分金)을 취하면 갑자생(甲子生)은 해중금(海中金)의 金에 해당되며 丙申, 丙寅은 火에 해당되기 때문에 화극금(火剋金)이 되어 극히 흉하다. 이때 경신왕상분금(庚申旺相分金)을 취용하면 庚申은 석류목(石榴木), 庚寅은 송

간지	납음오행	간지	납음오행	간지	납음오행
甲子 乙丑	은 亥中金	甲申 乙酉	는 泉中水	甲辰 乙巳	는 覆燈火
丙寅 丁卯	는 爐中火	丙戌 丁亥	는 屋上土	丙午 丁未	는 天下水
戊辰 己巳	는 大林木	戊子 己丑	은 霹靂火	戊申 己酉	는 大驛土
庚午 辛未	는 路傍土	庚寅 辛卯	는 松栢木	庚戌 辛亥	는 釵釧金
壬申 癸酉	는 劍鋒金	壬辰 癸巳	는 長流水	壬子 癸丑	은 桑柘木
甲戌 乙亥	는 山頭火	甲午 乙未	는 砂中金	甲寅 乙卯	는 大溪水
丙子 丁丑	은 澗下水	丙申 丁酉	는 山下火	丙辰 丁巳	는 砂中土
戊寅 己卯	는 城頭土	戊戌 巳亥	는 平地木	戊午 己未	는 天上火
庚辰 辛巳	는 白蠟金	庚子 辛丑	은 壁上土	庚申 辛酉	는 石榴木
壬午 癸未	는 陽柳木	壬寅 癸卯	는 金箔金	壬戌 癸亥	는 大海水

백목(松柏木)이기 때문에 금극목(金剋木)이 되어 망명(金)이 좌운(木)을 극하므로 대길하다(망명이란 망자의 생년을 말한다).

　위 60갑자 납음오행과 앞에 소개한 숫자화한 납음오행은 그 결과는 같으나 운용에서 일장일단이 있다. 즉 숫자화한 납음오행은 외우기 쉬운 반면에 실제 운용시는 숫자화해야 되기 때문에 오히려 불편할 수도 있다. 그러나 복잡한 계산은 아니며 한 자릿수에 국한되기 때문에 각자 취향에 따라 이용하면 될 것이다.

※ 생아자(生我者) → 수생목(水生木)은 인수생조(印綬生助)요 → 길
　　동오행(同五行) → 木과 木은 형제비화(兄弟比和)이며 → 길 ┐ 취용한다
　　아극자(我剋者) → 목극토(木剋土)는 처첩재물(妻妾財物)이다 → 길 ┘
　　극아자(剋我者) → 금극목(金剋木)은 관극살요(官剋殺曜)이며 → 흉 ┐ 버린다
　　아생자(我生者) → 목생화(木生火)는 설기상식(洩氣傷食)이다 → 흉 ┘

하관이 끝나면 마지막으로 분금에 맞춘다. 이때 잘못하면 좌향이 틀리게 되니 주의해야 된다. 예컨대 병자분금의 대칭은 병오분금이며, 이때 병자병오분금의 납음오행은 다 같이 水이다. 이럴 때 투지기맥과의 납음오행상의 생극관계를 살펴야 된다. 예를 들면 신해투지맥(7층)으로 입혈되었다면 辛亥는 납음이 金이고, 분금(9층)은 丁亥와 辛亥 중에서 써야 되는데 정해분금의 납음이 土이므로 토생금(土生金)을 하기 때문에(我生者) 당연히 정해분금을 써야 된다. 그러나 만약 정해분금이 망자의 생년을 생(生)해주면 더욱 길하지만 반대의 경우는 서로 맞도록 조정을 해야 된다.

이제 나경론을 맺으려 한다. 사실 나경의 1층부터 9층까지의 내용만 충분히 이해하고 운용할 수 있다면 수준급에 해당될 수 있을 것이다. 풍수지리의 핵심인 용혈사수에 대한 모든 핵심적 이법이 나경에 기록되어 있기 때문에 특히 나경의 운용에서는 더욱 신중하고 치밀해야 됨을 재삼 강조한다.

제1장
주룡론

제1절 주룡의 개요

용은 산(山)을 의미한다. 특히 산 중에서도 맥을 이루고 있는 산의 능선을 의미하는데 능선은 산의 움직이는 형체를 나타내기 때문이다. 설심부(雪心賦)에도 용은 세(勢)로 보고 혈은 형(形)으로 살핀다고 했다.(시룡이세, 찰혈이형 視龍以勢, 察穴以形)

풍수지리에서는 이 능선을 주룡(主龍), 내룡, 용맥 또는 그저 용이라 부르기도 하며 모든 능선 중에서 혈을 맺을 수 있는 능선을 일괄하여 주룡이라 한다. 용이라 이름하는 연유는 산맥의 기세가 마치 나르는 용과 흡사하기 때문이다.

무릇 주룡은 혈장의 조상과 같으며 모체의 태반에 비유되기도 한다. 그런즉 부실하고 천박한 용은 결코 진혈을 맺을 수 없는 한낱 능선에 불과하다. 따라서 주룡은 생기가 용맥 속에 흘러야 되며 용이 참다워야 혈을 맺는다는 것은 풍수지리의 기본원칙이다.

그러므로 옛날부터 '용혈이 위주이고 사수(砂水)는 다음이라' 했다. 또한 옛날부터 용혈을 식물에 비유하기도 했다. 즉 조종산(祖宗山)은 뿌리에 해당되며 줄기와 가지는 주룡에 비유되었으며 맥은 꽃피고 열

매 맺는 가지와 새싹에 해당되며 그 수액(樹液)은 지중(地中)을 흐르는 생기에 비유되는 것이라 했다.

또 다른 한편으로는 주룡을 혈의 조부모에 비유하기도 한다. 용맥의 조상격인 태조산(太祖山)으로부터 중조산(中祖山), 소조산(少祖山), 현무봉(玄武峰)의 순으로 맥을 이어 기가 통하고 혈장을 융결하는 이치는 마치 사람이 조상으로부터 혈통을 이어받은 부모가 자식을 잉태 양육하는 이치와 다를 바 없다는 것이다. 그런즉 기세가 왕성한 귀룡(貴龍)이라야 귀한 혈을 맺게 되고, 나약한 천룡(賤龍)은 소혈(小穴)도 맺지 못하는 것이다. 이와 같은 용혈의 생왕사절(生旺死絶)이 바로 그 자손의 부귀빈천으로 이어진다는 것이 풍수지리의 신묘한 이치이다.

제2절 주룡의 기세론

1. 주룡의 형기와 이기

형기법 : 용의 형기(形氣)란 용의 형세적 변화 현상을 말하며 주룡의 기세를 바탕으로 한 외적 형상을 말한다. 이러한 형기적 용세에는 용의 행도(行度), 개장(開帳), 천심(穿心)에 기복(起伏)과 과협(過峽), 굴곡이 거듭되면 그 기세가 왕성한 생왕룡(生旺龍)이라 한다. 엄격히 따지자면 생룡과 왕룡은 구분해서 설명할 수 있지만 다 같이 용세가 생기발랄하고 형세가 왕성하여 진혈을 맺을 수 있는 견고하고 수려한 용을 말하기 때문에 합쳐서 생왕룡이라 한다. 그와 반대의 경우를 사절룡(死絶龍)이라 한다.(다음 용의 종류 참조)

이기법 : 용의 이기법이란 용의 길흉을 사국포태법(四局胞胎法), 구성법(九星法) 등 여러 가지 이기법에 의해 생왕룡과 사절룡으로 구분

하는 방법을 말한다. 따라서 앞에서도 말했지만 형기와 이기의 양기(兩氣)가 합치된 용맥을 생왕룡이라 하며 형기와 이기 중에서 한 가지만 결함이 있어도 완전한 생왕룡이라고는 말할 수 없는 것이 용세론의 법칙이다.

2. 생왕룡

형기적 생왕룡 : 형기적으로 기세 있는 생왕룡이란 태조산 또는 소조산에서 주산, 현무를 거쳐 혈에 이르기까지 기세 있게 내려온 용을 말한다. 즉 소조산에서 혈에 이르는 과정에서 기(起)한 곳에서는 개장천심(開帳穿心)하고 복(伏)한 곳에서는 결인과협으로 분수(分水)하고 과협(過峽)에서는 기를 결속(結束)하고 굴곡박환(屈曲剝換)하며 변화가 활발한 용을 말한다. 그리고 이와 같이 생동하는 본신룡(本身龍)은 위에서 개장한 지룡들이 청룡과 백호가 되어 거듭거듭 에워싸고 여기에 내외길수(내당수와 외당수)와 길사(吉砂)들이 정답게 거듭 감싸주어야 된다.

이기적 생왕룡 : 이기법으로 용의 생왕과 사절을 판단하는 방법은 사국포태법, 구성법 등 외에도 사태룡(乾巽艮坤) 사정룡(子午卯酉)에 따른 변화, 입수하는 내룡에 의한 판단 등 여러 가지가 있으나 다음에 자세히 설명키로 하되 이기와 형기의 두 가지 용법이 생왕합국(生旺合局)할 뿐만 아니라 그 용세가 장원(長遠)해야 발복도 장구하다.

3. 사절룡

형기적 사절룡 : 형기적으로 기세가 연약하고 용체가 상하고 병들고, 나약하고, 추악하게 보이며 조종산이 모호하고 지중오기(地中五氣)의 흐름이 미약하고 산과 수(水)가 괴리된 용을 말한다. 좀더 자세히 표현하자면 용의 몰골이 밝지 않고, 험상궂고, 수려하지 못하고, 경직하

고, 단정하지 않고, 복잡하고 기가 강하지 않고, 나약하고, 기가 뭉쳐지지 않고, 산맥(散脈)되고, 맥이 단절되고 여기에 용신이 메마르고, 지저분하고, 느리고(緩), 날카롭고(尖), 파열되고, 딱딱하고(硬), 곧은(直) 용 등은 모두 사절룡이다. 여기에다 용신의 좌우가 좌공우요(左空右凹)하고 전공후광(前空後曠)하여 감싸준 사산(砂山)이 없어 고독하고 바람이나 물이 충사(沖射)하면 더욱 흉한 사절룡인 것이다.

특히 유념할 점은 인위적 손상 또는 단절이다. 옛 글에는 노불단맥(路不斷脈)이라 하여 길은 기맥을 끊지 못한다고 했지만 최근에는 도로 개설이나 개발 등으로 산근저변(山根低邊)까지의 절단이 흔히 있으나 이는 분명한 단절된 흉룡으로 취급되어야 마땅하다.

이기적 사절룡 : 주로 십이포태법상의 절룡(絶龍), 병룡(病龍), 사룡(死龍), 묘(墓)룡과 구성법상의 파군(破軍)과 염정(廉貞)에 해당되는 용을 말하며 그 외에도 형기적으로는 생왕룡처럼 보여도 이기법상으로 맞지 않은 용은 사절룡이나 다름없다. 그 외에도 천산72룡과 투지60룡 또는 정음정양법에 의한 입수룡과 좌향과의 관계 등은 나경편에서 자세히 설명했기에 되풀이하지 않지만 이러한 용법에도 신중을 기해야 된다. 특히 입수와 좌향과의 관계에서 용상팔살을 주의해야 된다.

4. 12룡의 분류

옛날부터 용의 분류방법은 다양하지만 풍수지리학에서 주로 논의되는 용은 다음 12룡(十二龍)이다.

① 생룡(生龍) 용신이 수려 생동하고 행도(行度)에 기복과 굴곡이 있어 생기가 발랄한 용을 말한다.

② 강룡(强龍) 용체의 기세가 웅대하고 기상이 밝고 수려한 용이다. 매우 길한 용이기 때문에 부귀 번창하고 자손이 번성한다.

③ 진룡(進龍) 용이 전진하는 기상이 마치 봉황이 날개를 펴고 날아오는 듯하다. 용의 행도가 활발하기 때문에 매우 길하며 문장이 많이 나고 부귀를 겸하며 자손이 번창하고 급제하는 이가 연달아 출생한다.

④ 순룡(順龍) 주봉이 수려하고 질서정연하며 내룡이 순하며 용의 행도가 보편적으로 둥그렇게 나타나며 각 지룡이 혈을 다정하게 감싸준다. 이러한 용은 귀격으로서 부귀가 오래 지속하며 자손이 성하고 장수한다.

⑤ 복룡(福龍) 조종산이 청수(淸秀)하고 거듭거듭 감싸주고 다정한 모습은 생룡이나 진룡과 비슷하나 다만 펼쳐 나간 규모가 적은 편이다. 귀격(貴格)으로 부귀가 오래가고 수와 복을 겸해 자손이 번성한다.

⑥ 사룡(死龍) 용신이 경직고독(硬直孤獨)하고 무기력한 용이며 주봉이 모호하고 거칠며 기복이 없고 죽은 미꾸라지나 죽은 뱀처럼 생긴 용을 말한다. 가장 흉한 용이기 때문에 가난은 물론 자손이 끊기는 경우도 생긴다.

⑦ 약룡(弱龍) 봉만(峯巒)이 모호하고 기세가 나약한 용이며 이 용은 대부분 바람이 닿고 물이 충사(沖射)하여 기가 모이지 않으므로 설사 그럴 듯해 보이는 혈장이 있다 하더라도 가혈(假穴)에 지나지 않으니 고독하고 가난하며 병들어 곤궁할 것이다.

⑧ 병룡(病龍) 용체가 유기(有氣)하며 아름다워도 몇 군데에 상처가 있거나 사람들이 인위적으로 용체에 상처를 내어 기맥이 꺾인 용이다. 이러한 용에 장사하면 불구자, 환자가 생기고 단명하며 고아나 과부가 많이 나온다.

⑨ 겁룡(刦龍) 용신의 지각(枝脚)이나 기맥이 너무 많아 상처가 너무 많고 기가 쇠약한 용을 말한다. 또는 용신이 갈래갈래 쪼개져 정기(精

氣)가 한 군데에 모이지 못한 흉룡이다.

⑩ 퇴룡(退龍) 용신의 진행이 모호하며 정기가 이어지지 않으며 용의 지각(枝脚)이 질서 없이 나열된 가장 흉격의 용이다.

⑪ 역룡(逆龍) 용신의 지각이 역행하는 용이다.

⑫ 살룡(殺龍) 용신에 괴암 흉석의 살기가 너무 많은 용이다.

위와 같이 12룡을 설명했지만 너무 복잡하고 막연하기 때문에 길룡은 길룡끼리 흉룡은 흉룡끼리 합쳐서 다음과 같이 생왕룡과 사절룡으로 나눈다.

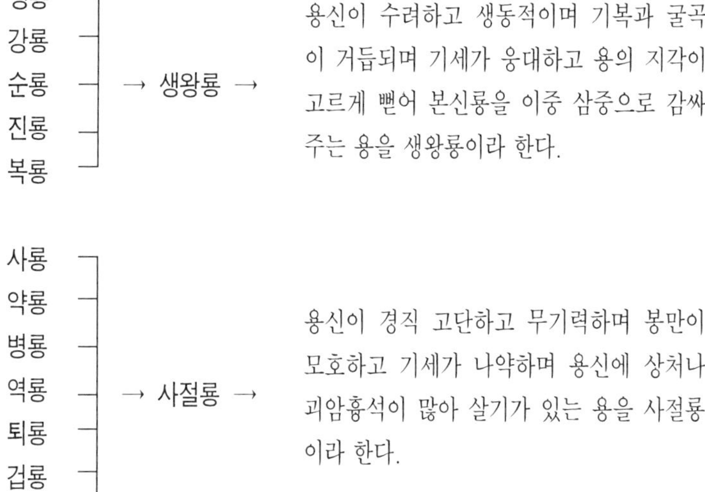

5. 용과 맥의 구분

옛 글에는 '용생즉맥왕 맥왕즉기생왕(龍生則脈旺 脈旺則氣生旺)'

이라 하였다. 이는 용의 세가 생왕하면 맥이 왕성하고 맥이 왕성하면 기도 생왕한다는 뜻이다. 용과 맥의 관계를 수목에 비유한다면 나무가 용이라면 나뭇가지는 맥에 해당되며 그 내면에 흐르는 수액은 기(氣)에 해당된다. 인체와 혈맥 혹은 전선에 흐르는 전기와의 관계에 비유할 수도 있다.

다시 말하면 용은 맥을, 맥은 생기를 보호 인도하여 혈지까지 이끌고 가는 역할을 한다. 옛 글에 '맥자태장즉기약(脈者太長則氣弱), 과직즉기사(過直則氣死), 맥광즉기쇠(脈廣則氣衰), 맥조즉기악(脈粗則氣惡)'이라 하였으니 맥이 너무 크고 길면 기가 약하고, 지나치게 곧으면 기가 죽고, 맥이 너무 넓으면 기는 쇠약하며, 맥이 너무 조잡하면 기가 나쁘니 맥의 길흉판별에 좋은 기준이라 생각된다.

제3절 조종산과 주산

1. 태조산, 중조산, 소조산

조종산이란 태조산과 중조산을 말하며 주룡과 혈장의 근원이 되는 산이다. 주산은 소조산과 현무봉을 지칭하며 혈장을 주재하는 산이다. 따라서 주룡은 혈지의 생명줄 또는 탯줄에 비유할 수 있으며 생명적 원천인 태조산과 중조격인 주산을 거쳐 혈장에 이르기까지 맥이 이어지고 기를 통일시켜 생기를 뭉쳐서 공급함으로 혈을 맺는다.

첫째 주룡의 발원은 태조산이다. 그러나 많은 지사들 사이에는 이러한 산의 계통에 대해서 의견이 구구하다. 즉 태조산에 대해서 어떤 분은 한 도를 대표할 만한 해발 1천 미터 이상 되는 큰 산을 말하기도 하고 또 어떤 사람은 우리나라 태조산은 백두산뿐이며 기타는 소조산에 해당된다고 설명하는 분도 있다. 어떻게 생각하든 상관은 없으나 한 도를 대표할 만한 명산을 태조산으로 생각하면 될 것이다.

이 태조산은 그 형세가 높이는 하늘을 찌를 듯하며 장엄하고 그 용태가 신비하여 그 지방 모든 산의 근원이 되는 산이다.

2. 조종산과 주룡의 행정

태조산을 출발한 주룡의 행정(行程)은 일정하지 않고 매우 복잡하다.

용맥의 행도는 다음 몇 가지의 종류가 있다.

① 태조산을 출발한 주룡이 종산(중조산), 주산(소조산)을 거쳐서 현무봉을 이루고 여기에서 다시 중심출맥(中心出脈)한 주맥이 결인하고 생기를 결속시켜 뇌두에 이르게 하여 혈의 모태인 혈장을 이루는 순서와 방법이다. 이는 마치 우리가 조상으로부터 대를 이어 승손(承孫)하는 이치와 같다.

② 다음은 태조산, 종산, 주산을 거쳐 부모산에서 중심출맥한 주맥이 태식(胎息), 잉(孕), 육(育)이라는 과정에 의해 혈장을 융결하는 방법이다. 이는 부모가 자식을 포태양생(胞胎養生)하는 생리적 이치와 같은 결지의 과정이며 방법이다. 이때 태는 부모산 아래 취기하여 도도록하게 뭉쳐 솟은 곳이고 식(息)은 기맥을 짤막하게 묶은 결인처(結咽處)이며 잉은 결인한 다음 취기하여 뇌두를 이룬다. 그 다음 육은 잉 아래에서 진결한 혈심(穴心)을 말한다.

③ 이 밖에 주산에서 평지낙맥(平地落脈)한 지맥이 은맥(隱脈)으로 기가 통하여 결지하는 방법도 있다. 그런즉 은맥평지룡에서도 혈의 진결과 발복에는 결코 다를 바 없다.

이와 같이 주룡의 조종에는 태조산, 중조산, 소조산이 있으며 이 중 소조산인 주산이 가장 중요한 조종산이다. 이는 주산이 혈지 융결을 주재하기 때문이다. 그런즉 혈을 맺는데는 태조산과 중조산도 필요하지만 이보다는 수려하고 단정한 소조산격인 주산이 더욱 중요한 것이다.

한편 주룡은 주산으로부터 수절(數節) 내에서 다시 수려한 현무봉을 일으키고 결인(結咽), 속기(束氣), 입수(入首), 도두(到頭)라는 변화과정을 거쳐 혈을 맺는다. 즉 태조산은 발전소에 해당되며 종산은 변전소, 주산은 변압기에 비유되며 이를 이어주는 주룡과 기맥은 전선에 비유된다. 그런즉 조종산은 주룡의 근원지일 뿐만 아니라 물의 수원이기도 하다. 그리하여 산수가 배합하고 음양이 합국하여 혈이 맺어진 것이다.

제4절 주룡의 여러 과제

1. 간룡과 지룡

수목에 비유하면 줄기(樹幹)와 가지가 있듯 주룡에도 간룡(幹龍)과 지룡(支龍)이 있다. 간룡은 본신룡(本身龍)이요 지룡은 본신룡에서 분맥된 용을 말한다. 간룡에도 대간룡과 소간룡이 있으며 혈은 주로 소간룡에서 이루어진다. 장대한 대간룡에서의 결혈은 매우 어려운 일이다.

나뭇가지에 열매가 맺는 이치와 같다. 그러나 줄기가 번성해야 가지도, 꽃도, 열매도 충실하듯 주룡의 행도가 장원(長遠)하고 생왕해야 혈지가 진결되고 그 발복이 크고 오래 간다.

용의 원근과 장단(遠近長短)은 수 리, 수십 리, 수백 리 등 천차만별이며 주룡의 장단에 따라 그 화복도 이에 상응하는 것이다. 그러나 주룡이 길다 해도 혈은 상대적으로 옹졸한 경우가 많다. 때문에 옛 글에도 용장혈졸(龍長穴拙)이라 했다. 혈 바닥이 좁고 졸하게 보여도 혈은 야무지고 진혈인 것이다.

한편 주룡이 장원하고 장대할수록 그 수원(水源)의 대소원근도 좌우되기 때문에 대간룡에는 대강하수(大江河水)가, 소간룡에는 대계수(大溪水)가, 지엽룡(枝葉龍)(支龍)에는 소계곡수가 흐르게 마련이며 주룡(山)의 규모와 물의 대소가 서로 조화를 이루어야 음양의 이치에 맞는 자연의 법칙이다.

2. 주룡의 귀천

주룡에는 귀한 용과 천한 용이 있다. 귀룡은 앞에서 설명한 생왕룡을 말하며 용신의 행도가 수려 활달하고 기세 있게 천락변전(穿落變轉)한 용이기 때문에 귀혈을 맺고 천룡은 용체가 조잡 경직하고 겁살이 많아 결혈이 불능이다. 따라서 주룡의 귀천과 진부(眞否)는 주로 용체의 형기적 수려 조잡의 여부와 겁살이 있느냐 없느냐와 이기적으로 생왕룡이냐 사절룡이냐로 판단한다. 특히 입수룡의 생왕 여부와 입수의 용상팔살(龍上八煞) 유무는 정재화복(丁財禍福)의 결정적 요인이 되는 용법의 신묘이니 심룡시(尋龍時) 각별히 유념해야 된다.

3. 용의 진가

주룡의 생사길흉의 분별법은 앞에서 설명한 생왕룡은 진룡이요 사절룡은 가룡이라고 생각해버릴 수도 있다. 그러나 용 자체는 진룡 같지만 뜻밖에도 도중에 결점이나 하자가 생기는 용을 가룡이라 하며 다음과 같은 예를 들 수 있다.

• 용세가 생동적이지만 불행히도 용의 과협처(過峽處) 또는 결인처(結咽處)가 파열되거나 절룡단맥(絕龍斷脈)된 경우 또는 결혈 직전에 맥이 끊어지거나 너무 비탈진 용.

• 비록 생왕룡이라 할지라도 산수가 반배(反背)하고 용법 수법이 심히 맞지 않는 경우.

• 비록 진룡이나 결혈할 수 없는 용.

• 용맥은 비록 장원(長遠)하되 용의 세가 지나치게 약화되어 기진맥지(氣盡脈止)한 용.

이 밖에도 세심히 살펴야 할 용은 인위적으로 파괴된 용, 또는 퇴적토(堆積土)에 의해 이루어진 가룡도 있음을 명심해야 된다. 이상 용의 진가를 대략 설명했지만 구분하기 어려운 애매모호한 용도 있기 때문에 용의 진가를 정확하게 분별하는 요령은 가장 중요한 요건이다.

4. 용의 면과 배

우주만물에는 앞(面)과 뒤(背)가 있게 마련이다. 陽에 해당되는 면은 밝고 아름답고 유정하며 陰에 해당되는 배는 어둡고 험하고 무정한 뒤쪽 음지이다. 모든 물체의 중요한 부분은 밝고 유정한 양면(陽面)에 나타나게 마련이기에 사람도 그렇고 용혈도 다를 바 없다. 혈도 용세가 밝고 수려하며 좌우룡호(左右龍虎)가 유정하며 산수가 융합하는 용의 면에서 결혈하며 어두운 뒤쪽 배에서는 결지(結地)할 수 없다. 다시 말하면 용의 면은 양명수려(陽明秀麗)하고 산수가 취합한 유기다정(有氣多情)한 곳이며, 용의 배는 용세가 조잡하고 산천이 준급(峻急)하여 무기무정(無氣無情)한 곳이다. 한편 방향별로 陰陽을 따지면 남쪽은 陽이요 북쪽은 陰이지만 용의 면과 배의 구분에는 동서남북을 가리지 않는다. 때문에 북향룡(北向龍)도 밝고 수려하며 용호와 물의 관계가 유정하면 양면룡(陽面龍:산의 앞면)으로 대지를 맺을 수 있다. 따라서 혈을 찾으려 할 때는 먼저 주룡의 면과 배를 확인하는 것이 순서일 것이다.

5. 용의 행지

　심혈이란 용이 나아가다 멈추고 물이 감돌아 생기도 멈추는 곳을
찾는 일이다. 용이 멈춘 곳에 생기가 뭉치기 때문이다. 용맥이 멈추면
땅 속에 생기도 쌓이고 용맥이 진행하면 생기 역시 계속 흘러가기 때
문에 혈을 맺을 수 없다. 따라서 용의 정지는 기룡혈(騎龍穴) 등 특수
혈을 제외하고는 용의 최종 결인처가 수려(秀麗)하고 이어서 뇌두가
원후(圓厚)하며 계합(界合: 分合이라고도 함)이 분명한 곳에서 이루
어지며 혈은 주로 정지된 용맥처에서 이루어진다. 용이 계속 진행하
고 있는 곳에 장사하면 삼대(三代) 내에 자손이 끊기고 거기에 살(殺)
이 가해지면 당대유고(當代有故)가 우려된다 했다.

6. 정룡과 방룡

　같은 조종산에서 출발한 용맥에도 정룡(正龍)과 방룡(傍龍)이 있는
데 정룡은 산의 중심을 이루는 중추적 산줄기를 말하며 기세가 활발
한 용이요, 방룡은 기세 변화가 없는 경직된 능선을 말하며 정룡 곁에
붙어 있는 용이다.

　정룡은 조종산의 중출정맥(中出正脈)으로 개장기복(開帳起伏)과
과협결인(過峽結咽)을 거쳐 좌우 양쪽 용이 지켜주는 가운데 기세 있
게 행진하는 용이요, 방룡은 비록 정룡과 같은 산에서 출발하였어도
독립성이 없이 정룡의 옆에 붙어 따라다니면서 정룡을 지켜주는 역할
에 불과한 단순한 능선이다. 다시 말하자면 정룡은 기세가 생동적인
주맥으로 진혈을 융결할 수 있는 진룡이요, 방룡은 정룡을 도와주는
호종사(護從砂) 역할을 해주는 용호에 불과하다. 때문에 방룡에서는
혈을 바랄 수 없으며 정룡에서 혈을 찾아야 된다.

7. 용의 여기

용의 여기(餘氣)란 용맥을 흐르는 기가 뭉쳐 하나의 혈을 이루고 남은 기운이다. 쉽게 말하면 용의 남은 힘(기)이다. 용에서 혈을 맺는 것은 일룡일혈(一龍一穴) 혹은 일룡수혈(一龍數穴)이라는 정해진 원칙은 없다. 기세가 왕성한 용에는 수기(數基)의 혈을 맺기도 하고 무기력한 사룡에서는 하나의 혈도 맺지 못한다. 따라서 용의 여기란 진혈을 맺고 남은 기운을 말하며 이 여기는 본혈의 바로 밑에 이어서 결혈하기도 하고 전진하다 박환(剝換)한 후 용진처(용이 끝나는 곳)에서 다시 혈을 맺기도 한다.

8. 용의 삼세

용의 삼세(三勢)에는 산룡지세(山龍之勢), 평강지세(平岡之勢), 평지지세(平地之勢)가 있다.

• 산룡은 높은 산의 능맥(稜脈)을 말하며 고산(高山)의 용은 그 형상이 마치 뛰고, 날고, 달리고 기(起)한가 하면 복(伏)하고 낮았다 높았다 하여 생동하는 용과 같다. 이러한 진룡이면 길룡이다.

• 평강룡은 주로 야산(野山)에서 낮게 내려오면서 넓게 퍼지며 세가 점점 완만해지는 용이다. 그러나 평강룡 역시 굴곡이 활발하고 분수(分水)만 정확하면 결혈할 수 있는 길룡(吉龍)도 있다.

• 평지룡은 주로 기복 굴곡의 변화가 없고 음래양수나 양래음수(넓게 퍼진 용을 양룡, 가운데가 두툼한 좁은 용을 음룡이라 하며 이의 반복을 말한다)도 아닌 평수룡(平受龍) 은맥(隱脈)으로 하전(下田)하여 기이하게 나타나는 용맥이다. 그러나 이러한 평탄하고 넓어 기세가 약한 가운데에서도 정중동(靜中動)으로 유(乳)나 돌(突)이 있거나 미미한 계수(界水)가 있고 원운(圓暈) 또는 양의(兩儀)가 있으면 생기가 응결된 증거이기 때문에 진룡이라 할 수 있지만 진가를 가리기

어려운 용세이다.

이상 세 가지 용세에 대해서 설명했지만 비록 형세는 각기 다르나 용세역량(龍勢力量)의 대소경중은 다를 바 없으며 고산의 산룡이라 하여 대발(大發)하고 평강룡이라 하여 소발(小發)하는 것은 결코 아니며 비록 평전(平田)에서도 내룡은맥이 분명하고 여러 가지 혈의 증거가 분명하며 수려한 귀사와 길수(吉水)가 합법이면 대귀대부혈이 될 수도 있다.

제5절 용의 형태와 각종 변화론

1. 용의 개장과 천심

용의 개장(開帳)이란 조산(祖山)이나 종산(宗山)을 떠난 용이 몇 가닥의 큰 줄기로 나누어짐을 말한다. 길룡은 출발부터 넓게 양쪽으로 장막을 펼쳐 중심룡이 보호받는 가운데 중심맥을 유지하면서 굴곡과 기복을 거듭하며 기운차게 내려간다.

개장이란 다음 그림처럼 마치 봉이나 학이 날개를 펴는 모습으로 벌리는 것을 말하며 천심이란 마치 나무의 수간(樹幹)과 같은 역할을 하면서 산 전체의 중심대〔軸〕를 이루는 것을 말한다. 이것을 벌의 허리〔蜂腰〕 또는 학의 무릎〔鶴膝〕에 비유하기도 하며 과협(過峽) 또는 결인처(結咽處)라고도 한다.

산이 개장하여 양쪽 날개가 주룡을 보호하지 않으면 기가 흩어져 무력하고 기맥이 용의 중심을 뚫지 않으면 역시 기가 좌우로 흩어져 혈장까지 흐르지 못하므로 결혈처까지 진기(眞氣)가 모이지 못한다. 사람도 좌우로 덕을 펼치지 못하면 내 몸이 고독해지며 바른 주관이 뚜렷하지 못하면 우유부단해지는 것과 같은 이치이다. 그러므로 높은

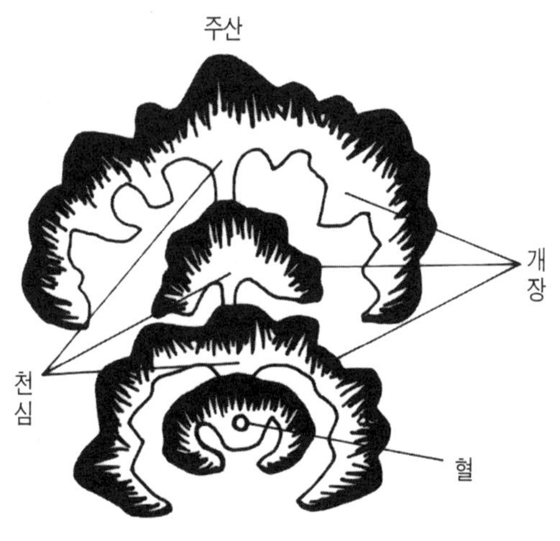

개장천심도

덕과 자기 철학이 뚜렷해야 귀인인 것처럼 산도 개장과 천심(穿心)이 뚜렷해야 귀룡이라 할 수 있다.

그러나 그림처럼 조종산부터 차례차례로 개장 천심이 잘 갖추어진 산은 드물고 대개는 혈에 이르기 전 2~3절에서만 이러한 개장과 천심이 있어도 격에 맞는 것으로 간주된다. 대개의 경우 주산에서 생룡으로 내려오다가 현무정(玄武頂)을 이루며 그곳에서 개장하여 청룡과 백호를 이룬 다음 이어서 과협이나 박환을 이룬 후 뇌두를 만들며 그 아래 혈장을 이루는 것이 보통의 예이다.

따라서 비록 개장과 천심이 혈을 보장하는 생왕룡의 조건이라고는 하나 진결의 절대적 요건은 아니다. 즉 개장 없이도 주룡이 기복과협(起伏過峽) 혹은 박환 등이 생동적이면 개장천심이 다소 부실하여도 혈을 맺을 수 있다.

2. 용의 기복

용의 기복(起伏)은 용의 행진에서 기세가 생왕함을 나타내는 증거인 것이다. 이때 솟구쳐 솟은 곳을 기(起)라 하고 산봉우리를 말하며 엎드린 곳을 복(伏)이라 하며 과협 또는 결인처를 말한다. 풍수지리학에서는 수려하고 유연하며 질서정연하게 기복이 반복된 용을 생동하는 길룡이라 하고 기복과 변화가 없고 직하(直下: 가파르다)한 용은 흉룡이라 했다. 다시 말해서 용은 행진과정에서 기복의 반복과 좌우 굴곡이 분명해야 아름답고 굳센 생왕룡인 것이다. 좀더 과학적으로 설명하자면 이렇게 된 용이라야 개장천심과 분수(分水)가 잘된 용인 것이다. 즉 용의 기복이 있어야만 기(起)한 곳에서 개장하여 갈라져 나간 용이 청룡과 백호가 되어 주룡과 묘(墓)자리를 잘 보호해주며 복(伏)한 곳이 있어야 물을 잘 털게(分水) 될 뿐만 아니라 산의 생기를 흩어지지 않도록 결속시키게 된다. 삼기삼복(三起三伏)이면 과협도 세 군데요 물의 삼분삼합(三分三合)도 제대로 세 번 이루어짐과 동시에 기의 융결도 더욱 강해지며 세 곳의 봉우리(三起)에서 개장한 지룡(내외 청룡과 내외 백호)들이 거듭거듭 주룡을 감싸주고 장풍(藏風: 바람을 가두는 것)이 잘 되어 진혈을 맺게 되는 것이 용의 기본적인 이치인 것이다.

3. 용의 박환

용의 박환(剝換)이란 한 마디로 표현하면 용의 환골탈태(모습을 바꾸는 것)와 살기(殺氣)를 벗어나기 위한 변화를 말한다.

무릇 살기를 벗어나지 못하고 조잡하고 험악하고 가파른 용에서는 결코 진혈이 맺어질 수 없으며 오직 산과 용이 살기가 없고 순화된 밝은 산, 맑은 용, 부드러운 맥에서만 결혈이 이루어지기 때문에 풍수지리학적 박환방법에는 두 가지로 구분된다.

첫째: 행룡(行龍)의 방향 전환을 말한다. 방향을 바꾸는데는 金→水→木→火→土로 상생하면서 방향을 바꾸면 길하며 반대로 金→木→土→水→火→金의 상극관계로 방향을 바꾸면 흉하지만 그 상극되는 좌우에 나를 생해주는 사(砂)가 있으면 무관하다.

둘째: 용의 모습변화를 말하며 용의 형체가 넓은 것이 좁게 가늘어지고, 가는 것이 넓어지고, 급하게 내려오다 완만해지고, 용체가 석골(石骨)로 내려오다 토체(土體)로 변하는 등 용의 환골탈태하는 모습을 말한다. 박환을 통해서 용은 살기가 없어지고 수려하며 유연한 용체로 변한다. 박환이 이루어지지 않고 조악한 내외살기(內外殺氣)를 벗어나지 못하면 혈이 융결되지 못한다. 따라서 혈은 산과 용이 살기가 없고 밝으며 맑은 용, 부드러운 맥에서만 혈을 맺는다.

4. 용의 과협

생룡(生龍)으로서 중요한 부분의 하나가 용의 과협(過峽)이다. 과협처란 산의 봉우리(星峰)와 봉우리 사이가 가늘고 얕은 곳을 말한다. 옛날 산 넘어 먼 곳을 걸어다닐 때 넘어다니는 재가 과협에 해당된다. 용의 길과 흉이 과협에 의해 판정되기도 한다. 즉 과협이란 전진하는 용의 생기를 모아 묶어놓은 용의 허리이며 생기의 결인처이다.

사람도 허리가 강하지 않으면 힘을 쓸 수 없는 것과 같은 이치이다. 그런즉 과협처는 가늘고 힘있고 부드럽고 짧고 튼튼하며 유연해야 좋은 것이다. 한편 과협의 소임은 용의 나쁜 살기를 제거하여 용신을 수려하고 유연하게 하면서 생기를 걸러서 묶는 데 있다. 그런즉 과협이 없이 직행하는 용은 비록 외견상 기세가 왕성하게 보인다 해도 혈을 맺을 수 없는 죽은 사절룡(死絶龍)인 것이다.

그리고 과협의 형태는 다양하다. 그 중에 대표적 과협인 봉요(蜂腰: 벌의 허리), 학슬(鶴膝: 학의 무릎)과 같은 형태의 과협을 비롯하여 직협(直峽), 곡협(曲峽), 장협(長峽), 단협(短峽), 세협(細峽), 고협(高峽), 천협(穿峽), 십자협(十字峽), 왕자협(王字峽), 도수협(渡水峽), 관주협(貫珠峽) 등이 있다. 옛 글에도 과협은 활동적이고 수려하며 유연하고 짧고 가늘어야 좋은 과협이라 했다(峽者 活動 秀麗 柔軟 短細 爲佳峽).

　한편 과협이 순한 석골(石骨)로 이루어진 것은 길하나 흉한 암석이 크게 노출된 과협은 흉하며 또한 과협에는 일명 거팔내팔(去八來八)이라고 불리는 보내고 맞이하는 영송사(迎送砂)와 바람과 수겁(水刦)을 막아주는 좌우의 사(砂)가 있어야 진혈이다. 사에는 일(日), 월(月), 규(圭), 홀(笏), 기(旗), 창(倉), 궤(櫃), 옥(玉), 인(印) 등이 특히 귀한 사이다. 끝으로 과협이 짧으면 가까운 곳에 혈이 있고 길면

〈그림 20〉 과협의 종류

(長峽) 먼 곳에 혈이 있으며 과협처의 토색은 혈토의 토질토색과 대체적으로 같으니 혈을 정하고 천광할 때 참고하면 된다(〈그림 20〉 참고).

5. 용의 지각

용의 행진에는 필연적으로 봉우리(峰)가 있고 능선에는 짧은 지각(枝脚)이 붙게 된다. 이때 산의 원기(原氣)는 주맥으로 흘러가고 남은 기는 지각이 되어 용의 양쪽 받침대(支柱) 역할을 한다. 요도(橈棹)지각을 배에 비유하면 노(棹)와 같고, 사람이나 짐승에 비유하면 다리와 같다. 배에 노가 없으면 행선할 수 없고 동물은 다리가 없으면 행보할 수 없는 것이다. 주룡 역시 지각이 없으면 전진이 어렵고 어렵게 행도한들 무력한 용이 되어 결혈(結穴)이 불능이다.

한편 지각의 소임은 용의 도괴를 막는 받침대가 되어 용체의 안전성을 유지하고 바람과 물을 막아 내면의 생기를 보존하는 역할을 하는 데 있다. 그러나 지각이 너무 비대하거나 혹은 파괴된 용은 병룡(病龍)이기에 자손이 피해를 보며 반대로 지나치게 크고 길면 주룡의 생기를 빼앗기게 되어 주룡의 기세가 약화되며 너무 짧고 작으면 기가 보존되지 못한다. 또 지각이 거꾸로 역행하면 역룡이 되며 너무 뾿

작약지

오동지

족해도 역시 흉한 것이다. 따라서 지각은 그 형세가 분명하고 본신룡(本身龍)과 조화를 이루며 용세에 비해 적합해야 용세가 왕성하고 자손이 번창하게 된다. 그리고 그 형상에 따라 오동지(梧桐枝)와 작약지(芍藥枝) 등으로 구분된다. 이 분류는 길흉에 영향을 주는 것은 아니다.

지금까지의 용에 대한 형기법상의 설명 내용을 요약하면, 첫째 산의 봉우리가 수려하고 용이 행진함에 있어 기복과 굴곡이 중복되어 용의 기세가 생왕하며, 둘째 조산과 종산이 장엄하고 판국이 수려하며, 셋째 개장과 천심의 규모가 전체 용세에 비해 알맞고, 용의 지각이 본신룡에 비해 알맞아 용의 행도가 안정되며, 넷째 과협이 야무지게 결속되고 현무봉이 수려하며 용의 형세가 살이 없이 순화되어야 생왕길룡이 된다.

6. 입수룡

입수란 혈의 바로 뒤에 있는 용의 박환처(剝換處)를 말한다. 박환이라 함은 앞에서 설명한 것처럼 용의 자연변화에 의한 변화나 행룡의 방향전환을 뜻한다. 결인(結咽), 과협(過峽)도 이에 속한다. 말하자면 주산에서 산의 정기를 혈로 집결시켜줄 수 있는 지점이다. 막상산에 올라가면 입수에 대한 견해가 각각 다르다. 어떤 사람은 주산에서 바로 입수가 시작된다고 강조하는 사람이 있는가 하면 또 다른 사람들은 혈 뒤에 있는 현무정(玄武頂)부터가 입수라고 말하며 또 다른 편에서는 혈에 제일 가까운 변화처(박환처)를 말하는 사람도 있어 초보자들을 혼란케 한다.

진혈이란 그 산의 기를 한 군데로 집결시킨 곳이라는 설명은 앞에서 누차 강조한 바 있지만 주산에서 혈에 이르는 과정에서 혈에 가장 가까운 굴절, 결인, 박환 등 산의 기를 모아서 혈로 집결시켜주는 곳을 입수라고 생각하면 될 것이다. 예를 들어 사람의 팔에 비유해본다면 오른팔은 우선룡에 해당되며 왼팔은 좌선룡에 해당되지만 좌우에 상관없이 주먹을 쥐었을 때 그 주먹 가운데 힘이 가장 뭉쳐 있는 곳이 혈이라고 생각한다면 입수란 그곳(혈)으로 힘을 집결시켜주는 팔목에 해당되는 결인처(과협)를 말한다.

팔목이 강하면 케이오 펀치가 나온다. 권투선수의 주먹이 강하고 약함은 손목에서 좌우된다. 그렇다 하여 어깨나 팔꿈치가 주먹의 강도와 관련이 없다는 것은 아니다.

예를 한 가지만 더 들어 태양의 기를 한 곳으로 집결시켜주는 볼록렌즈에 비유해본다면 태양의 빛이 볼록렌즈에 도달하면 이를 굴절시켜 초점으로 집결시켜주기 때문에 그 초점이 가열된다. 따라서 천기(天氣)를 집결시켜주는 볼록렌즈가 용의 기를 집결시켜주는 입수에 해당된다. 가운데가 볼록하여 금체(金體)로 된 뇌두가 마치 태양의 기를 집결시켜주는 볼록렌즈처럼 용의 기를 모아 혈을 맺는 자연의 이치는 신기하기만 하다. 때문에 입수는 혈의 길흉에 큰 비중을 차지한다. 그러나 대국적 견지에서 생각해보면 주먹이 강해서 세계 챔피언이 되었다면 머리(주산)도 명석해야 되며 어깨 전체가 강헤야 입수에 해당되는 팔목에 강한 힘이 모이게 된다. 주산에서 혈에 이르기까지의 주룡 전체가 총체적으로 생기가 왕성한 생왕룡이어야 된다는 것은 말할 것도 없다.

입수의 종류는 다음 다섯 가지 격으로 나눈다.

• 직룡입수(直龍入首) : 직룡입수는 다음 그림에서와 같이 주산의 중심에서 바르게 내려온 용이다. 직룡입수는 기세가 왕성하기 때문에 발복이 쾌활하여 다섯 가지 입수룡 중 으뜸이다.

• 회룡입수(回龍入首) : 용이 한 바퀴 회전하여 자기가 출발한 주산을

<그림 21> 입수룡의 종류

향해 입수하는 용맥으로 좋은 혈을 맺을 수 있는 길격 입수이다.

• 비룡입수(飛龍入首) : 비룡입수는 높게 치솟아 높은 곳에서 혈을 맺는 입수룡이다. 이 비룡입수는 위에서 사방의 산이 높이 감싸주어야 바람을 가두어주게 되며 물이 감돌며 수구(水口)가 잘 닫혀져야 진혈이라 할 수 있다.

• 횡룡입수(橫龍入首) : 횡룡입수는 길게 뻗어가는 행룡(行龍)의 한 쪽 옆구리(용의 측면)에서 입맥하여 결혈하는 입수이다. 이렇게 입수하여 혈을 맺기 위해서는 혈의 뒤에 귀산(鬼山)이나 낙산(樂山)이 가깝고 다정하게 지켜주고 순전(脣氈)이 분명해야만 진혈이다.

• 잠룡입수(潛龍入首) : 잠룡입수는 용의 기맥이 급락하여 평지에 혈을 맺는 입수이다. 때문에 묘에 비해 한 치만 높아도 산이요 한 치만 낮아도 물로 보는 것이다. 잠룡입수에서 맺는 혈은 물의 상분하합(上分下合) 현상이 뚜렷해야 되며 혈 위에서 물이 나누어졌다 혈 아래에서 다시 모여들어 혈을 감고 돌아야 길하다.

이 외에도 입수의 종류가 더 있으나 그러한 입수는 극히 드문 것이기 때문에 설명을 생략한다.

7. 산의 내력

많은 지사들이 태조산, 조산, 소조산, 주산 등 혈에 이르는 산의 계통에 대해서도 의견이 구구하다. 때문에 자세한 내용에 대한 설명은 많은 서적들을 참고하시기 바라면서 다만 의견이 구구한 내용에 대한 요점만 간략히 설명을 할까 한다.

태조산(太祖山)이란 고을(郡) 또는 한 도를 대표할 만한 해발 1천 미터 이상 되는 큰 산을 말한다. 어떤 사람은 태조산은 백두산뿐이며 기타는 소조산에 해당된다고 설명하는 분도 있지만 어떻게 생각하든 상관은 없다. 광주나 전남 같으면 무등산이나 지리산 정도를 말한다. 이런 큰 산은 금체(金體), 수체(水體), 토체(土體), 화체(火體) 등이 많으며 산의 형상은 각각 다르되 화체, 목체까지 포함해서 水, 火, 金, 木, 土의 다섯 가지로 다음 그림과 같다.

태조산은 멀리서 바라보면 우뚝 솟아 하늘에 닿을 듯하고 정기가 생동하고 태조산의 주위에 여러 산봉우리가 호위하고 있는 형상을 이루고 장엄하고 단정하게 보여야 그 아래에 귀한 혈을 맺는다.

산의 다섯 가지 형체

중조산(中祖山)은 태조산에서 갈라져 많은 봉우리로 이어지다가 문득 솟아 한 면(面)을 대표할 만큼 높은 정기가 생동하며 수려하고 단정해야 귀혈이 맺는다. 만약 중조산이 추악하거나 살기가 있어 악하게 보이면 아무리 좋은 태조산에서 내려왔다 해도 길지가 생길 수 없다. 그러기 때문에 어느 혈이든 태조산까지 관련지어서 살펴 내려오기는 어려운 일이기에 보통 소조산에서부터 좋아야 한다. 천리내룡(千里來龍)에 간도두(看到頭)란 뜻도 사람으로 비유하면 원조(遠祖)가 비록 왕후장상(王侯將相)이었다 할지라도 그보다 못한 근조(近祖)만 못하다는 뜻이다.

종산(宗山)이라 함은 태조산에서 세 번째 높은 산이 종산인데 조산(祖山) 위의 산이라 해서 반드시 조산보다 더 높아야 된다는 것은 아니다. 이 종산은 경우에 따라 없는 경우도 있으며 중조산에서 맥이 구불거리고 기복을 이루다가 2차로 소조산을 이룬다. 보통 혈에서는 태조산, 중조산, 종산까지도 보이지 않고 소조격인 주산부터 보이는 경우가 많다. 따라서 그 혈에 직접적으로 미치는 영향은 주산, 현무정, 입수를 거쳐 혈에 이르는 용의 기운과 혈장 자체의 혈증이나 혈토의 길흉이 제일 중요함을 인식해야 된다.

소조산(少祖山)은 그림처럼 종산에서 뻗어오다가 몇 군데 기복을 이룬 연후에 높이 솟은 봉을 말한다. 주산격인 소조산은 보통 혈에서 보이는 곳이 많기 때문에 특히 수려하고 주위에 삼태봉(三台峯), 어병(병풍봉), 기고(旗鼓), 인(印) 등의 길사(吉砂)가 많이 보이거나 오성형(금성, 목성, 수성, 화성, 토성)의 성진(星辰: 砂山)이 솟아 있으면 이 소조산 아래에 큰 혈이 있는 것이다. 반대로 소조산이 악하게 살기가 등등하게 보이면 좋지 않으며 아주 없는 경우도 있으나 원칙적으로 소조산이 있어야 좋다.

부모산(父母山)은 자신과 조부모 사이에 부모가 있는 것같이 소조산과 혈의 중간에 부모산이 있다. 소조산에서 맥이 뻗어나와 높은 봉우리를 이룩한 산이 부모산에 해당된다. 높지 않고 크지 않아도 수려하고 좌우에 길성이 두 날개처럼 벌려 있으면 길격이며 부모산 좌우에서 뻗은 줄기가 외청룡, 외백호를 이루어 혈(穴)을 다정하게 보호해 주면 더욱 좋다. 소조산이나 부모산이 없는 곳도 평강룡(平岡龍)이나 평지혈(平地穴)에서는 볼 수 있으나 별로 좋은 혈은 못 된다.

결국 진혈이란 산의 생기가 모인 곳을 말하는데 한 마디로 말하자면 풍수지리법은 모두가 이 산의 기가 모이는 곳(혈)을 찾기 위한 법수이다. 그러니까 풍수지리법을 천 마디 만 마디로 설명할 필요 없이 산의 기가 모이는 곳을 찾아내는 것이 궁극적 목적인 것이다. 산의 정기가 모이는 것은 우리의 혈관을 통해 피가 흐르는 것처럼 기맥을 타고 내려와서 한 곳의 혈로 집결된다. 그 기는 눈으로 볼 수도 없고 만져볼 수도 없기 때문에 산의 외형을 살펴 알아내는 요령을 터득해야 된다. 이 요령이 형기에 속하는 풍수지리법이며 최근에는 수맥과 기맥을 버드나무나 추를 이용하여 영감으로 알아내는 사람도 있다. 정확히 알아낼 수 있다면 진혈을 찾는 데 도움이 될 것으로 생각된다. 외형상으로 산의 기복(起伏)이나 벌의 허리나 학의 무릎 같은 과협 결

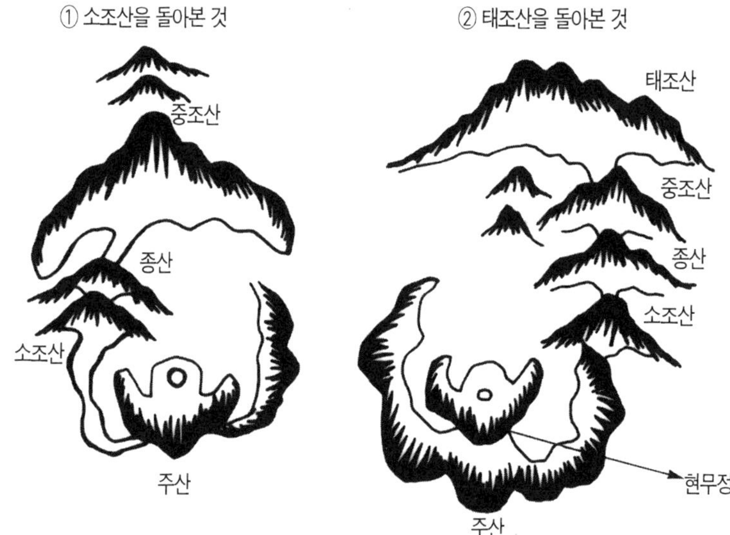

인처 등이 군데군데 생기면서 내려온 용은 생기가 뭉쳐 진혈을 맺을 수 있는 생왕룡에 해당된다.

조산을 돌아본 혈(回龍顧祖形) : 위의 그림처럼 태조산에서 내려온 용맥이 180도 몸을 돌려 다시 태조산을 바라보는 혈을 회룡고조혈이라 한다. 이때 혈을 맺는 용이 머리를 숙여 청룡이나 백호에 몸을 숨기는 모양의 혈을 회룡은산혈이라 한다. 이러한 혈은 태조산을 돌아보는 것이 원칙이지만 그림에서와 같이 소조산을 돌아보는 혈도 있다.

이 혈이 태조산을 돌아보려면 가까워도 20여 리(8킬로미터) 정도 떨어져야 되며 소조산을 돌아보려면 1~2킬로미터 정도는 거리가 있어야 되며 맥이 내려오는 도중에 용이 끊기면 효력이 없어진다.

주산(主山)은 혈과 가장 가까운 산을 말한다. 주산이란 소조산 아래 부모산이 있고 그 아래에 주산이 있는 것이 원칙이지만 다음 그림

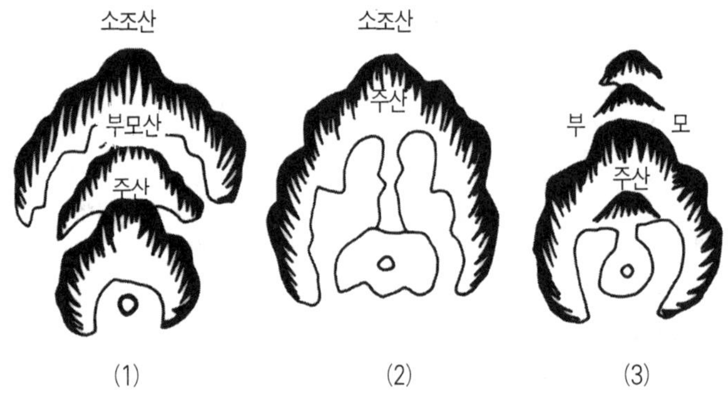

①처럼 소조산 아래에 부모산이 있고 그 다음에 주산이 있어 혈을 맺는 수도 있고 그림②처럼 소조산 아래에 다른 산이 없이 바로 그 아래에 혈장만 갖추는 수도 있으니 주산이란 혈이 직접 맺는 산을 말함이니 소조산 아래에 혈이 있으면 소조산이 곧 주산이요, 부모산 아래에 혈이 맺으면 부모산이 주산이 되기 때문에 ① 주산이 따로 있을 수도 있고 ② 소조산이 주산이 될 수도 있고 ③ 부모산이 바로 주산이 될 수도 있다.

그리고 주산은 크고 높고 장엄한 것을 요하지 않으나 산이 단정하고 수려하며 혈 좌우에 혈을 보호하는 맥이 있고 청룡, 백호가 좌우에 있으며 아래는 현무정(玄武頂)이 있고 앞에는 안산과 조산이 다정하게 놓였으면 길격이다. 산의 내력에 대해서는 책마다 저자의 견해차가 있어 서열이 약간씩 다르다.

제6절 용맥과 결지

1. 용의 결인과 속기

용의 행진(行進)에서 결인(結咽)과 속기(束氣)는 생왕룡으로서의 최종적 생동작용이며 참룡참혈의 상증이다. 풍수지리에서 결인과 과협을 분리해서 설명하게 되면 초보자들은 혼돈하기 쉽다. 앞에서 설명하였지만 결인, 과협, 속기, 학슬(학의 무릎), 봉요(벌의 허리) 등 여러 가지로 표현은 다르지만 다 같은 뜻이다. 다만 과협과 결인은 용맥의 외적 형태의 표현이요 속기는 땅 속에 숨어 있는 내면적 취기(기의 뭉침)를 뜻하는 표현이요 학슬과 봉요는 결인처의 모양을 동물에 비유했을 뿐 그 내용이 각각 다른 것은 아니다.

따라서 내룡이 혈을 맺기 위해 조산에서 출맥한 연후에 개장천심과 기복굴곡, 박환 및 과협결인 등 여러 생동작용을 거쳐 최종적으로 혈장의 바로 뒤에서 내적 속기와 외적 결인으로 기맥을 잘록하게 모아 묶어서 혈장에 이어주는 작용이다.

따라서 결인속기(結咽束氣)는 마치 미녀의 아름다운 목과 같이 가늘고 부드럽고 힘차고 빛나고 상처가 없어야 한다. 만약 결인처가 파상(破傷)되었거나 경직(硬直)되어 너무 길면 병든 결인이기 때문에 생기가 분산되어 혈을 맺을 수 없다.

2. 용의 좌선과 우선

앞에서 거론한 바와 같이 결지를 위한 입맥방법에는 여러 가지가 있으나 그 중 하나가 좌우선법(左右旋法)이다. 그런즉 용의 좌우선은 용의 결인속기와 더불어 내룡의 최종적 생동작용의 한 방법이다.

그 작용은 용맥이 입맥결지에 앞서 용두를 좌우 어느 한 쪽으로 선회하는 것은 내룡의 생기를 최종적으로 가지런하게 정리하는 작용이다. 한편 용의 좌우선으로 혈장과 입수 및 뇌두가 확연하여 좌우선이 분명한 경우도 많지만 용의 좌우선이 분명치 않을 때는 좌선수 우선수와 관련지어 분별하면 된다. 즉 좌선룡에는 우선수요 우선룡에는 좌선수라야 합법이기 때문이다.

3. 용의 물형적 결지론

혈의 융결은 앞에서 설명한 바와 같이 용맥이 행진하다 결혈(結穴)할 수 있는 여건이 고루 형성되고 생기가 모아지면 진혈을 맺을 수 있다는 것이 결지정론(結地正論)이다. 그러나 어떤 지사들은 지나치게 주룡의 형체를 동물이나 일월성진(日月星辰) 등 각종 물형에 비유하여 그 핵심처가 혈지에 해당된다는 물형에 의한 결지론을 주장하는 사람도 있으나 개안도사(開眼道師)가 아닌 보통 지관으로서는 매우 위험한 심혈법(尋穴法: 혈을 찾는 법)이다. 그런즉 이와 같은 학설은 풍수지리학적 심혈정론은 아니지만 때로는 형기와 이기법의 정론에 따라 심혈정지해 놓고 보면 어떤 물형의 핵심처와 일치되는 경우도 있다. 따라서 심혈시 물형이 뚜렷한 경우 참고하면 도움이 될 수도 있다.

4. 용맥의 위타

위타(逶迤)란 말의 뜻은 비틀거리며 어정거린다는 뜻이다. 즉 주룡의 행도에서 주산 현무와 혈장 사이에 개장, 과협, 지각, 기복, 굴곡 등의 변화를 다 갖춘 행도는 사실상 드물다. 그런즉 용맥의 입혈은 주로 위타행도하는 행룡결지(行龍結地)가 흔하다.

따라서 위타란 말은 용맥이 마치 산사(山蛇)가 하산하듯 또는 수사(水蛇)가 도강(渡江)하듯 구불구불 행진하는 형상이다. 즉 굴곡과 거의 비슷한 말이다. 따라서 용맥은 대개 이와 같이 위타행룡(구불거리면서 내려옴)하다 입맥결혈하는 경우가 많으며 때로는 내룡의 중간 혹은 하부룡절(下部龍節)의 중간중간에서도 위타행룡하는 경우도 있다. 무릇 용의 위타굴곡은 질서정연하고 정기(精氣)가 충만되어야 좋은 위타용맥이며 파상과 악석흉암(惡石凶岩: 나쁜 돌과 흉한 바위)은 맥을 상하게 되어 혈을 맺을 수 없는 것이다.

제2장 용법론

제1절 용법의 개요

용의 진가(眞假) 또는 생왕사절의 판단은 용의 형기와 이기에 의해 판단된 것이지만 여기서 용법이란 용에 대한 음양오행법에 바탕을 둔 여러 이기법을 말한다.

다시 말하자면 혈의 진결은 형기(외관상의 형세)와 용법(이기법)의 합작으로 이루어진다. 그러니까 비록 용의 형기, 즉 용의 외적 형세가 아무리 왕성하여도 이기, 즉 용법이 맞지 않으면 그 용혈은 발복이 미약하고 오히려 재앙이 따르게 된다.

반대로 외적 형세가 다소 미약할지라도 용법이 합당하면 비록 발복은 약할지라도 제살(除殺)과 피화(避禍: 화를 피하는 것)는 가능하다. 특히 이 시점에서는 이기와 형기가 다 같이 갖추어진 결함이 없는 대지(大地)는 극히 드물다 할 것이니 어느 한 쪽이 다소 미급(未及)하다 해도 버릴 수 없는 형편이다.

제2절 사국용법

1. 사국용법의 개요

사국용법(四局龍法)은 모든 용법 중 가장 많이 쓰이는 용법이다. 본 용법은 운용방법도 비교적 쉬울 뿐만 아니라 화복의 적중률이 다른 용법에 비해 높은 편이기 때문에 옛날부터 보편화된 용법으로 지사들의 70퍼센트 정도는 이 법을 응용한다.

본 용법의 운용은 입수(入首)와 도두(到頭)를 기준으로 십이포태법을 적용하여 내룡입수에 대한 이법상의 생왕사절을 판별하는 용법이다.

십이포태법은 이미 오행론에서 상세히 설명한 바 있으니 복습하는 정신으로 다음 사국용법을 정확히 이해하여야 할 것이다.

2. 사국용법의 운용법

수구(破)를 다음과 같이 화국(火局), 금국(金局), 수국(水局), 목국(木局)의 사국으로 나누어 각 국에 따른 기포점(起胞点)에서 시작하여 절(絶), 태(胎), 양(養), 생(生), 욕(浴), 대(帶), 관(官), 왕(旺), 쇠(衰), 병(病), 사(死), 장(葬)의 순으로 역으로 돌려 용이나 입수의 길흉을 확인하는 용법이다(다음 표 참조).

〈표 7〉 사국용법 조견표

사국	방위	기포(첫 출발점)
火국	辛戌, 乾亥, 壬子 破	경유에서 기포하여 역으로 돌린다.
金국	癸丑, 艮寅, 甲卯 破	임자에서 기포하여 역으로 돌린다
水국	乙辰, 巽巳, 丙午 破	갑묘에서 기포하여 역으로 돌린다
木국	丁未, 坤申, 庚酉 破	병오에서 기포하여 역으로 돌린다

예를 들어 수구(破)가 신술(辛戌), 건해(乾亥), 임자방(壬子方)의 화국(火局)이라면 앞에서 설명한 요령과 같이 庚酉에서 기포하여 거꾸로 포태를 돌리면 경유(庚酉)는 절(絶: 胞)에 해당되며 다음 坤申은 태(胎)요 丁未(養) 丙午(生) 巽巳(浴) 乙辰(帶) 甲卯(官) 艮寅(旺) 癸丑(衰) 壬子(病) 乾亥(死) 辛戌은 묘(墓)에 해당된다.

따라서 그 중 丙午룡(生龍)과 乙辰룡(冠帶龍) 甲卯룡(臨官龍) 艮寅(旺龍)만이 길격 생왕룡이며 기타는 흉격인 사절룡에 해당된다.

또 계축(癸丑), 간인(艮寅), 갑묘방(甲卯方)의 금국(金局)이라면 임자위(壬子位)에서 출발(기포)하여 거꾸로 돌리면 壬子는 절(絶), 乾亥(胎) 辛戌(養) 庚酉(生) 坤申(浴) 丁未(帶) 丙午(官) 巽巳(旺) 乙辰(衰) 甲卯(病) 艮寅(死) 癸丑(墓) 즉 수구(破)가 금국인 경우는 庚酉룡 입수는 생룡이요 巽巳룡은 왕룡이며 丁未룡은 관대룡이요 丙午룡은 임관룡에 해당되기 때문에 길격 생왕룡이며 기타는 흉격인 사절룡에 속한다.

기타 수국(水局)과 목국(木局)에 해당되는 수구의 경우도 이러한 요령으로 운용하면 쉽게 생왕룡과 사절룡을 확인할 수 있다(입수룡도 이와 같다).

제3절 구성용법

옛날부터 구성용법(九星龍法)은 구성수법(九星水法) 및 구성사법(九星砂法)과 함께 많이 이용되고 있으나 용법이 다양하고 통일성이 없기 때문에 운용에 어려움이 많다. 따라서 그 화복의 적중률도 다소 막연한 점이 없지 않다. 그렇지만 옛날부터 내려온 용법이기 때문에 이를 소개함과 동시에 구성법에 대한 문제점을 다음 수법론에서 자세히 비교 설명할 계획이다.

1. 선천산법(先天山法)

옛 산서에 의하면 물의 득파로 용과 입수의 길흉화복을 가늠하는 이법이다. 그러나 득은 여러 곳에서 득수가 이루어지기 때문에 다득일파의 득파원리에 의해 주로 파구(破口)만을 표준으로 하여 용과 입수의 길흉을 논한다. 즉 파에 따라 용과 입수가 탐랑, 거문, 무곡 등이 닿으면 길하고 염정, 파군, 녹존, 문곡이 닿으면 흉하며 복음(伏吟)은 무해 무의한 용입수이다. 그러나 이것도 먼저 산세와 혈성(穴星 : 혈)을 보아 진룡(眞龍)과 진혈(眞穴)이 된 연후에 논할 문제이지 용으로서의 기본이 좋지 못하면 이 구성법으로만 판단할 수 없는 것이다.

■ 선천산법의 정국차서(定局次序)

일상(一上)문곡 이중(二中)녹존 삼하(三下)거문 사중(四中)탐랑 오상(五上)염정 육중(六中)파군 칠하(七下)무곡 팔중(八中)복음(복음은 좌보우필 이궁을 일궁으로 합궁한 것이다).

■ 궁위는 정음정양법을 사용한다. 즉 乾甲, 坤乙, 坎(子)癸申辰, 離(午)壬寅戌. 여기까지가 정양이다. 兌(酉)丁巳丑, 震(卯)庚亥未, 巽辛, 艮丙이 각각 동궁(同宮)으로 정음이다.

■ 선천산법의 운용방법

1. 본법 운용은 먼저 용이나 입수를 정침으로 무슨 용, 무슨 입수인가 알아둔다. 즉 임룡(壬龍)인지 오룡(午龍)인지를 확인한다.

2. 다음은 물이 오는 방위(득)와 나가는 방위(파)가 어느 괘에 속하는지 알아둔다. 가령 용(입수 포함)과 득과 파의 방위가 사방(巳方)이

라면 兌丁巳丑이 동궁이기 때문에 兌괘에 해당되며 용이나 득파가 辰 방이라면 坎癸申辰이 동궁이기 때문에 坎괘에 해당되며 기타도 이와 같은 요령으로 득파가 각각 무슨 괘며 용과 입수가 무슨 괘인지 확인 해둔다.

3. 수지(手指)를 이용하여 표출하는 요령설명은 생략하고 간편한 방법으로 다음 조견표를 이용하는 것을 권한다.

예를 들어 정룡(丁龍 입수)에 신방(辛方)수구인 경우 용세의 길흉 은 다음과 같다.

〈표 8〉 선천산법 조견표

용·입수 \ 득·파	乾甲 ☰	坎癸申辰 ☵	坤乙 ☷	離壬寅戌 ☲	艮丙 ☶	震庚亥未 ☳	巽辛 ☴	兌丁巳丑 ☱
乾甲方(☰)	복음	탐랑	거문	무곡	파군	녹존	염정	문곡
坎癸申辰方(☵)	탐랑	복음	무곡	거문	녹존	파군	문곡	염정
坤乙方(☷)	거문	무곡	복음	탐랑	문곡	염정	녹존	파군
離壬寅戌方(☲)	무곡	거문	탐랑	복음	염정	문곡	파군	녹존
艮丙方(☶)	파군	녹존	문곡	염정	복음	탐랑	무곡	거문
震庚亥未方(☳)	녹존	파군	염정	문곡	탐랑	복음	거문	무곡
巽辛方(☴)	염정	문곡	녹존	파군	무곡	거문	복음	탐랑
兌丁巳丑方(☱)	문곡	염정	파군	녹존	거문	무곡	탐낭	복음

• 탐랑, 무곡, 거문은 3길성
• 파군, 녹존, 염정, 문곡은 4흉성
• 복음(보와 필)은 중격성 또는 3길성 다음가는 차길성으로 본다.

辛은 巽궁에 속하는 바 조견표를 보면 정룡은 兌丁巳丑이 동궁이기에 부귀왕정의 탐랑길룡(貪狼吉龍)에 해당된다.

또 갑룡(甲龍)에 병방(丙方)이 수구인 경우 丙은 艮과 동궁이기 때문에 건갑득파(乾甲得破)와 합치된 곳을 보면 파군성(破軍星)에 해당되기 때문에 상정손재(傷丁損財 : 자손이 상하고 재산이 손해본 것)의 흉룡에 해당된다.

2. 지상구성법

이 지상구성(地上九星)은 각 궁위(24방위)의 위치가 고정되어 있어 용맥의 길흉측정을 본 지상구성법으로 하며 그 요령은 다음과 같다.

지상구성

艮丙	巽辛	乾甲	午壬寅戌	卯庚亥未	兌丁巳丑	子癸申辰	坤乙
貪狼	巨門	祿存	文曲	廉貞	武曲	破軍	輔弼 (伏吟)

위 지상구성의 길흉은 탐랑을 상길(上吉)로 하고 무곡, 거문을 차길(次吉)로 하며 보필은 그 다음의 차길로 하며 녹존, 문곡, 염정, 파군은 사흉(四凶)으로 하여 앞에 소개한 선천산법과는 약간 다르지만 큰 모순은 없기 때문에 전후통일을 기하기 위해서 선천산법과 같이 한다.

3. 구성 변화에 따른 귀격 용맥

용맥이 다음과 같은 지상구성의 행진과정으로 변화되면 귀격룡에 해당된다는 학설도 있다. 그 내용은 다음과 같다.

• 거문〔巽辛〕발조(發祖)한 용이 태정무곡(兌丁武曲)으로 박환하고 이어 간병탐랑(艮丙貪狼)으로 전환 다시 거문으로 입수하면 귀격 용맥이다.

• 탐랑〔艮丙〕에서 발조한 용이 거문으로 박환변작(剝換變作)하고 이어서 무곡〔兌丁〕으로 전환, 다시 탐랑으로 입수하면 귀격 용맥이다.

• 무곡에서 발조한 용이 탐랑으로 박환하고 이어 거문으로 전환 다시 무곡으로 입수하면 귀격용맥이다.

즉 삼길성인 탐랑 무곡 거문만으로 발조 박환 전환 입수로 이어지면 귀격에 해당되는 길룡인 것이다.

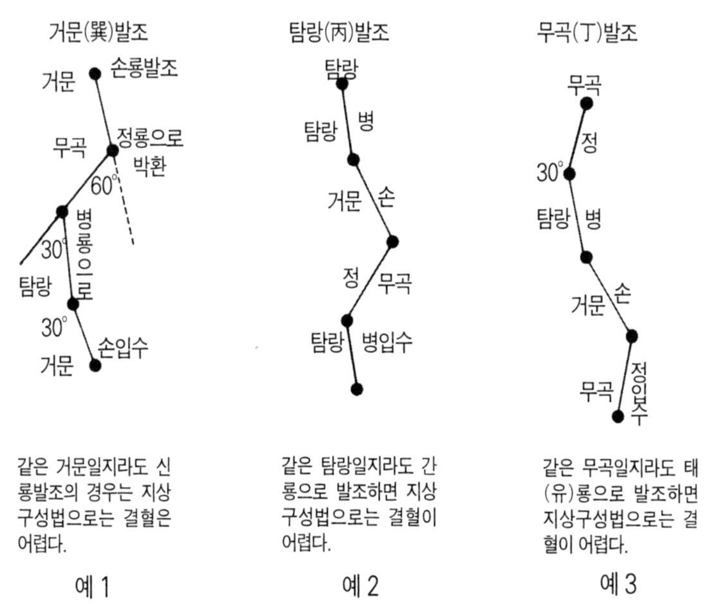

같은 거문일지라도 신룡발조의 경우는 지상구성법으로는 결혈은 어렵다.

같은 탐랑일지라도 간룡으로 발조하면 지상구성법으로는 결혈이 어렵다.

같은 무곡일지라도 태(유)룡으로 발조하면 지상구성법으로는 결혈이 어렵다.

예 1 　　　　　 예 2 　　　　　 예 3

제4절 기타 이기법상의 길룡

1. 사태룡

사태(四胎)란 乾坤艮巽방에서 입수한 용맥을 말하며 생룡과 사룡을 구별하는 법칙이다. 그 내용은 다음과 같다.

- 乾룡이 좌선(左旋)하여 艮맥을 만나 寅입수가 되어야 생룡이며 우선(右旋)하여 坤맥을 만나 未입수하면 생룡이다.
- 巽룡이 좌선하여 坤맥을 만나 申입수가 되면 생룡이며, 우선하여 艮맥을 만나 丑입수가 되면 생룡이다.
- 艮룡이 좌선하여 巽맥을 만나 巳입수가 되면 생룡이며 우선하여 乾맥을 만나 戌입수하면 생룡이다.
- 坤룡이 좌선하여 乾맥을 얻고 亥입수하면 생룡이며 우선하여 巽맥을 만나 辰입수하면 생룡이다.

※ 乾룡이 좌선하여 艮맥을 만난다는 것은 90도각(角)임이 공통적임을 감안하여 기억하면 이해가 빠르다. 이 외에도 용의 길흉을 선별하는 방법 중 사정(四正)에 대해서 간략히 설명하자면 다음과 같다.

2. 사정룡

사정방(四正方)으로부터의 내룡을 사정룡(四正龍)이라 하며 심혈법을 간략히 설명코자 한다. 사정룡이란 子, 卯, 午, 酉룡을 말한다. 사정방에 길사가 있으면 명장(名將)이 부절(不絶)이라 했는데 여기서는 본신룡이 사정룡일 경우 어떻게 혈을 찾아야 되는가를 말한 것이다. 산매법(山媒法)과도 관련지어 설명하자면 子와 午는 양정룡(陽正龍)이요, 卯와 酉는 음정룡(陰正龍)이다. 子, 午, 卯, 酉는 각각 주장하는 권(權)이 다르기 때문에 서로 만나면 투쟁하여 서로 폐한다.

사정룡에서 입수한 뇌두는 구슬처럼 둥글어야 길하며 사정룡에서 생룡진혈이 되기 위해서는 다음 그림처럼 혈이 되어야 한다.

　※다음 그림은 위의 설명 중 좌우선 관계를 좀더 이해하기 쉽게 24방위 내에다 그려본 것이다. 다른 용에 대해서도 나경을 이용하여 대조해가면 이해가 빠를 것이다. 그러나 위 그림을 세밀히 분석해보면 좌선룡에는 우선혈장, 우선룡에는 좌선혈장의 관계 및 입수(入首)와 좌향(坐向)의 관계 등 상호 일치되지 않은 점도 있으나 위에서 설명한 분은 '산이지지위길(山以地支爲吉)하고 수이천간위길(水以天干爲吉)이라'는 고서 내용을 고수하기 위해 지지좌(地支坐)로 통일한 것 같으나 예를 들면 (3)번 그림 卯정룡에서 巽맥을 만나 입수했을 때 辰좌로 표시되었지만 天干乙좌로 해도 오히려 정음정양법에도 맞아 상관없으며 또 망명(亡命)과도 맞춰 분금(分金)을 사용하기 위해서는 어

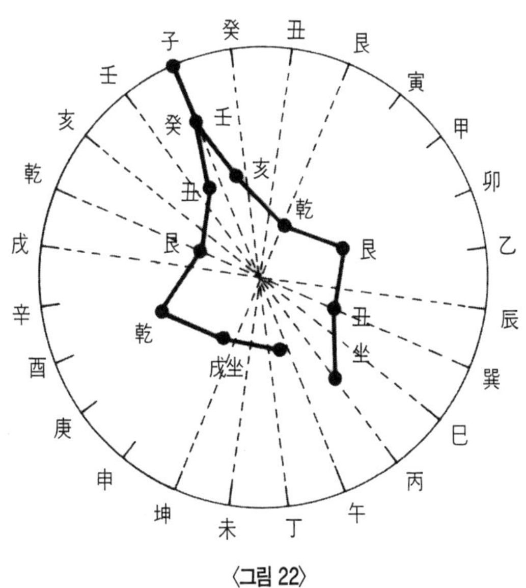

〈그림 22〉

떤 학설만 고집할 일도 아니다. 때문에 풍수지리가 어렵다는 것이다. 특히 乙辛丁癸향에 있어서는 장생수법에 의하면 천간과 지지를 동궁으로 취급하지 않고 정반대가 되기 때문에 다음 제8부 수세편 장생수법에서 깊은 연구 있기를 바란다.

사정룡과 결혈

① 子정룡이 壬, 亥, 乾, 戌로 내려오다가 艮맥이 생기면 艮맥 아래에 혈을 정하여 丑좌를 놓는다.

② 子정룡이 癸, 丑, 艮, 寅으로 내려오다가 乾맥을 만나면 그 아래에 戌좌를 놓는다.

③ 卯정룡이 甲, 寅, 艮, 丑으로 내려오다가 巽맥을 만나면 그 아래에 辰좌를 놓는다.

④ 卯정룡이 乙, 辰, 巽, 巳로 내려오다가 艮맥을 만나면 그 아래에 丑좌를 놓는다.

⑤ 午정룡이 丙, 巳, 巽, 辰으로 내려오다가 坤맥을 만나면 그 아래에 未좌를 놓는다.

⑥ 午정룡이 丁, 未, 坤, 申으로 내려오다가 巽맥을 만나면 그 아래에 辰좌를 놓는다.

⑦ 酉정룡이 庚, 申, 坤, 未로 내려오다가 乾맥이 생기면 그 아래에 戌좌를 놓는다.

⑧ 酉정룡이 辛, 戌, 乾, 亥로 내려오다가 坤맥이 생기면 그 아래에 未좌를 놓는다.

3. 산매법과 사태, 사정과의 관계

우선 산매(山媒)란 용의 배합이 잘 되도록 중매한다는 뜻이다. 즉 陰과 陽을 짝짓고 도수(度數)를 맞추어줌으로써 진룡진혈을 찾는 방법이니 순음과 순양끼리는 생성작용이 불능한 것은 만물의 이치임으로 음은 양을 만나고 양은 음을 짝하여 서로 15도를 맞추는 원리에 따른 것이다.

① 坎(子), 乾, 艮 ── 坎(子)룡이 우선(右旋 : 여기서 右旋이라 함은 壬子에서 乾맥까지 를 말함)하면 乾맥을 얻고 다시 艮맥을 찾아 짝을 한다. 즉 乾은 양이요 艮은 음이니 乾과 艮은 짝이요 坎이 중매하게 되며 坎은 1, 乾은 6, 艮은 8이기에 합하면 15이다.

② 坎, 艮, 乾 ── 坎(子)룡이 좌선(左旋)하면 癸맥이 생기고 艮맥을 거쳐 乾맥을 얻으면 위와 같은 짝이 되며 15가 된다.

③ 震, 艮, 巽 ── 震(卯)룡이 우선하면 甲맥이 생기고 艮맥을 거쳐 巽맥을 만나면 짝을 짓게 된다. 즉 艮은 음이요 巽은 양이니 震(卯)이 艮과 巽 사이에서 중매하니 震 3, 巽 4, 艮 8로 15도수(度數)에 자연 부합된다.

④ 震(卯), 巽, 艮 ── 震(卯)룡이 좌선하면 乙맥이 생기고 이어서 巽맥을 만나니 巽맥에서 艮맥을 취하여 음양을 짝지어 15도수를 맞춘다.

⑤ 離(午), 巽, 坤 ── 離(午)룡이 우선하면 丙맥이 생기고 巽맥을 만나니 巽맥에서 坤맥을 택해 짝한다. 巽은 양이요 坤은 음이니 離(午)

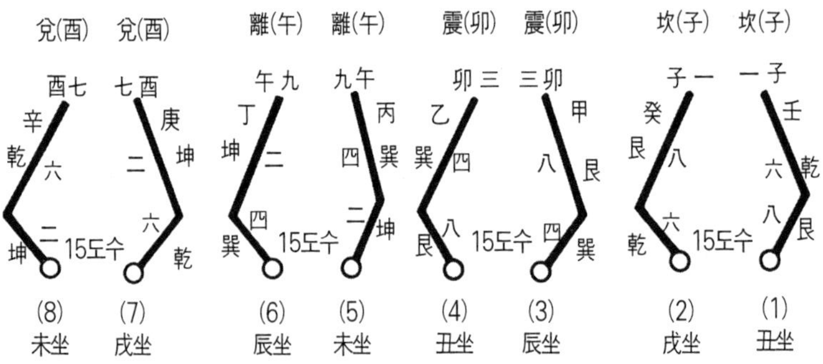

가 巽과 坤을 중매하여 15도수를 맞춘다.

⑥ 離(午), 坤, 巽 ─→ 離룡이 좌선하면 丁맥이 생기고 그 아래 坤맥이 이어지니 坤맥에서 巽맥을 취하여 짝을 맞추고 15도수로 한다.

⑦ 兌(酉), 坤, 乾 ─→ 兌(酉)룡이 우선하면 庚맥이 생기고 자연 坤맥이 이어지니 坤맥 아래에서 乾맥을 만나 짝한다. 즉 坤은 음이요, 乾은 양이니 兌(酉)가 坤맥을 중매하여 짝짓는다.

⑧ 兌(酉), 乾, 坤 ─→ 兌(酉)룡이 좌선하면 辛맥이 생기고 그 아래 乾맥이 이어지니 乾맥 아래에서 坤맥을 취하여 乾과 坤을 짝짓고 15도수를 맞춘다. 따라서 乾坤의 합은 兌가 중매하고, 乾艮의 합은 坎(子)이 중매하고, 艮巽의 합은 震(卯)이 중매하며, 坤巽의 합은 離(午)가 중매한다. 고로 중매가 부지런하면 용의 교합이 빠르기 때문에 子, 午, 卯, 酉의 사정룡이 짧아야 진혈이 생긴다.

4. 순수심혈법

순수(脣守)란 子壬, 子癸, 卯甲, 卯乙, 午丙, 午丁, 酉庚, 酉辛의 좌우선, 팔정룡이 좌 또는 우로 가다가 다시 본룡으로 돌아오는 것을 말한다. 여기서 사전에 말하고 싶은 점은 이토록 여러 가지를 설명하면 독자들은 너무 어렵게 생각하고 흥미를 잃기 쉽다. 그러나 따지고 보면 여기서 설명한 심혈법도 앞에서 설명한 사태, 사정, 산매법, 15도수법에 다 포함되어 있지만 이해하기 쉽게 설명하기 위해서 다시 한 번 다루게 된 것이다.

그림(1) 坎(子)룡에 대해서 설명하면 다른 卯, 午, 酉룡에 대해서도 이해가 갈 것으로 믿는다. 즉 그림(1)에서 子(坎)룡 중간 乾에서 시작하여 艮맥을 만나 인으로 입수(寅入首)하면 곧 사태(四胎)에 해당되는 생룡이며 子, 乾, 艮은 곧 산매법 15도수가 된다. 한자 숫자(〈그림 24〉 참고)로 표시된 것은 사태와 산매법에 함께 해당되어 15도수가 된다.이렇게 분석해놓고 보면 순수심혈법 속에 사태, 사정, 산매법이 다 포함되어 있을 뿐만 아니라 통맥법에서 말하는 좌선룡에 좌선좌, 우선룡에 우선좌의 법칙에도 합법이다. 순수심혈법만 정확히 기억해두어도 두루 응용이 될 것이기 때문에 따로 따로 기억하려고 하면 오히려 혼돈하기 쉬울 것이다. 산매법(山媒法) 15도수와 사태(四胎), 사정(四正), 순수법에 대해서 포괄적으로 이해하게 되면 형기법과 함께 혈을 찾는 데 크게 도움이 될 것으로 믿어진다.

좀더 자세히 예를 들면 순수심혈법 중 (1)坎(子)룡에 대해서 설명

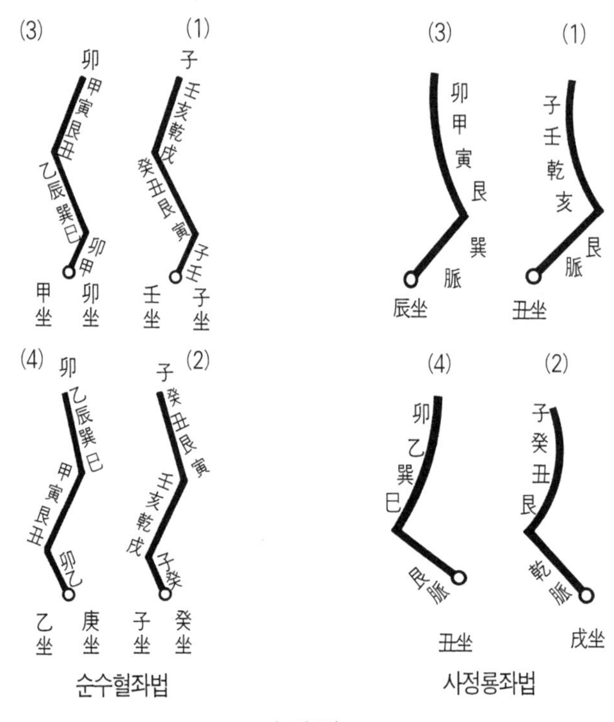

〈그림 23〉

하자면 壬子룡이 좌우선하여 그림(1)과 (2)에서처럼 끝에 子壬맥과 子癸맥이 붙었을 뿐 그 끝맥이 없다면 사정룡과 같고 사정룡산매법과 같으며 위에 壬子맥을 고려하지 않고 다음 乾룡부터 생각한다면 乾, 艮, 巽, 坤룡이기에 사태룡과 같으며 또 사태산매법과도 같은 내용이다. 즉 子, 乾, 艮은 사정산매법인(1+6+8) 15도수에 해당되며 밑으로 乾, 艮, 子룡은 사태산매법과 같이(6+8+1) 15도수에 해당된다. 따라서 이 순수심혈법 속에는 사태, 사정, 산매법이 다 포함되어 있음을 알 수 있다. 때문에 너무 어렵게 생각할 필요가 없다는 것이다(다음 그림 참고).

5. 좌선과 우선

앞그림 23은 어느 한 권의 책에서 설명된 순수좌법(脣守坐法)과 사정룡좌법(四正龍坐法) 중 일부인 子정룡과 卯정룡만의 설명도이다. 두 설명도를 비교해 보면 (1)坎(子)룡이 乾맥을 얻고 다시 艮맥으로 이어지는 그림을 정반대(좌선과 우선)로 나타내고 있다(午정룡과 酉정룡의 경우도 같다). 그러나 실제로 나경을 손에 들고 용의 행방을 그려보면 다음 사정룡좌법 (1)번 및 (2)번과 같다. 그렇지만 두 그림은 좌선룡이나 우선룡이냐만을 따진다면 다 같이 (1)번과 (3)번이 좌선룡이며 (2)번과 (4)번은 우선룡이다. 때문에 순수혈좌법에서 좌우선 관계를 사정룡좌법과 모순이 없도록 표현하려면 다음 육항(六項)의 설명도(〈그림 24〉)가 옳다고 생각된다. 다만 이 경우는 (1)번과 (3)번이 우선룡이며 (2)번과 (4)번이 좌선룡이 된다(子壬맥, 子癸맥의 방향에 따라). 그러나 위 도서에서 설명하기를 坎(子)룡이 우선하면 壬맥을 거쳐 乾맥과 艮맥을 맞아 짝을 한다고 설명하고 있다. 여기서 우선이라 함은 子에서 乾까지는 우선이지만 乾맥에서 艮맥으로 변할 때는 좌선이며 용 전체는 좌선룡이다(〈그림 22〉 참고).

6. 좌선룡과 우선룡의 간별 방법

주산에서 혈체에 이르기까지 좌선룡이냐 우선룡이냐를 간별하기 위해서는 여러 가지 주장이 있으나 요약하면 다음과 같다.

- 혈 뒤에서 안산을 마주보고 서서 뒤 주산을 돌아보았을 때 주산이 자기 우측에 있으면 좌선룡이요 좌측에 있으면 우선룡이다.
- 물이 우선수면 용은 좌선룡이며 물이 좌선수면(청룡 쪽에서 백호 쪽으로 흐르는 물) 용은 우선룡이어야 합법이다.
- 좌선룡의 경우는 청룡이 백호보다 장대하며 우선룡이면 백호가 청룡보다 장대해야 된다.
- 용의 끝이 좌우 어느 쪽으로 향했는가에 따라 좌우선이 결정된다.
- 위의 네 가지 조건이 일치되면 정확히 좌우선을 확인할 수 있으나 예외도 있다.
- 평상시는 물이 없고 비가 내리면 들판물(창판수)이 흘러가는 경우는 청룡과 백호 또는 용호(龍虎)와 안산 사이에 이루어지는 합금지처(合襟之處)를 수구로 보면 이때 수구가 혈의 좌측이면 우선수요 우측이면 좌선수가 되기 때문에 용은 그와 반대가 된다.
- 양왕향(陽旺向 : 묘의 向)에서는 물은 좌선수요 용은 우선룡이 합법이기 때문에 역으로 설명한다면 우선룡 좌선수의 경우는 묘의 향이 양왕향 또는 양쇠향(陽衰向)이어야 합법이라 할 수 있다(다음 장생수법 참조).

또한 용이 S자나 乙자 모양으로 힘차게 내려오는 형기상의 생왕룡은 거의 이러한 이기법에도 부합된다는 것이 자연의 진리임을 밝혀 두고 싶다. 다만 그림(1) 子, 乾, 艮이 좌선룡이냐? (2)의 子, 癸, 艮, 乾이 좌선룡이냐?를 같은 저자가 쓴 한 권의 책에서도 전후를 서로 다르게 설명한 곳이 있으나 나경을 들고 혈에서 볼 때 子, 乾, 艮룡만을

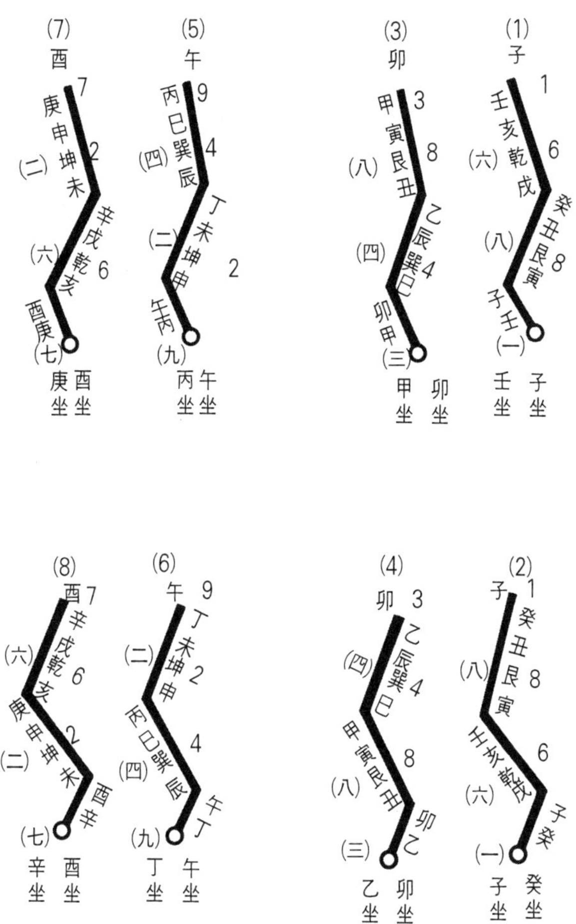

〈그림 24〉 종합적 심혈법

부분적으로 본다면 좌선으로 보지만 子壬맥이 붙어 있으면 우선룡으로 보아야 타당할 것 같다(〈그림 24〉와 좌우선룡의 간별 방법 참고).

7. 오행상생용법(五行相生龍法)

용법의 큰 줄기는 포태법에 의한 사국용법과 구성용법에 의한 선천
산법(先天山法)의 두 가지이다. 따라서 이 두 가지 용법만 충분히 이
해하면 불편은 없다. 그러나 고금 산서에는 잡다한 용법이 많다. 그
중에서도 비교적 이론상 타당성이 있다고 생각되는 몇 가지 용법을
소개하나 앞에서 설명한 내용과 중복된 내용도 많으니 참고하면 되리
라고 생각된다.

오행상으로 생용을 가리는 법은 내룡의 행도변화에서 오행상 제극
(制剋)은 흉하고 상생(相生)은 귀하다는 이법이다. 즉 주룡이 발조한
후에 변화과정에서 마디마디 오행상 상행하여 혈지까지 행진한 용은
참으로 귀한 용이다. 이러한 용맥에서 진혈을 얻으면 부귀와 왕정이
기약된다.

예를 들면 염정(廉貞 : 火星形)에서 발조출맥한 주룡의 행진에서
토성체(土星體)를 만나면 화생토(火生土)가 되고 이어서 금체(金體)
로 기봉을 이루면 토생금(土生金)이 된다. 다시 개장천심한 용맥의 굴
곡활동은 금생수(金生水)가 되고 다시 이어서 목체(木體)로 높이 솟
은 소조산은 수생목(水生木)이 되어 오행이 상생하는 귀격 용맥이 된
다는 이법이다.

8. 음양용법(陰陽龍法)

천지자연에는 음양이원(陰陽二元)으로 분류되지 않은 것이 단 한
가지도 없다. 저 유명한 아인슈타인의 상대성 원리도 따지고 보면 이
음양의 원리를 말한 것이다. 따라서 이러한 음양의 이치가 소우주인
산룡(山龍)에 없을 수 없다.

용맥의 음양에는 형상적 음양과 이법적 음양이 있다.

• 형상적 음양룡의 구분은 용맥입수의 좌선과 우선에 의해 구분된

다. 즉 좌선입수(左旋入首)는 양룡이요 우선입수(右旋入首)는 음룡에
해당된다.

• 이법적 음양룡의 구분은 정음정양법에 의해 음양룡이 구분된다.

양룡＝乾甲 · 坤乙 · 坎癸申辰 · 離壬寅戌룡

음룡＝艮丙 · 巽辛 · 兌丁巳丑 · 震庚亥未룡

※한편 일설에서는 艮, 巽, 丙, 丁, 兌, 辛의 육수(六秀)와 辰(卯),
庚, 亥의 삼길(三吉)이 모두 선천음위(先天陰位)에 속해 있음을 이유
로 이법상 음룡은 귀룡이요 양룡은 천룡(賤龍)이라 주장하는 이론도
있지만 이는 잘못된 확대해석이다.

9. 부귀빈천지룡(富貴貧賤之龍)

부귀 또는 빈천룡을 정리하면 다음과 같다.

① 부룡 : 부룡의 형세는 용체가 비만하고 거듭 개장천심하며 본신
룡을 첩첩이 감싸주어 수기장풍(收氣藏風 : 기를 모으고 바람을 감춤)
하며 금성사(禽星砂)로 수구가 잘 닫쳐진 용세와 보국(保局) 속에 결
혈된 용혈은 부룡에 해당된다.

② 귀룡 : 귀룡의 형세는 염정(火星)에서 출발하여 거듭거듭 감싸주
며 기복과협은 유연하며 귀사(貴砂)가 보호공협(保護拱挾)한 용세와
보국 내에 유돌(乳突)로 결혈하고 겸하여 조배안산(朝拜案山)이 있으
면 귀룡이다.

③ 빈룡 : 빈룡의 형세는 용체가 출발부터 빈약하거나 조악하며 사
산(砂山)들이 다정하지 않고 배반하며 수법도 맞지 않은 용세와 보국
이 장풍도 못 하여 수기불능(收氣不能 : 생기를 모으지 못한)인 용은
빈룡이다.

④ 천룡 : 천룡의 형세는 살기(煞氣)가 있는 용체에 행도가 부실하
며 사수(砂水)가 반배(反背)하며 조안(朝案) 역시 배반한 보국에서

바람과 물이 요란한 용은 천룡이다.

　위 네 가지 용 중 부귀룡과 빈천룡끼리는 공통점이 있기 때문에 길흉으로 크게 나누어 부귀생왕룡과 빈천사절룡으로 나누어 설명하기도 한다.

제3장
심룡간평요항

용세를 정확히 파악한다는 것은 풍수지리학에서 가장 중요한 일이다. 때문에 용세론에 대해서 상당히 공부를 했다 해도 막상 산에 올라가 용을 찾을 때면 누구나 당황해지게 마련이다.

본 장에서는 앞에서 설명한 내용들을 총정리하여 심룡시의 참고요항으로 제시하는 바이다.

- 조종산이 신비하고 장엄해야 된다.
- 내룡의 행진 기세가 변화무쌍하며 생동적이어야 된다.
- 용의 박환과 과협이 뚜렷해야 된다.
- 용의 지각이 조화롭고 분명해야 된다.
- 용의 굴곡이 유연하고 생동적이어야 된다.
- 용은 각종 보호사(保護砂)가 원근전후좌우에서 다정하게 호종(護從)해야 된다.
- 용의 결인속기(結咽束氣)와 좌우선이 분명해야 된다.
- 용의 간룡(幹龍)과 지룡(枝龍)을 구분하고 결혈이 가능한 소간룡 또는 지룡인지 확인한다.
- 용의 귀천을 확인한다.
- 용의 면(面 : 앞)과 배(背 : 뒤)를 확인한다.

• 용이 늙고 추한 용이 아닌 아름답고 부드러운 용인가를 확인한
다.

• 용법(이기법)에도 알맞는지 여부를 확인해야 된다.

※ 위의 12요항은 앞장에서 자세히 설명하였지만 풍수지리학에서
용세가 차지하는 비중이 너무도 크기 때문에 다시 한 번 그 핵심만 간
추려 제시하니 심룡시는 우선 형기상 생왕룡이라고 판정이 되면 이기
상의 용법도 사국용법과 구성용법을 위주로 합법 여부를 세밀히 확인
해야 된다.

제**6**부

혈장론

제1장
혈장 총론

제1절 혈장 개요

풍수지리의 마지막 목적은 진혈을 얻기 위한 것이므로 혈장을 설명한 여러 가지 혈장 요건(穴情)은 형기론(形氣論)의 핵심이다. 또한 형기론의 성립이 혈장을 중심으로 출발하는 것이기 때문에 혈장론은 형기에 대한 기초가 되기도 한다. 따라서 혈장론은 풍수지리의 핵심임과 동시에 기초이므로 형기론의 근본이 되는 것이다. 그러므로 지리가(地理家)는 혈장에 대한 정확한 이론과 명석한 안목을 길러 다양하게 나타나는 혈성과 용의 형체에 현혹됨이 없어야 할 것이다. 만일 혈장에 대한 이론과 안목이 불분명하다면 많은 지리서를 암송한들 공염불에 불과할 것이다. 반대로 혈장의 원리를 깨달으면 백 권의 형기설이 취기(聚氣)와 생기(生氣)의 취결(聚結)에 대한 원리에 불과하다는 것을 깨닫게 될 것이다. 그리고 선영(先塋)을 편히 모시고자 원하는 자손도 혈장에 대해 어느 정도의 정확한 이론과 안목을 얻는다면 세속적 지사들에게 현혹되지 않을 것으로 생각되어진다.

1. 혈의 의의

옛날부터 혈지의 중요성에 대해 '용혈(龍穴)이 위주이고 사수(砂水)는 다음이다.' 혹은 '천리래룡(千里來龍)에 일석지지(一席之地)'라는 글로 혈장의 지리학적 중요성을 강조하였다. 무릇 혈장은 밝고 수려한 국세(局勢)에 용의 기세가 생동적이고 용맥이 멈추어 그곳 지(地) 중에 생기가 모인 곳이다. 그런즉 우리는 이와 같이 참다운 혈지를 찾아 얻어야 한다. 그러나 진혈을 얻는다는 것은 그리 쉬운 일이 아니다.

옛 사람이 말하기를 '삼년심룡(三年尋龍)에 십년점혈(十年點穴)'이라 했다. 심룡은 쉬우나 혈을 정한다는 것은 어렵다는 말이다.

한편 진혈대지(眞穴大地)는 '천장지비 천리래룡 일석지지(天藏地秘 千里來龍 一席之地 : 하늘이 감춰놓았기 때문에 천리나 긴 용에서

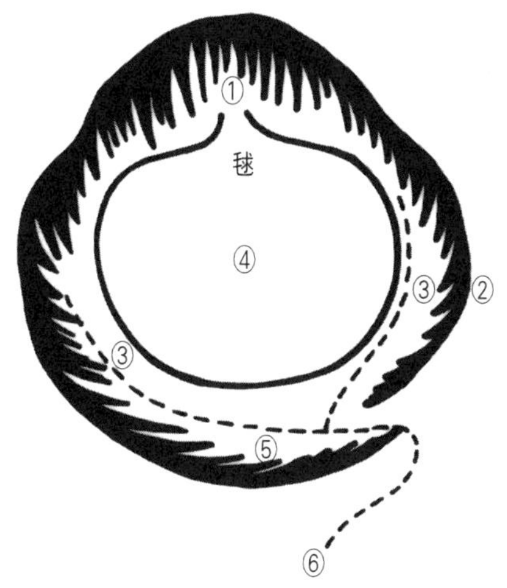

〈그림 25〉 혈장도

진혈은 한 자리뿐이다)'라 하였다. 그만큼 진혈은 얻기가 어렵다는 말이다. 그러나 우리나라는 전국토의 70퍼센트가 산이다. 때문에 남아 있는 진혈대지가 효심이 지극한 적선자(積善者)를 기다리고 있을 것이다. 진실되게 구하는 자는 참다운 풍수를 만나 진혈을 얻는 것이 하늘의 이치니 맑은 마음 지극한 정성으로 구하면 반드시 얻을 것이다.

그와 반대로 허욕을 내는 사람은 가짜 풍수를 만나 나쁜 혈을 얻게 된다는 것이 천도(天道)이다.

2. 혈장의 요건

혈장은 다음과 같은 요건을 갖추고 있어야 된다.

① 기세가 생왕한 용이 멈춰 머물고 기가 뭉친 곳이라야 된다.

② 밝고 양기(陽氣) 바르고 수려한 귀봉길사(貴峰吉砂)와 맑은 물이 감고 도는 곳이라야 된다.

③ 혈장은 음양이법이 맞아야 진혈이다. 오행이법이 맞지 않거나 혹은 충살(沖煞)이 있으면 안 된다. 옛 글에도 '혈재산룡(穴在山龍)이나 화복(禍福)은 재리법(在理法)'이라 하여 음양이법의 중요성을 강조하였다. 그러나 용혈이 진(眞)이면 사수와 이법은 자연히 이에 부응하는 것이라고도 했다.

옛 글에도 '용진혈적기구즉사수자연부응 용호명당 나성수구 자연처처합격상응(龍眞穴的旣具則砂水自然副應 龍虎明堂 羅城水口 自然處處合格相應) 즉 용과 혈이 적실하면 사와 물은 자연히 이에 부응하게 되어 있다. 즉 청룡, 백호, 나성 수구들이 여러 가지로 상응하게 된다고 하였으니 진혈대지는 대자연의 오묘한 조화의 산물이라는 것을 알 수 있다.

그러나 생룡진혈 여부를 정확히 감별할 수 있는 개안된 지사가 아니면 그 정확성을 기하기 어렵기 때문에 아무리 기세가 생왕한 용혈이라 할지라도 사수(砂水) 역시 합법인가를 살핌과 동시에 살의 유무를 면밀히 확인해야 된다.

3. 혈의 신비성

혈장 및 혈의 생성원리와 그 내외구조는 참으로 신비스럽기 그지없다. 한 덩어리의 흙에 불과한 이 혈은 만물의 영장이었던 조상체백(祖上體魄)의 안위(安危)와 자손의 부귀빈천이라는 생령(자손)과 사령(조상)의 성쇠(盛衰)와 안위를 관장하고 있으니 참으로 신비스럽다 아니할 수 없다.

또한 주룡을 살펴보면 외적으로는 입수(入首)하여 뇌두(腦頭)를 이루고 안으로는 생기가 모여 오행체의 혈성을 이루며 또 용혈의 음양이법에 의한 기본 혈성체(혈장)와 와겸유돌(窩鉗乳突)의 사상혈형(四象穴形)을 자연의 조건에 따라 질서정연하게 이루어놓았으니 혈의 융결이란 우주대자연의 신비(神秘)라 아니할 수 없다.

제2절 혈성론

1. 혈성체와 혈장

혈성체(穴星體)는 혈장(穴場)의 바탕을 말한다. 혈은 혈성체 내에서 맺는다.

이 혈성체는 주산 내룡으로부터 음양오기를 이어받아 생기가 취결한 혈의 모체이다. 이 혈성체의 외형은 〈그림 26〉처럼 金·木·水·火·土의 오성체로 구분되며 금원(金圓)·수곡(水曲)·목직(木直)·화첨(火尖)·토방(土方)의 다섯 성체는 주산 및 현무봉에서 나타난다.

수성체

목성체

화성체

토성체

금성체

〈그림 26〉 혈성도

사람의 인체오관(人體五官)의 형성원리와 혈성체의 사상혈장(四象穴場)의 혈성방법은 같다.

즉 인체에는 동체(몸통)가 있고 그 위에는 목을 지주로 하여 두상(頭上)이 있다. 두상에는 인체 모든 기관의 사령탑격인 대뇌가 있고 이에 연결되는 신경과 조직이 있다. 또 머리의 앞쪽은 안면(顔面)이다. 그 안면에는 이목구비 등 인체오관이 배치되어 있다.

한편 용혈의 생성구조도 이와 다를 바 없다. 즉 대뇌는 현무나 뇌두에 해당되며 안면은 혈성체이다. 또 이목구비 오관은 사상혈장(四象穴場)에 비유되는 것이다.

2. 통맥법

사람의 근원은 조상과 부모인 것처럼 혈성과 혈장의 근원은 주산과 용맥이다. 그리고 사람의 탄생에는 포태양생(胞胎養生)의 과정이 있듯이 혈성 역시 주산과 거기서 출발하는 용맥과 현무(부모산)가 있고 이어 태(胎)와 식(息)이 있으며 다시 잉(孕)과 육(育)이 질서정연하게 이어진다. 그렇지만 이론과는 다르게 범안(凡眼)으로는 뚜렷하지 못한 곳도 있으니 주의 깊게 관찰해야 된다는 것을 잊어서는 안 된다.

진혈은 이와 같은 내룡과 혈성을 이어주는 과정이 분명해야 되며 이처럼 통맥(通脈)과 접기(接氣)에 의해 이루어지는 방법과 과정을 지리학에서는 통맥법 또는 입수법이라 한다.

이 통맥은 혈성을 탄생시키는 탯줄이요 생명선이다. 그런즉 통맥과 입수는 용혈의 생명선으로 혈장의 생사왕절(生死旺絶)이 달려 있다 할 수 있을 것이다. 따라서 내룡과 혈장 간의 용맥과 기맥이 다 외형적 연결뿐만이 아니라 내면적으로 흐르는 생기가 통과하기 위한 연결이어야 된다. 한편 지사들은 외형적 형체를 보고 내면적으로 기가 통하는 것을 정확히 확인할 수 있는 능력이 무엇보다 필요한 것이다. 그런즉 용맥은 유연하면서도 생동적이며 산은 비만해도 그 용맥은 가늘고 견고해야 진(眞)임을 인식해야 된다.

제3절 음양사상에 따른 혈형론

용과 혈은 천지자연의 이치에서 벗어날 수 없다. 아니 풍수지리 자체가 우주자연의 과학적 이치에 맞아야 된다. 용이 진이면 혈도 진이요 용이 진이 아니면 혈도 진이 아니다. 그러므로 생왕한 용에는 반드시 진혈이 있다. 진혈이 이미 융결된 곳에는 용호·명당·수성·안산·나성·수구 등이 자연 길국(吉局)을 형성하게 마련이다.

산형(山形)의 형상은 그 수를 헤아릴 수 없이 다양하나 우주의 기본체인 음양사상체로 분류하면 다음과 같다.

혈형 ┬ 양혈〔오목한 요(凹)혈〕→ 와혈(窩穴) : 겸혈(鉗穴)
      │   : 둥글면 窩요, 길면 鉗
      │
      └ 음혈〔볼록한 철(凸)혈〕→ 유혈(乳穴) : 돌혈(突穴)
                                  : 길면 乳요, 짧으면 突

무릇 상식적으로 생각하면 음은 굴(屈)이요 양은 돌(突)이며, 음은 오목하고 양은 볼록한 것이 만물형상의 원칙인 것 같지만 풍수지리학에서는 반대이다. 즉 양혈은 앙장(仰掌 : 손바닥을 위로)이요, 음혈은 복장(覆掌)이다. 이는 양기음생하고 음기양생하며 양 중에 음이 있고 음 중에 양이 있다는 음양상생의 원리에 의함이다. 그러나 와·겸·유·돌 혈상의 모양은 비록 각기 다르지만 그 생성의 기본과 방법은 동일하며 어느 혈상도 입수·뇌두·선익·혈토·순전·상수 등 기본요건을 갖추어야 된다는 것은 필수적 요건이다.

위에서 설명한 양혈과 음혈의 구분은 일반적으로 와겸혈은 양혈이요, 유돌혈은 음혈에 속한 것으로 설명하고 있으나 정반대로 해석하는 사람도 있다. 그 예를 비교하면 〈표 9〉와 같다.

1. 와혈

와혈(窩穴)은 혈상이 오목하므로 양혈에 속하며 마치 닭 둥우리나 손바닥을 젖혀놓은 것같이 앞면만 트이고 좌우와 뒤는 도도록한 모양의 혈이다. 다만 오목한 가운데 볼록한 유돌이 있어야 진격이다. 이 와혈에는 현능(弦綾)의 상교(相交)하는 모양과 와(窩) 속의 오목한 정도에 따라 장구와(藏口窩)·장구와(張口窩)·심와(深窩)·천와(淺窩)·활와(濶窩)·협와(狹窩) 등으로 나눈다(〈그림 28〉 참고).

장(藏)구와는 입을 오므린 모양이며 장(張)구와는 입을 벌린 것을

도서명	쪽	내용
대명당보감	74	산의 음양론에서 혈은 복장(覆掌 = 손바닥을 엎어놓은 모양) 혈의 유와 돌은 음을 삼고 고준하고 기하고 등성이〔脊〕를 이룬 산이나 와혈과 겸혈을 양으로 삼고……
명당요결	146	와상과 겸상은 음혈에 속하고 유상과 돌상은 양혈에 속한다.
풍수지리원전 2권	457	혈의 모양이 오목(凹)한 것은 양혈이요, 볼록(凸)한 것은 음혈이다. 양혈상에는 와혈과 겸혈이 있고 음혈상에는 유혈과 돌혈이 있다.
지리학전서	88	사대혈성론에서 와겸유돌의 사격이 있는데 반드시 음맥이 오는 아래에 와겸의 양혈이 있고 양맥이 오는 아래에 유돌의 음혈이 있다.
전통풍수지리	121	혈장에 요(凹)형과 철(凸)형의 두 개를 선정하여 음양을 산의 형태로 나타낸 凹형이 양이고 凸형이 음인 까닭에 이 혈장의 凹凸을 음양으로 간주하고……
길한터 흉한터	173	혈형의 사대격에서 와혈은 음혈(━)로서 겉모양은 소쿠리와 같으며 중앙의 혈심에 오목한 凹가 있다. …… 겸혈은 음혈로……, 유혈은 양혈로서……, 돌혈은 양혈로서……,
지리요결	95	혈형사격에서 양공의 혈형론은 와겸유돌의 사격(四格)으로 나누고 결혈처가 凸한 곳 즉 도도록하여 복장형과 같은 것을 음이라 하고 결혈처가 凹한 곳 즉 오목하여 앙장형과 같은 것을 양이라 한다.

위와 같은 견해차는 와겸을 양으로 유돌을 음으로 설명한 것은 혈장전체의 형상을 말한 것이며 이와 반대로 와겸을 음혈, 유돌을 양혈로 표현한 것은 와겸 바닥에는 반드시 볼록한 유나 돌이 있어 그곳이 혈심이 되어야 진혈이 되기 때문에 그 볼록한 혈심을 음으로 표현한 차이에서 서로 상반된 설명이 된 것 같다.(유돌혈의 경우도 마찬가지이다) 그러나 풍수지리학에서는 양은 오목하고(凹) 음은 볼록하여(凸) 양중유음하고 음중유양이라는 음양상생의 원리에는 이론(異論)이 있을 수 없다.

양혈상도(陽穴相圖)

겸혈상　　　　　　　　　　　　　와혈상

음혈상도(陰穴相圖)

돌혈상　　　　　　　　　　　　　유혈상

⟨그림 27⟩ 혈상도

말하며, 심와는 와중(窩中)이 깊고 천와는 얕고 활와는 와중이 넓고
협와는 좁다. 그리고 와혈은 후룡이 생왕하며 입수가 분명하고 좌우
가 균등하며 와중이 원정(圓淨)한 가운데 유나 돌의 볼록한 바닥이 있
어야 진(眞)이다. 만일 와혈이 한쪽으로 지나치게 기울거나 비탈지면
가혈(假穴)이며 기타 혈증(穴證)을 잘 살펴야 된다.

와혈에는 이 외에도 木·火·土·金·水 오성을 띤 것이 있는데 목성와혈·화성와혈·토성와혈·금성와혈·수성와혈이다.

이들은 위에서 설명한 것과 별도의 것이 아니라 장구와(藏口窩)의 뒤가 화체(火體) 또는 금체(金體), 수체(水體) 등으로 됨을 말함이다. 정격(正格)의 금성와(金星窩)는 전금(轉金), 목성와(木星窩)는 전목(轉木), 수성와(水星窩)는 전수(轉水), 화성와(火星窩)는 전화(轉火), 토성와(土星窩)는 전토(轉土)라고도 한다(〈그림 28〉 참고).

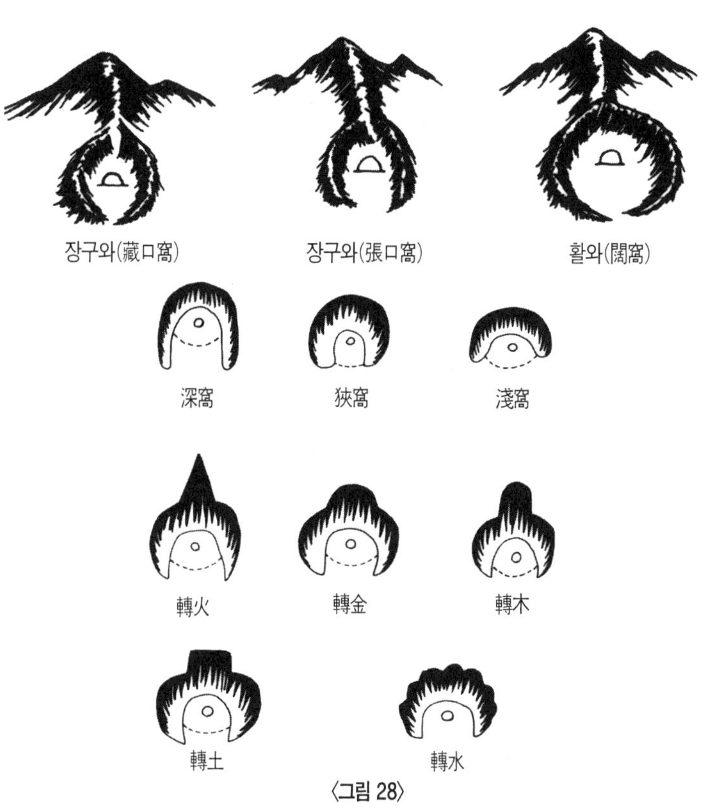

〈그림 28〉

2. 겸혈

겸혈(鉗穴)은 일명 사람이 두 다리를 벌리고 뻗은 형상과 같다 하여 개각혈(開脚穴)이라 한다. 그 혈상에 따라 직겸(直鉗)·곡겸(曲鉗)·장겸(長鉗)·단겸(短鉗) 등으로 나누어진다. 이들은 정격(正格)이요 변직(變直)·변곡(變曲)·변장(變長)·변단(變短)의 변격 겸혈도 있으며, 정변양격(正變兩格)을 다 쓸 수 있다. 그리고 겸 중에는 미돌(微突)이 있어야 진격이다.

직겸은 양쪽 다리를 곧게 뻗은 것으로 너무 길거나 딱딱하면 좋지 않고 부드럽고도 짧은 것이 아름답다.

곡겸은 겸을 이루는 양쪽 다리가 구부러져 내당을 안아주는 것을 말한다. 두 다리가 소뿔 모양으로 되어 혈장을 감싸주되 좌우가 서로 다정해야 된다.

장겸은 양쪽 벌린 다리가 긴 겸혈인데 곧고 단단하고 너무 길면 좋지 않다.

단겸은 겸을 이룬 양쪽 다리가 모두 짧은 것이다. 너무 길어도 나쁘지만 너무 짧으면 혈을 보호하지 못하므로 역시 나쁘다. 짧더라도 밖의 산(山)들이 잘 보호해주면 무방하다. 이 겸도 혈 뒤의 산이 둥글거나 다정해야 길하다.

〈그림 29〉

3. 유혈

유혈(乳穴)이란 그 모양이 풍만한 여인의 유방처럼 생겼다 해서 붙여진 이름이며 음혈에 속한다. 유혈에는 두 가지 체(體)가 있는데 그 하나는 혈의 양쪽으로 두 팔을 벌려 혈을 껴안은 것처럼 즉 궁포유회(弓抱紐會)한 것과 두 팔을 좌우로 벌렸으나 혈을 껴안지 못한 것(不紐會)이 있다. 유혈은 두 팔(兩臂)이 다정하게 혈을 감싸주며 계수(界水)와 합수(分合)가 분명해야 된다.

한편 유혈의 형상에는 장유(長乳)·단유(短乳)·대유(大乳)·소유(小乳)의 정격유혈(正格乳穴)이 있고, 쌍수유(雙垂乳)와 삼수유(三垂乳)의 변격이 있다. 정변양격(正變兩格)이 다 같이 유회(껴안음)한 것과 유회하지 못한 2체(二體)가 있으나 유체에 결함이 없으면 양격을

〈그림 30〉

다 쓸 수 있다. 유혈 역시 후룡이 참하며 기가 왕성하고 유두(乳頭)가 단정해야 길격이다.

4. 돌혈

돌혈(突穴)이란 혈을 맺는 곳이 주위보다 훨씬 높은 것을 말하는데 '돌혈자 형여복부(突穴者 形如覆釜)'라 하였으니 마치 가마솥을 엎어 놓은 것 같다 하였다.

이는 음혈에 속하며 주로 평지에 결지하나 간혹 고산돌(高山突)도 있다. 때문에 '고산(高山)에 불귀돌혈(不貴突穴)이요 평지(平地)에 불귀와혈(不貴窩穴)이라' 하였으니 고산돌형이나 평지와혈이 다 귀하지 못하다는 뜻이다. 돌혈에는 산곡돌(山谷突)·평양돌(平洋突)·대돌(大突)·소돌(小突)·쌍돌(雙突) 등이 있다.

고산돌혈은 좌우환포에 양비(兩臂)로 혈을 감싸 바람을 가두고 기를 보호해야 되며 만약 혈이 외롭게 노출되어 바람을 받으며 생기가 분산하면 흉격이다.

한편 평지돌혈은 계수(界水)가 분명하며 수세가 잘 감싸주어야 된다.

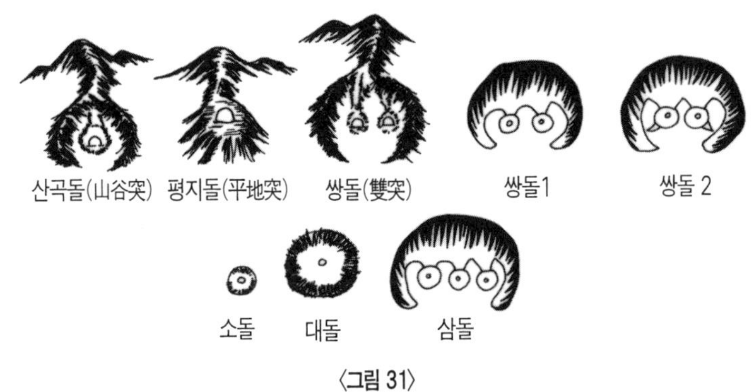

〈그림 31〉

제4절 혈장과 입수

　　주산과 입수룡에 대한 설명은 앞에서도 자세히 이루어졌기에 생략
키로 하되 주산에서 좌우사(左右砂)를 개장해놓고 가운데서 힘차게
뻗어내려오는 용을 입수룡이라 칭하는 데는 별다른 의의가 없겠지만
입수에 대한 표현이 책마다 다르기 때문에 초보자들이 혼돈하기 쉽
다. 여기서는 입수에 대한 설명 내용을 비교하여 그에 대한 통일된 해
석을 내려 초보자들의 이해에 도움이 되었으면 하는 생각이다.

1. 입수룡과 입수의 차이

　　소조산(少祖山 : 주산)으로부터 시작하여 혈장까지 내려온 용을 입
수룡이라 칭하고 입수란 혈후(穴後)에서 가장 가까운 도두일절(到頭
一節 : 뇌두에 이르는 일절)을 말한다. 이처럼 입수룡과 입수를 분리
해서 해석하는 것이 이해가 쉬울 것 같다. 왜냐하면 각 책마다 거의
일치된 입수오격(入首五格)에 대한 풀이나, 천산 72룡(穿山七十二龍)
또는 투지 60룡(透地六十龍)의 운용법 등을 고려했을 때 이렇게 결론
을 내릴 수밖에 없다.

　　입수라 함은 사람의 동체와 두상을 연결하는 목에 해당된다 했으니
행진하는 용체를 생각했을 때 주산에서 혈장에 이르기까지 용의 몸통
전체(머리부터 꼬리까지)를 입수룡이라 한다면, 입수란 용의 머리와
몸통을 이어주는 목만을 칭하는 것으로 입수룡과 입수를 분리해서 해
석하면 이해가 빠를 것으로 생각된다.

2. 혈장이란

　　주산에서 좌우사를 개장해놓고 그 중심에서 힘차게 뻗어내려오는
용을 입수룡이라 부른다면 그 용이 한두 번 가늘게 결인하고 은미(隱

도서명	입수에 대한 해설 내용
인자수지	입수는 혈후 2, 3절 또는 4, 5절에서부터 소조산에 이르기까지가 중요한 것이니 『천리래용에 간도두(看到頭)』란 뜻이며 용을 찾는 요건은 입수에 있으니 혈에서 가까운 수절이 가장 긴요한 것이다.
전통풍수 지리원전	용의 입수는 조종산으로부터 내려온 용이 최종적으로 혈장과 접맥 통기하는 혈장 뒷절의 용맥을 용의 입수라 한다. 인체에 비유하면 동체와 두상을 연결하는 인후(목)와 같은 곳이다.
음택요결	입수라 함은 상으로 행용의 기를 합하고 하로는 명당의 정을 수함이다.
내명당 보감	입수란 혈 바로 뒤의 용이다. 혈장 뒤 두세 마디가 입수이다.
명당전서	용의 입수란 용맥이 들어오는 머리로서 용이 입수의 융결된 것을 보는 고로 입수란 혈장 뒤 2, 3절 내지 4, 5절 안으로 소조산까지가 긴요한 것이다.
기본완성 풍수지리	입수룡이란 혈과 주산을 이어주는 것을 의미하며 이것이 뚜렷할수록 진귀한 것이다.
풍수지리 이기법	입수는 도두지 주성(到頭之主星)이다. 입수(入首) 왈 용이요, 입수(入手) 왈 맥이다.
청오경	혈 뒤에 있는 것을 수(首)라 하며 혈의 양팔 부위에 있는 것을 수(手)라 하며 혈 앞으로 늘어진 것을 수(垂)라 한다.
지리요결	혈 뒤의에 맥을 입수라 한다. 용의 입수에는 오격이 있다.
팔십팔향	혈 뒤 혈성(뇌두)에서 혈까지 이어지는 맥으로 그림에만 표시되어 있다.
지리학전서	입수란 용이 혈장으로 들어오는 머리로서 현무정(혈장 뒤 우뚝 솟은 봉우리)에서 혈의 바로 뒤까지를 말한다.
지리십결	입수란 위로 행룡의 뇌두의 기와 합하고 아래로 명당의 정기를 거두어들이는 곳인데 입수와 천월덕이 되면 길하다. 여기서는 특히 천산 72룡과 투지 60룡을 강조하고 있다.
구성학	구성법에서는 구성용법으로서 선천산법에 의한 입수의 길흉화복을 설명하고 있다.

微)하게 솟아오르는 하나의 원돌(圓突)을 뇌두 또는 두뇌화생뇌(頭腦化生腦)·도두(到頭)·승금(乘金) 등 여러 가지로 표현하지만 도두란 말은 뇌두에 이르는 용절(到頭一節 등)을 뜻할 때 쓰는 표현이며, 승금은 오행상으로 표현하는 명칭이며, 두뇌(뇌두)는 사람의 머리에 비유하는 말로 다 같은 뜻이다. 그러니까 혈장이라 함은 뇌두부터 시작하여 선익사(蟬翼砂) 혈·하수사(下手砂)·구(毬)·첨(簷)·순(脣)·전(氈) 등 모두를 포함한 혈을 둘러싸고 있는 전체를 말한다.

산의 생기는 오행이 서로 상생융합하여 화생한 정기이므로 혈장도 오행이 순화상생하는 곳이어야 함은 당연한 논리이다. 따라서 다음에 설명할 승금·상수(相水)·인목(印木)·난화(煖火)·혈토의 상생원리를 깊이 이해해야 될 것이다.

제5절 혈장의 4요건

혈장의 결혈을 위해서 없어서는 안 되는 네 가지 요건이 있다.

혈장은 단순한 흙덩어리가 아니라 다섯 가지 요건(오행)의 복합적 구조물이다. 그런즉 이들은 혈을 맺기 위한 필수적 요건으로 이 중에 하나만 빠져도 진혈이라 할 수 없는 것이다. 다시 말하면 혈장은 위에서는 뇌두, 좌우에서는 선익 및 상수(相水 : 원진수 또는 미망수), 아래에서는 순전, 중심에서는 혈토가 진(眞)이라야 이들의 복합상생으로 좋은 혈을 맺게 된다. 혈장 4요건과 다음에 설명할 승금·상수·인목·혈토는 그 내용이 대동소이하다. 다만 오행상의 개념적 해석일 뿐이다.

1. 뇌두(腦頭)

혈의 맺음은 입수룡의 생기가 혈을 맺기 위해 뇌두(승금)에 뭉쳐져야 된다. 그러므로 뇌두는 산천정기의 취결지처이다.

인체에서도 두뇌가 모든 기관을 조정하듯 혈에서도 뇌두의 소임 또한 막중하다. 만약 뇌두가 무기산만(無氣散漫)하거나 조잡하면 결혈이 안 된다.

입수기장(入首氣壯)하고 뇌두가 뚜렷하면 뇌두를 중심으로 그 위아래에서 계수포혈(界水抱穴)하여 혈장의 기가 중심혈로 모이게 한다. 이에 관한 화복론은 길격 뇌두는 자손이 성하고 부자가 되며 흉격 뇌두는 자손이 희소(稀少)하고 가난하다. 특히 이 뇌두의 길흉은 주손(主孫)의 화복을 주관하는 곳이라 한다. 따라서 뇌두는 진룡·진혈의 증거이므로 둥근 기상이 뚜렷하게 보여야 길격인 것이다.

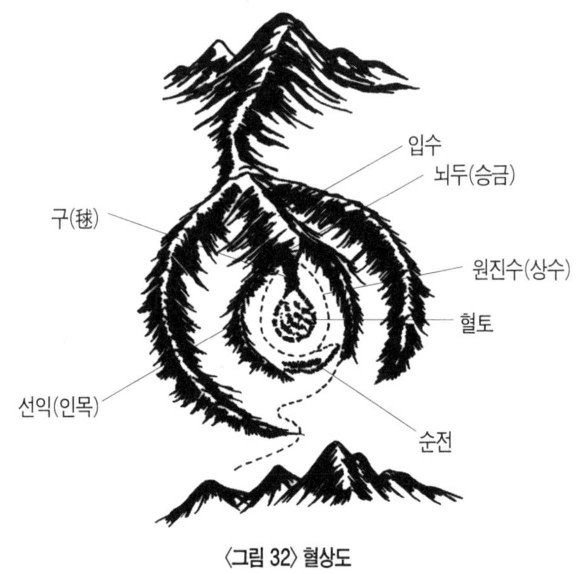

〈그림 32〉 혈상도

2. 선익

뇌두에서 벌린 좌우의 미사(微砂)를 선익사(蟬翼砂 : 印木이라고도
한다)라 하며 오행상의 명칭은 인목(印木)이라 하며 진혈을 보호하는
역할을 한다. 즉 혈 속의 진기를 이 선익사(인목) 안에 수장(收藏 : 모
아서 감추다)하는 것이니 원운(圓暈 : 태극운)을 원포(圓抱 : 둥글게
감싸줌)하게 된다. 둥글게 감아준 인목(印木) 안에 땅속의 생기가 동
(動)한 증거로 둥글게 기상이 떠오르니 이것이 태극운이다. 따라서 혈
장의 참모습은 둥근 것이다. 이 태극운은 인목 내의 중앙에 위치하고
진혈과 혈토를 감추고 있기 때문에 오행으로는 土에 속한다. 그리고
매미 날개가 속날개와 겉날개가 있는 것처럼 내선익과 외선익이 뚜렷
하게 나타나는 경우 내선익을 연익(軟翼), 외선익을 경익(硬翼)이라
고 칭할 수 있다. 그리고 뇌두 양쪽에서 좌우로 뻗어내린 미사를 선익
사라 하고 뇌두 직전 결인처에서 뻗어내린 미사를 연익사(燕翼砂)라
하며 현무정(玄武頂) 또는 그 위에서 개장한 사를 청룡과 백호라 한
다. 그러나 현무정에서 개장하지 않고 소조산에서 뻗어내린 사가 청
룡과 백호의 구실을 하는 경우도 있고 외청룡 외백호의 역할을 하는
경우도 있으나 선익, 연익, 내청룡, 내백호, 외청룡, 외백호가 거듭거
듭 감싸줄수록 길하다. 그리고 용호보다 연익사가 길하며 그보다 선
익사가, 경익보다 연익사 즉 혈장본신에 붙은 부신사(扶身砂)가 더욱
소중함을 알아야 된다.

3. 혈토

혈토(穴土)란 혈의 뇌두(승금)와 선익(인목), 순전(脣氈)이 포장하
고 있는 혈 가운데 흙을 말한다. 진혈에는 필유진토(必有眞土)해야 한
다. 그 진토란 토색에는 구애받지 않으나 제일 많은 것이 홍황색이고
흑 · 적 · 황 · 백 등 삼색토 또는 오색토도 있다. 견고 유연하며 비석

비토(非石非土)로 광택이 나는 것을 말한다. 이와 같은 혈토는 생기를 보전하고 습도가 알맞고 과학적으로 설명하자면 약알칼리 또는 중성에 가깝고 뼈에 해로운 광물질이 없는 혈토를 말한다. 이러한 혈토의 길흉은 혈장의 사활과 직결된다. 그러므로 혈토가 퇴적잡토(堆積雜土) 또는 버슬버슬한 무기허토(無氣虛土), 습기가 많은 점토, 석맥흉토(石脈凶土), 사력토(砂礫土 ; 밤자갈 땅)는 용혈의 생왕함과 국세여하(局勢如何)에 관계없이 진혈이 될 수 없다. 백회(白灰 : 生石灰)를 쓰는 사람이 많아졌는데 백회를 쓰면 확실히 체백(體魄)에는 유리하다. 그러나 앞에서 설명한 것처럼 혈토가 진토가 아니면 진혈이 아니며 진혈이 아니면 생기가 모이지 않기 때문에 그런 곳에 백회를 쓴다 해도 체백에 좋을 뿐 진혈에서와 같은 효과를 나타낼 수는 없다. 진혈이라 할지라도 사방 옆에 백회를 쓰면 더욱 탁월한 효과가 있기 때문에 권하는 바이다.

4. 순전

순전(脣氈)은 진혈의 여기(餘氣 : 남은 기운)가 나타난 곳으로 사람의 얼굴에 비유하면 턱에 해당하는 곳이다. 입수(入首)를 거쳐 통맥한 생기가 뇌두와 구(毬)를 거쳐 혈심에서 뭉쳐지고 그 남은 기가 혈장 아래에 뭉친 곳을 말하며 짧으면 순, 길면 전이라 한다.

아무리 위에서 승금이나 구의 존재가 확실하고 선익이나 우각사(牛角砂)가 뚜렷하여 상분(上分 : 물이 위에서 나누어지는 것)이 확실하고 기맥이 이어져도 순전이 부실하면 진기(眞氣)가 아래로 흘러버리게 되어 혈이 맺기 어렵다.

옛 산서에서도 '전순자혈하여기지발로야, 대자왈전소자왈순야(氈脣者穴下餘氣之發露也, 大者曰氈小者曰脣也)'라 했다. 즉 전과 순은 혈 밑에 남은 기의 발로이다. 큰 것은 전이요 작은 것은 순이라 한다.

순전의 소임은 좌우 선익사 안에서 흐르는 미망수(微茫水 : 상수 또는 해안수, 인두수, 원진수라고도 함)를 혈 아래로 합치게 하여 진기가 혈 아래로 흘러버리지 못하게 하는 데 있다. 때문에 순전은 진혈의 증거이다. 그러므로 순전은 견고무결하고 두툼해야 한다. 만약 순전이 기울고 가파르며 파상요함(破傷凹陷 : 凹陷 : 오목하게 꺼짐)하면 진결이 안 되며 정재(丁財 : 子孫과 財物)가 손상한다.

5. 선익과 순전 중 어느 것이 인목인가?

뇌두 · 미망수 · 선익사 · 난화 · 혈토의 오행상 명칭은 승금 · 상수 · 인목 · 난화 · 혈토라 한다. 이 중에서 특히 인목에 대한 해석은 각기 다르기 때문에 좀더 깊이 음미해볼 필요가 있을 것 같다. 즉 어

〈표 11〉 인목에 대한 설명 내용의 비교

도서명	설명 내용
인자수지	인목은 혈전에 순전이 있어 첨원을 토출한 증인 것이다.
금탄자 상권	인목자 좌우교고 전후주차야(印木者 左右交固 前後周遮也).
지리직학	인목이라 하는 것은 좌우사각과 장포하는 것이다.
대명당보감	인목은 혈 아래에 순전이 있어 뾰족하고 둥근 증거를 구하는 것이다.
명당전서	인목이란 혈 아래 순전이 뾰족하고 둥근 증거 있음을 구하는 것이다.
도선국사 풍수문답	인목은 좌우의 선익을 말하며 그 사이에 새우 수염 같은 하수사가 있어 양쪽 물을 갈라 합하게 하여 혈판의 경계가 드러나느니라.
지리정학	혈증의 최관이 인목이요 인목의 최관이 역포야(逆抱也).
지리전서	승금(뇌두)이 벌린 좌우의 미사를 인목이라 명하며 인목은 진혈을 보호하는 역할을 담당한다.
풍수지리 학원전	옛 산서에 인목자 요혈전 유전유순돌출첨원지증야라 하였다. 인목은 혈장하반에 포전한 전순이다. 즉 혈의 턱이다.

떤 서적에는 선익사를 인목으로 취급하는 사람이 있는가 하면 어떤 책자에는 순전을 인목으로 주장하는 사람도 있다. 각 도서별 인목에 대한 설명 내용을 소개하면 〈표 11〉과 같다.

위 내용에서 나타난 바와 같이 인목에 대한 해석은 각기 다르나 크게 두 가지로 분류해보면, 첫째 혹자는 목(木) 즉 직(直 : 곧은 것)이니 혈전에 나타나는 순전 또는 첨(簽)의 일자형 모습을 인목이라고 주장하며, 둘째 다른 한편에서는 혈의 주위를 감싸주는 선익사 또는 우각사(牛角砂)가 인목이라고 강조한다.

이렇게 해설이 구구하니 어느 것이 정답인지 의심스럽기만 하지만 이러한 내용들은 육안으로 간별할 수 있는 형기론(形氣論)에 속하는 내용인즉 자연의 이치에 맞도록 과학적으로 접근하는 것이 가장 타당할 것 같다.

다시 말해서 혈장 내에는 산 위에서 내려오는 정기(精氣)가 모아져야 하며 그러기 위해서는 약간의 물도 혈 내로 침범하지 않도록 분수(分水)가 잘 이루어져야 되기 때문에 첫째, 뇌두(승금) 뒤에서 일응 과협결인(過峽結咽)이 있어 분수가 잘 이루어져 혈장 밖으로 물을 털고 둘째로는, 승금(뇌두)과 혈 사이를 이어주는 구(毬)로 인해서 생기가 혈로 이어짐과 동시에 셋째, 좌우 선익사 안쪽을 따라 건수(乾水)가 흐르게 되니 곧 그것이 상수인 것이다. 넷째, 선익사가 혈장을 다정하게 감싸주지 않으면 긴 세월 동안 빗물에 씻겨 혈장 내에 원운(圓暈)이 이루어지지 못하며 혈 앞에 순전이나 첨이 생길 수 없다. 다섯째, 선익사가 혈 앞에 까지 정답게 감싸주지 못하면 상수가 혈 앞을 지날 수 없으며 상수가 혈 앞을 지나지 못하면 진기가 혈장 내에 머물지 못하고 옆이나 아래로 흘러버리기 때문에 진혈로서 구실을 못 하게 된다.

앞에서 제시한 인목에 대한 설명내용을 보면 '인목자 요혈전 유전

유순 토출첨원지증야(印木者 要穴前 有氈有脣 吐出尖圓之證也)'의 해석에 따라 견해차가 생긴 것 같다. 즉 이 뜻은 '인목은 혈전에 뾰족하고 둥근 전(氈)과 순(脣)을 있게 하는 증거가 되는 것'이라고 해석해야 될 것 같다. 즉 혈을 감싸주는 선익사가 있어야 앞에서 설명한 것처럼 순전이 이루어질 수 있으며, 혈전까지도 감싸주는 선익사가 없으면 마치 혈밑이 긴 세월 동안 비바람을 맞아 비탈이 되어버리기 때문에 상수가 혈 앞을 통과할 수도 없어 혈의 정기를 혈장 안에 멈추게 하지도 못한다. 따라서 선익사와 순전을 합쳐서 인목이라 생각해도 틀릴 것이 없다.

그렇다면 여기서 나타나는 金·水·木·火·土 오행은 형체적 개념이라기보다는 오히려 혈장 내의 상생순환의 진리를 나타내는 데 비중이 크다고 생각해야 될 것 같다.

이 외에도 순전에 대한 고서의 번역이 틀려 착오를 일으킨 내용이 많다. 최근에 출판된 어느 책자에 '혈처(穴處)는 음양(陰陽) 분수(分受)하고 굴돌(窟突)이 명백(明白)하고 상분하합(上分下合)하고 첨원침대(尖圓枕對)하고 사방(四方)이 평정(平正)이라'는 고서의 번역에서 특히 '첨원침대(尖圓枕對)'에 대한 해석을 '문필봉과 모든 봉은 첨원하게 대하고……'라 했다. 앞에 혈처란 전제가 있기에 '요혈전유전유순토출첨원지증야(要穴前有氈有脣吐出尖圓之證也)'라는 고서 내용처럼 여기서 첨원이란 말은 전과 순의 형상을 말한 것이지 문필봉·첨봉·원봉 등 사격을 지칭한 것이 아니라고 생각된다(앞쪽 인목에 대한 설명 내용 비교표 참조할 것).

6. 혈장의 형기론과 음양오행의 이치

혈장론은 풍수지리의 핵심임과 동시에 기초이므로 형기론의 근본이 된다. 그러므로 풍수지리를 연구하는 사람은 혈장에 대한 정확한 이론과 명철한 안목을 길러 다양하게 변모하는 혈성과 진룡, 진혈의 조화에 현혹됨이 없어야 할 것이다. 만일 지리가가 혈장에 대한 이론과 형기에 대한 안목이 없다면 만 권의 지리서를 암송하였을지라도 공염불에 불과하다. 많은 사람이 풍수지리에 열중해도 옳은 깨달음을 얻지 못한 이유도 이 때문인 것이다. 반대로 혈장의 원리를 완전히 깨달으면 만 권의 형기설이 결국은 취기와 생기의 상생순화(相生醇化)의 이치에 불과함을 깨닫게 될 것이다.

많은 형기설이 있으나 한결같이 혈장의 원리에서 출발하여 뇌두(승금) · 선익사 · 하수사(蝦鬚砂) · 우각사로 발전하고 나아가 구첨(毬簷)과 순전의 이치를 깨닫게 되고 청룡과 백호에서 나성에 이르기까지 진룡 진혈을 맺는 모든 원리가 결국 취기(聚氣 : 기가 뭉치는 것)하는 법임을 깨닫게 될 것이다. 이러한 이치들이 음양오행 원리의 범주를 벗어날 수 없다는 풍수지리의 근본사상을 이해하게 됨과 동시에 형기론은 어디까지나 과학적 탐구적 태도로 접근해야 이해가 빠르다는 것도 깨닫게 될 것이다. 그리고 선영(先塋)을 길지에 안장하고자 원하는 구산가들도 혈장에 대한 기초적이면서도 정확한 이론과 안목을 얻으면 세속에 난무하는 지사들에게 현혹되지 않을 것이다.

앞에서 혈장의 4요건에 대해 설명하였고, 그에 대한 간별 요령을 본항에서 간략히 설명하였지만 혈장에 대한 이론은 이것으로 끝나지 않는다. 다음에 계속해서 설명키로 한다.

※ 하수사, 우각사도 선익사와 비슷하나 와혈과 겸혈에서는 우각사요 돌혈에서는 하수사라 한다.

7. 양혈과 음혈

진혈이 있는 혈장도 음양의 원리에 따르는 이치는 예외일 수 없다. 오목한 와(窩)나 겸(鉗) 같은 혈은 양혈이요, 볼록한 유(乳)나 돌혈

(突穴)은 음혈에 속한다. 양혈과 음혈 사이에는 다음과 같은 관계가 형성된다.

- 양혈 → 와나 겸혈 → 혈장이 오목하고 깊으면 굴(窟-陽)이라 하고 → 굴 가운데 생기는 미돌(微突)을 식(息-陰)이라 한다.
- 음혈 → 유나 돌혈 → 혈장이 볼록하면 돌(陰)이라 하고 → 돌 가운데 생기는 미와(微窩)를 맥(陽)이라 한다.

때문에 굴과 맥은 양이니 이를 나문(羅紋)이라 명하고 돌과 식은 음이니 이를 토축(土縮)이라 한다.

용도 양룡(평탄하고 넓게 내려오는 용 : 예로 평강룡)으로 내려오다 음룡(볼록하고 가는 용)으로 바뀌는 것을 양래음수라고 하며 반대의 경우를 음래양수라 하는데 이는 음양이 서로 상교(相交)함을 말한다. 혈장 안에서도 와(窩)가운데 생기는 유돌(乳突)이나 유돌 가운데 와겸은 이 음양의 이치를 말하는 것이다. 다시 말해서 혈장 내에 토축〔陰〕과 나문〔陽〕이 서로 배합하면 음양이 성교(成交)하며 태극운(太極暈)이 은거하고 반대로 토축과 나문이 겸비하지 못하면 음양이 불교(不交)하니 어찌 진혈을 생산할 수 있겠는가?

8. 혈장의 4진

용·혈·사·수가 풍수지리의 핵심임은 누구나 다 아는 일이다. 혈장은 반드시 진룡·진사·진수가 있어야 진혈이 되기 때문에 4진을 갖추어야 진혈이라 할 수 있다.

- 진룡(眞龍)이란 생기가 모이는 승금(뇌두)을 통해 구(毬)로 연결되어 혈에 이르게 되니 뇌두와 구가 있어야 진룡이며
- 진사(眞砂)는 태극운(圓暈)을 감싸주고 진룡과 진혈의 생기를 모아서 감추고 순화(醇化)하는 역할을 하기 때문에 모든 사(砂) 중에서 가장 미세한 사이면서도 가장 혈에 가깝고 중요한 사이기 때문에 인

목(印木)을 진사라 하며 가장 미사에 속하는 인목도 음양이 있어 왼편 선익사가 드러나면 오른편 선익사는 은복(隱伏)하고 반대로 우사가 드러나면 좌사가 은복하는 것이 참모습이다.

• 진수(眞水)는 태극운(혈)을 인목이 다정하게 감싸줌으로 인목과 태극운 사이에 생기는 미곡미수(微谷微水 = 비올 때 乾水)이니 즉 상수를 칭하는 말이다. 상수는 진룡과 진혈을 가장 가깝게 감싸주기 때문에 먼 곳의 대강수(大江水)보다 소중하며 상수가 없으면 진룡과 생기를 멈추게 하지 못한다. 때문에 상수는 어느 물보다 귀중한 물이기에 진수라 한다.

• 진토(眞土)는 홍·황·자·백·흑 등 오색토 또는 삼색토도 있으며 황색단색도 있으나 견고하면서도 유연하고 습기가 알맞고 광택이 있는 비석비토(돌보다는 연하고 흙보다는 강한 것)라야 진토인 것이다. 이러한 혈토는 생기를 보전하는 데 알맞아야 되며 혈토의 길흉은 혈의 사활길흉과 직결된다. 그러므로 혈심혈토가 검정색의 퇴적성 잡토이거나 무기허토, 습기 찬 점토, 버석버석한 석맥흉토(石脈凶土 : 돌 부스러기), 사력토(砂礫土) 등은 아무리 국세가 좋고 수법이 맞고 길사들이 늘어서 있어도 진혈이라 할 수 없는 것이다. 어떤 지사들은 자기가 정한 곳의 혈토가 흉하면 다른 곳에서 마사토 등을 가져다 혈바닥에 깔고 혈토의 길흉에 상관없이 명당이라고 주장하는 사람이 많으나 그는 크게 죄될 일이다. 장사하기 전에 반드시 시굴(試掘)을 통해 혈토의 길흉을 확인한 연후에야 혈장 4진을 확인하고 결정을 내려야 될 것이다.

혈장 4진을 종합해서 결론을 말하자면 진혈이란 혈장 4진 중 어느 한 가지만 불길해도 진혈이 될 수 없으니 진룡·진사·진수·진토가 갖춰져야 태극운 속에서 다수운 기운(난화)이 올라오게 되며 그 속의 혈은 위에는 뇌두(승금)와 옆에는 선익(인목=진사)과 혈 아래는 첨과 순전이 감싸주고 인목과 혈 사이는 미곡(상수＝진수)이 생겨 생기를 뭉치게 하며 그 속에 있는 혈심의 흙이 진토가 되어야 4진을 갖춘 진혈이라 할 수 있으니 조상의 체백을 길지에 모시려고 한다면 아무리 풍수지리를 모른다 할지라도 혈장 내에 4진이 갖춰졌는지 여부를 살피고 특히 혈토의 길흉을 확인한 연후에 장사를 결정해야 될 것이다.

제2장
혈의 융결과 혈증

제1절 혈증의 여러 가지

혈이 맺어지는 방법과 그 혈증(穴證 ; 혈에 나타나는 증거)에 대한 개념과 명칭에 대한 설명이 다양하다. 즉 혈의 융결은 기세가 생왕한 주룡에서 입수·뇌두·선익·상수·혈토·순전 등 결혈 4요건이 확실하면 자연히 상하가 분합(分合)하여 혈체(원운)가 은은하게 나타나게 된다. 이런 혈증에 대해서는 앞에서 설명한 바 있지만 이 외에도 혈증으로 하수수(蝦鬚水)·해안수(蟹眼水)·금어수(金魚水) 등을 열거할 수 있다.

1. 하수사와 선익사와 우각사

하수사는 혈상이 볼록한 유돌혈의 경우 순전과 혈밑 좌우에 새우수염 같은 미사가 있어 미망수가 회환(回環)하여 혈중생기를 보호해 주는 혈장에 나타나는 혈증의 하나이다. 특히 돌(突) 바닥에 많이 나타난다.

인목과 선익사는 같은 것이라고 주장하는 사람과 별개의 것이라고 주장하는 사람이 있으나 선익사는 마치 매미 날개처럼 내선익과 외선익이 있는 곳도 있으나 인목과 선익사는 앞에서 설명한 것처럼 같은 것이다. 다음 우각사는 선익사와는 전혀 다른 것으로 생각하는 사람이 많으나 유와 돌 바닥에서는 선익사라 하며 와겸혈장 속에 있는 미사(선익사)를 우각사라 한다. 그리고 돌혈에서는 혈하에 있는 새우수염 같은 미사를 하수사라 한다. 이러한 미사들은 없어서는 안 될 혈증임으로 이러한 혈증의 유무는 진혈의 여부를 결정하는 중요한 요인이 된다.

선익에는 크고 작은 것이 있어, 큰 것은 지각(枝脚)이라 하고, 중간 것은 연익(燕翼)이라 하며 작은 것은 선익(蟬翼)이라 한다. 운형(暈形 : 해나 달 언저리에 희미하게 생기는 둥근 고리)으로 선익이 되는 수도 많다.

2. 구와 첨

구(毬)는 승금(뇌두)과 혈 사이에 있어 상수를 나누어주고 정기(精氣)를 혈로 이어주는 중요한 역할을 한다면 첨(簷)은 혈 앞에서 이루어지는 상수의 교합(交合)처 안에 생긴다. 때문에 진혈을 구성하는 혈증으로서의 구와 첨이므로 혈장을 구첨이라 약칭하기도 한다. 구첨에 대한 해설도 구구하여 혹자는 구가 곧 승금이라고 말하는 사람도 있고 구와 첨을 동일시하여 뇌두가 곧 구첨이라고 설명하는 사람도 있으나 옛 말에도 '구첨지간(毬簷之間)에 필거혈토(必居穴土)'라 했으니 구와 첨은 혈의 위와 아래에 없어서는 안 될 진혈의 혈증으로 중요시해야 되는 것이다.

뇌두(승금)에서 태극운(희미하게 생기는 둥근 모양)으로 용과 맥의 기를 이어주는 띠를 구(毬 : 띠구)라 하며 구는 좌우로 나뉘는(分水) 동시에 뇌두에서 뭉친 정기가 혈에 이어짐으로써 진룡 진혈이 될 수 있으므로 뇌두의 참모습은 지평(地平)에 반월(半月)과 같이 은연중 떠오르니 그것을 왕륜(王輪)이라고도 한다.

구(毬)는 왕륜(뇌두)에서 태극운(원운)에 이어지는 기맥이므로 뇌두에 모인 생기는 구를 통해 혈로 이어진다. 어떤 사람들은 많은 투자를 아끼지 않고 부모·조상을 정성껏 길지에 모시면서도 묘의 뒤에 이어지는 구를 굴착기로 파버리기 때문에 뇌두까지 이르렀던 정기가 혈에 이르지 못하게 단절해버림과 동시에 혈 뒤가 함(陷)해져서 침수할 수 있게 만드는 우를 범하는 경우가 허다함을 볼 수 있다.

만일 구가 없다고 가정한다면 뇌두와 진혈 간에 기맥을 이어주는 일과 상수를 나누어주는 역할을 할 수 없게 되니 어찌 진혈이 될 수 있겠는가? 때문에 천리래룡(千里來龍)에 도두일절(뇌두에 이르는 일절)을 가장 중요시하고 있는 것도 혈법의 참뜻이 바로 구와 뇌두의 중요성을 강조하는 말이다.

명산의 기가 뭉쳐서 내려오는 용을 찾기 어렵고 그 용맥을 얻었다 해도 승금(뇌두) 찾기가 더욱 어려우며 숨어 있는 구를 찾기는 더더욱 어려운 일이다. 진구(眞毬)의 참모습은 숨어 있는 미세한 진기(眞氣)이기 때문에 우리의 육안으로 식별하기는 어려운 일이다. 모름지기 혈장심기론(穴場審氣論)을 깊이 탐구하고 눈으로 분별할 수 있는 능력을 길러야 이러한 원리를 터득할 수 있을 것이다.

다만 활기찬 진룡에서는 뚜렷한 뇌두와 두툼한 진구가 나타나 그 모습을 쉽게 찾아볼 수 있는 곳도 없는 것은 아니니 음양의 원리는 천지의 뜻이므로 그 신기함을 느낄 수 있다.

3. 상수(미망수)

태극운을 인목(선익사)이 감아주면 태극운과 인목 사이에는 은연중 낮은 곳이 생기게 되니 이것을 상수라 한다. 상수라 함은 오행상의 명칭이요 그 외에도 미망수·해안수·인두수·원진수 등 여러 명칭이

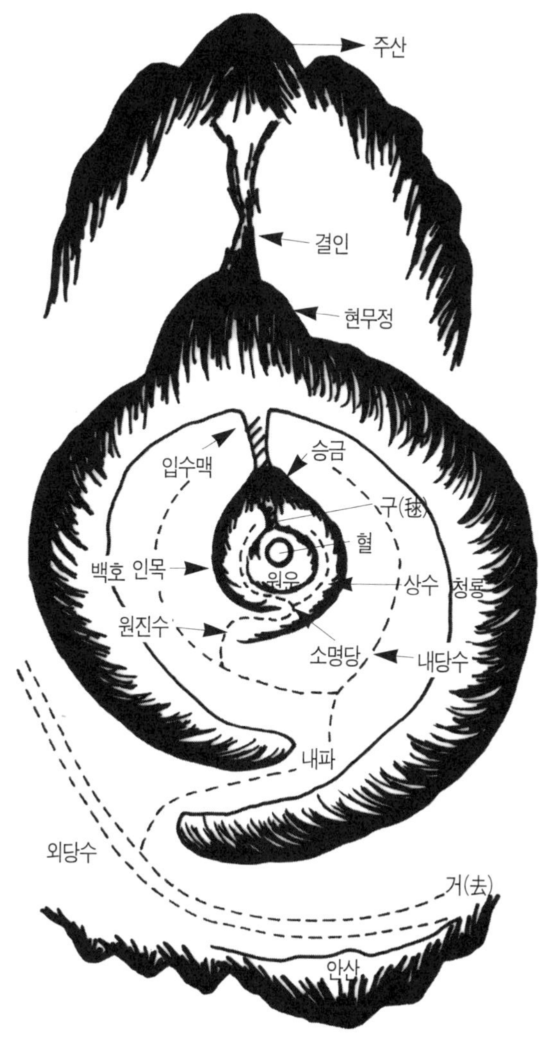

〈그림 33〉 혈장진혈도

있으나 다 같은 것이다. 그리고 상수(相水)라 하니까 평소에 물이 흐르는 것이 아니라 우천시 혈장에 내리는 건수가 혈의 주변에서 인목 옆의 낮은 곳으로 모여서 혈 앞으로 흐르게 된다. 즉 상수는 둥글게 혈을 감아주는 양쪽 선익사를 따라 태극운 아래에서 다시 만나게 되니 진룡 진기는 자연히 태극운 안에 머물게 되는 것이다. 기나 용맥이 물을 만나면 멈추게 되기 때문이다.

상수 역시 혈의 증거(혈증)로 주산에서 흐르는 생기를 기지맥지(氣止脈止)시켜 원운 안에 가두어놓는 역할을 하기 때문에 먼 곳의 대강수보다 중요하다 했다.

앞에서도 말했지만 도선국사도 혈에 있어서 물이나 사가 가까운 것보다 가장 가까운 것이 좋고 가장 가까운 것보다 혈장본신(穴場本身)에 붙은 것이 가장 길하다고 했으니 말하자면 먼 곳의 청룡·백호·외청룡·외백호나 원방(遠方)에 있는 대강수보다 혈의 본신에 붙은 부신사(扶身砂 선익사)나 미망수(상수)가 가장 길하다는 말로 귀한 혈에는 반드시 이러한 혈증들이 확연히 갖추어져야 됨을 강조하는 말임을 명심하고 우리는 혈을 정하기에 앞서 혈증 찾기에 신중을 기해야 될 것으로 생각된다.

4. 난화

혈장(穴場) 내의 땅속에 생기가 있다는 증표로 떠오른 태극운을 중심으로 위쪽의 승금에서 들어온 진기가 모이고, 소명당(小明堂)에서 상수(미망수)가 서로 만나 그 진기를 머물게 하고 좌우의 인목이 진기를 감추어줌으로써 태극운 내에 어린 생기는 더욱 왕성하게 되어 온기로 화(化)하여 위로 오르게 된다. 이것을 난화(煖火)라 한다. 난화(亂火)로 쓴 책도 있으나 난화(煖火)가 옳을 것이다.

이상과 같이 혈장 내에는 같은 것을 여러 가지로 표현하기도 하지만 오행상으로는 승금·상수·인목·난화·혈토를 구비하게 되어 금생수(金生水)·수생목(水生木)·목생화(木生火)·화생토(火生土)의 오행이 서로 상생 순환하여 생기를 돋게 하는 이치이다.

제2절 태극운과 계합

1. 태극혈론

태극혈론(太極穴論)이란 혈의 구조를 태극원리에 따라 설명하는 이론이다.

태극이란 음양이기의 근원이며 만상(萬象)의 바탕이다. 그러므로 혈의 융결도 음양의 이치에 따른 것이 당연하다고 생각된다.

주산 진룡이 혈까지 입수되는 사이 양룡이 오면 음룡이 받고(陽來陰受) 음룡은 양룡으로 이어지며(陰來陽受) 빗겨 오면 바르게 내리고(斜來正下) 바르게 오면 빗겨 내리며(正來斜下) 곧은 맥은 혈이 굽은 데 맺고 굽은 맥은 혈이 곧은 데 맺으며, 급하게 내려온 용은 느리게 혈이 붙고(龍急則取緩穴) 느리게 내려온 용은 급하게 떨어진 곳에 붙고(緩則急) 딱딱한 용은 연한 곳에 혈이 있고(硬來則軟下) 연래즉경하(軟來則硬下)하며 산고즉혈저(山高則穴低)하고 산이 높으면 혈이 낮은 것이 용세음양에 따른 융결론이다. 따라서 자리를 재혈(栽穴)하는 데는 반드시 4대 혈형(窩·鉗·乳·突)에 따른 혈의 증거가 있어야 됨은 앞에서도 설명하였지만 또 다른 혈증의 하나가 태극운(원운)과 양의(兩儀)이다. 이와 같이 혈의 융결은 음양과 오행의 조화로 이루어진다.

2. 태극운

앞에서 혈증의 여러 가지를 설명하였지만 승금(뇌두) · 선익사(인목) · 상수 · 순전 · 구첨 등이 뚜렷하게 나타난 곳이라면 그 안에 운(해무리처럼 둥그스름한 모양)이 생기게 마련이다. 장서에도 '승금 상수 혈토 인목 역불과 일태극지운이이(乘金 相水 穴土 印木 亦不過 一太極之暈而已)'라 하였으니 이를 뒷받침해주는 말이다. 따라서 대부분의 혈은 태극운으로 외형과 내면을 형성한다. 즉 외형은 은은한 원운을 이루고 그 내면에서는 생기가 모여서 엉켜 혈이 융결된다.

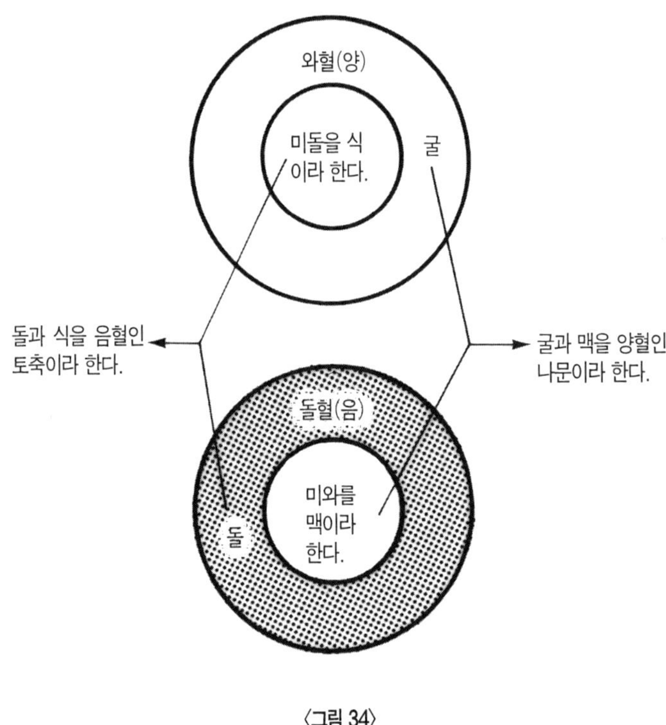

〈그림 34〉

이 태극운(혈)은 형체가 분명한 곳도 있으나 긴 세월 동안 비바람에 씻겨 확연치 않아 초학자가 보기에는 매우 애매모호한 곳도 많다. 그러나 혈 바닥에 비해 일촌(一寸)만 높으면 산이요, 일촌만 낮으면 물로 본다면 혈수(穴水 ＝ 圓暈水)의 상분하합으로 은은하게 혈체가 나타나게 마련이다. 이것이 태극운이며 진혈의 융결이다. 한편 원정(圓頂 ＝ 원운의 윗부분)에 반월 아미(半月 : 蛾眉)와 같은 반운이 이중 삼중으로 되어 있으면 이 또한 대귀지(大貴地)이다.

그런데 이 태극혈은 둥근 원운이 음미(陰微)하게 나타난 것과 음미하게 함(陷 ＝ 오목함)한 두 가지 형상이 있다. 즉 평지보다 도도록한 원운이 음이 되고 평지보다 낮은 원운이 양이 된다. 그러나 더 자세히 살펴보면 오목한 원운 가운데는 미돌〔息〕이 생기며 볼록한 돌 바닥 가운데는 미와(微窩)가 있음을 알 수 있다.

그림과 같이 혈장에 토축과 나문이 배합하면 음양이 성교(成交)하여 태극운이 생기고 진혈이 융결된다. 반대로 토축과 나문이 갖추지 못하면 음양이 만나지 못하니 진혈을 생산할 수 없다.

3. 태극운과 계합(분합)

혈장 위에 있는 뇌두에서 반월과 같은 반운이 이중 삼중으로 이루어졌으면 이 역시 물의 분합과 직접 관련되는 것이어서 대귀지(大貴地)라 할 수 있다.

그만큼 물의 분합은 혈의 진가귀천(眞假貴賤)과 직결되는 것이기 때문에 정혈(定穴)에 앞서 필히 확인해야 할 사항이다. 그러나 이 물의 계합(界合 : 分合)에 대한 설명 역시 구구하기 때문에 몇 가지 예를 들어 설명할까 한다.

계합이란 이른바 물의 상분하합(上分下合)을 말한다(평상시 물의 흐름을 말한 것은 아니다). 혈장을 중심으로 상하 내외로 나누어지는 물의 상분하합을 말한다.

이 분합은 외견상 모호하여 분간이 어려운 곳도 있고 그 형상이 뚜렷하여 사수(砂水)의 계합이 뚜렷한 곳도 있으나 보편적으로 진혈에는 삼중분합(삼분삼합)이 원칙이다(〈그림 35〉 참고).

『풍수지리학』 원전에 나오는 삼분삼합의 설명을 간추리면 다음과 같다.

첫째, 분합은 뇌두 아래 구(毬)를 분수령으로 양쪽 선익사 안 낮은 곳을 따라 흐르다가 혈 앞에서 다시 합한다(小八字).

둘째, 분합은 뇌두 앞 결인처에서 분수하여 흘러 혈전 소명당에서 합수한다(中八字).

셋째, 분합은 도두(到頭) 이절의 결인처(뇌두에서 뒤로 두 번째 결인 또는 박환처) 또는 현무봉 뒤에서 분수하여 밑에서는 내당수 또는 외당수와 합류하여 중명당 또는 대명당에서 합수한다(大八字).

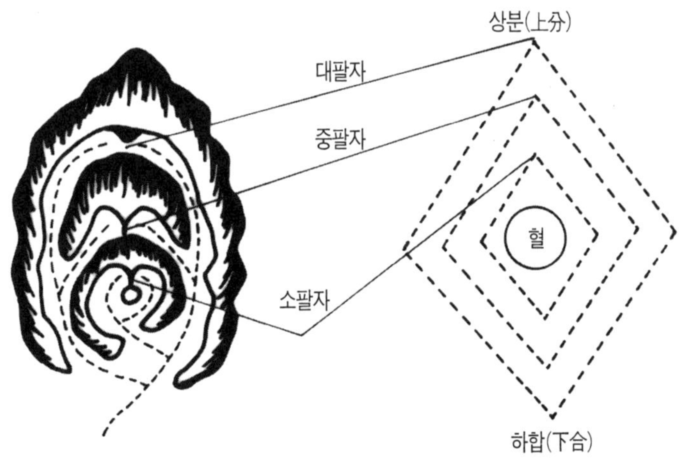

〈그림 35〉 물의 삼분삼합도

이와 같이 3회의 분합이 확실해야 혈의 결정적 증거가 된다고 했다. 그러나 『대명당보감(大明堂寶鑑)』에서는 다음과 같이 설명하고 있다.

첫째, 분합은 구첨(毬簷)의 물이 두 갈래로 나뉘었다 아래에서 합친 것이다.

둘째, 분합은 구첨에서 나뉘었다 합친 범위보다 더 넓게 나뉘었다 합친 것으로 이를 중팔자(中八字)라 한다.

셋째, 분합은 중팔자보다 위에서 훨씬 크게 나뉘었다 합친 물이니 이를 대팔자(大八字)라 한다.

또 『설심부정해(雪心賦正解)』에서는 앞에서 설명한 내용과는 달리 좀 애매한 점도 없지 않지만 다음 그림처럼 설명하고 있다.

그러나 설명 내용이 어쨌든 간에 앞의 '상수'에 대한 설명에서 강조한 것처럼 물이 혈에 대해 중대한 역할을 한다는 것만은 다른 이론이 있을 수 없다.

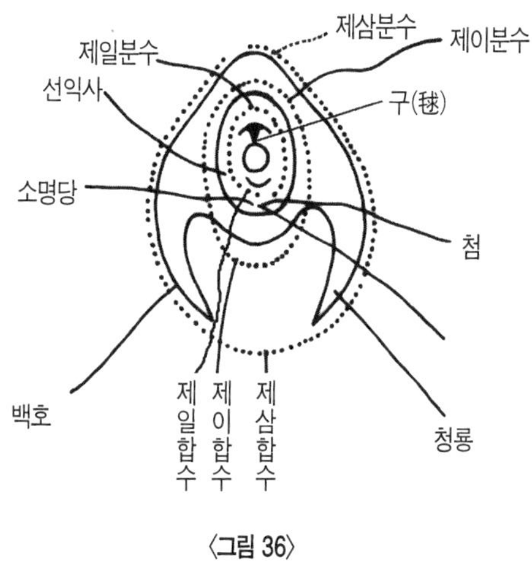

〈그림 36〉

제3절 기타 결지 요건

혈의 융결에는 앞 절에서 설명한 외에도 여러 가지 혈증의 유무를 확인해야 진혈을 찾을 수 있다. 다음 몇 가지 혈증에 대한 해석도 지사들에 따라 차이가 있기 때문에 신중한 검토가 필요하다.

1. 용의 양래음수와 음래양수

양래음수하고 음래양수라 함은 용맥과 혈상(穴相)과의 음양조화 관계를 말한다. 즉 양룡으로 내려오면 음룡으로 받아 음룡으로 내려가다 양혈로 이어진다는 것이다. 양룡이란 '용여앙장시양래(龍如仰掌是陽來)'라 하였듯이 기봉(起峯)하여 개장(開帳)하면 마치 펼쳐놓은 병풍처럼 또는 봉(鳳)의 날개처럼 넓게 펼쳐서 준급하게 낙맥(落脈)한 용을 양룡이라 칭하며 평탄하면서 넓게 내려오는 용도 이에 속한다.

반대로 음룡이란 '형여복장시음래(形如覆掌是陰來)'라 하였으니 마치 손등을 엎어놓은 것처럼 비교적 가늘고 긴 유(乳) 바닥처럼 생긴 용을 음룡이라 한다. 따라서 음룡하에서는 뇌두를 이루고 그 아래에 양혈(와, 겸혈)이 생기고 양룡하에서는 음혈(유, 돌혈)이 보통이다.

2. 구첨에 대한 견해차

구첨에 대한 해설이 구구하다. 즉 구는 승금이요 첨은 전순이라는 설과 단순히 승금도두를 구첨이라 한다는 설이 있다. 이토록 해설이 구구한 원인은 구와 첨을 묶어서 하나로 해석한 연유이다.

옥편을 보면 구의 뜻은 제기 구, 공 구, 띠이름 구(帶名 = 대명)이며 첨은 처마 첨이다. 그러고 보면 앞에서 설명한 것처럼 구는 승금(뇌두)과 혈의 사이에서 뇌두에 뭉친 기를 혈로 이어주는 띠(대)의 역할을 해주는 기맥을 말하며, 첨은 혈전에 이루어지는 상수의 교합처 안에 나타나는 처마와 같은 것이다. 그럼에도 이토록 사람에 따라 해석이 다른 것은 옛날부터 혈지의 대명사로 구첨지간 또는 구첨이라 한 데서 해석의 차이가 생긴 것 같다. 옛날부터 '구첨지간 필거혈토(毬簷之間 必居穴土)'라는 말처럼 혈의 바로 위는 구요, 혈의 바로 아래는 첨이기에 구와 첨의 사이가 바로 혈이란 뜻이지 결코 구첨이 혈이란 뜻은 아니다. 따라서 승금이 곧 구첨이란 더욱 말이 안 된다.

3. 합금

합금(合襟)이란 결혈의 한 방법이며 혈증인 것이다. 앞에서 삼분삼합을 설명했는데 위에서 나누어진 물이 혈 앞에서 다시 합수하는 것을 합금(한복 저고리 깃이 만나는 곳)이라 하며 수구(파)를 설명할 때 합금지처라 함은 청룡과 백호 또는 안산과 서로 만난 곳에서 물의 흐름이 보이지 않게 된 곳을 합금지처 또는 물의 불견지처(不見之處)라 한다.

첫째, 혈장 내 원진수(상수)는 뇌두 아래 구에서 좌우로 분수하여 좌선혈장에서는 백호 쪽 원진수가 과당하여 혈전에서 합수하며(합금) 그를 금어수(金魚水)라고도 한다.

이차로는 현무정에서 개장하여 생긴 청룡 및 백호와 본신룡과의 사이에서 생긴 내당수가 좌선룡에서는 우선내당수가 과당하여 보다 장대한 청룡에서 역관한 물의 끝(보이지 않게 된 곳)을 내수구(내파 또는 이차합금지처)라 하며, 삼차는 외산(外山)에서 흐르는 청룡이나 백호 밖의 물(외당수)의 끝을 외수구라 하며 그곳을 삼차합금지처라 한다.

이러한 합금은 진혈 및 길흉화복과 직결되기 때문에 정혈에 앞서 필히 확인해야 할 사항이다(〈그림 35〉 참고).

제4절 좌·우선룡과 좌우선 혈장

1. 좌선룡과 우선룡

본절 각 항에서 설명할 내용들은 보국명당론(保局明堂論) 하수사론(下水砂論)에서 설명한 바 있으나 중요한 내용이기에 자세히 설명할까 한다.

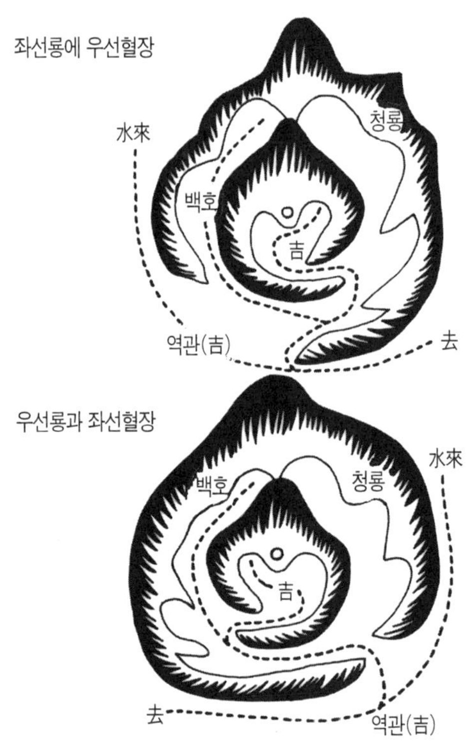

〈그림 37〉 좌우선룡과 좌우선 혈장의 경우

좌선룡이란 조산에서부터 내려온 용이 왼쪽에서 오른쪽으로 행진하는 용을 말하며, 우선룡이란 그와 반대의 경우를 말한다. 그 구분이 확연치 않을 경우 좌선룡에서는 청룡이 백호보다 길며, 우선룡의 경우는 백호가 청룡보다 길게 나타나며, 물이 좌선수냐 우선수냐에 따라 용의 좌우선을 판별하기도 한다.

여기서 한 가지 더 첨가해서 설명할 내용은 좌·우선 혈장이다. 즉 좌선룡에서는 우선혈장이 우선룡에서는 좌선혈장이 된다는 것이 거의 대부분의 예이다.

• 원진수(상수)의 경우 좌선혈장에서는 백호 쪽 선익사가 청룡 쪽보다 짧은 반면에 약간 높아 그곳의 상수가 혈 앞을 지나 청룡 쪽 선익사에서 역관하게 된다(〈그림 37〉 참고). 만약 청룡 쪽이 높아 그쪽 상수가 백호 쪽으로 흐르게 되면 역수(逆水)가 아닌 순수(順水)가 되기 때문에 흉한 것이다. 반대로 우선혈장의 경우는 그와 반대이다.

• 내당수의 경우는 좌선룡에서는 거의 청룡이 장대해야 되기 때문에 백호 쪽 내당수가 혈 앞을 과당하여 청룡에서 역관하며,

• 백호 쪽에서 흐르는 외당수와 합류하여 우선수가 되어야 합법인 것이다. 이렇게 되어야만이 음양교배가 제대로 이루어지게 된다. 특히 선익사에 의한 원진수의 역수와 청룡백호에 의한 내당수의 역수는 그 혈의 생명의 표상이다. 즉 혈장의 상수나 내당수의 역수는 가장 긴요한 진혈의 상징인 것이다.

2. 물의 역관과 순관

혈지의 참된 융결은 좌선룡에는 우선과당수(혈 앞을 통과하는 물)를 백호보다 긴 청룡이 받아서 역관하고, 우선룡에서는 좌선수가 과당하여 청룡보다 긴 백호가 역관하여 내당수를 역수시켜야 된다. 역수를 더 쉽게 설명하자면 다음 그림에서와 같이 좌선룡에는 우선수가

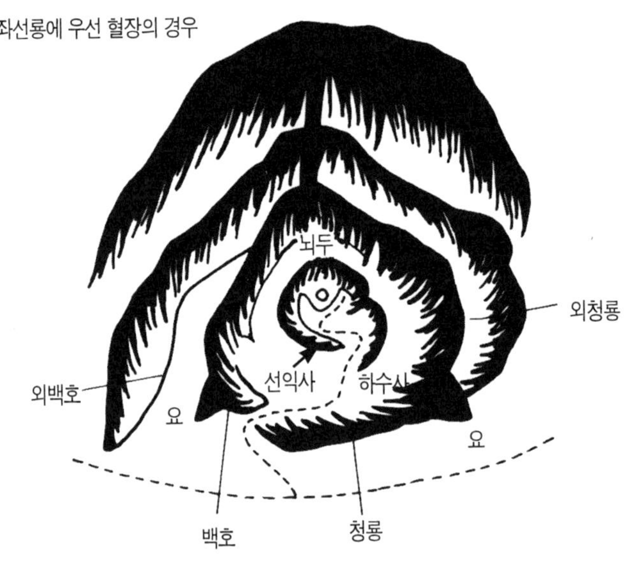

〈그림 38〉

역수이며 좌선룡에 좌선수(청룡 쪽에서 내려오는 물이 혈 앞을 통과함을 말함)를 순수라고 하며 우선룡의 경우는 백호가 청룡보다 길어 청룡 쪽에서 흐르는 물이 혈 앞을 통과(과당이라 한다)하여 우측(좌선수)으로 흐르는 물을 역수라 하며, 만약 백호 쪽이 높아 백호 쪽 내당수가 좌측(우선수)으로 흐르면 순수라 한다.

여기까지 설명한 내용은 청룡·백호와 내당수와의 역수와 순수에 대해서 논했으며 원진수(상수) 및 외당수의 경우는 다음 하수사에 대한 설명에서 자세히 논할까 한다.

3. 하수사와 역관

하수사(下水砂)는 하수사(下手砂)라고도 하며 혈체 하부 한쪽에 붙어 있는 귀사이며 혈수(상수)를 역수시키는 역관사 역할을 한다.

혈체라 함은 뇌두(승금)와 구·선익사·태극운(원운)·혈·순전·첨·장구·하수사(下手砂)·하수사(蝦鬚砂) 등 혈의 전후좌우 혈장 전체를 말한다. 그러니까 특히 유·돌·혈의 혈증의 하나로 나타나는 선익사의 한쪽 부분에 반대쪽보다 길게 붙은 미사(微砂)를 말한다(〈그림 38〉 참고). 때문에 하수사를 일명 하비(下臂)라고도 하며 또는 역관사(逆關砂)라고도 한다. 상대쪽보다 길게 붙은 하수사는 약간 지면(地面)이 높은 상대쪽 상수가 자연스럽게 과당하여 하수사에서 역관하게 되기 때문에 역관사라고 한다.

만약 좌선혈장에 왼쪽 하수사가 길거나, 우선혈장에 우선 하수사가 있어 하수사의 위치가 뒤바뀌면 산수의 음양 불배합으로 결합이 어려운 것이다. 만약 양비(양 팔뚝)가 다 같이 길거나 짧으면 역관이 불능이기 때문에 원진수가 직거(直去)하게 되어 결혈이 어렵다.

결론적으로 말하자면 원진수(상수), 내당수, 외당수의 역수는 서로 상반된 방향으로 역관되어야 격에 맞는 역수가 되어 원진수가 직거하지 않기 때문에 길한 것이다. 즉 좌선룡 우선혈장의 경우 오른쪽 백호쪽 하수사가 청룡 쪽에서 과당해온 원진수를 역관하고 내당수는 장대한 왼쪽 청룡에서 역관하게 되고 외당수는 백호 밖에서 멀리 흘러오는 물로써 내당수와 합류하여 좌선룡에는 우선수가 합법이다. 이처럼 역관이 이중 삼중(원진수와 내당수와 외당수의 삼중 역관을 말함)으로 음양교배가 이루어져야 그 안에 있는 진혈의 면모를 갖추게 되는 것이다. 때문에 하수사의 유무는 결혈, 빈부와 지대한 관계가 있다. 즉 혈지의 진혈과 그 자손의 빈부는 하수사의 유무 확인으로 쉽게 판별할 수 있다.

그러므로 하수사는 혈의 진가에 결정적 역할을 할 뿐만 아니라 빈부를 가늠하는 부사(富砂)이기도 하다. 결국 하수사의 유무는 물의 역순과 관계되며 원진수나 내당수의 역수는 그 혈지생명의 표상이다. 즉 역수가 혈 앞을 과당해야 흥하고 순수가 과당하면 망한다 했기 때문이다. 옛 글에도 '용종순수(龍從順水)는 결지불능(結地不能)에 치부난망(致富難望)'이라는 선사의 말이 있다.

4. 역관과 순관에 대한 상반된 해석

혈장 내의 혈과 선익사 사이에 생긴 미곡(微谷)에서 흐르는 상수(원진수)와 혈체와 이를 회포(回抱)하고 있는 청룡 및 백호와의 사이에서 흐르는 내당수 및 외산에서 흐르는 외당수가 서로 역관해야만 진혈이 된다는 것은 앞에서 비교적 상세히 설명하였으며 우선룡에는 좌선혈장이 좌선룡에서는 우선혈장이 원칙이며 좌선혈장의 경우 왼쪽 선익사가 상대쪽보다 긴 반면에 혈장 지면은 백호 쪽보다 낮은 것이 진이다. 그리하여 백호 쪽 상수가 혈 앞을 지나 청룡 쪽 선익사에서 역관하게 되며 우선혈장의 경우는 그와 반대이다. 다음 내당수와 외당수의 역관도 앞에서 설명한 바와 같다. 〈그림 39〉는 『인자수지(人子須知)』에서 역관과 순관을 설명하는 그림으로 외당수의 역관과 순관을 설명한 그림이다.

〈그림 39-1〉은 다른 책에 나오는 설명도이다. 다음 두 그림과 서로 비교해보면 정반대로 표시되어 있다. 그러나 잘 음미해보면 〈그림 39-1〉의 청룡역관은 우선혈장에서 원진수의 역관을 표시한 그림으로 사료된다(〈그림 38〉 참고).

水來
去
길
청룡역관
水來
去
흉
청룡순관
水來
去
길
백호역관
水來
去
흉
백호순관

〈그림 39〉

청룡역관 吉
청룡순관 凶
백호역관 吉
백호순관 凶

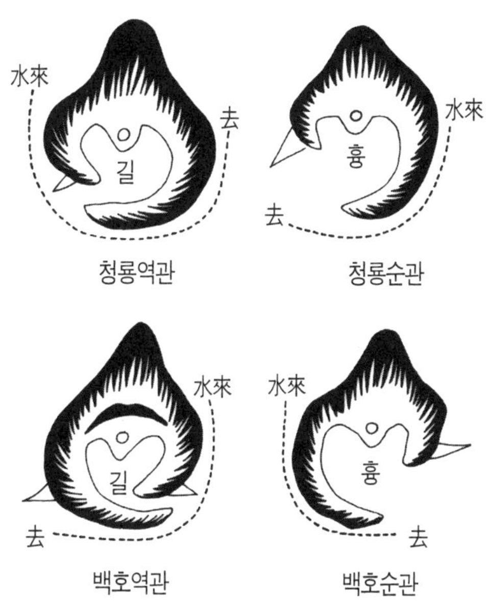

〈그림 39-1〉

제3장
정혈법

제1절 정혈 개요

지금까지 설명한 바와 같이 용의 세력이 생왕하고 입수가 분명하며 혈장에 들어와서는 뇌두(승금), 선익 및 순전, 태극운(원운) 등 혈체의 혈상이 확연하고, 혈면(穴面)에는 하수(蝦鬚), 구(毬)가 뚜렷하며, 귀사(貴砂)와 귀봉(貴峰)이 삼길육수방(三吉六秀方)에 높고 수려하며 생왕방에서 득수한 길수가 내외명당에 모여 합법거수(去水)하며 역수역관이 분명하면 진혈이 분명하다고 설명했다.

그러나 넓은 산속에서 정혈(定穴)이란 참으로 어려운 일이다. 그러므로 옛날부터 진혈은 '천장지비일석지지(天藏地秘一席之地)'라 했고 '삼년심룡(三年尋龍)에 십년점혈(十年点穴)'이라 하여 정혈의 어려움을 나타냈다. 따라서 이제까지 설명한 내용들이 모두 따지고 보면 정혈을 위한 내용들에 불과했다고 말할 수 있다.

되풀이해서 설명하면 결혈의 요건은 주룡과 사수의 조화 있는 합국(合局)에 있는 바, 산수가 취회(聚會)하고 생왕길룡과 귀사길수가 조화로운 곳에서 심혈득지(尋穴得地)하는 것이 정혈의 요령이기에 본장에서는 지금까지의 설명에서 누락되었거나 소홀히 다루어진 내용들을 간추린 것이다. 다만 사수에 대한 자세한 내용은 앞으로 다루게 될 것이기 때문에 중복을 피하기 위해 가급적 간략히 다룰 계획이다.

1. 삼세정혈론

삼세(三勢)는 삼정(三停) 또는 삼재(三才)라고도 하는데, 산세의 입세(立勢), 좌세(座勢), 면세(眠勢)에 의한 정혈법이다. 대체적으로 기세가 생왕한 산에서는 천혈(天穴), 인혈(人穴), 지혈(地穴)의 천지인(天地人) 삼세의 결혈처가 있다. 즉 천혈을 입세라 하고 인혈을 좌세, 지혈을 면세라 한다. 또는 다음 그림과 같이 상정(上停), 중정(中停), 하정(下停)의 삼정으로 나누기도 한다. 즉 혈이 높은 곳에 있으면 상정을 취함이니 천혈이요, 높지도 낮지도 않은 중간에 있으면 중정을 취함이니 인혈이요, 낮은 곳에 있으면 하정을 취함이니 지혈

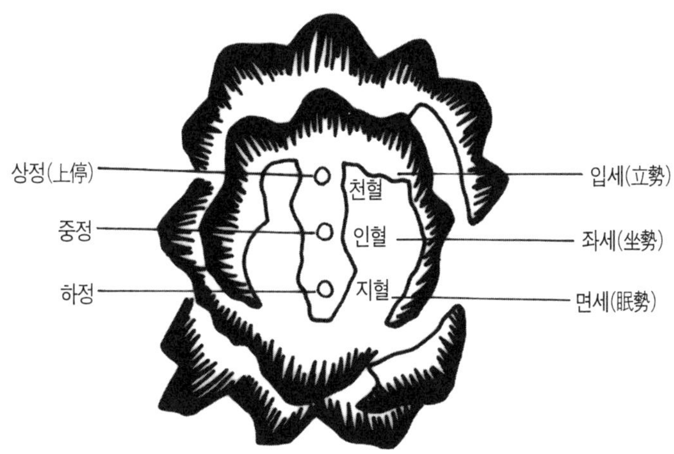

〈그림 40〉 삼세 삼정도

이라 한다.

좌우의 용호산(청룡과 백호)이 낮고 안산과 조산들이 낮으며 혈 뒤의 주산이나 현무정이 얕으면 지혈을 취해야 되며, 혈을 낮은 곳에 정하면 재록(財錄)이 위주가 된다. 만약 이때 먼 산이 아름답게 보인다 하여 천혈이나 인혈을 취하면 불길하여 재산이 줄어든다. 더욱이 좌우 용호와 조안산이 모두 얕은데도 천혈을 취하면 혈만 유독 높아 외롭고 바람만 받게 되니 자손이 단명하여 젊은 과부가 생긴다.

좌우의 산과 안산이 높고 크면 천혈을 취해야 한다. 만약 인혈이나 지혈을 취하면 복록(福祿)이 박하고, 지혈을 취하면 전후좌우에서 압박을 받게 되니 자손이 쇠(衰)하고 기타의 재앙이 빈번하다.

좌우의 산과 안산이 높지도 낮지도 않으면 반드시 인혈을 취해야 재산이 부유할 것이다. 이 경우 혹 현무정에서 좌우로 갈라진 청룡백호가 길고 물이 급류라 하여 지혈을 취하면 재물과는 무관하나 귀가 없고 자손이 왕성하지 못하다. 반대로 먼 산과 물과 사봉(砂峰)을 탐하여 천혈을 취하면 재산이 없어지고 고향을 떠나 방랑하게 된다.

천혈을 취하느냐, 인혈을 취하느냐, 지혈을 취하느냐 하는 문제는 좌우 청룡백호와 안산의 높고 낮음을 기준으로 하는데, 만약 안산은 높아도 청룡백호가 낮거나 좌우의 산은 높은데 안산이 낮은 경우 상중하 삼정 가운데 어떤 것을 택하느냐가 문제다. 가령 좌우 용호산이 높고 안산이 낮을 경우, 안산이 멀고 용호산이 혈과 가깝다면 가까운 용호산의 높이에 따라 혈도 높은 데 정하고 용호가 낮고 안산이 혈 앞 가까이 있어 높으면 혈은 인혈을 취해야 한다.

좌우의 산과 안산의 높고 낮음이 다를 때 혈에 미치는 영향은 가까이 있는 산이 더하므로 가까이 있는 산의 높이를 기준해야 된다.

예로 〈그림 40〉은 사형혈(蛇形穴)로 중국에 있는 땅이다. 처음에는

하정인 지혈을 취했는데 패가(敗家)했고 다음 사람은 중정인 인혈에
안장했는데 현승(顯承) 벼슬이 나왔으나 곧 패가했다. 그 뒤 왕씨가
이 땅을 얻어 상정인 천혈에 부모를 모셨는데 지현(知顯 : 도지사급)
이 나오고 자손이 고루 발복했다 한다. 이는 주위 산들의 높이에 알맞
는 천혈이 정혈이기 때문이다.

천혈은 산세가 마치 선 것 같고 산봉우리는 구부린 듯하고 여기에
청룡과 백호 및 조안산이 서로 비슷하며 혈지가 평탄하며 산수(山水)
의 기가 모두 위로 모여서 결혈한다. 천혈 중에서 산 정상 취결을 앙
고혈(仰高穴)이라 하고 산봉우리 아래에 있는 혈을 빙고혈(凭高穴)이
라 하며 산의 허리에서의 취결을 기룡혈(騎龍穴)이라 한다.
　천혈은 내맥(來脈)이 평완(平緩)함이 진이요, 급한 맥은 진이 아니
다. 또 천혈은 비록 높은 곳에 있어도 혈장에 올라보면 마치 평지와
같이 모든 것이 안정되어 혈지가 높은 것을 느낄 수 없는 혈지이다.
　인혈은 산의 형세가 앉아 있는 것 같고 산의 머리(봉우리)가 구부
리고 우러러봄(쳐다봄)이 없으며 출맥(出脈), 원운(圓暈) 결혈(結穴)
이 모두 높지도 낮지도 않으며 조응(안산과 조산)과 용호 등 사방의
형세가 서로 비등하고 명당과 수성(水星)이 다 중간에 응하여 모임으
로 혈을 상하로 치우치면 기운이 흩어져 불길하다.

　그런즉 혈을 맺는 곳은 주로 산의 허
리 부분에 있다. 한편 내맥은 완하지도
급하지도 않아야 진이며 장살혈(藏殺
穴) 한 가지의 체이기에 의법(倚法)을
사용한다.
　지혈은 산세가 누워 있는 것 같고 산
봉우리(머리)를 제치고 있는 것 같은

곳에 있는 혈이다. 출맥, 원운, 결혈이 다 낮으며 조응(조산과 안산)과 용호 등 전후좌우의 형세가 혈성(穴星)과 서로 비등하며 명당 수성 등 모든 것이 다 낮게 취결하였다.

한편 이 지혈에는 주로 삼체(三體)가 있다. 즉 산록(山麓)에는 현유혈(懸乳穴)이요, 성체(星體) 아래 산맥을 좀 떠난 곳에 결혈되니 탈살혈(脫殺穴)이요, 평지(平地) 평전(平田)에 결혈되는 장구혈(藏龜穴)이 있다(다음 그림 참고).

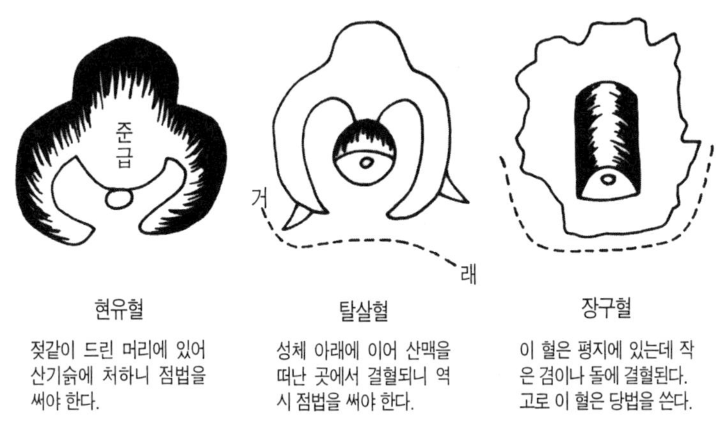

현유혈	탈살혈	장구혈
젖같이 드린 머리에 있어 산기슭에 처하니 점법을 써야 한다.	성체 아래에 이어 산맥을 떠난 곳에서 결혈되니 역시 점법을 써야 한다.	이 혈은 평지에 있는데 작은 겸이나 돌에 결혈된다. 고로 이 혈은 당법을 쓴다.

2. 과협 정혈법

과협(過峽)을 보고 혈을 정하는 법이다. 아름다운 과협 밑에는 반드시 길혈이 맺히기 때문이다. 과협이 바르게 나가면 혈도 바르게 붙고 과협이 좌로 나가면 혈도 좌편에서 찾아야 하며, 과협이 우로 나가면 혈도 오른쪽에 있으며, 과협이 짧으면 혈도 가까운 곳에 있고 과협이 길면 혈도 먼 곳에 있으니 용과 협(峽)과 혈의 관련은 그만큼 밀접하다.

과협은 반듯한 것, 비껴나가는 것, 바르게 나가다 비껴나가기도 하고 여러 가지 형태가 있으나 협을 쫓아 혈을 정한다.

과협이란 용맥에 생기가 뭉쳐진 증거이니 가령 협이 돌맥에 생기면 혈도 돌한 곳에 맺고 협이 못이나 내〔川〕를 지나면 도수협(渡水峽)이라 하여 혈은 못이나 냇물 건너에 맺는다.

3. 용호 정혈법

용호(龍虎)의 멈춘 곳을 보아 혈의 허실을 가늠하고 용호의 형세를 보아 혈의 위치와 좌우를 정한다. 청룡이 유력하면 혈을 청룡 쪽으로 의지하고 백호가 유력하거든 혈을 백호 쪽으로 의지하여 정한다. 또 용호가 얕으면 지혈을 택하고 용호가 높아 혈을 압박할 경우는 올라가 천혈을 택해야 한다. 그리고 용이 강하면 청룡을 쫓고 백호가 강하거든 백호를 쫓으라 하였으니 용호의 높고 낮음과 용세의 강약을 살펴 적절히 재혈하라는 뜻이다.

혈에서 가장 가까운 것이 청룡과 백호요, 혈을 가장 먼저 다정하게 호위해주는 것도 용호(龍虎)이니 용호에 의한 정혈은 당연한 일이다.

다음은 청룡이 더 장대할 경우는 거의 백호가 짧고 혈 쪽으로 굽으며 청룡 쪽보다 약간 높아 그곳의 내당수가 과당(혈 앞을 지나)하여 청룡에 이르러 역관(역류)하게 되니 혈은 오른쪽 백호에 당겨 정한 것이 옳으며 백호가 더 길고 높으면 그와 반대이다.

용호산이 다 높으면 혈도 높고 다 낮으면 혈도 낮은 곳에 정하는 것이 당연하되, 청룡은 높은데 백호가 낮거나 백호가 높은데 청룡이 낮으면 혈은 중간 인혈에 정하며, 청룡이 백호보다 유정(有情)하면 혈을 왼편 청룡 쪽으로 당겨 정하고 반대로 백호산이 더 다정하면 혈은 오른편 백호 쪽으로 당겨 정하되 용호산이 다 다정하고 높지도 낮지도 않으면 혈을 중심점에 정해야 한다. 또 청룡은 있으나 백호가 없고 백호가 있으나 청룡이 없는 경우가 있는데 청룡이 없으면 물이 왼쪽으로 둘러 수청룡의 역할을 해주어야 좋고 백호가 없는 경우는 수백호가 있어야 된다.

4. 안산 정혈법

수려한 안산(案山) 봉우리가 왼편에 있으면 혈도 왼편에 있고 수려한 봉우리가 오른편에 있으면 혈도 오른쪽에 있다. 먼 곳의 조산이 비록 수려해도 가까운 안산이 중요하니 먼 조산을 취하지 않고 가까운 안산의 수려함과 유정함을 쫓아 혈을 정해야 된다. 요는 가까운 안산과 수성(水城)과 혈 바로 뒤의 주산 및 현무정과 횡룡입수의 경우는

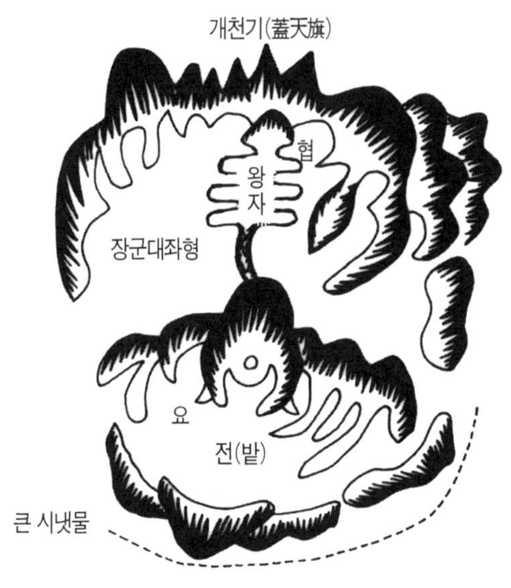

〈그림 41〉 장군대좌형

특히 낙산(樂山)과 용호가 아름답고 사방으로 살기가 없으면 유정함이니 길격인 것이다. 〈그림 42〉의 혈은 장군대좌형(將軍大座形)이다. 용맥이 멀고 국(局) 안으로 들어와서는 평평한 넓은 들에 이르러 결인과협(結咽過峽)한 후 고산이 우뚝 솟아 그 웅장한 기세가 한 지방의 으뜸이 된다. 조산의 장막(帳幕)이 크게 벌려 수십 리를 펼치고 중심맥이왕자맥(王字脈)을 이루었으며 입수목(入首目)에서 갑자기 높은 금체(金體)의 현무정을 이루고 그 아래에 혈을 맺으니 귀혈이 틀림없다. 혈상(穴相)은 유혈(乳穴)이며 곁으로 양요(兩曜)가 있고 용호가 유정하며 특히 복두(幞頭) 모양의 안산이 혈 앞에 유정하게 조응하고 기(旗)·고(皷)·검(劒)·인(印) 등 길사가 벌려 있으며 안산 너머로 큰 강물이 둘렀고 이 혈은 경맥으로 입수하여 유좌묘향(酉坐卯向)을 이루었으니 정음(淨陰)·정양법(淨陽法)으로도 음입수음향이기에 적법이며 장법에 맞으니 장군대좌혈이 분명한데 이 혈에 장사한 후 과연 대장군이 나왔다 한다. (이 혈은 寥金精의 所占)

5. 명당에 의한 정혈법

진혈이 맺는 땅에는 명당의 길함이 증거가 된다. 대개 용을 찾는 법은 제일 먼저 생기가 통하는 주룡주맥을 찾아야 하고 혈을 찾는 법은 먼저 명당의 형세를 살피는 것이 정혈법 중의 하나이다. 명당은 소명당과 대명당의 두 가지로 나누는 것이 보통이나 소·중·대의 세 가지로 나누어 설명하는 경우도 있다. 소명당은 혈장 내 원진수(元辰水)의 만나는 곳을 말하며 중명당은 용호 내의 평평한 곳을 말하며 대명당은 용호 밖 안산 안을 말함인데 혈전에서 내수구에 이르는 용호 내의 마당을 합쳐서 소명당이라 하며 소중(小中)을 합쳐서 설명하는 경우도 있다.

양공이 말하기를 '명당이 방정(方正)하면 혈이 맺는다' 하였으니

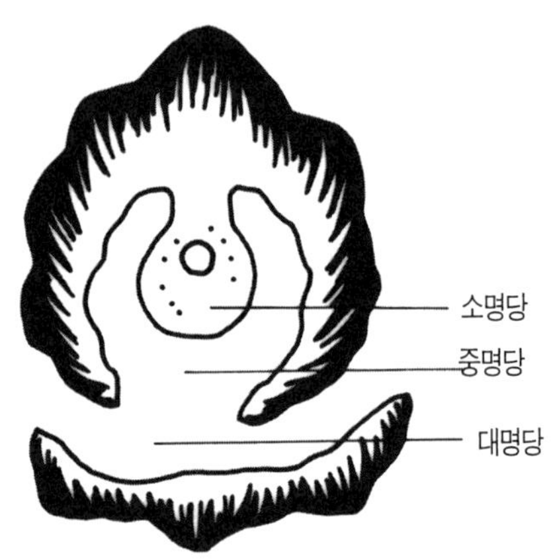

<그림 42>

특히 명당은 생기가 흩어지지 않도록 주위의 사(산)나 수가 주밀하게 감싸주고 배반하지 않고 다정하며 평탄해야 최길이니 그 길흉 여부는 곧 정혈의 기준이 된다.

6. 수세에 의한 정혈법

이는 물이 흐르는 형세를 증거삼아 혈의 위치를 정하는 법이다. 장경에는 '혈은 물의 길함을 얻는 것이 제일이다' 하였고, 양공은 '산을 보기 전에 먼저 물을 보라' 하였고, 또 '무릇 진룡(眞龍)과 정혈은 여러 곳의 물이 모인 곳에 있다' 하였다. 요금정은 '진룡으로 내려온 곳에는 여러 곳의 물이 멀리 빠져나가지 않는다' 하였다. 그러므로 물을 알지 못하면 혈을 논할 수 없다. 어떤 이는 혈을 찾을 때 물의 형세부터 살피고 수구에 따른 용의 생왕사절을 가늠한 뒤 용을 찾아 올라가면서 혈을 찾으나 이는 너무 단순한 심혈법이니 물을 잘 살피기 위해서도 먼저 혈장이 될 만한 곳에 올라가 사방 용혈사수를 고루 둘러보

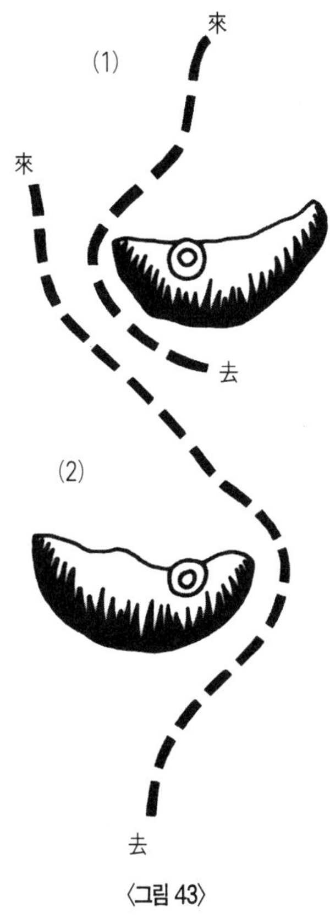

〈그림 43〉

고 수(水)의 형세를 포함한 여러 가지 혈증을 살피고 나서 점혈을 해야 할 것이다. 수세(水勢)를 살핌에 있어서 수세가 좌당(左堂)에 모이고 수성(水城)이 활처럼 왼편을 안고 감아주면 혈이 왼편에 있다는 증거요, 물이 명당 오른편으로 모여서 감고 돌아가면 혈이 오른편에 있다는 증거이다.

또 수세가 정중(正中)으로 조입(朝入)하고(물이 혈의 한복판을 향해 들어옴) 현자(玄字) 모양으로 구불거리고 들어와 멈추거나, 좌우 수세가 고르게 회포(回抱)하면 혈은 한가운데에 있는 것이다.

물이 만일 먼 곳에서 들어오면 대개 혈은 높은 곳에 있고 원진수가 길게 흘러 나가고 국세가 순하면 혈은 얕은 곳에 있다.

물이 곧게 쏘아오면 충수(沖水)라 하여 불길하며 물이 곧고 길게 거하면 직거수라 하여 불길하다. 이상이 수세정혈의 대법이다.

7. 낙산 정혈법

낙산(樂山)이라 함은 혈 뒤에 응락(應樂)하는 산을 말하는 것이다. 특히 횡룡으로 결혈(結穴)될 때에는 반드시 낙산이 있어야 한다. 만약 횡룡입수에서 낙산이 없으면 혈이 참되지 못한 것이다. 그러므로 낙산이 왼쪽에 있으면 혈도 왼쪽에 있는 것이고(1), 낙산이 오른쪽에 있으면 혈도 오른쪽에 있는 것이고(2), 낙산이 중앙에 있으면 혈도 중앙에 있는 것이 원칙이다(3).

낙산은 가까운 것을 의지하는 것이며 낙산에 장단이 있으면 긴 것을 취하는 것이며(4), 낙산이 한쪽은 적고 한쪽은 많으면 많은 쪽을 취하는 것이며(5), 좌우에 낙산이 있으면 쌍혈이 맺기도 하며 하나의 혈만 결혈하기도 한다(6). 낙산이 너무 높아 억누르는 형세가 되면 안된다. 이러한 때는 그 낙을 회피하여 입혈하여야 한다. 즉 좌산(左山)이 이와 같이 누르면 우측에 입혈하고 우산이 이와 같이 혈을 능멸하면 좌측에 입혈하는 것이며 전산(前山)이 압혈(壓穴)하면 뒤로 물러

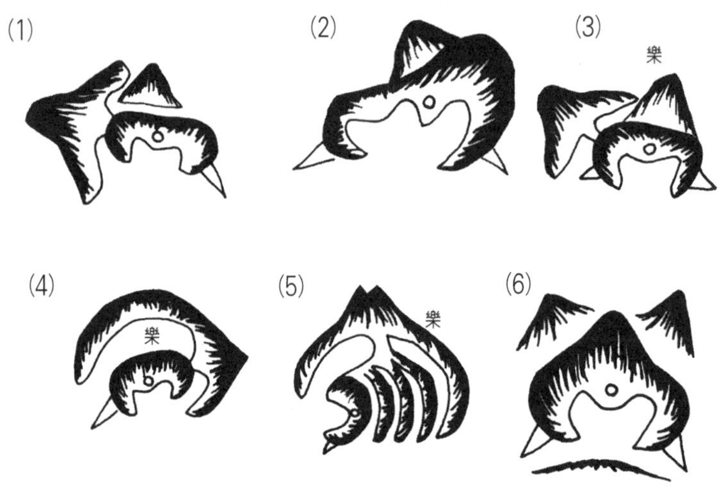

<그림 44> 낙산의 대표적 예

서 입혈하고 후산이 압혈하면 앞으로 나아가서 입혈하며 낙산이라도
너무나 강하고 억누르면 피해야 된다.

8. 순전 정혈법

순전(脣氈)이란 혈의 생기가 왕성하여 남은 기운이 위로 노출한 것
인데 큰 것은 전이라 하고 작은 것은 순이라 하지만 합칭하여 순전이
라 한다. 순은 사람의 입술에 비유되며 전은 사람의 턱에 비유되지만
자리를 펴놓은 것 같다 하여 전이라 한다.

진룡의 혈이 맺는 곳에는 반드시 남은 기운을 뱉아(吐氣) 순전을
이루니 이는 천지자연의 이치이기 때문에 이러한 순전이 없으면 진혈
이라 할 수 없다. 특히 횡룡의 혈에서는 혈의 증거로 반드시 순전과
낙산이 있어야 된다. 양공이 '귀룡으로 떨어진 아래에는 순전이 있고
순전 위에 맺는 혈은 부귀(富貴)의 국(局)이라' 했으니 참으로 긴요한
혈증의 하나임에 틀림이 없다. 순전은 귀인의 배석(拜席) 같고 승도
(僧道)의 불단(佛壇)과도 같으니 순전이 확실하면 진룡에 진혈임을
알 수 있다.

순전은 알아내기 쉬운 곳도 있지만 우리 범안으로는 분별하기 어려
운 곳이 많다. 어떤 사람은 순전과 첨(簷)을 동일하게 설명하기도 하
나 첨은 혈 아래 상수(相水)의 교합처 안에 나타나는 집의 처마와 같
으며 순이나 전은 그 아래에 나타나는 여기(餘氣)의 발로이기 때문에
여러 가지 형태로 나타나니 주의 깊게 살펴야 된다.

9. 귀성 정혈법

귀한 혈성 뒤에서 뻗은 맥이 다시 기봉(起峯)하였거나 혈 뒤에 뻗
은 지각(枝脚)이니 직룡에서는 별로 볼 수 없고 횡룡이라야 이 귀성이
있다. 낙산과 혼동하기 쉬우나 낙산은 본신으로도 이루어지고 객산으

로도 이루어지는 것이지만 귀산은 반드시 직접 혈성 뒤에 붙어 있어야만 된다. 기봉(起峰)하지 않고 지각(枝脚)으로 이루어진 것이 낙산과 다른 점이다. 특히 귀성은 횡룡의 경우 심하게 기울어진 땅에 한하여 필요로 하기 때문에 직룡으로 곧게 뻗어내린 경우는 이 귀성을 요하지 않는다. 그러므로 요공(寥公)이 '횡룡에 맺는 혈이라야 귀성이 필요하다' 하였다.

대개 횡룡으로 내려오며 치우친 용에 맺는 혈은 뒤에 귀산이 없으면 허하여 진기가 모이지 못하므로 필히 귀를 의지하고, 귀가 없으면 결혈되지 않는다.

귀가 있어도 혈장이 바르지 못하고 기울어지면 귀가 도리어 혈의 기운을 탈취하므로 결혈되지 못한다. 따라서 귀성이 높으면 혈도 높

〈그림 45〉 귀성의 예

은 곳에 정하고 귀가 낮으면 혈도 낮은 곳에 정하며 귀가 왼편에 있으면 혈도 왼편에 있고, 귀가 오른편에 있으면 혈도 오른편에 정해야 한다.

이러한 점들은 낙산과 같으며 그뿐만 아니라 귀성이 너무 크거나 너무 높거나 너무 길면 혈을 압박하여 불길하니 이러한 점을 감안해야 할 것이다.

10. 전호에 의한 정혈법

혈이 외롭지 않게 둘러 보호함을 전호(纏護)라 한다. 전호의 뜻은 종이 주인 곁에 지켜 서서 보호함과 같고 고귀한 신분을 졸병들이 호위해줌과 같아서 귀혈을 맺으려면 필히 전호가 주밀할수록 좋다. 그러므로 산에 올라 혈을 찾을 때 먼저 용호를 보고 다음에 조안(朝案)을 보고 다음에 수(水)를 보고 다음에 사(砂)를 보는 것은 이런 것들이 혈을 떠나지 않고 등지지도 않는가를 살피기 위함이다.

〈그림 46〉은 혈 좌우에서 청룡 백호가 겹겹이 전호하고 있다. 혈의 위치는 전호 밖으로 벗어나면 안 되지만 혈이 너무 깊숙이 있으면 아래로 모이는 기를 거두지 못하며 답답해서 못 쓰기 때문에 전호하는 산이 좌우로 주밀하되 좌우의 산이 혈을 압박하지 않아야 되고 전호 밖으로 벗어나지 말아야 한다.

〈그림 46〉

11. 사살을 피하는 정혈법

사살(四殺)이란 장살(藏殺)·압살(壓殺)·탈살(脫殺)·섬살(閃殺)을 말한다. 일반적으로 살이란 그 형체가 뾰족〔尖〕하고 날카롭고 준급하고 곧거나 단단〔直硬〕하고 억센〔頑〕 것 등을 살이라 칭한다. 살이란 흉한 것이기 때문에 요공(廖公)이 말하기를 '점혈(點穴)에는 반드시 네 가지 살을 살펴야 되며 성급히 정혈하지 말라' 하였다.

이 살은 두 가지로 분류하는데 내맥(來脈)이 입수결혈처(入首結穴處)에 살을 띤 것과 혈성 좌우 용호산에 살을 띤 것이다.

(1)장살혈(藏殺穴)

내맥이 완화하여 급하지 않고 경준(硬峻)하지 않으며 특히 혈에서 보이는 가까운 형세가 순하고 살이 없으면 이는 모든 살이 감추어진 것이므로 장살혈로 장사할 수 있다. 또 혈성 좌우 지각(枝脚)이나 혈에서 가까운 용호산이 둥글고 깨끗하며 뾰족하거나 곧은 것이 없으면 이는 살이 나타나지 않음이니 이도 장살혈에 해당된다.

(2) 압살혈(壓殺穴)

혈 아래가 직급(直急)하고 딱딱하여 살을 띠어도 혈이 높은 곳에 있어 말타는 것처럼 살을 누르는 형세가 되면 이는 압살혈이니 살이 혈에 굴복된 형상이므로 역시 길하다. 그리고 혈성 좌우의 지각 아래가 뾰족하거나 용호산이 뾰족하고 날카로운 곳이 보이면 이는 살이 외부로 나타남이니 이보다 높은 곳에 혈을 정하면 살을 누르게 되어 무방하다. '혈이 높은 곳에 거하면 모든 흉살이 굴복한다' 하였으니 이는 압살혈을 말한 것이다.

(3) 탈살혈(脫殺穴)

산의 기맥이 직급하고 형세가 우뚝하게 높아 살을 띠어도 혈이 아래로 낮게 내려가면 사방의 산세가 낮게 응하니 혈을 정해도 무방하다. 그리고 혈성의 형체가 준급하고 좌우가 얇으면 살이 좌우 얇은 곳으로 기운을 흘려버리게 되지만 그곳에서 훨씬 아래로 벗어나면 이도 역시 탈살혈이다.

(4) 섬살혈(閃殺穴)

혈성과 용호산의 좌우 한편이 뾰족하거나 직경(直硬) 또는 준급하면 이는 살이 한쪽으로 노출함이니 살이 있는 편을 피하여 부드럽고 둥글고 순한 쪽에 혈을 정함이 곧 섬살혈이다. 또 혈성 아래로 뻗은 맥이 곧고 딱딱하고 뾰족하고 날카로워도 사방의 형세가 가운데로 모여들면 이는 섬살혈이니 혈을 가운데 인혈(人穴)로 정한다.

12. 천심십도 정혈법

혈을 중심으로 전후좌우로 사응지산(四應之山)이 있으면 천심십도(天心十道)혈이라 한다. 즉 뒤에는 주산 또는 현무봉(玄武峰), 앞에는 조안산(朝案山), 좌우에는 협이봉(夾耳峰)이 수려하고 대등하게 용립(聳立)하여 혈장의 현무 · 주작 · 청룡 · 백호의 사신방(四神方)을 옹위하는 것을 말한다.

무릇 용진혈적하고 천심십도가 정확하면 필시 진혈이며 발복이 유구하지만 천심십도도 사봉(四峰)의 대소 원근이 서로 비슷해야 정격(正格)이며 서로 어긋나면 이는 가격(假格)이다. 다만 네 산봉의 용모나 형상의 상이함은 구애받지 않는다. 그러나 네 산의 중심이 정확히 십도를 이루지 못하여도 진룡이면 나름대로 발복이 되지만 십도혈이 아무리 정확하다 해도 용이 진이 아니면 허화(虛花)에 불과한 것이다.

다음 십도혈의 실례도는 중국에 있는 요공(寥公)의 선산이다. 금반형(金盤形) 십도혈이므로 귀혈에 속한다. 용이 거듭 개장(開帳) 천심(穿心)하여 내려오면서 점차 오른편은 열어 벌린 것 같아 얼핏 보면 용호가 약한 것 같으나 혈 근처에 와서는 평평한 밭 가운데서 돌(突)을 이루고 거기에 완전무결하게 십도혈을 이루었으니 안장(安葬)한 후 대대로 장원급제하는 인물이 다출하였다 한다.

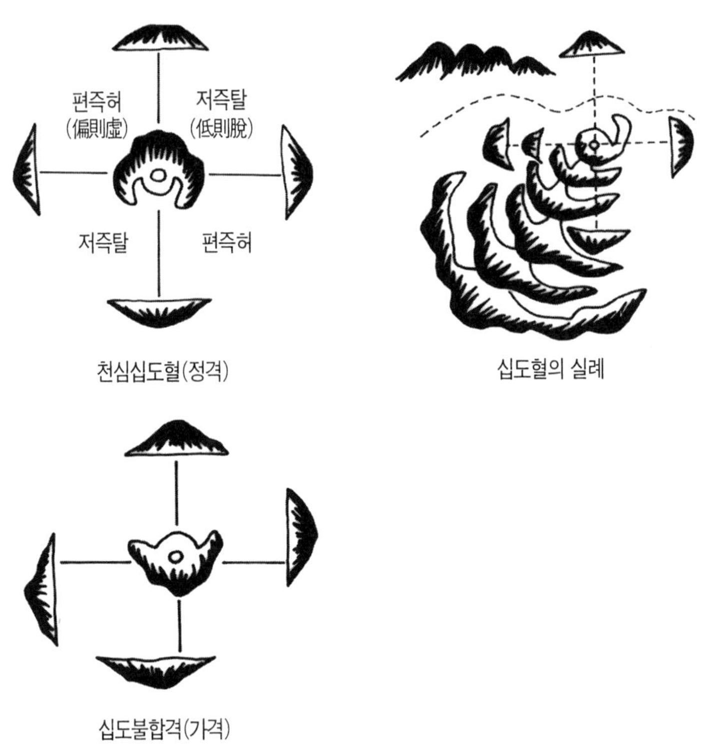

천심십도혈(정격)

십도혈의 실례

십도불합격(가격)

〈그림 47〉 십도혈의 실례

13. 요감 정혈법

요감(饒減)이란 넉넉한 것을 덜고 부족한 것은 보태는 것인데 용혈 사수의 형세를 요감 조정하여(음양의 조정) 기가 혈로 모이도록 하는 데 있다. 쉽게 말한다면 용·사·수 등의 형세가 좌우로 고르지 못한 경우 산의 정기도 한쪽으로 치우치게 되므로 양쪽의 형세를 고르게 하여 정혈하는 방법이다. 구체적 방법은 청룡이 장대하면 혈을 좌측 청룡 쪽으로 당겨서 정혈하고 청룡에서 물이 역관토록 해야 우수(右水)가 도좌(倒左)하여 역수하므로 혈지가 보강되고 수법(水法) 또한 합법이다.

백호가 청룡보다 장대하면 혈을 우측 백호 쪽으로 당겨 세워야 된다. 백호가 역관(逆關)이 되어야 좌수(左水)가 도우(倒右)하여 역수하므로 혈지가 보강되고 수법 역시 합법인 것이다.

요호감룡(饒護減龍)

요룡감호(饒龍減護)

〈그림 48〉

14. 선궁단제 정혈법

보편적으로 결지에는 양비(兩臂 : 양팔 청룡과 백호)가 같이 갖추어져 포혈(抱穴) 보기(保氣)함이 원칙이지만 한쪽만으로도 기타 요건만 충족되면 결지에 큰 지장은 없다. 한편 선궁(仙宮)과 단제(單提)의 다른 점은,

선궁은 한쪽 팔이 길고 한쪽 팔이 현저히 짧은 경우를 말하며

단제는 한쪽 팔은 길고 한쪽 팔은 아주 없는 것을 말한다.

따라서 선궁이 단제에 비해 결지율이 높다.

한편 선궁과 단제를 다음 그림처럼 좌우선궁과 좌우단제로 나눈다.

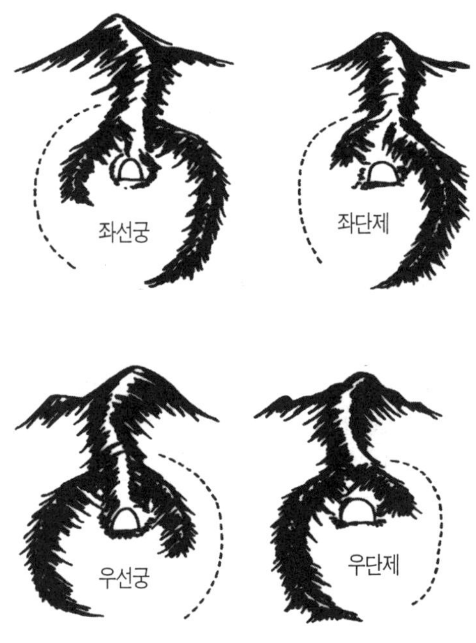

〈그림 49〉

좌선궁은 청룡이 길어 우선수(右旋水)를 거두어 기를 거두고 우선궁은 선도한 백호가 좌선수를 거두어 수기한다.

좌단제는 왼쪽(청룡)만 있고 백호가 없는 바 청룡으로 오른쪽에서 오는 우선수를 거두어 수기(修氣)하고 우단제는 오른쪽 팔(백호)만 있고 왼팔이 없는 바 그 오른쪽 팔로 왼쪽에서 오는 좌선수를 거두어 들여 한쪽이 허한 혈장을 물로 대(代)하여 수기성혈(收氣成穴)하는 것이다. 따라서 선궁이나 단제에서는 반드시 물이 공허한 쪽을 대신 감아주어야(포혈) 적격이며 그렇지 않으면 가선궁이요 가단제인 것이다. 즉 물이 수청룡 또는 수백호 역할을 해야 된다는 것이다.

15. 제신(諸身) 정혈법

소우주의 하나인 인체의 골절 요소에 비유하여 혈을 정하는 방법을 말한다. 이는 요금정(寥金精) 선사의 정혈법 중의 하나이며 대개 정문백회혈(頂門百會穴), 수두혈(垂頭穴), 견정혈(肩井穴), 내유혈(奶乳穴), 당심혈(當心穴), 제륜혈(臍輪穴), 단전혈(丹田穴), 요절혈(腰節穴), 방광혈(膀胱穴), 음낭혈(陰囊穴) 등이 있다. 그러나 이러한 혈들은 종전에 설명한 것과 전혀 별개의 것이 아니라 다만 산의 이치를 인체의 요소에 비유하여 표현했을 뿐이다.

① 정문백회혈 : 이 백회혈은 산정(山頂)의 평탄한 요지(凹地) 중에 돌(突)이 있어 맺어진 혈이다. 이 혈은 사방이 혈을 옹위해주어야 진격이며 그렇지 않으면 팔방 살풍이 취혈(吹穴)하여 흉한 혈지가 되기도 한다.

② 수두혈 : 이는 현무정에서 용이 급강하다가 급즉완(急則緩)으로 평지에 이르러 융결되는 재록(財祿)이 많은 길혈이다.

③ 견정혈 : 견정혈은 인체의 어깨 아래에 비유되는 오목한 곳에 융

결된 혈이다. 이 혈은 혈지가 안정되고 용호가 회포하여 생기가 어깨의 오목한 곳에 뭉쳐 맺어진 혈이다. 혈상(穴相)은 와혈(窩穴)이 정격이다.

④ 당심혈 : 이 혈은 인체의 앞가슴 중심에 비유되는 곳에 맺어진 혈이다. 혈지는 사방 산세가 고루 단정하여 요감(饒減)이 필요 없는 길지로 이른바 인시하관(寅時下棺)에 묘시발복(인장묘발)한다는 속발지혈(速發之穴)이다. 와혈이 정격이다.

⑤ 내유혈 : 내유혈은 풍만한 두 유방에 비유되는 곳에 융결되는 혈이다. 이 혈은 보통 용의 기세가 왕성하여 쌍수양유(雙垂兩乳)하는 정재양발(丁財兩發)의 길격이다.

⑥ 제륜혈 : 인체의 중심처인 배꼽에 비유되는 곳에 융결되는 혈이다. 이 혈은 용맥과 혈의 기세가 단정하고 용호가 확실하며 혈지가 평탄하면 진혈이다.

⑦ 단전혈 : 단전혈은 인체의 중심부인 배꼽 아래 단전에 비유되는 곳에 맺어지며 부귀복록이 기약되는 혈이다. 다만 너무 높거나 낮으면 가짜 단전혈(假丹田穴)이다.

⑧ 요절혈 : 인체의 허리에 비유되는 곳에 융결되는 혈이다. 혈지는 봉요(蜂腰)와 학슬(鶴膝)처럼 결인된 용의 허리에 해당되는 곳이며 혈상은 와(窩)가 정격이다. 여기 혈지에 생기가 뭉치고 용호가 회포하고 수세가 감아돌면 대길지에 해당된다.

⑨ 방광혈 : 인체의 방광 위에 비유되는 곳에 융결되는 혈이다. 이 혈은 역시 혈지에 기가 모이고 용호가 회포하며 수세가 합법이면 진격이다.

⑩ 음낭혈 : 음낭혈은 인체의 음낭 국부에 비유되는 곳에 융결되는 혈이다. 이 혈의 융결은 용진혈적에 혈하(穴下)에 순(脣)이 분명하고 용처(龍處) 및 안산과 조산, 수세가 서로 다정하고 이법에 합당하면 자손이 왕성하고 부귀를 이루는 귀혈이다.

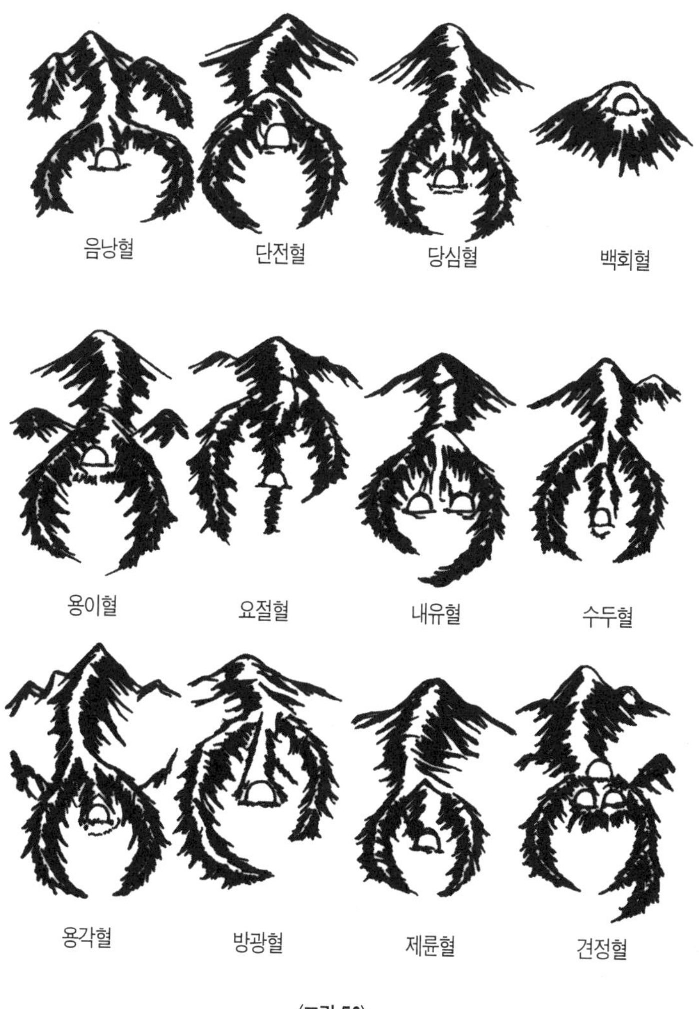

〈그림 50〉

16. 금수물형 정혈법

풍수지리의 물형론에서 말하는 금수(禽獸)는 주로 새와 짐승이 그 대상이 된다. 새 종류에서는 봉황, 학, 꿩, 기러기, 까마귀 등의 비금류(飛禽類)의 산형(山形)이 그 대상이 되며, 짐승에서는 호랑이, 사자, 코끼리, 말, 소, 개, 쥐 등 사지수류(四肢獸類 : 네발짐승)가 주로 그 대상이 된다. 이 밖에도 수중어류로 거북, 잉어, 자라 등이 거론된다. 이들은 형국론에서 설명되기 때문에 중복을 피하겠지만 너무 물형에 치우칠 필요는 없고 다만 조류 산형(山形)의 결혈처는 주로 벼슬〔冠〕, 날개 안쪽〔翼〕, 꼬리〔尾〕 부분이 되고 수류산형의 결혈처는 주로 코〔鼻〕, 배〔腹〕, 젖가슴〔乳〕에 해당되는 곳이다.

따라서 심혈시(尋穴時) 산형이 어떤 금수의 모양과 같을 때에 한해서 참고할 뿐 너무 남용하여 근본적인 정혈법을 무시해서는 안 된다.

17. 정혈법에 대한 정리

정혈(定穴)이란 풍수지리에서 가장 핵심적인 일이다. 혈장을 찾아 그 안에서 여러 가지 혈증을 확인하고 재혈(裁穴)하는 일은 너무도 중요한 일이기 때문에 예로부터 이에 대한 학설과 방법론도 다양하다.

그러나 여기서 설명한 각 정혈법은 주로 예로부터 내려온 전통적이며 보편적 정혈법만 소개한 것이다. 따라서 이 밖에도 여러 가지 학설이 있기는 하나 이를 전적으로 믿고 심혈(尋穴)할 수도 없으려니와 이들을 다 소개하면 각 부에서 설명된 전후 내용이 중복되거나 모순이 생겨 오히려 혼돈하기 쉽기 때문에 생략키로 한다.

따라서 여기까지 소개된 내용만이라도 숙독 이해하고 많은 답산을 통한 이론과 실제, 즉 이기와 형기가 조화되는 과학적인 접근방법을 통해 풍수지리의 진수를 심득 개안하는 데 도움이 되기를 바라는 심정뿐이다.

<h1 style="text-align:center">제4장
기혈론</h1>

    기혈론(忌穴論)이란 점혈에 앞서 피해야 할 살의 유무를 살펴 이를 피해서 정혈하는 방법론이다. 용법과 혈법에서 되풀이 설명하였거니와 진혈이 맺으려면 우선 용이 진룡이라야 되며 그 진룡 가운데서도 여러 가지 혈증으로 진혈처를 찾아내기 위해서 설명해왔다. 아무리 진혈을 얻기 어렵다 해도 여러 가지 흉살만은 피해서 정혈해야 된다는 것을 명심해야 된다. 우리는 정혈에 앞서 제일 먼저 용체와 주변 현상을 살펴 흉살이 있으면 혈지로 적합하지 않기 때문에 피해야 된다. 지리학에서는 이러한 혈지를 망지(亡地) 또는 흉지(凶地)라 한다. 예로부터 전래해온 각종 기혈(忌穴) 망지에는 다음과 같은 기혈불가장지(忌穴不可葬地)가 많다. 본장에서는 그 중에서 가장 타당성 있는 몇 항목만 선택하여 소개할까 한다.

제1절 십오기혈지

    옛 글에 '십오기자(十五忌者)는 조악(粗惡) 준급(峻急) 단한(單寒) 옹종(臃腫) 허모(虛耗) 요결(凹缺) 수삭(瘦削) 돌로(突露) 파면(破面) 흘두(疙頭) 산만(散漫) 유랭(幽冷) 첨세(尖細) 탕연(蕩軟) 완경

(頑硬)이 시야(是也)'라 하였다. 이들에 대해 간략히 설명하면 다음과 같다.

① 조악 : 산세가 거칠고 웅대하고 추악하고 암석이 많고, 산봉우리가 너무 커서 우악스럽고 아름답고 부드럽지 못한 것이다. 이러한 형상이 가까이 보이면 흉한 것이다. 즉 산의 형상을 보는 목적은 사람의 인상(人相)으로 그 사람의 선악을 짐작하는 이치와 같다. 산도 외세가 조악하면 내기(內氣) 또한 혼탁하기 때문에 이러한 곳에 입장(入葬)하면 무도(無道)한 후손으로 인하여 패가망신하게 된다.

② 준급 : 산이 높으면서도 산세가 준급(험하고 급함)하여 경사가 극히 심한 혈지이다. 이런 곳에 입장하면 주로 성급한 자손으로 인하여 패가망신하게 된다.

③ 단한 : 외로운 고산독룡(孤山獨龍)이기에 사방이 공허하고 산의 기세가 희미하고 팔방살풍이 취혈, 고한을 면치 못하기 때문에 일명 고한지혈(孤寒之穴)이라 하며 이에 입장하면 가난과 고독을 면하기 어렵다.

③ 옹종 : 두 글자 다 부스럼 또는 종기를 의미한다. 마치 깨끗한 살결 위에 생긴 보기 흉한 종기나 부스럼처럼 더럽고 추악하거나 거칠게 보이며 그 내기(內氣)가 혼탁한 혈지이다. 이런 곳에 장사하면 주로 질병으로 패가흉화가 계속된다.

④ 허모 : 허모란 주로 토질을 말한다. 혈의 토질이 허약하여 마치 밭흙처럼 푸석푸석한 흙으로 진기가 뭉쳐지지 않을 뿐 아니라 개미, 뱀, 쥐, 벌레 등의 침범이 빈번하기 때문에 흉한 혈이다. 이런 곳에 입장하면 주로 자손이 상하고 재물이 없어진다.

⑤ 요결 : 요결지는 혈처가 오목하여 살풍이 사혈(射穴)하기 때문에 내기(內氣)가 흩어져 생기가 융결되지 않음으로 흉한 혈지이다. 이런

곳에 입장하면 주로 인정(人丁)이 손상한다.

⑥ 수삭 : 혈처가 윤택하지 않고 여위고 미약하며 용세가 무기력하여 마치 기혈이 쇠퇴해 사경에 이르른 나약한 사람의 몰골과 같은 혈지이다. 이런 곳에 입장하면 병이 많아 자손이 끊긴다.

⑦ 돌로 : 용은 감싸주는 사가 없어 홀로 외롭고 추워 혈은 드높이 나타난 곳으로 쓸 수 없는 혈지이다.

⑧ 파면 : 혈성의 머리나 면이 파이고 함하고 부서진 곳 또는 흙과 돌이 섞여 밭흙처럼 푸석푸석한 흙으로만 된 땅이다. 이런 혈지에 입장하면 화는 많고 복은 없는 바 그 용의 진가(眞假)를 불문하고 폐기해야 되는 흉지이다.

⑨ 흘두 : 용신(龍身)이 마르고 여위어 기맥이 허약하여 마치 두창난 사람처럼 험상한 몰골의 산세를 말한다. 이런 곳에 입장하면 자손이 끊기고 가업을 지키기 어렵다.

⑩ 산만 : 용맥이 느리고 퍼져 지기(地氣)가 모여들지 않은 혈지이다. 입장하면 재산이 없어지고 집안이 가난해진다.

⑪ 유랭 : 깊은 골짝 추운 음지이다. 이러한 혈지에 입장하면 무자양손(無子養孫)이 우려된다.

⑫ 첨세 : 첨세지는 혈지가 너무 뾰족하고 가늘어서 생기가 머무를 수 없는 흉지이다. 따라서 이곳에 입장하면 재앙이 계속된다.

⑬ 탕연 : 혈장이 너무 넓고 마치 소가죽처럼 엷고 쭈글쭈글하고 축 늘어진 흉한 혈지이다. 이런 곳에 입장하면 물이 들 염려가 있고 재산이 없어지고 자손이 끊어질 염려가 있다. 다만 그러한 곳에 돌(突)한 곳이 있으면 이는 기가 흩어졌다가 다시 모인 증거이니 이곳에 점혈할 수 있다.

⑭ 완경 : 완경지란 혈처의 입수(入首) 부근이 곧고 딱딱하여 마치 잘라놓은 나무토막같이 생긴 것을 말함이니 기운이 융결되지 못하기

때문에 불길하며 이런 곳에 입장하면 패가망신한다.

제2절 선사들의 불가 장지론

곽선생의 오불가장지(五不可葬地)
• 기가 생함으로써 혈이 융결되기 때문에 초목이 살지 못한 무기박토(無氣薄土)의 벌거숭이 산에는 장사할 수 없다.
• 기로 인하여 용혈의 형체가 나타나는 것이다. 그러므로 용맥이 끊어진 산에는 장사할 수 없다.
• 기는 흙으로 인하여 나타나고 또한 흙 속에서 융결되는 것이기 때문에 흙이 없는 석산(石山)에서는 장사할 수 없다.
• 기는 그 용이 멈추는 곳에 뭉쳐진다. 그러므로 용맥이 머물지 않고 달아나는 산에서는 장사할 수 없다.
• 기는 여러 용이 모여 장풍(藏風 : 바람을 가둔)된 곳에 융결된다. 그러므로 연속되지 않는 독산(獨山)에서는 장사할 수 없다.

양공 삼불장론(三不葬論)
• 용은 기세가 왕성한 생룡일지라도 혈의 맺어짐이 없으면 장사할 수 없다.
• 혈은 진결이나 덕을 쌓은 사람이 아니면 장사할 수 없다.
• 진결된 혈지에 덕 있는 사람이라 할지라도 입장 연월일시가 천시(天時)에 맞지 않으면 이 또한 장사할 수 없다.

류공 육계론(六戒論)
• 물이 달아나는 혈지에 장사하지 말라. 당대에 패가한다.

• 칼의 등처럼 가늘고 가파른 용의 등마루에서 혈을 찾지 말라. 지사(地師)가 상한다.

• 청룡과 백호의 허리가 끊겨 그곳으로 살풍이 불어온 곳에 장사하지 말라

• 안산과 조산이 없는 곳을 거듭 꺼려하라. 의식(衣食)이 부족할 것이다.

• 명당이 기울어 비탈진 곳에 장사하지 말라. 가업을 패할 것이다.

• 청룡과 백호가 한쪽으로 치우쳐 달아나는(飛走) 곳에 장사하지 말라. 이산가족에 파산하게 된다.

※ 이 외에도 몇 가지가 있으나 중복되기 때문에 생략한다.

살렴론(殺瀮論)은 묘지로 인한 영백(靈魄)과 그 자손이 입게 된 재화(災禍) 관계를 추구하는 풍수지리학의 연구과제이다. 살은 혈장 밖 혈에 대해 충격 압살(壓殺)하는 충살(衝殺)을 말하며 염(瀮)은 혈장의 광 속에서 일어나는 여러 가지 병렴을 말한다. 이와 같은 살과 염의 종류는 너무도 많아서 옛 산서(山書)에서도 각기 그 설명이나 기준이 일정하지 않다. 따라서 많은 종류의 살과 염을 다 열거할 수 없어 중요한 것만 선정하여 설명하고자 한다.

제1절 충살

충살(衝殺)이란 혈지의 원근 주변에서 혈장을 향하여 충격 압살하거나 흉암 괴석과 살풍 및 살수가 혈지를 향해 충사(衝射)하는 것을 말한다.

① 파살(破殺) : 혈지의 파열에 의한 흉살을 말하며 혈장 주변이 무기력한 토질로 긴 세월 동안 모진 바람과 물에 의해 파열된 땅을 말한다. 이와 같은 흉한 모습의 땅이 혈장을 가깝게 압살하면 이를 파살이라고 하며 이러한 혈지파살은 가까울수록 빠르게 재산을 망하게 하고 패가한다.

② 곡살(谷殺) : 일직선으로 예리한 계곡이 혈을 향해 직사(直射)하

는 무서운 흉살을 말한다. 이 곡살도 혈에 대한 위치와 원근에 따라 피해자손과 재화의 경중이 각기 다르게 나타난다. 즉 좌충은 장손이 망하고 우충은 지손(支孫)이 망하며 전사(前射)는 이·사방(二·四房) 자손이 망한다 했다. 또한 근격(近擊)은 피해가 중하고, 원사(遠射)는 그 피해가 경하다(여기서 射란 혈을 향해 화살처럼 견주는 것을 말한다).

③ 참암살(巉巖殺) : 괴암 흉석이 혈장을 고압한 살을 말하며 특히 입수처에서 가까이 혈장을 억누르면 재물과 사람이 함께 속패한다.

④ 능격살(稜擊殺) : 길고 곧으며 예리한 산의 능선이 혈장을 향해 직사하면 무서운 살이 된다. 혈장을 좌측에서 사하면 장손이 망하고 우측에서 격하면 지손(支孫)이 망하고 앞에서 사하면 전가(全家)가 패망한다.

⑤ 시산살(屍山殺) : 혈장 근처에 시체가 누워 있는 모양의 산사(山砂)가 근접해 보이면 전망(戰亡) 또는 객사하는 것이다.

⑥ 풍살(風殺) : 바람에 의한 흉살을 말한다. 바람의 방풍(防風) 또는 장풍(藏風)의 조화는 풍수지리의 기본이다. 즉 풍살은 혈지의 팔방 주위에서 공허하고 낮은 곳이 있으면 그곳에서 매서운 곡풍(谷風)이 혈지를 직사하게 된다.

비록 혈지에 불어온 바람이라도 평지풍(平地風)은 큰 피해를 주지 못하나 혈장양변에서의 요곡풍(凹谷風)과 건해풍(乾亥風)이나 간방(艮方)에서 부는 바람이 제일 흉하다. 관재에 절손패가한다.

⑦ 수살(水殺) : 곧고 예리한 물줄기가 혈장을 향해 직사격하는 살을 말한다. 수살에는 혈전에서 합곡직류하는 원진수살(元辰水殺)과 한 줄기의 예리한 물이 화살처럼 혈장을 직사하는 일시수살(一矢水殺), 세 줄기의 곧은 물이 혈전에서 천(川)자 모양으로 직류하는 삼전수살(三箭水殺), 또는 원진수살(元嗔水殺)과 도화방(桃花方)에서 혈장 앞

을 내거(來去)하는 도화수살(桃花水殺) 등이 망명(亡命)과 그 자손에
극히 해로운 물이다.

제2절 병렴

병렴(病簾)이란 묘지 속에서 자생하는 수렴, 화렴, 목렴, 충렴 등이
다.

고총(古塚)을 파보면 수백 년 된 묘도 광 내부에 온화한 훈기가 감
돌며 아무런 병렴도 없이 깨끗한 백골이 황색인 윤기가 휘황한 반면
십 년도 채 못 된 신총에서도 광 중이 한랭하거나 열염(熱炎)하여 백골이 까맣게 그을렸거나 나무뿌리, 벌레(충염), 사(蛇), 곰팡이 등이 가득 차 있는 데도 있다. 이와 같이 흉한 병렴이 혈 속에 침입한 묘는 이로써 흉지임이 판가름난 것이니 이러한 병렴을 피해서 정혈해야 된다.

① 수렴(水簾) : 물이 광 속에 드는 것이니 백골이 물 속에 묻혀 있는 것을 말한다. 수렴은 혈지가 저습하거나 혈의 지하에 수맥이 흐르고 있으면 침렴

坐	수렴에 해당되는 득수방위
건갑좌	해임자계 득수
임자계좌	갑인을묘 득수
신유경좌	자오 득수
간진술건좌	인갑묘을 득수
해좌	경유신 득수
축미좌	곤신경유 득수
사병정좌	간인곤신 득수
인갑을좌	병오 득수
묘손좌	임자건해 득수
오좌	신유신 득수

된다. 이와 같은 수렴은 가환(家患)과 재산의 실패와 음란망신이 있게

되며 자손의 익사와 수재가 염려된다.

어느 책에는 수렴을 설명하면서 앞의 표와 같이 좌(坐)에 대한 득수와 방위를 관련지어 설명하고 있다.

이 외에도 포태법으로는 사방(死方)과 절방(絶方)에서 득수하여 명당에 이르고 득파가 삼합(三合)을 이루면 광 중에 물이 든다 했고 구성법의 경우는 물의 득과 파가 모두 문곡(文曲) 또는 염정(廉貞)이면 수렴에 해당된다고 했다.

그러나 위에 예시된 좌와 득수방위를 포태법과 구성법에 의한 득수의 길흉을 확인해보면 수법상으로 흉득인 경우는 정혈이 불가하니 문제될 것이 없지만 수법상 길득이 되는 경우도 많기 때문에 모순이 아닐 수 없다. 따라서 좌와 득수방위에 의한 수렴 여부는 신빙성을 보장할 수 없다. 때문에 각종 병렴의 원인은 형기상(지형)의 과학적 여건으로 규명되는 것이 더 정확할 것 같다. 특히 평강룡(양룡)으로 평탄하게 길게 내려오면서 기복이 없어 물을 털지 못하면 수렴에 해당되기 쉽다.

즉 수렴의 경우라면 용의 개장(開帳), 천심(穿心), 결인(結咽), 굴곡과 기복, 물의 분합, 용의 음래양수 또는 양래음수, 혈장 내의 뇌두와 선익사(蟬翼砂), 혈 뒤의 구(毬)에 의한 원진수(相水)의 광 중 침입 방지 등 모든 형상들이 수렴을 배제하기 위한 형기상의 조건들이다. 따라서 이러한 혈증이 갖추어졌는지의 여부는 곧 수렴 여부를 확인하는 방법이 된다. 그리고 최종적으로 천광시(穿壙時) 혈토를 보면 더욱 확실해진다.

② 화렴(火廉) : 혈지 광 중에 바람이 들어가 체백(體魄)이 까맣게 그슬려 퍼석퍼석한 것을 화렴이라 한다. 이와 같은 화렴은 혈장의 사방이 골짜기거나 팔요풍(八曜風 나경 1층)이 혈장을 직사하면 광 중에서 발염(發炎)하여 화렴이 되며 또는 규봉(窺峰)이 인오술방(寅午

戌方)에서 혈장을 비추면 역시 화렴이 든다. 광 중에 화렴이 들면 체백이 까맣게 그슬리며 살상(殺傷)과 형옥(刑獄)이 우려되며 특히 질환자가 나오게 된다.

③ 목렴(木廉) : 체백에 목근(木根)이 침범하는 것을 목렴이라 한다. 광 중에 밖에서 뻗어 들어오는 목근도 있지만 자체 내에서 화생(化生)한 목근도 있다. 목근의 침입은 주로 습기가 많고 생기가 없는 푸석푸석한 땅 또는 밤자갈이 섞인 밭흙과 같은 혈지에서 흔히 보게 된다. 모든 나무 뿌리는 향습성(向濕性), 향비성(向肥性), 향일성(向日性 공기)이 있기 때문에 그러한 조건이 전혀 구비되지 않은 진혈토에는 뿌리가 뻗어오지를 않은 것이니 진혈토로 된 광 중에는 목렴은 염려할 필요가 없다. 이와 같은 목렴이 있어 체백을 괴롭히면 불구자손이 나오며 관재로 패산(敗産)되기 쉽다.

④ 충렴(沖廉) : 광 중에 벌레가 기생하거나 왕거미, 지렁이, 개구리 등이 혈 중에 침입하는 것을 충렴이라 한다. 충렴 역시 습기, 온도, 산소 등 벌레들이 서식하기에 알맞은 혈 중에 침입한다는 것이 보다 과학적 해명이 될 것이다. 즉 진혈이 아닐 경우에 충렴이 생기기 때문에 진혈을 보장하는 혈토가 확인되면 충렴 역시 염려할 필요가 없다. 이와 같은 충렴은 손재와 질병의 근원이 된다.

⑤ 모렴(毛廉) : 솜털(綿毛) 같은 것이 체백을 감싸고 있는 것을 말한다. 이 솜털은 곰팡이 같은 기화물(氣化物)이며 음습한 땅에서 생긴 것이며 손재와 병고는 물론이요 음탕망신이 있게 되는 흉렴이다.

⑥ 빙렴(永廉) : 혈지 광 중이 한랭하여 체백이 꽁꽁 얼거나 유체(遺體)가 육탈(肉脫)되지 않고 시체 그대로 있는 것을 빙렴이라 한다. 이 역시 음습한 북향냉곡에 드물게 나타나는 현상이다. 이와 같은 빙렴은 병고와 손재와 송사가 있게 된다.

⑦ 사렴(蛇廉) : 광 중에 뱀이 많이 들어가 있는 것을 말한다. 사렴은

앞에서 설명한 충렴에서와 같이 뱀들의 서식에 알맞은 여건일 경우
사렴이 있게 된다.

　이러한 병렴들을 예방하기 위해서 장사시 백회(생석회)를 쓰는 사
람도 많은데 진혈일 경우는 이를 사용하지 않아도 상관없지만 그렇지
못한 경우는 사용하는 것이 상당한 효과가 있을 것으로 믿어진다.

제6장
재혈, 천광, 하관의 끝마무리

제1절 입수와 입향

　입향(立向)은 첫째 수구(水口)와도 궁합이 맞아야 하지만 입수(入首)에 대한 입향이 적법해야 된다. 수구와 입향법은 수법편에서 자세히 설명될 것이기 때문에 여기서는 생략키로 하고 입수에 대한 길향

24입수에 대한 적법향(정음정양법)

巳	巽	辰	乙	卯	甲	寅	艮	丑	癸	子	壬	입수
亥	辛亥艮	乾坤	坤	庚辛丁亥	乾坤	坤申	丁庚酉巳 丙辛巽未	丙	午坤	坤	午坤乙	길향

亥	乾	戌	辛	酉	庚	申	坤	未	丁	午	丙	입수
丙巽丁未卯	乙辰	乙	艮卯巽	艮巽巳	卯艮	甲癸	癸	艮	艮亥	壬癸	亥艮庚辛	길향

- 양입수에는 양향 음입수에는 음향이 길향이다.
- 용을 기준으로 좌우 180도 이내의 향은 제외하였다.
- 좌산의 팔살황천과 용 · 좌 · 향이 불부합한 향은 제외하였다.

에 대하여 설명하면 위의 표와 같다.

① 주산에서 뇌두까지 전체를 입수룡이라 하며 그 중 뇌두 직전의 과협 또는 박환처부터 뇌두까지를 입수라 한다. 따라서 뇌두 직전의 과협 또는 박환처까지를 입수룡이라 하며 용절(龍節)은 팔괘로 확인한다. 예를 들면 坎(子)룡이라 함은 壬, 子, 癸, 즉 감(坎 : 子)괘의 용을 말하기 때문에 이는 子를 중심으로 45도 각 내에서 좌우로 굴곡하면서 내려온 용을 말한다. 만약에 坎괘의 좌우인 乾괘(45도)와 艮괘(45도)를 고루 거쳐 굴곡하면서 내려왔다면 삼자룡(三字龍)이라 한다. 그러나 위에서 어찌 되었던 간에 제일 중요한 것은 도두(到頭 : 뇌두에 이르는) 일절(一節)이 입수이기 때문에 제일 중요하며 옛날부터 천리 내룡에 도두 일절이라 한 까닭도 여기에 있다. 예를 들어 건해룡(乾亥龍)이라 함은 주산에서 戌乾亥(乾괘를 말함)의 45도 내에서 좌우로 굴곡하면서 마지막 과협 전까지를 戌乾亥로 내려왔다는 뜻이다. (나경 4층 정침을 쓴다.)

② 과협 또는 박환처의 중심에 나경을 바로 놓고 뇌두의 중심부까지를 천산 72룡(5층) 중에서 예컨대 해입수(亥入首)가 되는 경우 亥에 속한 丁亥(2번순)와 辛亥(4번순)의 왕상맥(旺相脈) 중 하나를 취용한다(나경편 천산 72룡 참조). 이때 입수룡이 乾괘라면 金이기 때문에 입수는 천산 72룡 중 亥에 소속되는 丁亥(土), 辛亥(金)맥 중 辛亥맥을 취용해야 된다. (나경편 5층 천산 72룡 및 납음오행 참조.)

③ 뇌두에서 혈지까지 … 7층 투지 60룡의 정확한 운용은 조장(장사)에서 가장 중요한 마무리 작업이다. 즉 재혈천광(裁穴穿壙)은 풍수지리의 생명이며 지사들의 책무이다. 다소의 착오나 실수만 있어도 진혈을 버리는 우를 범하게 되기 때문이다. 예를 들면 앞에서 설명한 바와 같이 해입수에서 辛亥맥(왕상맥)을 취했다면 앞에 표의 내용처럼 해입수에 알맞는 묘의 향은 丙향, 巽향, 丁향, 未향, 酉향(정음정양

법에 의함) 중에서 골라야 되므로 수구가 丁未파라고 가정한다면 丁未파에서 알맞는 길향은 임좌병향(壬坐丙向)뿐이다.

따라서 뇌두에서 혈까지는 임좌병향(壬坐丙向)에 속하는 투지 60룡 중 왕상맥인 丙子맥(水)과 庚子맥(土) 가운데 입수(辛亥＝金)가 생해주는(金生水) 丙子맥(水)을 취용해야 된다. (투지 60룡 참고)

제2절 좌우선룡과 좌우선 혈장

좌선룡은 청룡이 장대하고 우선룡은 백호가 장대함과 동시에 물은 좌우선이 용과 정반대가 되며 장대한 쪽에서 역관해야 됨은 앞에서 자세히 설명한 바 있다. 또 좌선룡에는 우선혈장이 되어야 하며 우선룡에는 좌선혈장이 되어야 합법이란 것도 앞에서 거듭 강조한 바 있다.

여기서 한 가지 더 알아야 할 것은 그림에서와 같이 좌선혈장은 청룡 쪽(좌측) 선익사가 더 길며 지면(地面)은 반대로 백호 쪽이 높고 청룡 쪽이 낮다. 이를 『인자수지』에서는 좌락우고(左落右高)라 했다. 우선혈장(右旋穴場)이면 백호 쪽 선익사[印木]가 길며 청룡 쪽 지면이 높아 그쪽에서 흐르는 원

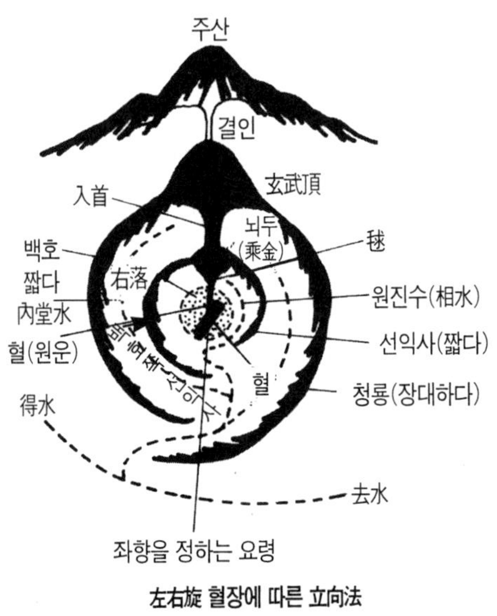

左右旋 혈장에 따른 立向法

진수[相水]가 혈 앞을 지나(과당이라 한다) 백호 쪽의 긴 선익사에서 역관해야 진(眞)이다.

제3절 좌우선 혈장과 입향방법

좌선혈장은 청룡 쪽 선익사가 더 장대하고 반대로 우선혈장은 백호 쪽 선익사가 더 장대함과 동시에 지면(地面)은 짧은 선익사 쪽이 약간 높고 그 반대편이 낮다. 따라서 혈은 당연히 높은 쪽으로 붙여서 재혈해야 한다. 입향은 수법과 입수(入首)에 맞게 입향을 해야 된다. 그러면서도 망명(망인의 생년)에 맞는 분금(分金)을 택해서 분금처리를 해야 된다. 망명을 고려하지 않고 분금을 쓰지 않는 지사도 많으나 망명을 맞추는 것은 마치 결혼할 때 부부간의 궁합을 맞추는 이치와 같다. (납음오행 및 분금편 참조)

제4절 분금사용법의 예

예를 들어 자좌오향(子坐午向)에 을축생(乙丑生)의 시신을 모신다면 다음 그림과 같이 두 분금 병자(水)와 경자(土) 중에서 을축생(金)에 맞는 경자분금(土生金)을 취해야 됨을 알 수 있다.

따라서 경자분금을 택할 경우 시신이 든 관의 위를 좌로 약간 돌려서 분금에 맞도록 한다.

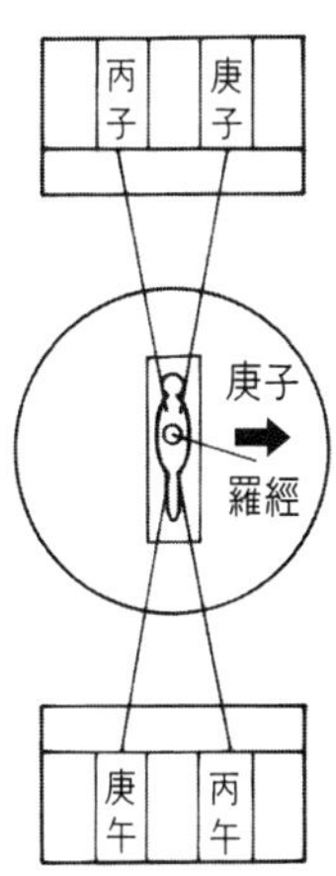

분금의 용도와 용법에는 여러 설이 있으나 분금법은 장사에서 최종 마무리 작업에 긴요한 역할을 한다. 즉 투지 60룡 중 왕상맥으로 입맥한 혈지에 생기가 응결하여 혼백의 안녕을 도모해야 되기 때문이다. 여기에다 다음 이요승기법(耳腰乘氣法)의 참뜻을 살펴서 분금을 잘 조정해야 되기 때문에 신중을 기해야 된다.

제5절 좌우 이요 승기법

많은 지사들은 천편일률적으로 입수내룡에 따라 직래직향(直來直向)하거나 앞에서 설명한 바와 같이 정침분금 중 망명에 맞는 분금을 택하는 일만으로 장사를 마무리한다. 이런 지사들은 좌우혈장에 따른 좌락우락도 구별 못 하고 요이승기(腰耳乘氣)도 고려치 못한다. 그러

나 입향을 한 치도 틀림없이 하여 위에서부터 내려온 생기가 혈처에 모이도록 하여 시신의 안녕과 자손의 번영을 위해서는 이법(耳法)과 요법(腰法)도 무시해서는 안 된다.

예를 들어 아래 그림처럼 간룡입수(艮龍入首)인 경우 정음정양법에 의한 길향의 범위는 丁향, 丙향, 庚향, 辛향, 酉향, 巽향, 巳향, 未향 등 7가지의 향뿐이다. 그 중에서 수법에 맞는 향을 택해야 된다. 수구가 병오파(丙午破)일 경우는 그에 적합한 입향은 갑좌경향(甲坐庚向)이다.

아래 그림을 보면 간입수(艮入首)에 알맞는 길향은 위에서 예시한 7곳의 입향이 가능하지만 수구인 병오파(丙午破)와 궁합이 맞는 향은 갑좌경향뿐이기 때문에 갑좌경향에 간룡입수면 우이승기(右耳乘氣)가 되는 까닭과 이런 경우 좌선룡이 되는 이유를 다시 한번 설명하고자 한다.

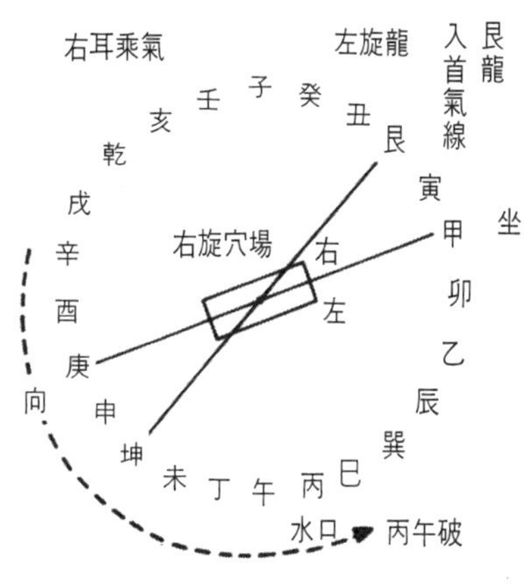

여러 산세로 보아(좌우선룡 간별법 참조) 좌선룡이 분명하다면 물은 우선수가 되어야 하며 혈장은 우선혈장이라야 진이다.

우선혈장에서는 백호 쪽 선익사가 길면서 지면은 청룡 쪽보다 낮아야 진이다. 때문에 『인자수지』에서는 우락좌고(右落左高)라고 표현했다.

우락인 경우 반대로 높은 청룡 쪽으로 붙여서 묘를 써야 된다. 이때 입수의 기가 갑

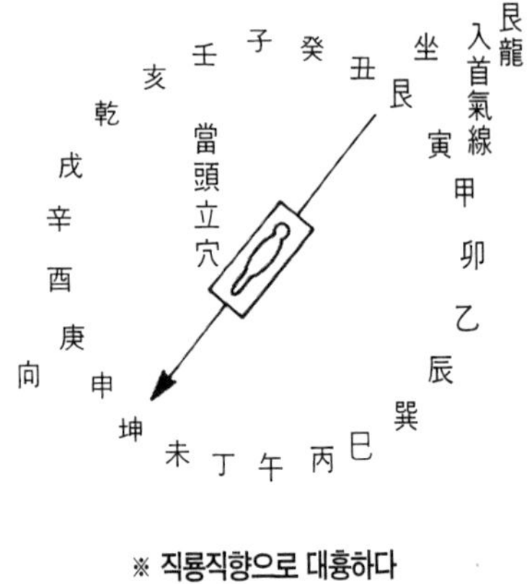

※ **직룡직향으로 대흉하다**

좌경향선의 우측(艮入首)에서 기를 취하게 되기 때문에 우이승기(右耳乘氣)라 한다. 우선혈장이면 우이(右耳)요 좌선혈장이면 좌이(左耳)가 된다.

간룡입수인 경우 간좌곤향(艮坐坤向) 정음정양법(음입수면 음향, 양입수면 양향)에도 맞지 않지만 이런 경우 직룡직향이 되어 충뇌기산(衝腦氣散)하기에 크게 흉하다고 했다.

또 좌선룡인 경우에는 우이우요(右耳右腰)로 승기되어야 합법이다. 우선룡의 경우에는 좌이좌요(左耳左腰)로 승기되어야 한다. 그리고 이(耳)로 기(氣)를 받으면 발복이 빠르며 요(腰)로 기를 받으면 발복이 늦으며 요승기의 예는 별로 많지 않다.

해입수(亥入首) 임좌병향(壬坐丙向)의 경우도 앞에서 설명한 내용에 준해서 살펴보면 좌선룡이면 우선혈장이 되어야 합법이기 때문에 우측 선익사가 길며 우락좌고(右落左高)가 되기 때문에 묘는 자연히 좌측에 붙여 모셔야 된다(亥의 좌측인 壬좌). 따라

左旋龍右耳乘金의 경우

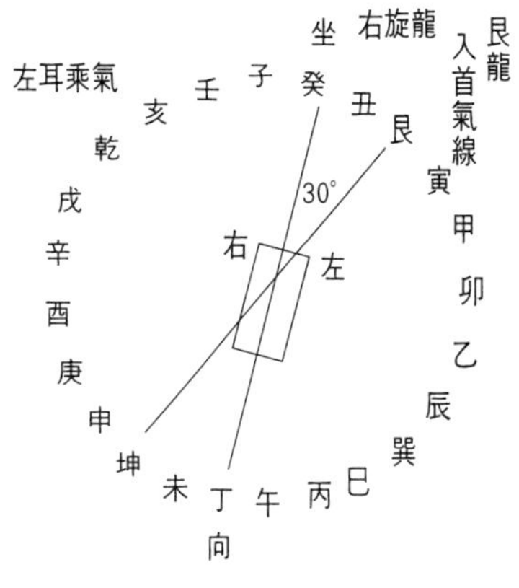

서 기는 좌의 오른쪽인 亥에서 내려오기 때문에 우이승기(右耳乘氣)가 되는 것이다.

　다음은 간입수(艮入首)에서 계좌정향(癸坐丁向)이다.

　이는 좌이승기(左耳乘氣)에 해당되며 30도 간격이다. 이법(耳法)은 15~30도 사이며 다음 요법(腰法)은 45~60도가 보통의 예이다.

돌혈(突穴)의 경우 90도가 되는 경우도 있으나 흔한 일은 아니다.

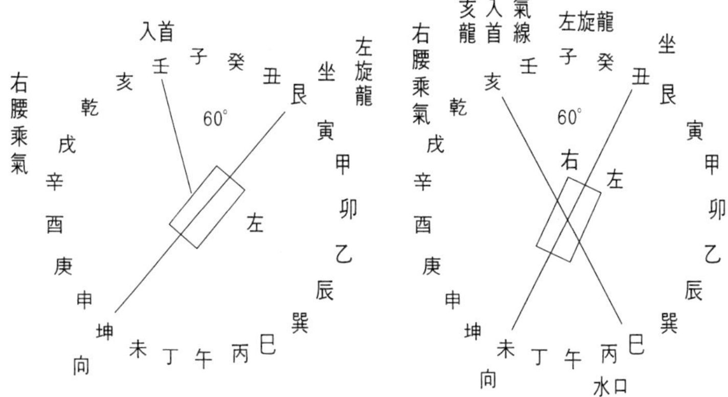

제**7**부

사세론

제1장
사세 개요

제1절 사세의 의의

사(砂)란 혈(穴)의 전후 좌우에 있는 산(山)들을 말한다. 옛 글에도 '사자혈지 전후좌우산야(砂者穴之 前後左右山也)'라 했다. 앞으로는 주작인 안산, 조산, 관성, 뒤로는 주산, 현무 귀산, 낙산 좌에는 청룡(외청룡 포함) 우에는 백호(외백호 포함), 멀리 나성(羅城)과 수구(水口)에 있는 산 등 혈 주위에 있는 모든 산을 사(砂)라 한다. 뿐만아니라 혈장 내에 미미하게 나타나는 선익사(蟬翼砂) 및 연익사(燕翼砂)도 사 속에 포함되는데 도선국사(道詵國師)는 이러한 사 중에서도가까운 것일수록 소중하여 혈의 몸에 붙은 부신사(扶身砂)가 제일 소중하다 했다. 이는 선익사가 소중함을 강조한 말이다.

무릇 진룡대혈(眞龍大穴)의 성국결지(成局結地)를 위해서는 첫째, 용이 생왕이어야 하고 둘째는 용혈을 중심으로 부귀를 보장하는 귀사들이 안산 조산이 되어 조응하고 뒤에서는 주산과 현무가 병풍처럼호위해주며 옆에서는 좌청룡 우백호가 겹겹이 감싸주며 셋째는 멀리나성 안에 있는 여러 사들이 외각을 지켜주고 수구에는 화표사(華表砂), 한문사(捍門砂)가 수구를 막아주면서 주위에 낮은 곳이 없어서 살풍(殺風)이 없고 바람을 감추며 물은 혈을 감돌아 천기와 지기가 따뜻하고 화창해야 한다. 이와 같은 지리의 조화는 신비하게도 용진혈적한 진결지(眞結地)는 자연히 위와 같은 귀사(貴砂)들이 상응(相應)하게 되어 있다.

따라서 귀사가 주위를 호위하고 있으면 그 안에 진혈이 있다고 생각하면 된다. 혹자는 수려한 귀사만이 결지 진결의 요인이 아니며 어디까지나 용과 혈이 위주이고 사와 수(砂水)는 다음이라고 강조하기도 하지만 실은 귀룡 귀혈에는 반드시 귀사가 따르게 마련이니 귀사 없는 귀혈이 없으며 귀사에는 물이 따르기 때문에 귀사수를 보고 심혈하는 경우가 오히려 많으니 사에 대한 비중을 과소 평가해서도 안된다는 것을 강조하고 싶다. 특히 구성 용법(九星龍法)에서는 귀사를 중요시하고 있다.

제2절 사격의 구분

사격(砂格)에 대한 설명이 제3부 보국명당론(保局明堂論)과 제6부 혈장론(정혈법 및 혈증론)에서 부분적으로 설명되었기 때문에 여기에서는 길격사와 흉격사로 구분 설명하고자 한다.

요공(廖公)은 길흉사격을 다음과 같이 설명하였다. '砂定富貴賤三科'로 분류 '肥圓方正者主富 淸奇秀麗者主貴 欹斜破碎者主賤'이라 하였다. 즉 살찌고 둥글며 반듯한 단정한 사격(주로 금체와 토체)은 주로 부사(富砂)요, 청수(淸秀)하고 기이하며 수려한 사격(주로 목체)은 주로 귀(貴)를 관장하며, 기울고 부서진 사는 주로 빈천이 있을 뿐이라 했다.

그러나 길흉 사격의 분별은 간단한 것이 아니어서 이를 다 열거할

수 없지만 사〔山〕의 형상적 명칭〔物形〕으로 길흉을 판단하면 다음과
같다.

1. 길격사

어병사(御屛砂) 금장사(錦帳砂) 어산사(御傘砂) 금로사(金爐砂)
귀인사(貴人砂) 천마사(天馬砂) 문필사(文筆砂) 고축사(誥軸砂) 관모
사(官帽砂) 금상사(金箱砂) 옥인사(玉印砂) 전각사(殿閣砂) 문성사
(文星砂) 누대사(樓臺砂) 천을사(天乙砂) 전기사(展旗砂) 둔고사(頓
鼓砂) 옥대사(玉帶砂) 아미사(蛾眉砂) 금어사(金魚砂) 탁홀사(卓笏
砂)

이 외에도 혈을 중심으로 전후좌우 또는 수구별로 사를 분류하기도
한다. 예를 들면 수구사로는 한문사, 화표사, 북진사, 나성사 등을 들
수 있다.

2. 흉격사

투계사(投筓砂 : 버린 비녀) 파의번화사(破衣飜花砂) 탐두측면사
(探頭側面砂) 제라복표사(提蘿覆杓砂) 단두사(斷頭砂) 유시사(流屍
砂)

이 밖에 흉격사에는 '팔살 흉격사'라는 흉사의 기준이 있다. 즉 끝
이 뾰쪽한 첨사사(尖射砂), 산의 일부가 파쇄된 파산사(破山砂), 월탐
하는 규산사(窺山砂), 충사(沖射)하는 충격사(衝擊砂), 압박하는 고
압사(高壓砂), 안아주지 않고 반대하는 반배사(反背砂), 산의 일부가
끊어진 단절사(斷絶砂), 달아나는 듯한 주찬사(走竄砂) 등은 재산과
인정(人丁)이 손상되는 팔살 흉격사에 해당된다.

3. 유정사와 무정사

아무리 길격사라 할지라도 용혈에 다정하게 공응(拱應)해야 유정
(有情)한 것이고 반배(反背)하면 무정(無情)한 것이다. '有情則 有福
이나 無情則 有害라' 했듯이 이는 지리의 원칙이기 때문에 사수의 유
정과 무정은 결혈 여부에도 크게 영향이 있을 뿐만 아니라 길흉화복
에도 크게 작용한다.

4. 오성사격

오성사격(五星砂格)은 산체의 형상을 금원(金圓), 수곡(水曲), 목
직(木直), 화첨(火尖), 토방(土方)의 오성 형체에 비유하여 설명한
것이다.

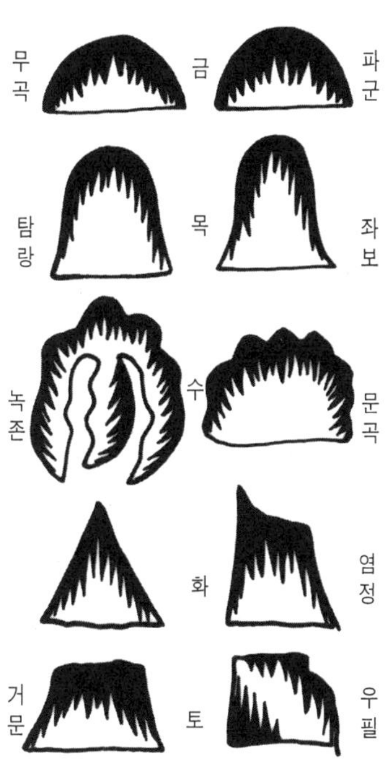

〈그림 51〉 오성

① 금성산형(金星山形) : 금체 즉 가마솥 또는 큰 종을 엎어놓은 것 같은 모양으로 원만하고 무겁게 보이는 흔히 말하는 노적봉(露積峰)을 말한다. 이와 같은 금성사는 주로 충렬(忠烈)과 부귀를 관장하는 귀사이며 구성법에서는 무곡사(武曲砂)라 하여 최고의 길사로 취급된다.

② 수성산형(水星山形) : 수성은 산의 모양이 마치 물결치는 모양이거나 물 흐르듯 구불구불 부드럽고 유연하게 굴곡한 산형이다. 수성은

주로 청렴한 문재(文材)를 관장하는 사이다.

③ 목성산형(木星山形) : 목성사는 목은 직(直)이라는 오성 원칙에 따라 산체가 높게 탁립(卓立)한 산형이 많다. 산체가 높으면서도 산의 봉우리[山頂]는 모나지 않고 둥글며 힘차야 귀격이다. 서울의 주산 현무인 북악산이 이에 흡사한 목성산이다. 이러한 목성산형은 주로 정직하고 덕성 있는 관직을 주관하는 산형이다. 구성법에서는 탐랑(貪狼)이라 하여 최고의 길성에 해당되며 그 변체를 좌보(左輔)라 하여 중격으로 취급한다.

④ 화성산형(火星山形) : 화성산형은 화즉첨(火則尖)이라는 오성 원칙에 따라 산의 봉우리가 뾰족하고 날카로운 형체이다. 서울의 남쪽에 있는 관악산이 이에 속한다. 이 화성산형은 주로 열화같이 강건하고 개혁 건설적인 산형이다.

※ 서울 경복궁에 대한 전설

한양에 도읍지를 결정한 무학대사는 백악산을 청룡으로, 남산을 백호로 삼고 해좌사향(亥坐巳向)으로 신궁(경복궁)을 세우려 했으나 정도전의 반대로 관악산을 안으로 향하여 세웠다. 무학대사는 관악(冠岳)의 화기(火氣)가 궁궐을 비추어 화재(火災)와 내우외환이 끊이지 않으며 '國無十年安'에 조선 왕조가 28세에 끝날 것이라고 예언했다.

경복궁이 임진왜란에 불탄 후 273년 간 황폐한 터만 남아 있다가 대원군이 재건하였지만 조선 500년(28세) 간은 물론 지금까지도 계속해서 내우외환이 끊이지 않음은 무학대사의 예언이 적중되어 풍수지리의 신비성을 증언해준 것 같다.

⑤ 토성산형(土星山形) : 토성은 토즉방(土則方)의 오성 원리에 따라 산체가 방정(方正)하다. 산체형상이 마치 대궐처럼 중후 방정하며 주로 덕성과 포용성과 존엄성을 주관하는 산형이다.

5. 오성조원(五星朝垣)

　오성귀원(五星歸垣) 또는 오성승전(五星升殿)이라고도 칭하는데 지극히 귀한 것이다. 오성이 각각 정위치에 있어야 한다. 즉 토성이 중앙에 있어 혈을 맺고 동방목이니 목성이 동에 솟고, 남방화니 화성산은 남에 거하며 서방금이니 금성산은 서에 있고 북방수이니 수성산은 북방에 솟아 장막을 치고 있는 것을 말한다. 이 격은 천지 자연이 오기의 정을 모아 만들어 모든 정기의 취합된 곳이기에 얻기 어려운 귀혈이다. 다만 전후좌우에 살을 띤 흉사가 없어야 하며 거리와 크기, 높고 낮음이 균형을 이루어야 상격이다. 이러한 길지에 안장하면 성현(聖賢), 공후(公候), 장상(將相)은 물론 영웅호걸, 장원급제와 신동이 속출한다.

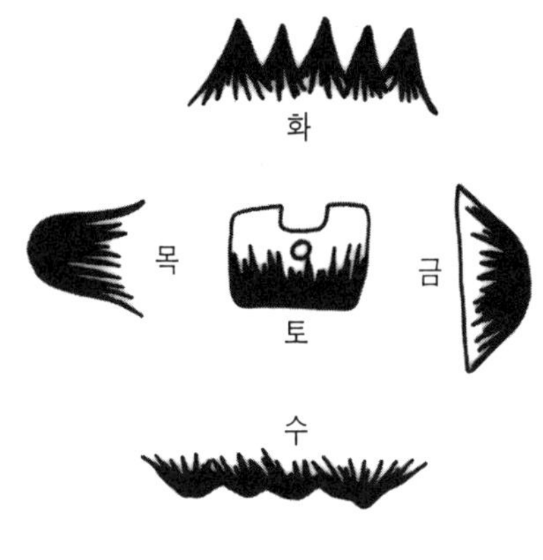

〈그림 52〉 오성귀원

오성취강격(五星聚講格)
　이 격도 오성이 빠짐없이 다 갖추어져야 되는데 오성조원은 오성이 각각 정방위에 있어야 되지만 이 격은 토성을 중심으로 정방위에 있지 않아도 오성만 갖추어지면 된다. 서로 균형 있게 십자형으로 오성이 골고루 갖추어 있어도 오성귀원(五星歸垣) 맞먹는 귀격이다. 오성취강이란 옛날 공자의 문하에 현인들이 모여 도덕을 강론하는 형상이라 하여 붙인 이름이다. 이 격을 이루면 성현과 탁월한 문장 또는 장상, 왕비가 나오는 대지이다.

〈그림 53〉 오성취강격

오성연주격(五星連珠格)

이 격은 오성이 빠짐 없이 갖추어 있어야 되지만 金木水火土의 오성이 일렬로 세워져 있음이 마치 구슬을 꿴 형상과 같다 해서 붙여진 이름이다. 오성취강격은 생극(生剋) 관계를 논하지 않는 데 반해 이 오성연주격은 상생상극 관계로 이어지는 것이 다를 뿐이다. (다음 그림 참조)

· 가 …… 연주격의 가장 길격이다. 즉 金生水 · 水生木 · 木生火 · 火生土(중앙으로) · 土生金(중앙에서 서로), 이렇게 빙빙

돌며 상생이 이어지니 지극히 높고 희귀한 격이므로 앞
의 격들에 상응하는 귀격이다.

· 나 …… 그림(가)와 위치만 다를 뿐 상생 관계로 나아가는 것은
마찬가지이다. (가)와 같이 지극히 귀한 격이다.

· 다 …… 위에서 아래로 火生土 · 土生金 · 金生水 · 水生木 · 木生
火로 상생하므로 역시 지극히 귀한 격이다. 왕후장상이
배출된다.

· 라 …… 아래로부터 위로 木生火 · 火生土 · 土生金 · 金生水로 상
생하므로 역시 귀격으로 자손이 번창하고 부귀가 면면하
다.

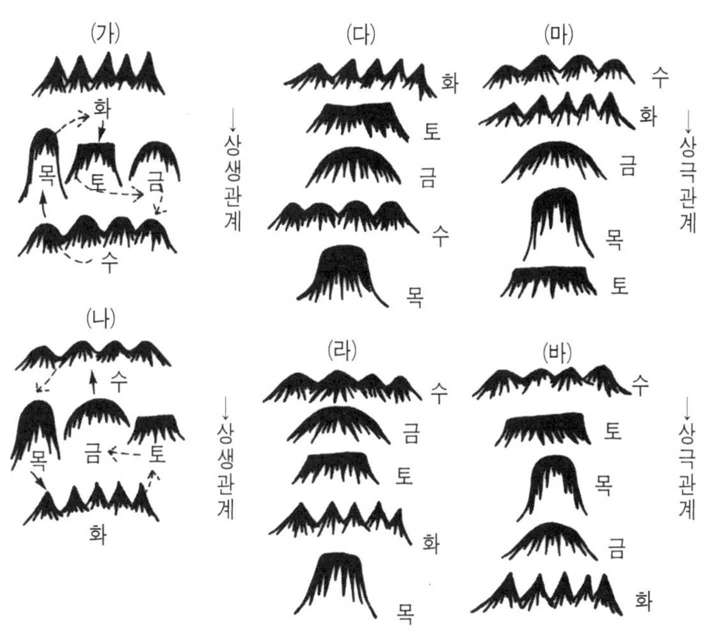

〈그림 54〉 오성연주격의 상생과 상극관계

·마 …… 위에서 아래로 水剋火·火剋金·金剋木·木剋土로 상극
으로 내려오니 오성을 갖추어 귀를 얻는다 해도 하루아
침에 파멸하니 취하지 못한다.
·바 …… 아래에서 위로 火剋金·金剋木·木剋土·土剋水 상극으
로 올라가 하극상하니 대흉격이다.

제2장
사격의 길흉과 화복론

앞에서 설명한 바와 같이 용이 생왕룡(生旺龍)이냐 사절룡(死絶龍)에 따라 혈의 진부를 결정하고 사수의 길흉이 화복을 좌우한다. 따라서 길한 사격은 부귀왕정하고 흉한 사격은 재물을 잃고 자손이 끊길 우려가 있다.

한편 길사격도 부사와 귀사로 분류하며 흉사격도 재패사(財敗砂 : 재물이 패하는 사)와 인패사(人敗砂 : 사람이 패하는 사)로 구분한다.

귀사는 용이 생왕룡이며 혈전에서 문필귀인사가 조응하거나 삼길륙수 등 각종 길방에 길사가 있으면 귀가 기약되며, 부사는 창고사(倉庫砂) 등 부사가 조응하거나 수구 또는 생왕길방에 용립(聳立)하면 치산득재(治産得財)한다. 그러나 무기(無氣) 사절룡에 반배주찬사(反背走竄砂) 등 재패사가 조대(朝對)하거나 흉방에 바로 보이면 가산이 패하고 유시사(流屍砂) 등 인패사가 당면조대하거나 흉방에 바로 보이면 자손이 상하고 끊어진다.

다만 화복의 대소 경중과 나타나는 시기의 지속(遲速)은 길흉사격의 아름다움과 조잡함과 그 위치의 원근은 물론 길흉사의 방위에 따라 정해지며 그에 못지않게 용혈의 진부 차에도 많은 영향을 받는다.

한편 길흉사격에 대한 화복의 기준이 있는데 첫째, 흉사도 혈지에서 뚜렷하게 보이지 않거나 또는 혈 가까이서 충사(沖射)하지 아니하면 두려워할 필요가 없다.

둘째, 비록 귀사라 할지라도 이법(理法)에 맞아야 발복되는 것이며 이법에 맞지 않으면 불발한다는 것이 사에 대한 화복의 표준이다.

제1절 길사와 화복론

〔1〕 귀인사(貴人砂) : 귀인사에는 여러 형태의 사격이 있으며 이 중에서 단정하고 아름답게 높이 우뚝 솟은 목성체의 산봉우리가 귀인사의 대표격이다. 이 귀인봉이 정안(正案 : 혈 바로 앞의 안산)에서 조대 또는 관록위(官祿位) 등 길방에 탁립하면 주로 높은 벼슬이 기약된다. 목성체를 일명 선인체(仙人體) 또는 옥녀봉(玉女峰), 선인봉이라고도 하며 구성법으로는 탐랑성(貪狼星)에 해당되며 최길성이다.

〔2〕 문필사(文筆砂) : 문필사에도 여러 형태의 사격이 있다. 단정하고 청수한 화성체의 뾰족한 봉이 대표적 문필귀사이며 정안에 있거나 임관방위(臨官方位)에 우뚝 서 조응하면 신동이 다출한다.

〔3〕 무성사(武星砂) : 무성사는 그 형이 웅장하고 그 형체는 금성의 귀한 모습이다. 장엄한 무성사가 바로 혈 앞에서 대좌하거나 주산 현무나 이법상 길방에 솟으면 구국명장이 기약된다.

〔4〕 어병사(御屛砂) : 어병사는 아름답고 장엄한 형체가 마치 병풍을 펴놓은 것 같이 존엄하고 후중한 토성체의 산이다. 청수하고 장엄한 어병사가 정안 또는 혈후병장(穴後屛帳)하면 주로 공후(公侯)나 궁비(宮妃)가 기약된다.

〔5〕 고축사(誥軸砂) : 일명 전고(展誥)라 한다. 토성체의 일자문성 양쪽 끝에 화성체의 뾰족한 첨각(소뿔처럼 뾰족한 뿔)이 붙은 기이한

귀사이다. 이러한 고축사가 정안 또는 임관방위에 우뚝 서면 재상이
나 부마가 기약된다. 때문에 고축사를 통칭 정승사(政丞砂)라 한다.

〔6〕 화개삼태사(華蓋三台砂) : 품자삼봉(品字三峰)이 단정하게 늘어
선 귀격 산형이다. 이러한 삼태사가 바로 혈 앞의 안산에 서 있으면
삼형제가 연속 등과하여 높은 벼슬이 기약되는 귀사이다.

〔7〕 천마사(天馬砂) : 천마사는 산의 모양이 하늘을 나는 용마와 흡
사하다 하여 천마라 한다. 단정한 천마사가 정안에서 조대하거나 귀
인방 혹은 건방과 오방에 솟았으면 속발대귀한다.

〔8〕 관모사(冠帽砂) : 산형이 마치 관모와 흡사한 귀사이다. 청수하
고 단정한 관모사가 정안 혹은 임관이나 관대방위에 높이 솟으면 주
로 소년 등과가 기약된다.

〔9〕 보개사(寶蓋砂) : 보개사는 토성체 일자문성의 중앙에 금체로 생
긴 작은 봉이 붙어 있는 귀사이다. 단정한 보개사가 정안 또는 수구
및 관록방위에 용립하면 도지사급 고관이 기약된다.

〔10〕 복종사(伏鐘砂) : 복종사는 이름 그대로 마치 종을 엎어놓은 것
과 같이 중후한 금성체의 귀한 산형체이다. 복종사가 정안 또는 현무
봉이 되면 큰 부자나 귀를 기약할 수 있다.

〔11〕 아미옥대사(蛾眉玉帶砂) : 아미사와 옥대사를 나누어 따로 호칭
하기도 한다. 아미사는 초승달 같기도 하며 눈썹 같기도 한 단정하고
청아한 산형이다. 아미옥대사가 정안 또는 귀인방에 있으면 주로 장
원급제나 궁비가 기약된다. 조악하지 않은 석골 섞인 일자문성으로
비교적 낮게 군왕혈이나 장군대좌혈 가깝게 혈장의 주위를 감아주는
옥대환(玉帶環)도 귀사 중 귀사이다.

〔12〕 장하귀인사(帳下貴人砂) : 장하귀인사는 수성체로 된 장막을 배
경으로 삼고 그 아래에 단정하게 서 있는 목성의 귀인사이다. 장하귀
인사가 정안에 있으면 높은 벼슬이 기약된다.

〔13〕 장외귀인사(帳外貴人砂) : 장외귀인사는 수성체로 된 장막 뒤에
단정하게 높이 솟은 목성귀인사이며 이 장외귀인사가 바로 안산에서
대하면 높은 벼슬이 기약된다.

〔14〕 마상귀인사(馬上貴人砂) : 천마사에 귀인사가 첨가된 귀사를 말
한다. 단정한 마상귀인사가 정안 혹은 임관방 등 길방에 우뚝 서 있으
면 당대에 장상이 기약된다. 귀인사가 천마사 위에 있어야 상격이며
천마사 앞에 있으면 마부격에 해당되는 하격이다.

〔15〕 옥당귀인사(玉堂貴人砂) : 염정(廉貞) 화성체가 늘어선 산 밑에
수려하고 단정하게 서 있는 목성산을 말한다. 옥당귀인사가 정안에
있거나 주산이나 현무가 되면 한림경연(翰林經筵)이 기약된다.

〔16〕 화개귀인사(華蓋貴人砂) : 삼태화개산하(三台華蓋山下)에 목성
귀인이 단정하게 탁립한 산형이다. 개하귀인사(蓋下貴人沙)라고도 한
다. 수려한 화개귀인이 정안에 있거나 주산 현무가 되면 등과나 장상
수인(數人)이 난다.

〔17〕 쌍봉귀인사(雙峰貴人砂) : 혈의 바로 앞 산에 수려한 목성 쌍봉
이 나란히 병립한 귀한 산봉(山峰)이다. 쌍봉귀인사가 조응하면 형제
등과가 기약된다.

〔18〕 문성귀인사(文星貴人砂) : 높이 솟은 목성귀인 앞에 아미(蛾眉)
반월사(半月砂)가 유연하게 놓인 산형을 말한다. 문성귀인사가 정안
에 있으면 주로 문무현인 또는 궁비가 기약된다.

〔19〕 일자문성사(一字文星砂) : 일자문성사는 토성산(土星山)의 정상
이 일자형으로 풍비(豊肥)하게 이루어진 귀사이다. 이 귀사가 주산현
무 또는 정안이 되면 부귀쌍전이 기약된다.

〔20〕 홀규사(笏圭砂) : 홀규사는 목성체로 탁립한 산의 정상이 토체
로 평직하거나 혹은 약간 둥글면서 넓적한 산으로 마치 중신(重臣)이
등조시(登朝時) 들고 가는 홀과 흡사한 산형이다. 단정하고 청수한 홀

규사가 정안 또는 귀인방에 서 있으면 재상이 기약된다.

〔21〕 장원필사(壯元筆砂) : 장원필사는 토성체의 방정한 일자문성 중앙에 문필봉이 우뚝 솟은 사이다. 장원필사가 정안 또는 임관위에 단정하게 탁립하면 등과하여 이름을 널리 떨친다.

〔22〕 재상필사(宰相筆砂) : 토성체 일자문성의 좌우 어느 쪽이든 한쪽 뒤에 화성체의 문필봉이 단정하게 높이 서 있는 산형을 말한다. 이 재상필사가 정안 또는 임관방에 있으면 높은 재상이 기약된다.

〔23〕 삼공필사(三公筆砂) : 토성일자문성 위에 문필삼봉이 늘어서 있는 사를 말한다. 삼공필사가 높고 수려하면 삼상(三相)이 기약된다.

〔24〕 매천필사(罵天筆砂) : 매천필사는 문필봉 끝이 둘로 나누어진 예리한 쌍봉(雙峰)이다. 매천필사의 정안조대는 비록 수재가 탄생해도 등과가 어렵다.

〔25〕 탁기사(卓旗砂) : 탁기사는 군기(軍旗)가 펄럭이듯 목성산의 산봉이 상하로 배열한 목성산형이다. 힘찬 탁기사가 정안이나 길방에 탁립하면 입상(入相)하는 명장이 기약된다.

〔26〕 돈고사(頓鼓砂) : 돈고사는 마치 군고(軍鼓)와 같이 장대원만한 금성체의 산이다. 단정한 돈고사가 귀방에 탁립하면 명장과 부귀가 대대 연출한다.

〔27〕 둔군사(屯軍砂) : 둔군사는 혈지 앞 조안에 수많은 중소산봉이 운집한 여러 산의 모임을 말한다. 둔군사가 혈 앞에 전개하면 만군을 통솔할 대장이 기약된다. 특히 장군대좌에는 좌기우고(左旗右鼓)에 둔군사가 구존(具存)하는 것이 원칙으로 되어 있다.

〔28〕 창고고궤사(倉庫庫櫃砂) : 창고사는 금체의 소독산(小獨山)이요 고궤는 토체의 방각(方角) 모양의 석돈(石墩 = 돌무더기 또는 큰 바위)이다. 주로 재산을 관장하는 부격사이다. 고궤사가 정안에 있거나 녹위방 또는 간병방에 높이 서면 치산거부가 기대되며 만약 수구에

있어 물을 잘 가두어주면 더욱 큰 부자가 확실하다.

〔29〕 금장사(錦帳砂) : 수성이 옆으로 펼쳐놓은 병풍처럼 단정하고 수려하게 정안이나 길방에 서 있으면 자손이 많고 부귀가 기약된다.

〔30〕 어산사(御傘砂) : 어산사는 귀인이 행차할 때 사용하는 일산(日傘)과 흡사하게 생긴 금성체의 산형에 약한 수성이 가해진 모양이다. 단정한 어산사가 조안이나 임관위에 탁립하면 대귀인이 기대된다.

〔31〕 용루봉각사(龍樓鳳閣砂) : 장엄한 염정(廉貞) 화성체에서 발조(發祖)하여 질서정연하게 오성(五星)이 상생 연계된 보기 드문 기이한 산군(山群)이다. 이 사는 주로 군왕지, 장군대좌 등 대지명혈의 조종주산(祖宗主山)의 역할을 하는 사이다.

〔32〕 좌우귀인사(左右貴人砂) : 혈지 좌우 양쪽에 사람의 귀처럼 쌍립한 귀사로 형제 등과가 기약된다. 좌측 귀인봉에 비해 우측 귀인봉이 더 높이 솟아 청수(淸秀)하면 서손(庶孫)이 더욱 귀하게 된다.

〔33〕 필진사(筆陣砂) : 필진사는 수개의 화성체인 문필봉이 일렬로 높이 늘어선 산형이다. 이때 필진(筆陣)의 고저가 약간 고르지 못한 것은 무관하나 상호간의 거리가 고르지 못한 것은 좋지 않다. 이 필진사가 정안 또는 임관방위 등 길방에 탁립하면 문중 내의 등과가 기약된다.

〔34〕 경대사(鏡臺砂) : 경대사는 토성 뒤에 청아 단정한 옥녀삼봉이 품(品)자형으로 나타난 기이하고 수려한 귀사이다. 이러한 경대사가 정안 혹은 길방에 있으면 귀녀와 궁비가 기약된다.

〔35〕 옥녀봉사(玉女峰砂) : 옥녀봉은 청아한 목성산이 높이 솟아 산정(山頂)은 둥글고 산각(山脚)은 마치 산발녀(散髮女)가 좌우에 시종하는 산형이다. 단정하고 수려한 옥녀봉이 주산 또는 현무이거나 정안에 있으면 부귀와 강녕(康寧) 장수하고 궁비와 같은 귀녀가 기약된다.

〔36〕 단조사(丹詔砂) : 단조사는 수많은 작은 산봉우리가 운집한 중

앙에 군계일학격으로 위용이 당당하게 우뚝 솟은 토체(土體)의 귀사
이다. 단조사가 정안 또는 길방에 있으면 부귀와 왕정(旺丁)이 기약된
다.

〔37〕 은병옥배사(銀瓶玉杯砂) : 여러 개의 은호로병(은술병) 또는 옥
술잔과 흡사한 금체와 수체의 작은 산이나 귀하게 생긴 암석이 혈의
정면 혹은 좌우에 있는 부사이다. 산체가 비교적 높고 큰 것은 은병에
비유되고, 작고 얕은 것은 옥배라 한다. 단정한 은병 옥배사가 정안
혹은 혈전 묘정(墓庭) 근처에 있으면 큰 부자가 난다.

〔38〕 필가사(筆架砂) : 필가사는 여러 자루의 붓을 세워 걸어놓은 필
가와 같은 모양의 아담한 화성문필(火星文筆)이다. 한편 필가는 높이
가 같거나 가운데 봉이 높고 양쪽 봉이 약간 낮은 것이 귀격이며 중봉
이 낮고 양쪽 필봉이 더 높은 것을 천격이라 한다. 단정하고 수미한
필가사가 정조(正朝) 또는 임관방에 있으면 한 집안에 여러 명이 고시
에 합격하여 이름을 널리 떨친다.

〔39〕 어로사(御爐砂) : 어로사는 토성체의 산 위에 소형금성체가 가
해져 금토가 상생(土生金)이므로 귀사이며 방원(方圓)하고 중후(重
厚)하며 존엄하게 보이면서도 다정해야 하며 기울거나 파쇄된 것은
흉하다. 문장과 부귀가 기약된다.

〔40〕 선교사(仙橋砂) : 이 선교사는 수성체의 산 양단에 화성과 같은
뽀족한 봉이 붙은 신비한 산형이다. 선교사가 정안 또는 수구사(水口
砂)가 되면 덕이 높은 고승 또는 신선과 같은 이인(異人)이 난다.

〔41〕 옥인사(玉印砂) : 옥인사는 둥글고 작은 산언덕이거나 큰 바위
로 이루어진 것이 많다. 둥글고 정면에 있는 것이라야 하며 혹 청룡
백호 좌우에 있는 것도 극히 길하다. 상격이면 장원급제 문무를 겸하
며 중격만 되어도 부귀를 겸한다.

〔42〕 방인사(方印砂) : 방인사 역시 산언덕 또는 큰 암석으로 이루어

지며 천마사 등과 함께 보이면 더욱 귀한 것이다. 그러나 파쇄되었으면 오히려 살이 된다. 상격이면 문무를 겸하고 출장 입상하며 중격만 되어도 지방 장관 정도의 벼슬이 난다.

〔43〕일월사(日月砂) : 건간방(乾艮方)의 사가 혈을 향해 절하는 듯하며 간방수가 맑고 일월사가 조혈(照穴)하면 자손마다 효자효손이 난다 했다.

〔44〕아미사(蛾眉砂) : 아미사는 모양이 반달이나 예쁜 눈썹과 같은 모양으로 양각(兩角)이 고르고 단정하며 청수해야 된다. 상격이면 궁비가 난다고 하였으나 이는 용혈이 상격이어야 한다. 중격이면 미녀가 나고 하격이면 미인 박명에 해당된다.

〔45〕어서대(御書臺) : 어서대는 쉽게 말하면 낮은 토성이다. 산의 정상이 방정하고 면이 고르며 단정해야 되며 기울거나 파쇄되었으면 안 된다. 상격이면 어전에서 경서를 강하고 동궁(세자)의 스승이 되고 왕의 하사품을 많이 받는다.

〔46〕삼태사(三台砂) : 앞에서 설명한 화개삼합사는 가운데 봉이 약간 높아 품(品)자 모양을 이루며 여기서 말한 삼태사란 삼봉이 나란히 서 있는 것을 말한다. 혈전에도 삼태사가 있고 청룡에도 삼태성이 있으면 영의정의 자리를 얻는다 했으며 자손이 번창하고 벼슬이 다출하는 극귀사이다.

〔47〕화개사(華蓋砂) : 화개사는 삼봉 이상의 소형 금체들로 이루어져 아름답고 단정한 귀사이다. 약간 추하게 보이는 바위 등이 있어도 멀리 있어 살로 보이지 않으면 해가 없다. 상격이면 귀한 문장이 나고 과거에 급제한다.

〔48〕옥부사(玉釜砂) : 이 옥부사는 금성체의 산이 높으면 금종사(金鐘砂)라 하며 낮고 작으면 옥부사라 한다. 두 가지 다 양택이나 음택에서 모두 귀사로 취급한다. 상격이면 문과 급제는 물론이요 거부가

1. 귀인사
2. 문필사
3. 무성사
4. 어병사
5. 고축사
6. 화개삼태사
7. 천마사
8. 관모사
9. 보개사
10. 복종사
11. 아미옥대사
12. 장하귀인사
13. 장외귀인사
14. 마상귀인사
15. 옥당귀인사
16. 화개귀인사
17. 쌍봉귀인사
18. 문성귀인사
19. 일자문성사
20. 홀규사
21. 장원필사
22. 재상필사
23. 삼공필사
24 매천필사

〈그림 55〉 귀사설명도

25. 탁기사
26. 돈고사
27. 둔군사
28. 창고고궤사
29. 금장사
30. 어산사
31. 용루봉각사
32. 좌우귀인사
33. 필진사
34. 경대사
35. 옥녀봉사
36. 단조사
37. 은병옥배사
38. 필가사
39. 어로사
40. 선교사
41. 옥인사
42. 방인사
43. 일월사
44. 아미사
45. 어서대
46. 삼태사
47. 화개사
48. 옥부사

귀사설명도

나고 중격이면 소부 소귀가 난다.

제2절 흉사와 화복론

1. 흉사와 화복

각 흉사의 형태와 그에 따른 재화(災禍)에 대한 설명이다. 흉사격(凶砂格)의 기준은 산세의 험악하고 준급함과 기울고 달아나고 배반하고 험악한 쾌암(快巖) 등 살기를 띤 내룡(來龍)과 혈 주위의 여러 산으로 나누어 설명할 수 있으나 흉룡에 대한 설명은 용세론에서 자세히 다루었으므로 여기서는 혈 주위〔保局〕 산세에 대한 설명만 하겠다.

한 마디로 말하자면 험악한 흉사가 보이는 곳에서는 원칙적으로 진혈의 융결이란 바랄 수 없기 때문에 취약하고 험준하고 기울고 배반하는 등 흉사가 보이면 혈을 찾지 않아야 된다.

『장경(葬經)』에서도 "길사는 천룡흉지(賤龍凶地)에 결코 비추지 않으며 귀지진혈(貴地眞穴)은 반드시 흉사를 피하는 것"이라 하였다. 그런 즉 살기가 있는 흉사가 보이는 곳에서는 길혈이란 원칙적으로 있을 수 없다. 그러나 천하명혈이 아닌 이상 사소한 흠집이 전혀 없을 수는 없다. 다만 당면(當面) 파손이나 큰 흉사가 직충(直沖)하는 것이 아니면 정도에 따라 감안해야 한다.

사격론의 원칙은 비록 흉격사(凶格砂)라 할지라도 혈 앞에서 보이면 해로우나 보이지 않으면 무해라 하였고 화복 적용의 기준도 혈지와의 거리 차이에 상관된다고 하였다.

그런즉 흉사가 앞에 직접 보이거나, 혈을 향해 충사(沖射)하거나 또는 전안조대(前案朝對), 또는 겁살방(劫殺方)에 있는 흉사가 아니면 이를 피해서 정혈(定穴)할 수 있는 방법을 모색해볼 필요가 있다고 생각된다. 그러나 괴혈은 신안이 아닌 이상 삼가라 했거늘 흉사나 대살을 두려워하지 않고 정혈하는 것은 삼가야 된다.

2. 기본 흉사 오격

흉사는 다음 다섯 가지 기본 체로 나눌 수 있다.

① 추악대살사격(醜惡帶殺砂格) : 산체가 참암(험한 바위)이나 다석(多石)으로 되어 있으며 가파르고 살기가 감도는 추하고 험한 악산이다. 이러한 흉사가 혈 앞에서 보이면 인재양패(人財兩敗)에 화재가 그치지 아니한다.

② 파쇄수삭사격(破碎瘦削砂格) : 이 사는 산체가 파열되고 무너지고 골이 생긴데다 뼈대만 앙상하게 남은 추한 산이다. 이러한 사격이 당면에서 보이면 빈궁에 다재다난(多災多難)하다.

③ 준급경도사격(峻急傾倒砂格) : 산세가 완만하지도 유연하지도 못하고 준급하여 경사가 급하고 흉한 사격을 말한다. 이러한 준급경도사가 당면에서 보이면 성급한 자손이 생겨 가산이 속패하기 쉽다.

④ 무정주찬사격(無情走竄砂格) : 쉽게 말하자면 무정하게 도망치는 사격이다. 즉 혈 주위의 여러 산이 용혈을 불고하고 무정하게 배반 도주하는 흉사이다. 이러한 흉사가 앞에서 보이면 파산하고 고향을 떠나기 쉽다.

⑤ 충사첨리사격(衝射尖利砂格) : 좌우에 돌출한 산두(山頭)가 용혈을 찌르거나 혹은 창끝 같은 뾰족한 사가 용혈을 향하여 찌르는 무서운 흉사이다. 이러한 흉사가 용혈을 바로 찌르면 자손이 패하고 재물이 없어진다.

3. 팔살 흉사

풍수지리 사격론에서 이미 팔살흉사에 해당되는 사(射), 파(破), 탐(探), 충(衝), 반(反), 압(壓), 단(斷), 주(走) 등 여덟 가지 흉사를 간략히 설명하였다.

① 사(射) : 사란 끝이 뾰족한 첨사사(尖射砂)를 말한다. 날카롭고 끝이 뾰족하여 혈의 앞이나 옆에서 충사하면 자손이 상하게 된다.

② 파(破) : 용혈 또는 주위 여러 산이 파열(破裂)되어 살(煞)이 많

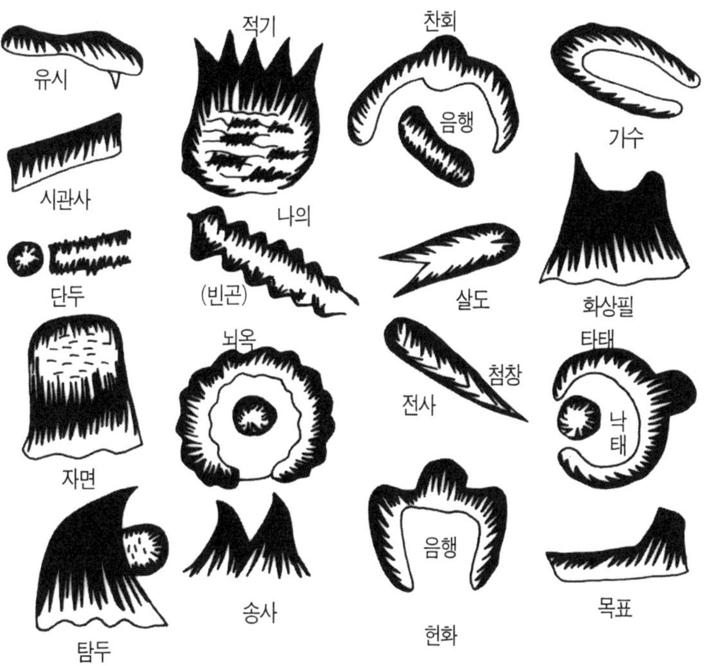

〈그림 56〉 흉사도

은 흉악한 사이다. 이러한 사가 있으면 혈이 맺어지기 어려우며 재산이 없어지고 자손이 상하기 쉽다.

③ 탐(探) : 탐이란 규산사를 말한다. 마치 도적이 남의 집을 담장 위로 살짝 넘어다보듯 안산 또는 청룡 백호 뒤에서 객산(客山)이 산봉우리를 살짝 내밀고 혈지를 월탐하는 이른바 도적봉이다. 이와 같은 규산사가 건방, 곤방, 간방 외 다른 방위에 있으면 도둑질하는 자손이 나오거나 크게 실물 손재(失物損財)한다.

④ 충(衝) : 충사란 충격사를 말한다. 뾰족하고 돌출한 외사가 용혈을 앞이나 옆에서 충격하는 것으로 혈지는 진혈이 못되며 자손들이 상하고 손재한다.

⑤ 압(壓) : 압이란 높고 험한 사가 용혈의 전후좌우에서 혈을 고압 능멸하는 사이다. 높고 험상한 안산(案山) 또는 좌우용호가 혈을 억누르고 능멸하면 진혈이 아니며 자손에 손재가 많다.

⑥ 반(反) : 반이란 곧 반배사를 말한다. 조산이나 안산, 청룡 백호가 혈을 호위하지 않고 반배하면 불목손재(不睦損財)한다.

⑦ 단(斷) : 단이란 단절사이다. 즉 절단된 내룡과 용호 등을 말한다. 내룡 또는 청룡 백호가 단절되어 무기(無氣)하면 진혈이 못되며 자손이 상하고 손이 끊긴다.

⑧ 주(走) : 주란 주찬사(走竄砂)를 말한다. 청룡 백호 등 혈의 주위 여러 산이 용혈을 보위해주지 않고 사방으로 도주하면 자손이 고향을 떠나 파산(破産)하게 된다.

4. 불확실한 길방규사

고금의 각종 산서에 나오는 규산(窺山)에 대한 견해가 각기 다르기 때문에 이를 판정하기가 어렵다. 예를 들면,

『정통풍수지리』 원전에는 24방위 규살 중 임방규봉(壬方窺峰)은 무

살무병장수하는 탐두사(探頭砂)라 했고 정방의 규봉은 현인귀부(賢人貴婦)가 기약된다 했으며 乙辰방의 규산은 무길무해라 했다.

『대명당보감』에는 申방에 삼봉규산이면 오년 내 대귀하며 정방에 있으면 문장이 다출이요 午未방이면 현인다출이요 戌亥방이면 부귀한다 했다.

『명당보감』에는 壬방의 규사는 장수요 丁방이면 현녀출이요 巽巳방이면 외재를 얻고 辛방 역시 외재를 얻는다 했다.

『구성학』에는 乾방이면 삼현출이요, 坤방은 대대 문반(文班)이요, 艮방은 급제가 부절이며 기타는 흉살이라 했다. 또 탐랑방 규사는 유횡재요 무곡방(武曲方) 규사는 장수요 보필방(輔弼方) 규사는 외재(外財)를 얻는다 했다.

이 외에도 각기 다른 견해들이 있으나 이처럼 산서에 따라 주장이 다르니 독자들은 어느 책의 내용을 믿어야 될지 판정하기 어려운 실정이다. 나는 丁방과 壬방의 규사를 제외하고는 다른 22방위의 규사는 다 이롭지 못한 것으로 일응 단정하고 싶다.

그러나 우리가 실제로 산에 올라 혈을 찾을 때 느끼는 것은 용혈사수가 다 진(眞)인 가운데 규사 하나쯤은 있어도 별로 큰 흠이 될 수 없다는 느낌이 든다. 즉 도적이 넘어다본다 해도 경비가 소홀하지 않으면 침입할 수 없는 것과 같은 이치이다.

천지 조화에 전미(全美)가 없고 성인도 전능이 없으니 이것이 불가에서 말하는 결함(缺陷) 세계인 것이다. 용혈수가 진이면 사의 일부에 약간의 흠이 있을지라도 전체적 조화에 따라 정혈 여부를 결정할 문제라고 사료된다. 완전무결한 명혈이 천하에 남아 있지 않기 때문이다.

제3장
기타 각종 사격론

제1절 청룡사와 백호사론

1. 용호의 개요

용호라 함은 좌청룡과 우백호를 말한다. 혈지를 중심으로 현무와 주산은 혈의 뒤를, 주작은 안산이 되어 전응(前應)하며 청룡은 왼편을 보호하고 백호는 오른편을 보필하여 혈지를 전후좌우, 즉 사방에서 호위한다. 이와 같은 명칭은 결코 형상에 따른 것이 아니고 우주의 사호신론(四護神論)에 준거함이다.

따라서 풍수지리에서 혈장을 좌측에서 감싸주고 보위하는 장사(長砂)는 청룡이 되고 우측에서 감싸준 장사는 백호가 된다. 사람에다 비유하면 청룡은 왼팔이요 백호는 오른팔에 해당된다.

2. 용호의 역할

앞에서 각종 사격에 대해서 설명했으나 용호는 현무 주작과 함께 방풍수수(防風收水 : 바람을 막고 물을 거둠)와 보국의 안정으로 용혈의 융결을 위해 전후좌우에서 도와주는 역할을 한다.

진혈이란 용을 타고 흐르는 생기가 뭉치는 곳에 맺는 것이니 정기

(精氣)는 물을 만나면 머물고 바람을 만나면 흩어지는 것이기 때문에 전후좌우 사방을 호위하여 바람을 막고 물을 거두는 일이 혈을 맺도록 하기 위해서 제일 중요한 역할이라는 것을 알아야 된다. 따라서 혈장 내에서 혈을 가장 가까운 거리에서 호위해주는 부신사(扶身砂)인 선익사(蟬翼砂)를 제하고는 가장 가깝게 혈을 감싸주는 사격이기 때문에 제일 소중한 사이다. 용호(龍虎)의 포혈(抱穴)도 바람과 물의 충사를 막아주지 못하면 용과 혈장이 외롭게 노출되어 바람을 받음으로 인하여 생기가 뭉치지 못함에 따라 혈은 자연히 부실하게 된다. 그러기 때문에 용호의 소임은 절대적인 것이다. 그러나 간혹 용호가 없어도 물이 대신해주거나 아니면 본신룡이 생왕하고 혈장 내 선익사 등 혈증이 확실하여 혈이 맺어지는 경우가 있는가 하면 반대로 용호가 아름답게 감싸주어도 본신용혈이 사절(死絶)이면 아름다운 용호도 허화(虛花)에 불과한 것이다. 즉 혈을 맺는 데는 '용혈이 주가 되고 사수는 이차'임을 명심해야 된다.

3. 본신 및 외산용호와 내외용호

청룡과 백호에는 본신룡에서 생긴 본신 청룡 및 백호, 외산이 용호의 역할을 해주는 외산용호(外山龍虎)가 있다. 또는 한쪽은 본신에서 출발하고 다른 한쪽은 외산으로 된 용호도 있다. 이를 주합(湊合) 용호라 한다. 외산용호보다 본신용호가 더 요긴하다.

한편 내청룡과 내백호 그리고 외청룡과 외백호로 구분한다. 그 분별은 혈장에서 제일 가깝게 감싸주는 용호를 내청룡 내백호라 하며 그 다음으로 혈을 감싸주는 중첩된 여러 가닥의 청룡과 백호를 외청룡과 외백호라 한다. 내외용호가 거듭거듭 혈을 감싸주면 그 안에 진혈이 융결되게 마련이다.

본신용호 　　　　　 외산용호 　　　　　 주합용호

〈그림 56〉 용호의 종류

4. 용호의 길흉

첫째, 길격 용호는 아름답고 정다웁게 감싸주며 용호가 서로 조화롭고 용호의 고저가 서로 알맞은 길사가 첨가되면 더욱 길격이다.

둘째, 흉격 용호는 취약하고 짧고 첨사(尖射) 또는 파쇄(破碎), 가파르거나 곧으며 부드럽지 못하고 고압하거나 너무 낮은 용호는 흉격이다. 이 외에도 용호가 여위고 앙상하게 보이거나 용호의 허리가 단절되고 용호가 서로 다투는 모습이거나 용호 또는 그 지각이 칼이나 창과 같고 흉암괴석이 있는 청룡과 백호는 모두 흉격이다. 중장비에 의해 파손된 용호도 물론 흉하다.

뿐만 아니라 용호가 비주(飛走)하거나 반배(反背)하면 흉한 것이다.

5. 용호의 길흉에 따른 화복

도선국사는 '혈 주위의 사격 중에서도 가장 가까운 것이 중요하고 가장 가까운 것보다 부신사가 더욱 소중하다'고 했다. 쉽게 말하자면 용호사보다 혈장 내에 붙은 선익사나 연익사, 우각사 등이 더욱 소중하다는 말이다. 이 진리는 사에만 국한된 것이 아니라 물에 있어서도 같다. 원방(遠方)에 있는 대강수(大江水)보다 혈장 내의 미망수(微茫水 : 元辰水 또는 相水)가 더욱 소중하다는 것이다. 그러나 이는 정혈 시 더욱 강조되어야 한다는 것이지 용호의 중요성을 부정하는 말은 아니다.

옛날부터 용호에 의한 길흉화복론은 구구하지만 대체적으로 청룡은 인정(人丁)에 관계하고 백호는 재산을 주장하며 이 밖에 청룡은 장방궁(長房宮)을 백호는 차방(次房)을 관장한다. 따라서 청룡이 다정하고 기운 있게 혈을 감아주면 자손이 많고 귀인이 나며 장손이 잘되고 백호가 좋으면 부자가 나고 지손(支孫)이 흥성한다. 옛날 다자손할 때는 여기에 4, 7, 10방이 장손궁과 같고 백호는 3, 6, 9방이 동점(同占)이라 하였다. 안산(案山)의 길흉은 2, 5, 8방에 해당된다는 용호화복론도 있었음을 참고하면 될 것이다.

제2절 조안사론

1. 조안 개요

조안사(朝案砂)는 혈 앞에서 바로 보이는 안산과 조산을 말한다.

안산은 혈 앞에서 정응(正應)하는 산을 말하며 높이는 혈에서 보았을 때 높으면 눈썹 높이요 낮으면 배꼽 높이가 알맞으며 조산은 안산 뒤에서 혈지를 조응하는 안산보다 크고 높은 산을 말한다. 혈산(穴山)과 조안산(朝案山)은 마치 사랑하는 부부정좌(夫婦情座)와 같고 귀빈과 주인이 상면하고 서로 인사하는 모습처럼 다정해야 된다. 이와 같이 가까운 안산과 먼 조산이 다정하게 갖추어졌으면 부귀가 기약된다. 이에 반해 안산과 조산이 부실하면 내당이 산만하여 생기가 융결되지 않으며 혈장 내 원진수가 곧게 흘러가게 되어 결혈에 큰 지장을 준다. 즉 조산이나 안산이 혈산(穴山)과 서로 다정하게 바라보면 보국 장풍하고 원진수를 비롯 내당수 및 외당수의 직거를 막아 결혈에 절대적 도움이 되지만 반대로 조안산이 허하고 산만하면 생기가 흩어져 혈지융결이 불가능하게 된다.

2. 안산

안산(案山)에는 본신에서 출발한 본신용호가 길어 혈전까지 회포 정대(廻抱正對)한 안산과 외산으로 이루어진 안산이 있다. 이 밖에도 안산이 없이 호수와 같은 물이 안산을 대하는 경우도 있으며 높지 않은 평지의 혈에서는 혈장보다 약간 높은 밭이나 언덕으로 안산을 대신하기도 한다. 이 모두가 원진수나 바람을 거두어 내당을 주밀하게 하고 혈지에 생기를 모으는 데 그 목적이 있다. 그러한 까닭으로 안산은 바르게 상대하고 멀지도 높지도 않으며 반배하지 않고 유정하며 거칠지 않고 살기가 없어야 하며 특히 역수를 수관(收關 : 여기서는 안산으로 하여금 역수를 거둔다는 뜻)해야 길격 안산이다.

그리고 혈지와 안산과의 거리는 너무 가까우면 내당이 협착하여 기를 모으기가 어려워 불길하며 안산이 너무 멀면 원진수나 바람을 거두기 어려워 혈장 내 살풍이 염려된다.

한편 안조산(案朝山)은 옥궤(玉几) · 횡금(橫琴) · 안궁(眼弓) · 아미(蛾眉) · 옥대(玉帶) · 관모(官帽) · 삼태(三台) · 천마(天馬) · 구사(龜蛇) · 금상(金箱) · 옥인(玉印) · 필가(筆架) 등의 형상이 길격이라고 한다. 또한 이러한 형상에 관계없이 귀인문성(貴人文星)만 단정하고 수려하여 다정하게 혈장을 향해 조배(朝拜)하면 이를 조배사라 하여 길격 안산이다.

한편 안산이 순수(順水)하거나 너무 비탈지고 배주(背走)하거나 또는 뾰족한 능선이나 곡살(谷殺)이 혈을 향해 직사하면 크게 흉하며 그 외에도 안산의 파쇄(특히 도로 개설, 개발 등을 위한 안산의 원형파쇄) 또는 참암(巉巖, 산이 높고 깎아지른 듯 가파르고 험한 것), 추악(醜惡), 주찬(走竄, 도망쳐 달리는 것) 무정반배(無情反背)하거나 부스럼이나 종기가 심한 피부처럼 조잡하고 거칠게 보이면 재화(災禍)를 면할 수 없는 흉격 안산이다.

3. 조산

조산(朝山)은 안산 뒤에 열립한 여러 산을 말하며 혈산(穴山)을 향해 다정하게 조응해야 길하다. 조산은 혈산과 정대하고 그 위용이 혈산과 대등해야 합격이다. 안산만 있고 조산이 없는 경우가 있고 안산도 있고 조산도 있는 경우와 안산도 조산도 다 없는 경우도 있다. 그러나 사는 혈과 가까울수록 미치는 영향력이 많으므로 안산이 더욱 긴밀하고 조산은 그 다음이다. 주산과 안조산은 주인과 빈객과의 관계와 같으니 귀객들이 많이 모여들면 그 주인 역시 고귀함을 짐작할 수 있는 것이니 조안(朝案)이 혈(穴)에게 유정하고 단정하며 수려해야만 길격이요 반대로 조안이 한쪽으로 비뚤어졌거나 거칠고 추악하면 불길한 것이다. 그리고 안산은 낮고 조산은 높아야 마땅하다. 안산이 높으면 혈을 압박하여 살이 되고 조산이 낮으면 안산에 가리워 혈에 조응을 못한다. 따라서 안산이 높으면 혈도 높게 재혈(裁穴)해야 되지만 조산은 높아도 상관이 없다. 그리고 조산이 없으면 멀리 대강수가 있으면 좋고 안산이 없으면 혈 가까이 내당수 또는 외당수가 둘러싸면 아름답다.

4. 조안사와 길흉화복

앞에서도 설명하였지만 안산은 원진수의 직거를 막고 혈전에서 불어오는 바람을 막아 내당을 따뜻하게 하여 진결(眞結)에 중요한 역할을 하기 때문에 길흉화복에도 크게 한몫을 한다.

첫째, 안산은 주로 처자궁과 재산을 주관한다. 때문에 생룡진혈(生龍眞穴)에 안산이 정면에서 다정하게 조응(朝應)하면 현처효자가 나오고 재복이 만정(滿廷)한다.

더욱이 귀인문필, 천마고축, 관모, 옥인, 화개삼태 등 귀사가 안이 되면 자손이 등과하고 금상고궤, 복종, 은병 등 부격사가, 안산에 있으면 부자가 기약되며 특히 청수한 아미사, 옥녀경대안이 있으면 궁비가 기약된다고 했다. 반대로 안산이 추악하거나 파쇄나 참암 등의 살이 있으면 인명손상과 대소재앙이 생기며 안산이 비탈지거나 메마르고 뼈대만 앙상하게 남은 것처럼 흉하게 보이면 손재가 많고 가난하며 처자궁도 좋지 않다.

조산의 길흉화복도 안산에 준하되 길흉간에 그 심도가 안산보다는 깊지 않다.

5. 낙산

낙산(樂山)은 주로 횡룡입수된 혈장에서 뒤가 허한 것을 보호해주는 산이다. 낙산에는 다음 그림과 같이 삼격(三格)이 있다.

① 특락(特樂) : 외래원산이 특래하여 혈후의 요결처(凹缺處)를 보장

〈그림 58〉 낙산 삼격

해주는 산을 말한다.

② **차락(借樂)** : 혈을 맺는 횡룡보다 먼저 개장한 횡룡이 마치 혈의 뒤를 병풍처럼 보호해주는 산봉우리를 차락이라 한다.

③ **허락(虛樂)** : 비록 혈 뒤에 크고 작은 여러 산이 있기는 하나 낮고 작은 산들이 흩어져 혈을 뒤에서 보호해주지 못하는 산들을 말한다.

이 중에서 특락은 진혈에 특히 유효하며 빨리 발복하여 크게 자손이 성하고 차락 또한 이에 준한다. 그러나 특락에는 미치지 못한다. 그리고 허락은 가짜 혈에 곡풍(谷風)이 사혈(射穴)하기 때문에 자손이 죽고 손재가 우려된다. 한편 낙산은 혈 뒤에 단정하게 탁립하여 혈장을 잘 보호해주면 족하고 그 산형 또는 본신룡이건 객산이건 차별은 없다. 끝으로 낙산은 혈에서 보여야 길하지만 내명당(內明堂) 내에서만 분명하게 보이면 된다.

제4장
사격별 화복론

각종 지리고서에 수록된 각종 사격에 의한 기본적 길흉화복의 기준을 부귀빈천 네 가지로 나누면 다음과 같다.

첫째, 사가 아름답고 기이하며 수려하면 귀사이다.

둘째, 둥글고 방정(肥圓方正)한 사격은 부사이다.

셋째, 혈에 대한 반배하거나 달아나는 듯한 사는 가난한 사(貧砂)이다.

넷째 기울어져서 위태롭게 보이거나 파쇄된 사격은 천한 사이다.

따라서 진룡진혈에 귀사가 혈전 또는 귀인방 임관방에 있으면 과거에 합격하고 비만방정(肥滿方正 = 금체 또는 토체)한 사가 혈전 또는 녹마방, 생왕방에 있으면 부자가 나고 용혈이 부진하고 빈사가 혈전 또는 좌우에서 배주(背走 : 배반하고 달아나는 것)하면 파산하며 파쇄천사(破碎賤砂)가 혈전 또는 좌우에서 혈을 위압충사하면 천한 사람이 많이 나온다.

이상 네 가지로 대별할 수 있으나 좀더 자세히 사세별로 길흉화복을 설명하면 다음과 같다.

제1절 사격별 화복론

사격별 부귀빈천의 구체적 분별은 너무도 많다. 그러므로 그 중에서 가장 대표적인 것만 선정하여 설명하면 다음과 같다.

1. 사격의 형세와 화복

① 천을(天乙) 태을(太乙) : 주산의 좌우에 대치한 귀인봉인 천을과 태을이 용혈을 옹호하면 높은 벼슬에 올라 군왕을 모시는 현신이 나온다.

② 수구사(水口砂) : 수구에 한문, 화표사, 북진 등 길사가 있으면 문명(文名) 높은 자손이 한림(예문관의 별칭)의 위(位)에 올라 군왕을 모시게 된다.

③ 중봉(衆峰) : 문필사, 귀인사, 문성 등 여러 귀사가 높이 솟으면 그 자손이 대대로 귀인이 나온다.

④ 좌기우고(左旗右鼓) : 용혈의 좌측에 기사(旗砂)가 탁립(우뚝 서다)하고 우측에 고사(鼓砂)가 특립하면 일국의 병권을 쥐는 명장이 나온다.

⑤ 전장후병(前帳後屛) : 금장사가 조안에 있고 병풍사가 혈의 뒤를 옹호해주면 충국제민(忠國濟民)의 문신재상이 나온다.

⑥ 문필사(文筆砂) : 문필사와 고축사가 이어 서면 장원급제하고 관모사가 어병사(御屛砂)와 서로 가까우면 문명 높은 동궁 세자의 시독관(侍讀官 : 현재 청와대 문교담당관에 해당)이 나온다.

⑦ 금병사(錦甁砂) : 위는 뾰족하고 아래는 둥근 은병사와 잔주사(盞注砂)가 있으면 천하 갑부가 난다.

⑧ 옥대사(玉帶砂) : 귀한 옥대사가 조안이 되면 재상과 같은 귀가 난다.

⑨ 아미사(蛾眉砂) : 수미(秀美)한 반월형의 아미사가 보이면 미녀
또는 궁비가 난다.

⑩ 인부수면(印浮水面) : 방원인사(方圓印砂)가 수면에 나타나면 큰
선비가 그 문장을 만방에 빛낼 것이요 구곡수(九谷水)가 혈전에 모이
면 부귀가 난다.

⑪ 어대사(魚袋砂) : 어대사가 서쪽에 있으면 경상(卿相)의 벼슬이
기대된다.

⑫ 천마사(天馬砂) : 천마사가 특히 남쪽에 있으면 공경대부(公卿大
夫)가 나올 것이다.

⑬ 돈필사(頓筆砂) : 수려한 필사(筆砂)가 혈전에 탁립하면 문장과
명필이 많이 난다.

⑭ 기사(旗砂) : 기세 당당하게 기사가 우뚝 서면 필히 장군이 난다.

⑮ 산고근안(山高近案) : 혈이 높고 노출된 곳에 있어 마치 맹호가 출
림하는 형세일 경우 산고근안하면 사람이 상하지 않으나 성체가 뾰족
하고 경직 풀 속에 성난 독사와 같은 형체는 살을 피하지 않으면 사람
이 상하기 쉽다.

⑯ 비주직거(飛走直去) : 산형이 헌옷 무더기와 같이 난잡하거나 산
세가 혈을 반대하고 도망치거나 혈을 돌아다보는 정다움이 없으면 패
가망신한다.

⑰ 참암쾌석(巉巖快石) : 참암이란 높고 험하게 생긴 바위를 말하며
이러한 암이 용혈을 향해 충사(衝射)하면 재앙이 많으며 첨원방정(첨
은 필봉, 원은 금성체, 방정은 토성체)한 귀암길성이 용신에 있으면
다복하다.

⑱ 붕괴파쇄(崩壞破碎) : 주산이 무너지고 부서지면 조상의 영혼이
편치 못하고 장차 정기가 쇠퇴하여 불길하다.

⑲ 파열사(破裂砂) 수읍자(水泣者) : 혈의 전후좌우 사방의 사산이 파

열 붕괴되면 재앙이 심하며 물의 흐르는 소리가 요란하게 들리면 빈번하게 상(喪)을 당한다.

⑳ 창고사(倉庫砂) : 산체가 둥근 창고사가 용신의 좌우에 탁립하여 혈을 지키면 거부를 기약한다.

㉑ 관성(官星)과 요성(曜星) : 용세가 왕성하여 그 여기(餘氣)가 용호의 주후(肘後, 용의 팔뚝에 비유한 것)에 붙으면 이를 요성(曜星)이라 하며, 안산 배후에서 역타(逆拖) 생봉(生峰)을 관성(官星)이라 한다.(보국 나성론 참조) 전안(前案)에 관성이 분명하고 요성이 용호를 도우면 귀와 명망이 하늘을 찌른다고 했다.

㉒ 서우망월형(犀牛望月形) : 서우망월형의 혈전에 금성안이 조응하면 신동재사가 조복(朝服)을 입는다 했다. (지금의 청와대 근무)

2. 길흉사에 의한 구체적 화복의 예

① 공경사(公卿砂) : 공경이란 벼슬이 높은 사람들을 칭하는 말이다. 따라서 벼슬이 높은 귀인들이 많이 나오는 길사는 물론 어느 사격이든 용진혈적(龍眞穴的)이 전제가 되기는 하지만 서기(瑞氣) 찬 주산과 고축사나 문성사가 조안이 되어 혈 앞에서 상응하고 청룡 위에 세 귀봉이 특립하면 공경대부와 같은 큰 벼슬이 기약된다.

② 거부사(巨富砂) : 용진혈적은 어느 사에서나 전제 조건이 되기 때문에 논하지 않더라도 현무봉에서 좌우로 개장한 용이 마치 혈의 뒤를 병풍처럼 감싸주고 조안은 둥근 금체의 사로 장호(嶂護, 산봉우리들로 에워싸다)하며 창고사는 주룡을 보호해주고 고궤(庫櫃)사나 북진(北辰)이 수구를 지키면 재벌 거부가 기약된다.

③ 왕비사(王妃砂) : 어병사(御屛砂)가 혈 뒤를 감싸주고 아미사가 안이 되어 巽방이나 坤방에 화관암(花冠岩 : 왕비가 쓰는 관)이 존귀하게 보이면 왕비 또는 귀부인이 기약된다.

④ 부마사(駙馬砂) : 백호가 청수 단정하고 손방의 옥녀봉과 신방의 맑은 강수(江水)는 부마 또는 고관, 거부의 사위가 기약된다.

⑤ 대과사(大科砂) : 문필봉이 안이 되어 탁립하고 청룡이 유기다정(有氣多情)하고 귀인방의 길사가 조혈(照穴)하면 문장재사(文章才士)가 나와 대과에 급제가 기약된다.

⑥ 장군사(將軍砂) : 후고전장(後靠前帳)하고 혈의 좌측에 기사(旗砂)가 우측에 고사(鼓砂)가 있고 酉방에 투구봉과 午방에 천마봉이 특립하면 병권을 쥐는 장군이 기약된다.

⑦ 효자사(孝子砂) : 높고 존귀한 건방봉(乾方峰)을 향해 그 보다 낮은 간방소봉(艮方小峰)이 배응(拜應)하고 子방, 艮방, 卯방 산수가 수려하고 맑으면 충신효자가 기약된다.

⑧ 현부사(賢婦砂) : 백호사가 수려하며 안산이 겸손하고 유순하게 보이며 坤방사가 단정하면 덕 있는 현부가 기약된다.

⑨ 절손사(絶孫砂) : 본신룡의 중간이 단절되고, 청룡이 요절하며 卯방이 낮고 함하면 절손이 우려된다.

⑩ 빈궁사(貧窮砂) : 청룡과 백호가 혈을 감싸주지 않고 오히려 반대하고 달아나며 여러 사산이 서로 흩어지고 재(財)를 관장하는 백호가 무기력하거나 혈전의 명당이 기울어지고 수구가 닫히지 못하면 가난이 우려된다.

⑪ 전망사(戰亡砂) : 내룡(來龍)이 무기력하고 청룡이 낮게 끊기고 酉방의 검사(劍砂)가 혈을 뾰족한 칼로 찌른 듯하면 자손의 전사가 우려된다.

⑫ 익사사(溺死砂) : 子ㆍ午방의 사산이 서로 저요(低凹 낮음)하여 질풍(疾風)이 직사하고 수구에 유시사(流屍砂 : 시체가 누워 있는 것처럼 보이는 사)가 있으면 익사자가 우려된다.

⑬ 오역사(忤逆砂) : 규봉이 많고 안산이 혈을 배반하고 청룡이 혈을

배반하여 달아나다 기봉(起峰)하여 혈장을 억누르면 신하는 역모를 하고 자손은 불효한다.

⑭ 맹인사(盲人砂) : 午방의 사가 음좌(陰坐)의 혈을 억누르고 토석으로 된 퇴사(堆砂 : 언덕)가 혈에서 바로 보이면 맹인이 우려된다.

⑮ 건각사(蹇脚砂) : 건각이란 절름발이를 말한다. 乙辰방에 보기 흉측한 암석이 있고 酉방에 흉사가 사혈(射穴)하며 酉방에서 오는 물이 청룡의 끝을 충사하면 불구가 우려된다.

⑯ 음탕사(淫蕩砂) : 혈장이 음습하거나 안산에 경대처럼 생긴 바위가 있고 백호 안에 홀로 뻗어내린 긴 사〔奸婦砂〕가 있으면 음탕한 계집이 생기거나 재산이 패하기 쉽다.

⑰ 유시사(流屍砂) : 子午방이 공허하고 수구에 유시사(시체와 같은 형상의 사)가 있으면 물에 빠져 익사하는 이가 생긴다.

⑱ 쌍태사(雙胎砂) : 酉·丁 두 방위에서 물이 흘러오고 안산의 봉우리가 뿔처럼 두 가지로 생기면 쌍태사라 하여 쌍둥이를 잉태한다.(양택에 있어서도 이와 같다)

⑲ 화재사(火災砂) : 寅午戌방이 모두 결함(缺陷)하면 화재가 연달아 일어난다.

⑳ 객사사(客死砂) : 子癸방과 辰戌丑未(四墓)방에 어대사(고기 담은 포대 같은 형상)가 있으면 객사자가 생긴다.

㉑ 어눌사(語訥砂) : 午未丁 방이 같이 허술하고 辰방과 巽방의 물이 연결되면 말더듬이가 나온다.

<h1 style="text-align:center">제5장
이기적 사격 화복론</h1>

제1절 형기적 사격론과 이기적 사격론

1. 형기적 사격론

사격론에는 육안으로 그 형상과 기세를 보아 길흉을 논하는 형기적(形氣的) 사격론과 음양오행상의 법수(法數)에 의한 길흉화복을 논하는 이기적(理氣的) 사격론으로 나눈다.

즉 형기적 사격론이란 앞의 사격론에서 설명한 바와 같이 그 형체에 따라 옥녀사, 귀인사, 삼태사, 천마사, 문성사, 옥대사, 화개사 등의 길사와 유시사, 살도사(殺刀砂), 적기사(賊旗砂), 낙태사 등의 흉사로 나누는 사법(砂法)이다.

2. 이기적 사격론

이기적 사격론이란 해당 용혈과 길흉사격의 방위별 음양오행법수에 의한 길흉화복을 논하는 법칙론이다.

예를 들면 산형이 형체상으로는 단정 수려하고 아름다운 귀사라 할지라도 이법상 혈을 상생해주는 길방에 있어야 더욱 길하며 반대로 사의 방위가 해당 용혈과 오행 이법상 상극관계이거나 맞지 않으면 귀사라 할 수 없으며 비록 취약하고 살이 있는 흉사의 경우라 할지라도 그 방위가 해당 용혈을 생해주는 길방에 소재한다면 그로 인하여 큰 피해를 우려할 필요가 없다는 것이다. 그와 반대로 겁살방 등 용혈과 이법상 상극되는 흉방에 흉사가 있으면 더욱 피해가 크다는 사법을 이기적 사격론이라 한다.

따라서 지금까지의 사격론은 거의 형기적 사격론에 치중했기 때문에 다음부터는 이기적 사격론에 대해서 설명하고자 한다.

3. 겁살

앞의 팔살흉사에 대해 설명했지만 흉암(凶岩)에 의한 충사(沖射)와 파열 등의 흉사는 각 방위에 상관없이 나쁘지만 특히 다음 겁살방에 이러한 흉사가 조대하면 조대겁살이라 하여 가장 흉하고 두려운 것이다. 이를 지리학에서는 이법겁살이라 하며 주로 자손이 상하고 관재 등 재앙이 우려되는 나쁜 살이다.

〈표 13〉 24좌에 대한 겁살방(劫殺方)

좌	겁살좌	좌	겁살방	좌	겁살방
임좌	신방(申)	손좌	계방	경좌	오방
자좌	사방	사좌	유방	유좌	인방
계좌	사방	병좌	신방(辛)	신좌	축방
축좌	진방	오좌	유방	술좌	축방
간좌	정방	정좌	인방	건좌	묘방
인좌	미방	미좌	계방	해좌	을방
갑좌	병방	곤좌	을방	을좌	신방(申)
묘좌	정방	신좌	계방	진좌	미방

4. 삼길육수에 대한 견해차

삼길육수(三吉六秀)에 대한 견해차는 다음과 같다.

〈표 14〉 삼길육수에 대한 견해차

도서명	쪽	설 명 내 용
도선국사풍수문답	87	震庚亥(三吉) 艮丙巽辛兌丁(六秀) • 병방은 주로 사문성(벼슬) • 정임은 장수 • 경은 무과 • 신은 학문을 맡으니 이런 방위에 길수가 있으면 부귀가 면면하다. 해묘수도 같으나 다만 간손은 좀 꺼린다.
풍수지리학 원전 2권	677	震庚亥(三吉砂) 艮丙巽辛兌丁(六秀砂) 삼길사는 주로 조종산 또는 원산이어야 하며 그 이유는 다 같이 진궁염정에 속하기 때문이며 육수사는 가깝게 바로 보일수록 좋다. 그 이유는 간병은 탐랑궁, 손신은 거문궁, 태정은 무곡궁에 속하기 때문이다.
88향	155	震庚亥 삼방을 삼길방이라 하며 艮丙巽辛兌丁을 육수라고 한다. 삼길방이 풍만하고 수려하면 주로 부귀하고 장수하는 법이니 극귀지지이다. 육수봉은 간봉이 병봉을 천(薦)하며 손봉이 신봉을 천하며 태봉은 정봉을 천하여 두 봉끼리 서로 응조하면 거부가 나며 부귀가 겸전한다(다른 책에도 거의 이처럼 설명하고 있다.)
풍수지리 이기법	238	24산별 삼길봉의 도표를 보면 내룡에 따라 길봉의 위치가 다르다. 삼길(기)과 육수는 정확하게 말하자면 삼기삼수라고 해야 옳겠지만 언제부터 무엇 때문인지 몰라도 삼길 육수 또는 삼기 육수로 불려 오고 있다. 구성법에서 삼길육수봉(사) 또는 삼길육수수에 대해 이와 같이 설명하고 있다.

풍수지리 이기법(238쪽)의 도표:

내룡	건곤	진경해미	감계진신	간병	곤을	손신	이임인술	태정사축
삼길봉	태진간	이건감	손간진	곤감건	간손태	감곤리	진태해	건리곤
삼수봉	정경병	임신계	신병경	을계갑	병신정	계을임	경정신	갑임을

겁살방이 아닌 다른 방위의 흉살은 혈지를 직접 찌르는 사가 아니면 크게 염려되지 않는다는 것이 지리의 원칙이라 하지만 이롭지는 않기 때문에 용진혈적 여부와 관련지어 정혈(定穴)에 참고하면 될 것으로 믿는다. 비록 용진혈적으로 발복이 되더라도 이 겁살이 혈을 찌르면 어느 때인가는 그 겁살에 상응할 만한 재화를 용혈의 기운이 없어질 무렵에 당하기 쉬우니 참고로 해야 할 것이다.

제2절 기타 방위별 사격론

1. 팔산론

팔산(八山)이란 혈을 중심으로 乾坤艮巽子午卯酉방 등 팔괘방을 말한다. 여기서 말하는 팔산이란 사태방(四胎方)인 乾巽艮巽과 사정방(四正方)의 子午卯酉를 합친 팔방위를 말하는 것이 아니라 乾은 건괘(乾卦) 즉 戌乾亥방을 합친 방위를 말한다.

따라서 이 팔산론은 팔괘육친의 기본적 성격에 의한 팔괘방의 사격(砂格)에 대한 길흉화복론이다. 이 팔산사격론 역시 소재방위(所在方位)를 기준삼아 길흉화복을 결정하되 그 산세와 외적인 형상도 도외시할 수는 없다.

육친법이란 오행론에서 설명한 바와 같이 오행의 상생, 상극, 비화(比和)의 이치에 따라 길흉을 가늠하는 오행법칙이다.(오행론의 육친법 참조)

① 乾山(戌乾亥방의 사) : 서북쪽 戌乾亥방의 산이 높으며 단정하고 수려하면 주로 자손이 번성하고 장수하며 반대로 낮고 함하면 자손이 끊긴다. 한편 그 방위에 천마산이 있으면 최관귀사라 하여 속발하여 귀현(貴顯)이 난다.

② 坤山(未坤申방의 사) : 서남쪽 未坤申방의 산이 단정하고 우아하면 부귀에 자손이 번창하고 부녀가 유덕하며 반대로 저함하고 무기하면 가난하고 주부가 실덕한다.

③ 坎山(壬子癸방의 사) : 북방인 壬子癸방의 산이 단정하고 수려하면 부귀가 주로 중방(中房)에서 나고 낮고 공허하면 중방이 오히려 부진(不振)이다.

④ 離山(丙午丁방의 사) : 남방인 丙午丁방의 산이 낮으면서 수려하면 문장귀인이나 미녀가 나고 산이 높아 남쪽 햇빛을 차단하면 불발부귀하고 안질로 맹인이 난다. 다만 멀리 있는 높은 산은 길하며 남방에 천마사가 있으며 속발부귀한다.

⑤ 艮山(丑艮寅방의 사) : 동북방인 丑艮寅방의 산이 단정유기(端正有氣)하면 인정과 재물이 같이 일어나나 낮고 무기력하면 병질에 걸리고 가산이 쇠퇴한다.

⑥ 巽山(辰巽巳방의 사) : 동남방인 辰巽巳방의 사가 수려하고 청미하면 주로 문장 귀인이 나며 낮고 조악하면 음탕하고 천한 사람이 나며 단명한다.

⑦ 震山(甲卯乙방의 사) : 동방인 甲卯乙방의 산이 높고 수려하면 부귀에 자손이 번창(왕정)하고 특히 장방(장손)이 흥왕하고 반대로 낮고 무기력하면 자손이 불왕하며 장방(長房)이 조사(早死)한다.

⑧ 兌山(庚酉辛방의 사) : 서방인 庚酉辛방의 사산이 수려하고 단정하면 문무가 겸하고 재산이 풍부하며 낮고 조악하면 음탕한 소녀가 난다.

2. 삼길육수사

• 삼길사(三吉砂) : 삼길방인 震(卯)庚亥방에 솟은 수려하고 장엄한 귀사를 말한다. 이곳 산세가 높고 장엄하고 기세가 당당하면 부귀가

대발하고 자손이 번창하고 장수한다. 이 삼길사는 주로 용호 밖에 조종산(祖宗山) 또는 원산(遠山)이어야 한다.

　• 육수사(六秀方) : 육수방인 艮丙巽辛酉丁방에 솟은 우아하고 단정한 귀사를 말한다. 이곳 산세가 단정하고 수려하며 생기가 있으면 모든 자손이 득권하고 재물을 얻어 다복하다. 그 이유는 艮丙은 탐랑궁(貪狼宮), 巽辛은 거문궁(巨門宮), 兌丁은 무곡궁(武曲宮)에 속하기 때문이다.

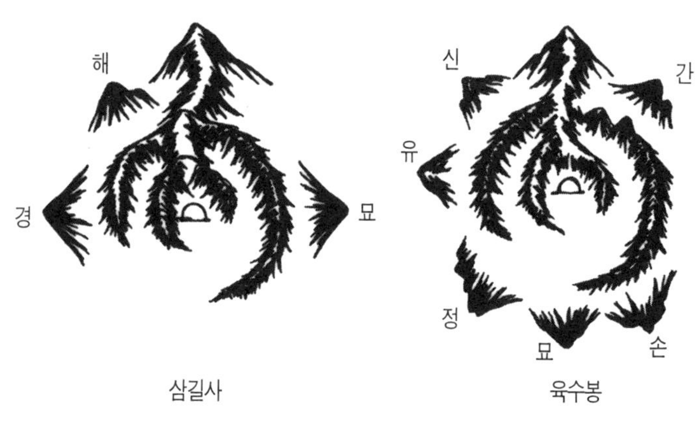

〈그림 59〉 삼길사와 육수봉

3. 기타 제사

　① 사정방사(四正方砂) : 용혈을 중심으로 子午卯酉의 사정방(四正方)에 단정하게 솟은 귀사가 서로 혈지를 옹위하면 대대로 귀인이 나고 자손이 번창하며 부자가 난다.

　② 귀인사(貴人砂) : 단정하고 수려한 문필사, 귀인사, 문성사 등 길사가 귀인방에서 솟아 혈지를 조응하면 대과에 급제하여 높은 벼슬에

오른다.

〈표 15〉 24좌에 대한 귀인방

좌	귀인방	좌	귀인방	좌	귀인방
갑	축미방	간	유해방	사	인오 유해방
을	자신방	손	인오방	오	유해방
병	유해방	자	묘사방	미	자신 유해방
경	인오방	축	인오 묘사방	신	인오 묘사방
임	묘사방	인	축미 유해방	유	인오방
건	축미 묘사방	묘	자신방	술	인오 유해방
곤	자신(子申) 묘사방	진	자신 묘사방	해	축미 묘사방

24좌에 각기 귀인방이 있기 때문에 그 좌산의 귀인방에 길사가 보이면 귀직을 얻는다 했다.

③ 음양 최관귀인(催官貴人)

• 음최관귀인방 → 艮巽震(卯)兌(酉)방이요

• 양최관귀인방 → 丙辛庚丁방이다.

이 최관귀인방은 음양이 다 같이 정음(淨陰)에 속하며 삼길육수방에 해당되는 방위이다. 혈의 좌향과는 상관없이 최관귀인방에서 청미하고 생기 있는 귀봉길사가 탁립하면 속발승직한다.

④ 녹위사(祿位砂) : 주로 치부(致富)하고 인정이 왕성한 녹방에 특립한 사격을 말한다. 이 녹위사에는 정(正)록사와 차(借)록사가 있다. 정록과 차록이 다 같이 향을 위주로 녹을 구한다. 즉 壬坐丙향의 녹위는 丙향의 정록은 巳요 차록은 巽이다. 따라서 巽巳방에 귀사가 솟으면 壬坐丙향의 녹위사가 되는 것이다.

• 정록위 …… 壬록은 亥, 癸록은 子, 甲록은 寅, 戊록은 巳, 乙록은 卯, 丙록은 巳, 丁록은 午, 巳록은 午 庚록은 申, 辛록은 酉 방에 있다.

• 차록위 …… 丙록은 巽, 壬록은 乾, 甲록은 艮 庚록은 坤 방에 있다.

방정하고 비원(肥圓)한 길사가 정록방(正祿方) 또는 차록방에 특립하면 부자가 나고 자손이 번성하며 높은 벼슬이 난다.

⑤ 역마사(驛馬砂) : 천마체의 사산(砂山)이 웅장하게 역마위에서 혈지를 조혈하면 최관마(催官馬)라 하여 부자가 난다. 이 역마법에는 사국마법(四局馬法)과 차마법(借馬法)이 있으며 사국마나 차마 다 같이 좌(坐)를 위주로 본다.

사국마 …… 申子辰좌에서 마거(馬居)는 寅이요, 亥卯未는 마거는 巳요 寅午戌좌는 마거는 辛이요, 巳酉丑은 마거는 亥이다.

차마 …… 丙좌의 마거는 巽이요, 壬좌의 마거는 乾이요 甲좌의 마거는 艮이요, 庚좌의 마거 坤이다.

예컨대 子좌 午향의 혈이라면 역마는 申방이며 子좌午향은 지지(地支)좌향이기 때문에 차마는 없다. 그러므로 진결된 子좌午향의 혈지는 申방에 천마사가 특립하여 조혈하면 계속 부자가 난다.

제3절 옛 선사의 사격화복론

본 사격화복론은 『풍수지리학』 원전에 소개된 내용과 중복을 피하면서 앞에 언급한 사격론과 상반되지 않는 부분만 소개하면 다음과 같다.

1. 길사

① 사태방(四胎方)인 乾坤艮巽은 대사문(大赦文)이요 庚辛丙丁은 소사문(小赦文)이라 하여 이 방위에 아름다운 산봉우리가 있으면 가세가 융성하고 총명한 문장이 난다. (四胎, 四胞, 四順, 四正, 四强, 四藏은 나경편 참조)

② 부(富)에는 艮방에 원후(圓厚)한 금성사가 있어야 하고 귀에는 巽방에 수려한 귀인사가 있어야 되며 수(壽)에는 乾방에 높은 사가 필요하다.

③ 손신봉(巽辛峰)이 수려하고 단정하면 문과에 급제하고 경태봉(庚兌峰)이 장엄한 기세라면 병권을 쥐는 무인이 난다.

④ 艮좌에 병정봉(丙丁峯)이 수려한 귀봉이라면 부귀가 기약되며 震좌(卯坐)에 태〔酉〕봉이 높이 충천하면 대군을 거느리는 장군이 난다.

⑤ 辛·亥좌에 巽봉이 수려 단정하면 높은 벼슬이 기약되며 신봉이 뾰족한 필봉이 아름다우면 높은 벼슬이 계속된다.

⑥ 손유좌(巽酉坐)에 艮봉이 금성사로써 둥글고 두꺼우면 정재(자손과 재물)가 융흥하고 丙丁좌에 艮亥봉이 방정하면 부농 또는 거상이 기약된다.

⑦ 사태방(四胎方)인 乾坤艮巽위를 사신위라고도 한다. 사신위에 높은 봉이 병립하면 이를 사신구전(四神俱全)이라 하여 귀인이 기약된다.

⑧ 삼각치(三角峙) : 艮巽酉〔태〕 삼방위에 기봉이 대응하면 이를 삼각치라 하여 부귀가 기약된다.

⑨ 사유열(四維列) : 乾坤艮巽방은 사태방 사신위 또는 사유열이라 하며 이곳에 높고 수려한 봉이 있으면 부귀가 다출한다.

⑩ 팔국주(八國周) : 사순방(四順方)인 甲庚丙壬과 사강방(四强方)

인 乙辛丁癸는 결국 팔천간위(八天干位)를 말한다. 이를 팔국위라고
도 한다. 이곳에 고봉이 단정하게 병립하면 극히 귀한 공후가 기약된
다.

⑪ 사세고(四勢高) : 사포(四胞)인 寅申巳亥위를 사세위(四勢位)라
고도 한다. 이곳에 네 곳 모두 고르게 높고 수려한 봉이 있으면 사세
고라 하여 귀현이 기약된다.

⑫ 일월고(日月高) : 일은 離(午)방이요 월은 坎(子)방위이다. 이 방
위에 일월귀사가 남과 북으로 대치하면 주로 귀인이 기약된다.

⑬ 자궁완(子宮完) : 震(卯)艮, 坎(子)방은 삼남위이다. 이곳에 높은
봉이 수려하면 이를 자궁완이라 하며 자손이 번창한다.

⑭ 여산구(女山俱) : 巽午酉의 삼 방위에 수미한 사가 있으면 이를 여
산구라 하며 여자 귀인이 기약된다.

⑮ 재백풍(財帛豐) : 이 재백풍이란 艮위를 말한다. 이곳이 둥글고 두
꺼우면 이를 재백(비단백)풍이라 하여 재물과 비단이 풍부하다는 뜻
이니 치부가 기약된다는 것이다.

⑯ 수성숭(壽星崇) : 수성숭이란 뜻은 정위(丁位)가 노인성위(老人星
位)이기 때문에 수성이라고도 한다. 이곳의 사가 높고 수려하면 이를
수성숭이라 하여 자손들이 장수한다.

⑰ 마상금계귀(馬上金階貴) : 乾방의 마체(馬體)는 금마라 하고 離
(午)방의 마는 천마라 하는데 이위(二位)에 기세가 왕성한 마체의 사
가 함께 있고 兌(酉)방의 산이 높게 乾午방의 마사(馬砂)와 함께하면
이를 마상금계귀라 하며 계속하여 대귀가 기약된다.

⑱ 태양승전(太陽昇殿) : 태양승전이란 사정방(四正方)인 子午卯酉
방위를 말한다. 이곳에 단정하고 수려한 금체의 사가 네 방위에서 있
으면 이를 태양승전이라 하며 극히 귀하며 국부가 기약된다.

⑲ 태음입조(太陰入朝) : 태음입조는 사순(四順)위인 甲庚丙壬 사의

위에 아름다운 태음금성체의 산[砂]이 사면에서 함께하면 이를 태음
입조라 하여 주로 남자는 부마가 되고 여자는 궁비가 된다고 했다.

⑳ 삼화병수(三火竝秀) : 午丙丁 삼위를 삼화위라 한다. 이곳에 첨봉
(尖峰 : 火體)이 병립하면 이를 삼화병수라 하여 높은 벼슬이 기약된
다.

㉑ 녹마공후(祿馬拱後) : 艮은 녹위(祿位)요 乾은 마위(馬位)이기 때
문에 두 방위에 녹마산이 혈 뒤에서 함께 호위하면 이를 녹마공후라
하여 주로 대부(大富)와 높은 벼슬이 기약된다.

㉒ 문필수(文筆秀) : 문필 방위인 巽辛 두 방위에 뾰족하고 아름다운
문필봉이 함께 나란하면 이를 문필수라 하여 장원급제가 기약된다.

㉓ 옥대현(玉帶現) : 이 옥대현은 巽방과 辛방의 위에 있는 대사(帶
砂)를 옥대라 하고 경유 두 방위에 있는 대사를 금대라 한다. 이 옥대
또는 금대가 혈의 정면에 있으면 이를 옥대현이라 하여 남자는 장원
급제하고 여자는 귀비가 기약된다.

㉔ 금인부(金印浮) : 庚酉辛乾위에 있는 인사(印砂)를 금인(金印)이
라 하며 이 방위의 수중에 부인(浮印 : 수중에 있는 바위인사)이면 이
를 금인부(金印浮)라 하여 주로 문장귀현이 기약된다.

㉕ 사문기(赦文起) : 이 사문기란 丙丁庚辛위가 사문위(赦文位 : 사
문방)이기 때문에 이곳에 수미하고 단정한 봉이 있으면 영구히 흉화
를 겪지 않는다.

㉖ 마상어가(馬上御街) : 이 마상어가란 巽방에 마체의 사가 있고 맑
은 손방수가 혈전에 유입하면 이를 마상어가라 하여 귀한 벼슬이 기
약된다.

2. 흉사

① 사살천권(四殺擅權) : 천(擅)이란 제 마음대로 한다는 뜻이다. 사

장위(四藏位)인 辰戌丑未의 사위에 높고 준급하며 험한 모양의 산이 혈을 압박하면 이를 사살천권이라 하며 매사에 흉재가 우려된다. 다만 앞에서 설명한 丙丁庚辛의 사문위에 길사가 있으면 흉을 감한다 했다.

② 팔문결(八門缺) : 乾坤艮巽(사태방)과 子午卯酉(사정방)가 팔문이다. 이곳이 요함하면 이를 팔문결이라 하여 팔풍(八風)이 취혈(吹穴)하여 패가망신한다.

③ 사금요(四金凹) : 사장위인 辰戌丑未를 사금위라 하여 이곳이 요함하면 이를 사금요라 하여 금사함풍(金砂陷風)이라는 살풍이 취혈하여 흉재가 계속된다.

④ 삼화저(三火低) : 앞에 설명한 삼화병수(三火倂秀)는 丙午丁 삼화위에 화체의 첨사(尖砂)가 병립하였을 경우인데 반해 삼화위가 낮고 함하면 이를 삼화저라 하여 관로(官路)가 막혀 승진이 안 된다.

⑤ 괴강웅(魁罡雄) : 이 괴강웅은 辰戌丑未위를 사괴(四魁) 강(罡)위라 하며 이곳에 악산괴암이 혈을 누르면 이를 괴강웅이라 하여 도적과 걸인이 우려된다.

⑥ 자궁허(子宮虛) : 卯子艮 삼위가 자궁위이다. 이곳이 낮아 공허하면 이를 자궁허라 하여 자손이 끊어진다.

⑦ 문성저(文星低) : 巽辛 양위가 문성위이기 때문에 앞에서 설명한 것처럼 이 양위에 문필봉이 있으면 장원급제하는 데 반해 이곳이 낮고 함하면 관운이 없어 벼슬을 못한다.

⑧ 창고도(倉庫倒) : 辰戌丑未 네 방위가 사고위(四庫位)이다. 때문에 이곳이 기울고 파쇄무기하면 이를 창고도라고 하여 도산이 우려된다.

⑨ 재백산(財帛散) : 앞에서 재백풍에 대해 설명했다. 재물이나 비단이 풍부함을 말함인데 재백산이란 재물이 흩어진다는 뜻이다. 艮방은

목위 또는 재백위라 한다. 이곳이 산란하거나 낮거나 또는 무기력하면 재백산이라 하여 손해가 계속되어 가난해진다.

　⑩ 수산경(壽山傾) : 앞에서 설명한 것처럼 정위(丁位)는 노인수성위이기 때문에 이곳이 낮으면 수산경이라 하여 단명하다.

　⑪ 살도출(殺刀出) : 辰戌丑未위에 뾰족한 칼처럼 생긴 살도사가 있으면 이를 살도출이라 하여 인명살상이 염려된다.

　⑫ 횡시견(橫屍見) : 子癸방에 시관사(屍棺砂)가 보이면 이를 횡시견이라 하여 주로 객사나 노사(路死)가 염려된다.

　⑬ 금계평(金階平) : 酉방이 낮으면 금계평이라 하여 귀를 얻지 못한다.

　⑭ 천주절(天柱折) : 乾방이 낮으면 이를 천주절이라 하여 소년의 죽음이 염려된다. 만일 戌乾방이 낮아 그곳의 바람이 혈로 쏘아오면 더욱 흉하다.

　⑮ 적기사(賊旗砂) : 辰戌방에 기(旗) 모양의 사가 있으면 이를 적기사(賊旗砂)라 하여 큰 도적이나 반역자가 나온다.

　⑯ 회록(回祿) : 寅午戌방이 낮고 함하면 회록이라 하여 화재가 계속 일어난다.

　⑰ 낙태사(落胎砂) : 子癸丑방에 흙무더기 같은 언덕이 있으면 낙태하고 戌乾亥방에 흙 언덕이 있으면 소경, 귀머거리가 나오며 午방에 이것이 있으면 가운데 자손이 애꾸가 된다. 戌乾방이 낮아 바람이 취혈해도 귀머거리가 난다.

　⑱ 오성수제(五星受制) : 오성수제는 남방(火)에 금산, 동방(木)에 토산, 서방(金)에 목산, 북방(水)에 화산이 있으면 火剋金, 木剋土, 金剋木, 水克火로 서로 상극 관계가 되기 때문에 크게 흉한 것이다.

　⑲ 쌍태사(雙胎砂) : 酉丁의 두 방위에서 물이 흘러오고 안산에 쌍태봉이 있으면 쌍둥이를 잉태한다. 옛날에는 흉사로 취급되었지만 근년

에는 아들 쌍둥이만 되면 최고의 길사로 생각한다.

⑳ **고혈압(高血壓)** : 坤申방이 낮아 그곳으로 바닷물이 넘겨다 보이면 중풍과 고질병 환자가 많이 생기며 乙辰방이 낮아 멀리 들판이 건너다 보이면 풍병, 창질병 환자가 많이 생긴다.

㉑ **양자사(養子砂)** : 청룡이 작은 산을 안으면 양자를 두게 되고 백호가 조그만한 산을 안고 있으면 간부를 두는 여인이 생긴다.

3. 28수 오행의 운용법(혈좌와 사격의 관계)

28수(宿)의 각 궁위에는 오행과 24방위가 각각 상배하고 있기 때문에 이를 사용하여 사의 방위와 혈지좌와의 관계에 따라 길흉화복을 판단한다. 즉 28수 각 궁위에 배정된 오행은 다음과 같다.

위 28수 오행으로 혈좌와 사의 방위를 대비하여 이를 상생오행에 따른 육친법(六親法)에 의해 그 혈지의 사격으로 부귀빈천의 화복을 도출한다.

· 乾坤艮巽은 木이요 (四胎)

· 寅申巳亥는 水요 (四胞)

· 甲庚丙壬은 火요 (四順)

· 子午卯酉는 火요 (四正)

· 辰戌丑未는 金이요 (四藏)

· 乙辛丁癸는 土이다. (四强)

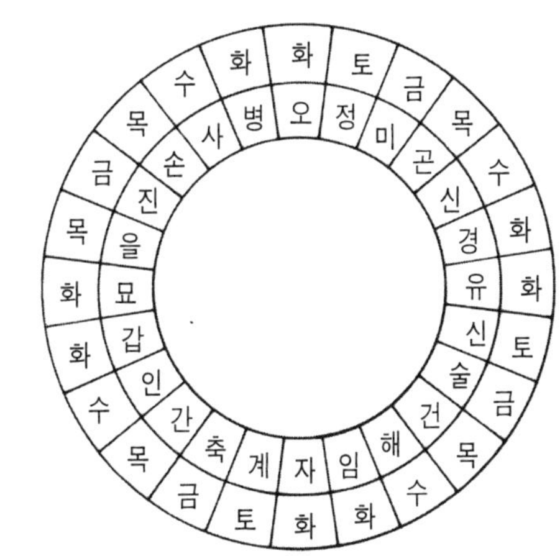

28수의 각 궁위에 배정된 오행

육친법의 운용 방법

육친법에 대해서는 오행론에서도 설명한 바 있는데 다음과 같다.
　·생아자(生我者)는 인수(印綬)가 되어 나를 생해주기 때문에 길하고
　·아생자(我生者)는 상관(傷官)이 되어 내가 생해주기 때문에 흉하다.
　·아극자(我剋者)는 처재(妻財)가 되어 내가 그를 지배하기 때문에
길하고
　·극아자(剋我者)는 망살이 되어 나를 극하기 때문에 흉하다.
　·비화자(比和者)는 형제가 되어 서로 도움으로 길한 것이다.
　예컨대 혈지가 艮坐라면 28수 오행으로 木에 해당되기 때문에 사격
(砂格)의 소재 방위가,
　水가 되면 水生木으로 나를 인수 생조(印綬 生助)하여 길하고 …… 生我者
　火가 되면 木生火가 되어 상관 설기(傷官 洩氣)하므로 흉하고 …… 我生者
　土가 되면 木剋土가 되어 아극처재(我剋妻財)하여 길하며 …… 我剋者
　金이 되면 金剋木으로 나를 극하기에 흉하며 …… 剋我者
　木이 되면 형제이므로 서로 도와 길하다 …… 比和
　(전편 오행론 참고)

제4절 사격론에 대한 결론

　지금까지 사격의 풍수지리적 역할에 대해서 논했다. 길흉사로 연유
한 화복에 대해서도 나름대로 설명했지만 주자답산가(朱子踏山歌)에

서도 밝혔듯이 "사가 아무리 미인과 같아도 귀천은 오직 종부(從夫)요 水가 아무리 정병(精兵)과 같아도 진퇴는 오직 유장(由將)"이라 말한 것처럼 사수가 아무리 아름답고 적법이라 할지라도 용혈이 이에 따라주지 않으면 발복은 기대할 수 없는 일이며 이와 반대로 비록 패가망신의 흉사라 할지라도 용혈의 부실 여부가 전제가 된다. 비록 흉사가 조혈(照穴)한다 해도 용혈이 진격(眞格)이면 간혹 재해가 있을지라도 기본적 발복에는 큰 지장을 주지 못한다. 때문에 혈의 진가(眞假)나 화복의 수준을 사격의 길흉만으로는 판단하기 어렵다. 사격에 대한 화복의 종류도 각 도서나 지사들의 견해에 따라 그 해설이 구구할 뿐만 아니라 서로 상반된 내용도 많다.

또한 비교적 많은 종류의 사격에 대해 도해(圖解)와 함께 상세히 설명하고 있는 책자가 『인자수지(人子須知)』이다. 그렇다 해도 막상 우리가 산에 가서 실제로 여러 사격을 논하려 할 때 책에 소개된 그림이나 설명과 똑같은 사가 얼마나 있겠는가? 많은 답산을 통해서 많은 종류의 사격을 분류할 수 있는 능력을 길러야 된다.

그리고 길흉사가 있는 방위에 따라 이법적(理法的) 발복 여부도 100퍼센트 적중하지는 못한다. 또한 화복론에 있어서도 옛날에는 부귀빈천의 종류가 극히 단순했지만 현대의 실정은 다르다. 예를 들면 옛날에 '귀인이 난다' 하면 주로 높은 벼슬을 말하였지만 현대적 귀는 수천 가지, 수만 가지이다. 그리고 아무리 명당이라 할지라도 지금 백자천손이 가능하겠는가? 또한 장군대좌혈에 기고사(旗鼓砂)가 분명하다 해도 장군 대신 다른 벼슬이나 부자나 과학자가 탄생할 수도 있다. 따라서 지나치게 물형이나 사격에 집착해서는 안 된다.

용혈사수를 고루 살피고 혈증을 세밀히 관찰하여 종합적으로 판단하고 정혈(定穴)에 신중을 기해야 될 것이다.

제8부

수세편

제1장
수세 총론

제1절 수세의 개요

풍수지리학적 수세론은 진혈(眞穴)이 맺어지기 위한 양대 요건 중의 하나인 물의 현상을 관찰하는 방법과 이법상(理法上)으로 산과 물의 궁합을 맞추는 방법을 연구하는 중요한 내용이다.

즉 혈의 진결(眞結)은 용과 물의 외적 배합과 이법상의 배합이 다같이 맞아야 이루어진다. 그 이유는 산은 음이요 물은 양이기 때문에 음양배합이 절대적으로 필요하기 때문이다. 따라서 물이 없는 산세에서는 혈을 맺기 어렵다.

그리고 풍수지리의 화복론(禍福論)에서 물은 재물과 관계가 깊다. 때문에 옛 글에도 ‘산관인정(山管人丁)하고 수관재물(水管財物)’이라 했다. 산은 자손의 번영을 관리하고 물은 재물을 관장한다는 뜻이다. 그러기 때문에 물이 없는 용혈(龍穴)은 진혈이 될 수 없으며 재물이 없어 가난하다. 옛 글에도 ‘수세자(水勢者)는 혈전거래지수야(穴前去來之水也)이니 용혈지긴증자야(龍穴之緊證者也)라’ 했다. 수세란 혈전을 오고 가는 물이니 혈의 긴요한 증거가 된다는 말이다.

결론적으로 수세론이란 주로 물의 다과(多寡)와 천심(淺深), 곡직

(曲直)과 완급(緩急), 청정(淸淨)과 오탁(汚濁) 등 물의 외적 형세를 보는 요령과 득파(得破)와 혈의 좌향(坐向)과의 길흉관계를 이기법(理氣法)으로 연구하는 내용이라고 생각하면 될 것이다.

물에는 지상수와 지하수, 원진수(元辰水 : 相水, 蟹眼水, 微茫水, 金魚水, 蝦鬚水) 등의 관념수(觀念水) 등 세 가지로 나누어지며 다 같이 중요하다. 그리고 물은 유유히 흘러야 길하며 소리를 내고 흐르는 급류직거(急流直去)는 좋지 않다.

제2절 물의 형세

물의 형세에는 길격형세(吉格形勢)와 흉격형세(凶格形勢)로 다음과 같이 나누어진다.

1. 길격수세

길격인 물의 형세에 대해서도 구구한 설이 있지만, 산은 음이요 물은 양이기 때문에 음과 양은 홀로는 생성하지 못하고 음과 양이 서로 조화를 이루어야 된다는 것은 우주만물의 공통된 이치다. 때문에 장서에서도 풍수의 술법은 물을 얻음이 으뜸이요, 장풍(藏風 : 바람을 감춤)이 다음이라 했다. 산과 물이 서로 돕고 다정해야 음양이 서로 화(和)하고, 기가 서로 뭉쳐야 생기가 있고 길한 것이다. 그리고 산과 물은 서로 걸맞아야 되며 산이 크고 높으면 물도 많아야 된다. 반대로 산이 낮고 용세(龍勢)가 약하면 물도 그에 알맞게 흐르는 것이 길하며 길흉화복도 주로 물에 의해서 좌우된다고 했다. 또 어떤 사람은 산과 물의 관계를 사람의 몸과 혈맥에 비유하기도 한다. 즉, 혈맥이 정상적으로 순환하고 순조로우면 몸도 건강한 것처럼 산수에서도 서로 조화를 이루어야 산이 생기를 얻을 수 있다는 것이다. 음택요결(陰宅要訣)에서는 산수의 관계를 남녀관계에 비유하여 재미있게 풀이하기도 했다. 길격 수세는 다음과 같이 다섯 가지로 크게 나누어진다.

① 내수(來水) : 혈을 향해 들어오는 물은 구곡지현(九曲之玄) 모양으로 구불구불 굴곡하고 느릿하게 유유히 들어와야 길격형세다. 주로 등과귀인(登科貴人)이 기약된다.

② 횡수(橫水) : 용혈과 명당을 횡류(橫流)하는 물을 말한다. 이 횡류수는 용혈을 반궁역류(反弓逆流)하거나 일직선으로 직거(直去)하지 않는다. 깊고 맑은 물이 용혈을 다정하게 감싸주듯 휘돌아 흐르는 물은 횡수 중 길격 형세이며 주로 치산가부(治産家富)가 기약된다.

③ 거수(去水) : 명당수가 당외(堂外)로 흘러나갈 때는 급류로 직거하지 않고 머뭇거리면서 서서히 흘러나가야 거수의 길격형세다. 주로 자손이 성하고 부자가 난다.

④ 지호수(池湖水) : 지당(연못) 호수는 맑고 깊고 깨끗한 물이 넘쳐 흘러야 지호수의 길격형세다. 자손이 성하고 부자가 기약된다.

⑤ 융취수(融聚水) : 혈전천심(穴前天心 : 혈 앞의 명당 중심지)에 모여든 물이 느릿느릿 휘돌면서 나가야 길격형세이며 주로 부귀가 기약된다.

2. 흉격수세

① 직사수(直射水) : 혈전에서 혈을 향하여 곧게 사(射)하고 들어오는 흉한 물의 형세를 말한다. 주로 자손이 상하고 관재가 우려된다.

② 할각수(割却水) : 명당수가 한쪽으로 기울어 쏟아지듯 급하게 흐르거나 사방으로 흩어져 흐르는 형세이며 주로 가산(家産)이 패한다.

③ 준급수(峻急水) : 급류로 곧게 요란하게 흘러가는 흉한 형세이며

주로 빈곤함이 우려된다.

④ 격단수(激湍水) : 격이란 물결이 부딪혀 소란한 흐름을 말하며 단
이란 몹시 급하게 흐르는 여울물을 말한다. 따라서 격단수란 얕은 여
울물이 소리내며 요란하게 급류로 흘러가는 형세이기 때문에 흉하며
패가망신이 우려된다.

⑤ 반도수(反挑水) : 혈전에 이른 내수가 반도역류(反桃逆流)하는 흉
한 형세이며 패가망신이 우려된다.

⑥ 경사수(傾斜水) : 물의 흐름이 매우 급하게 쏟아지듯 소리내면서
흐르는 흉한 물의 형세다. 가재(家財)가 속패(速敗)한다.

제3절 명당수의 발원과 도당

발원수(發源水)란 혈 앞에 모여드는 물의 발원지(상류수)를 말한
다. 옛 글에도 '수원처(水源處), 즉 물의 발원(최상류)이 깊고 멀수록
용과 기가 왕성하여 발복이 오래 간다고 했다. 반대로 수원(水源)이
짧으면 용도 짧은 것이니 발복도 짧다'라고 했다. 오공(吳公)도 '오는
물이 짧고 가는 물이 길면 역량이 없다'고 했다.

도당(到堂)이란 당외수(명당 밖에서 흘러오는 물)가 명당에 들어오
는 것을 말한다. 그리고 도당수는 생왕길방(生旺吉方)에서 득수가 되
어야 길하며 사절흉방(死絕凶方)이면 복을 감한다.

위에서 말하는 생왕방이니 사절방이니 하는 것은 다음 수법론에서
자세히 설명되겠지만, 아무리 생왕방에서 내수해도 그 물이 반궁수
(反弓水)나 반도수(反挑水)이거나 역관사(하수사론과 혈장론 역관과
순관 참조)가 없어 역관하지 못하고 곧게 흘러가면 흉한 것이다. 이는
물의 형세(수세)가 수법보다 더 소중함을 말한 것이다.

도당수가 혈 앞을 감아 돌고 하수사(下手砂)에 의해 역수하여 수구
가 잘 닫혀져야 수수취기(收水聚氣 : 물을 거두고 기를 모아)가 가능
하기 때문에 크게 발복할 수 있는 명당수가 된다. 만약 물이 역사(逆
砂 : 下手砂와 같음)의 밖에 있어 혈에서 보이지 않더라도 같은 이치
다. 대개 대지는 사가 많아 외명당의 물은 보이지 않는 경우가 많으나
'명조(明朝)가 암공(暗拱)만 못하다'는 설은 이를 말한다. 즉 눈으로
보이는 조수(朝水)가 보이지 않는 암공수(暗拱水)만 못하다는 말이
다. 현무수전(玄武水纒) 등이 이에 해당한다.

제4절 수구론과 그 길흉

수구(水口)는 명당수의 나가는 곳을 말하며 일명 파구(破口) 또는
거수처(去水處)라 한다. 명당에 들어온 물은 반드시 나가야 되며 그렇
지 못하면 부수(腐水 : 부패된 물)가 되어 사람이 상하고 손재한다.
장서에 '흘러가는 곳이 없어야 한다'는 말은 물이 나간지 모르게 마치
정든 님을 떠나기 싫어 뒤를 돌아보고 머무르고자 해야 아름답다는
뜻이다.

만약 얕고 급하게 직거하면 크게 흉한 것이다. 수구에 나성북진(羅
星北辰), 화표(華表), 한문(捍門) 등의 사가 중첩되어 있으면 그 출구
가 자연히 아름답게 이루어진다.

한편 수구(파)에도 내수구(내파)와 외수구(외파)가 있다.

• 내파(內破)란 청룡과 백호의 끝이 서로 교차하는 곳으로(합금지
처), 내득수가 흘러서 보이지 않게 되는 곳(불견지처)을 내수구(파)라
한다. 혈을 정할 때 선간수구(先看水口)하라고 한 것도 그만큼 파가
중요함을 말한 것이다.

• 득수란 혈을 향해 흘러오는 물의 제일 처음 보이는 곳(선견지처)
을 말하며, 내파는 국 안에 명당수가 합쳐 흘러나가는 곳을 말한다.
　• 수구는 일반적으로 세 가지로 구별되는데
　첫째, 청룡이 짧고 백호가 길어 백호가 청룡을 안아준 듯한 수구를
음수구라 하며
　둘째, 백호가 짧고 청룡이 길어 청룡이 백호를 둘러싸준 듯한 수구
를 양수구라 하며
　셋째, 청룡과 백호의 길이가 거의 같아서 마주 대한 듯한 수구를 음
양합수구라 한다.
　그러나 이런 경우도 앞에 안산이 가까워서 청룡과 합세하여 마치
안산이 청룡의 연장된 역할을 하거나 반대로 안산이 백호와 합세하여
물이 청룡 끝으로 흘러나가게 하는 경우도 있어 간단하게 구별하기는
어렵다. 득과 파가 혈의 길흉에 크게 작용한 만큼 그것을 보는 견해도
구구하다.
　물의 음양 판별은 청룡양수와 백호음수로 보는 것 외에도 방위에
따라 음양수를 구별하는 방법도 있다. 즉 24방위 중 甲·庚· 丙·壬
방으로부터 흘러오는 물은 양수요, 乙·辛·丁·癸방에서 흘러오는
물은 음수로 보는 방법도 있다. 이처럼 음과 양으로 물을 구분하는 것
은 만물의 이치가 음과 양의 조화에 있음을 강조하는 음양론의 기본
적인 이론이다.
　양수는 남자, 음수는 여자에 비유되기 때문에 음수가 이기면 자손
에 여자가 많고 양수가 이기면 남자가 많다고 한다. 물이 흉방에서 오
거나 또는 탁하고 나쁜 냄새가 심한 물이 흐르면 음수(淫水)라 하여
자손 가운데 음탕한 남녀가 나타나는 것으로 전해지고 있다.
　『인자수지(人子須知)』에서는 진룡과 진혈이라면 수법도 거의 합법
이라고 했지만 이는 형기(形氣)를 강조하는 말이지 절대적 진리는 아

니다.

물은 직사(直射)하지 않고 혈 앞에서 반배(反背)하지 않고 정답게 지(之)자와 현(玄)자 모양으로 구불구불 흘러야 길하다. 또한 맑은 물이 소리없이 유유히 혈을 안아주듯 다정하게 흘러야 된다.

그러나 되풀이해서 강조하거니와 귀천은 용에 있으니 내룡이 귀하면 자연히 사수도 귀하고 반대로 용이 천하면 사수도 천하다. 사가 미녀와 같다 해도 귀천은 남편에게 달려 있고 수가 정병(精兵)과 같다 해도 진퇴는 장군에게 달려 있다 하여 용의 소중함을 강조하고 있다. 이는 물을 가볍게 취급하라는 말이 아니라 많은 지사들이 혈을 볼 때 용을 소홀히 취급하고 좌향과 물의 득파(得과 破)와의 궁합만 중시하는 경향이 많기 때문에 하는 말이다.

제5절 간수법

풍수지리적으로 득수 및 수구와 물 전체의 수세를 보는 방법과 그 길흉 기준은 다양하지만 중요한 몇 가지만 소개한다.

• 물의 발원지는 장원해야 좋고 거수처(水口)는 혈처에서 가까워야 길하다.

• 물은 여러 곳에서 득수하여 한 군데로 흘러가야 길하다. 합수하지 않고 여러 갈래로 나뉘어서 거하는 것은 흉격이다.

• 내거수 및 종횡수는 다 같이 지(之)자나 현(玄)자 모양의 구곡수(九曲水)로 흘러야 길격이며 직수(한 줄로 곧게 흐르는 물)는 흉격이다.

• 수심은 깊고 수량은 많은 것이 길격이요, 얕고 적은 것은 흉격이다. 그러나 수량은 산의 규모와 서로 조화를 이루어야 좋다.

- 맑은 청명수는 길격이요, 탁하고 악취가 나는 오폐수는 흉하다.
- 물은 완만하게 유유히 흘러야 길격이요, 격한 소리를 내며 급류로 흘러감은 흉격이다.
- 혈을 감싸고 도는 회류수는 길격이요, 혈을 등지고 배반하면서 급류로 흘러감은 흉격이다.
- 정답게 혈을 포옹함은 길격이요, 혈을 향해 화살처럼 직사하면 흉격이다.
- 물이 합쳐서 한 군데로 거수해야 길격이요, 여러 방향으로 나누어져 할각수(割脚水)가 되어 흩어져 흐르면 흉격이다.
- 혈전 평전(논)에 고여 있는 물은 평전수 또는 창판수(倉板水)라 하여 길격이요, 경사가 심해 급하게 흐르면 흉격이다.

제6절 수세와 점혈

수세에 따른 점혈(點穴)은 참으로 다양하다. 앞에서도 설명했지만 『장경(葬經)』에는 '혈은 물의 길함을 얻어야 한다'고 했고, 양공은 '산을 보기 전에 물을 보라' '무릇 진룡과 정혈(正穴)은 중수(여러 곳의 물)가 모인 곳에 있다'고 했다. 그러므로 물을 알지 못하면 혈을 논할 수 없다.

그러나 여기서 말하는 수세란 육안으로 분별할 수 있는 물의 형세를 말한 것이지 이법적인 수법과는 다르다.

중요한 몇 개 항목만 간추려 설명하겠다.

- 산은 음이요 물은 양이기 때문에 음양(산수)이 정답게 사귄 곳에서 혈을 찾아야 한다.
- 풍수지리에서는 득수가 첫째요, 장풍(24방위산이 허한 곳이 없이

혈을 다정하게 감싸주면 장풍이 된다)이 그 다음이다.

• 부귀왕정(富貴旺丁 : 부귀와 자손의 번창)의 혈을 얻고자 하면 힘써 물을 다스려야 한다.

• 한 산의 피해는 많은 자손에게 재앙이 미치지만 천산(千山)이 길함은 하나의 수살(水殺)을 막을 수 없다. 즉 산의 흉한 살보다 수살이 더욱 두렵고 무섭기 때문에 혈을 구하려 할 때 우선 수살을 피해야 된다.

• '구곡길수(九曲吉水)가 명당으로 유입하면 재상이 난다' 했으니 아홉 번이나 굽이굽이 감고 돌면서 명당을 감싸주는 곳을 찾아 정혈해야 된다.

• '육곡구수(六谷九水)가 모여서 합금(聚會合襟)이면 큰 부자가 난다' 했다. 즉 부를 얻으려면 우선 여러 골짜기 물이 명당 앞에 모여 합하고 한 군데로 합쳐 흘러나가는 곳을 찾아야 된다.

• 혈장론에서 역수와 순수에 대해 자세히 설명했지만 '역수일작(逆水一勺)이면 가히 부자를 기약할 수 있다'고 했으니 치부를 바란다면 중중역수처(역수와 순수론 참조)에서 혈지를 찾아야 된다.

• '발복장구(發福長久)에는 수전현무(水纏玄武)'라 했으니 장구한 부귀를 원한다면 우선 길수가 현무의 뒤를 감고 도는 곳을 찾아야 된다는 뜻이다. (다음 수세도 참조)

다음은 이법적 영역이긴 하나 참고로 소개한다.

• 옛 글에 '卯酉청정은 여귀(女貴)하고 子午활대(活大)는 무장(武將)'이라 했다. 卯·酉방에서 청정한 물을 얻으면 여자가 귀하고 子·午방에서 기세가 활발한 물을 얻으면 병권(兵權)을 쥔 장군이 난다는 뜻이다.

• '생방득수(生方得水)는 백자천손지원(百子千孫之源)'이라 했다. 즉 많은 자손을 얻으려면 장생방(長生方)에서 청정길수를 얻어야 한다.

제7절 물의 삼세(득파수와 취수)

　용혈과 수세, 즉 산과 물은 풍수지리의 2대 기본요건이며 서로 불가분의 관계에 있다. 따라서 진룡에 길수가 배합해야 혈이 융결하고 부귀왕정(富貴旺丁)함은 풍수지리의 기본이다.

　풍수지리에서는 물의 기본적 형세를 득수와 취수와 거수, 이렇게 세 가지로 나눈다. 용혈이 물을 얻는 것을 득이요, 얻은 물을 머물게 하는 것이 취수요, 그 물을 내보내는 것이 거수다.

　이 세 가지 물의 작용과 방법이 원만해야 진혈에 부귀왕정을 기할 수 있다. 그러나 여기서 논하는 득수와 거수(파)는 다음에 나오는 오행수법에 의한 득파수론과는 그 내용이 전혀 다르다. 여기서 말하는 물의 삼세(득수, 취수, 거수)는 이법적 입장과는 상관없이 내외명당에 모여든 물의 외관적 형세를 관찰하여 결혈(結穴) 여부와 화복길흉을 짐작하는 물의 형세론에 불과하다.

1. 득수

　득수(得水)란 음정(陰靜)한 용혈이 양동(陽動)하는 물을 얻어 음양이 서로 만나 진혈을 맺게 하는 풍수지리의 원리다.

　따라서 아무리 생왕룡이라 할지라도 이에 알맞는 물의 조화가 없으면 그 용혈은 결코 진혈을 맺을 수 없는 것이 산수의 기본적 음양이치다. 물론 진룡에는 그에 걸맞는 길수가 따르게 마련이란 설과는 모순된 주장인 것 같지만 그만큼 물의 중요성을 강조하는 말이다.

　한편 득수의 원천과 득수하는 방법은 다음과 같다. 첫째, 본신룡(혈장이 붙은 용)과 청룡 및 백호와의 사이에서 흐르는 물을 골육수(骨肉水) 또는 내당수(內堂水)라 하며 둘째, 청룡 백호 밖의 여러 골짜기에서 흘러오는 물을 외당에서 얻은 물이라 해서 외당수 또는 외득수라 한다. 이 두 물이 혈전 내외명당에서 취합(聚合)한 물을 명당수라 한다.

옛 글에 '조수자 혈전 특래지수 길수야 역수 특래조 혈위우미(朝水者 穴前 特來之水 吉水也 逆水 特來朝 穴爲尤美)'라 했다. 즉 내당조수란 혈전명당에 특래하는 물로 길수다. 특히 역수(순수와 역수론 참조할 것)가 혈전명당에 모여든 물(조수)은 혈을 위해 더욱 아름답다는 뜻이다. 따라서 이 조수는 결혈과 화복에 결정적 역할을 하므로 특히 역수가 중요하다는 것이다.

용이 물을 얻지 못하면 승천하지 못하는 것처럼 용혈도 물을 얻지 못하면 제구실을 못하는 가짜 용에 불과하다.

그리고 이와 같은 내당득수는 구곡수로 깊고 천천히 흐르는 맑은 물이라야 길하며 반대로 소리내며 급하게 흐르거나 악취가 심한 물의 득수는 흉수다.

옛 글에도 '조수 유구곡류입명당자 필출당조재상(朝水 有九曲流入明堂者 必出當朝宰相)'이라 하여 생룡진혈에 구곡수가 구불구불 혈전명당으로 들어오면 속발(速發)하여 재상과 같은 큰 귀인이 난다 했다. 이어서 '조수소자 근능구빈 양양대수 당면조자 방시최관 최부지길지(朝水小者 僅能救貧 洋洋大水 當面朝者 方是催官 催富之吉地)'라 하여 작은 혈전조수는 겨우 가난을 면할 수 있으며 넓고 큰 조수는 큰 부자나 큰 귀인이 나는 길지가 될 수 있다고 했다.

2. 취수

취수(聚水)란 혈전조당(명당)에 모여든 길수를 말한다. 이 물은 재물을 얻어 치부하는 좋은 길수다. 옛 글에도 '취수자 혈전취결지수 내위귀지격(聚水者 穴前聚結之水 乃爲貴之格)'이라 하여 용혈 앞에 지호수(池湖水) 등이 있어 맑은 물이 항상 모여 있으면 귀한 격이라 했다.

취수의 원천은 내외득수(내당수와 외당수)가 합하여 취합하기도 하고 지하천이 솟아나기도 하나 중요한 점은 득파가 고르고 물이 썩지 않고 맑은 물이 일 년 내내 마르지 않고 가득 차 있으면 치부로 집이 흥한다 했다. 옛 글에도 '혈전지수 사계 심취불건 가중필연 대부차귀(穴前之水 四季 深聚不乾 家中必然 大富且貴)'라 했다. 혈전에 모인 물이 사계절 마르지 않고 깊고 맑으면 집안에 큰 부자나 큰 귀인이 필연적으로 나온다. 따라서 천년 동안 마르지 않는 물은 천년 동안 마르지 않는 재물이 되는 것이다.

3. 거수

여기서 거수(去水)라 함은 수구를 말한 것이 아니라 혈 앞으로 직거하는 물을 말하기 때문에 이는 패절하는 흉수다. 즉, 내당한 조수가 혈전에서 합하지 않고 직거해버리는 물을 말한다. 앞에서 설명한 바와 같이 혈전지수는 취합하여 돌고 돌아 흘러가야 진혈이며 치부가 기약되는 바 이에 반해 조당수(朝堂水)가 혈전에서 직거하면 진혈이 맺지 못하며 정재(丁財 : 자손과 재산)가 망하기 쉽다.

그러나 거수 한 가지만으로 흉이라고 단정하기 어려운 경우도 있다. 용진혈적(龍眞穴的)하고 사격(砂格)도 길하며 소수(小水)는 비록 나가도 대수(大水)가 역관하면 옛 명사(名師)들도 점혈한 경우가 있다. 만약 소수도 거하고 대수도 순거(順去)하면 융결이 어려울 것이며 패절할 것이다.

제8절 길수와 흉수

① 해조수(海潮水) : 지상의 모든 물이 모이는 곳이다. 원래 수세가 모이면 용세가 그치는 것이기 때문에 대개 대간룡(大幹龍)의 그치는 곳이 된다. 그러므로 왕후나 부귀가 나는 대지도 많다.

그러나 해수(명당수)와 용혈의 세가 서로 비슷해야 한다. 바다는 광활한 데 비해 용혈이 너무 미약하면 산과 물〔陰陽〕의 형세가 고르지 못하며 재난이 많다고 했다. 그러므로 바다에 접한 용혈은 기세가 서로 상등하여 바닷물이 만국(滿局)이면 길격이므로 대부대귀가 기약된다. 즉 임해용혈은, 해상명당을 용호가 좌우로 잘 감싸주고 그곳에 육해양수가 모여 만수(滿水)하면 반드시 거부와 귀인이 난다.

② 강하수(江河水) : 강물이나 냇물이다. 강하수는 많은 계곡수나 시냇물이 한데 모여 흐르는 물줄기이기 때문에 풍수지리상 대표적 수세의 하나다. 따라서 그 형세는 맑고 깊고 가득해야 길격이다. 이 강하수가 용혈을 다정하게 감고 돌면 부와 귀가 함께 기약된다.

③ 호수(湖水) : 여러 곳의 물이 모이는 곳이다. 대호·소호를 불구하고 음양택 모두 길하다.

④ 계곡수(溪谷水) : 산골물을 말한다. 대간룡이 그치는 곳에는 대개 강호나 하해(河海)의 곁이란 것은 이미 말했지만 혈은 오히려 바다나 큰 강호가에서 멈추는 대간룡보다 산골 계곡수와 만나는 소간룡이나 지룡(枝龍)에서 더 많이 맺는다. 계간수(산골물)는 그 흐름이 굴곡 있게 완류하며 소리없이 깊고 맑아야 자손이 성하고 부자나 귀인이 난다. 만약 계간수가 곧게 혈을 향해 지르거나 비성(悲聲)이 혈에서 들리면 사람이 상하고 손재가 우려되는 흉수다. 옛 글에도 '계수유성(溪水有聲)이면 필출농아(必出聾啞)'라 했다.

⑤ 구혁수(溝洫水) : 평야지의 밭도랑이나 봇도랑 물이다. 평강룡(平

岡龍)에 낮게 맺은 혈지에 구혁수가 구불구불 천천히 흐르는 봇도랑 물이나 밭도랑 물이 혈지를 휘감아주면 대농(大農)으로 치부한다.

이에 반해 적은 도랑물이라 할지라도 직류로 혈을 찌르면 패가하는 흉수로 변한다.

⑥ 지당수(池塘水) : 저수지 또는 연못이나 물웅덩이를 말한다. 이 물도 청정수는 길하나 탁한 오폐수는 흉수다.

지당수는 주변 여러 곳에서 모이거나 지하수가 솟아나 고인 물이다. 혈 앞에 지당수가 맑고 마르지 않으면 왕정치부(旺丁致富 : 자손이 흥하고 부자가 됨)하는 길수이지만 원칙적으로 설묘(設墓) 전에 자연적으로 생긴 것이 길격이다. 설묘 뒤에 인력으로 마련한 것은 오히려 용혈생기의 누설이 우려되는 바 흉격인 것이다. 반대로 자생지당(自生池塘)이 설묘 후에 매몰되면 재앙을 자초할 수도 있다.

그러나 악취가 나는 오폐수나 탁한 물이 모여서 이루어진 지당은 오히려 매몰함이 좋다고 생각된다. 지당이 흉한 것을 가리켜 조분살(照盆殺)이라 하며 주(主)가 소망(少亡)한다. 혈 앞에 영천(靈泉)을 모르고 메운 다음에 생기(生氣)가 무너져 크게 실패한 사람도 있고 대발복하여 성세(盛勢)할 때 밑에다 새로운 방죽을 막고부터 복력(福力)이 크게 감퇴된 예도 있으니, 설비가 좋다 해서 조경 위주의 지당 개설 또는 매몰은 신중을 기해야 될 것이다. 돈이 있다 하여 호화묘지로 꾸미는 사람들은 특히 조심해야 된다.

⑦ 천지수(天池水) : 산의 정상에 있는 지수로 극히 귀한 물이다. 그러나 간혹 평강룡신(平岡龍身)에 지(池)가 있는 경우도 천지라 하며 용이 과협(過峽)을 지나 끊어진 곳에 연못이 있어도 천지가 되기에 반드시 고산 정상에만 있는 것이라고 생각해서는 안 된다. 그러나 이런 천지수가 있는 산이 얼마나 있겠는가?

'용에 천지를 띠면 귀기(貴氣)가 영원한 것이니 역량이 크기 때문이다'라고 했다. 또 천지는 항상 물이 차 있어야 아름답고 물이 말라 없어지면 재앙이 생긴다 했다. 즉 물이 얕아서 있었다 없었다 하면 불길한 것이다.

⑧ 저여수(沮洳水) : 혈 주변에 번져 있는 물이다. 언뜻 보면 물이 없는 것 같으나 밟으면 질퍽질퍽하고 그곳에 구덩이를 파면 물이 가득 고이는 저습한 땅에 번져 있는 흉수다. 즉 우기(雨期)에는 물이 흐르고 가뭄에는 마르는 것을 말한다. 장자미(張子微)가 말하기를 '저여수는 산룡의 기가 쇠하고 맥이 흩어져 병든 사람처럼 기가 없고 혈행(血行)이 잘 안 되는 것이니 해만 있을 뿐이라' 했다.

⑨ 평전수(平田水) : 일명 창판수(倉板水)라 하여 혈전의 논바닥에 고여 있는 물이다. 평전수는 평평하고 천천히 흘러 충사(沖射)하지 않고 불할불천(不割不穿 : 구멍이 뚫려 벌어지지 않음)하고 흉살을 띄지 않으면 길한 것이다.

⑩ 이장수(泥奬水) : 비가 오면 물이 고이고, 비가 그치면 물이 마르고, 건조한 날이 계속되면 먼지가 날리고, 비가 오래 오면 정강이까지 빠지는 질퍽질퍽한 땅에 고인 물이다. 이러한 곳을 건습지라고도 하며 최악의 흉수인바 이런 건습지 또는 이장수가 있는 근처에서의 심혈은 손재나 질환을 자초하는 격이 된다.

⑪ 건류수(乾流水) : 풍수지리에서는 혈에 비해 높은 곳은 산이요 낮은 곳은 물이므로 항상 물이 내려가는 개천만을 개천이라 하지 않고 비오는 날에만 물이 내려가도 이를 개천이라 하는 원칙이 있다.

이와 같이 우천시에만 물이 내려가는 개천을 건류수(乾流水)라 한다. 혈 밑에서 곧고 길게 흐르는 건류수는 흉수(凶水)이며 거듭 역수로 돌아나가야 길한 것이다.

⑫ 취예수(臭穢水) : 예(穢)는 더럽힐 예라 한다. 즉 각종 오물이 썩어 냄새가 진동하는 더러운 물이다. 탁하며 냄새나는 물이 웅덩이에

고이거나 또는 개천에 흘러들면 가운이 쇠퇴해지고 질병이 많아지는 흉수이다. 옛날에는 드물었지만 근년에는 이러한 취예수(썩은 물)는 너무도 많다.

⑬ 녹저수(祿儲水) : 혈의 전후좌우 또는 수구 사이에 여러 물이 모여서 이루어진 연못이다. 저(儲)자는 '쌓을 저'이다. 즉 녹을 쌓은 것과 같다는 뜻이다. 여러 물이 서로 모여 깊고 크며 항상 마르지 않으면 길수이며 녹저수가 혈을 보호하면 재물을 얻어 부자가 되며 오래 간다.

⑭ 주맥수(注脈水) : 호수가 혈 앞에 있는 것을 말하며 일명 앙천호(仰天湖)라고도 한다. 대룡(大龍)의 형세가 강하면 용진처(용이 끝난 곳)에는 혈이 없고 중간에 천호가 있고 바로 그 위에 횡룡입수하여 혈을 맺는 것이니 사시(四時) 마르지 않으면 이곳이 진기(眞氣)의 융결처가 되는 것이다. 천호가 생긴 후에 다시 뻗은 용이 기(起)하여 안(案)이나 관요(官曜)가 되면 더욱 귀하다.

⑮ 원두수(源頭水) : 용의 발원처에서 흐르는 물을 말한다. 이곳은 수원(水源)이 짧게 와서 길게 가니 진룡이 머무르지 않는 것이다. 그러나 혹 대룡결혈(大龍結穴)은 산곡(山谷) 중에도 있을 수 있으니 자상히 살펴야 된다.

⑯ 송룡수(送龍水) : 용이 시작되는 곳에서부터 용의 양쪽을 따라 흐르다 용이 끝나는 곳에 이르러 합쳐진 물을 말한다. 송룡수원이 길면 용도 길고 짧으면 용도 짧은 것이니 역량의 대소를 이것으로 가늠할 수 있다. 그러나 여기 주의해야 할 점은 어느 책에는 거수지혈(去水之穴)이 되어 불길하다 했고, 또 다른 책에는 교합도당(交合到堂)하는 길수라고 설명하고 있으나 내가 생각하기로는 양쪽 물이 바로 혈전에서 합수되어 직거하면 불길이요, 혈의 좌우 어느 한 쪽에서 합수되어 다른 한쪽으로 역관하여 다시 과당하는 경우는 길수가 되는 것으로

생각된다.

⑰ 합금수(合襟水) : 전편 혈장론에서도 설명하였지만 합금수의 중요성을 감안하여 여기서는 수세론적 견지에서 재론하고자 한다. 원래 합금이란 혈 뒤에서 나누어진 물이 혈 앞에서 다시 합해지는 것을 말하며 마치 한복 상의의 동정이 턱 밑에서 합쳐진 모양과 같다 해서 합금수라 했다.

합금수는 내룡을 호종(護從)하며 혈장을 보호하는 상분하합(上分下合)한 물이다. 옛 글에도 '용맥의 내(來)함은 분수(分水)가 있으므로 인도(引導)되는 것이고 용맥이 그치는 것은 합수가 있어서 경계를 짓는 것이다' 했다. 이를 말하여 상분하합이라 하는 것이다.

한편 혈의 진결에는 삼분삼합, 즉 세 번의 상분하합이 뚜렷해야 한다.

• 첫째, 분합은 혈의 가장 가까운 상하구첨(上下毬簷)에서의 분합을 제1분합이라 한다. (뇌두 밑에 구에서 분하고 혈 밑에 첨 아래서 합쳐진다)

• 둘째, 분합은 뇌두(腦頭) 직전 결인처에서 분수해서 청룡과 백호 사이에서 다시 합하는 것을 용호분합(龍虎分合)이라 하여 제2의 분합이라 한다.

• 셋째, 분합은 소조산 또는 현무정 앞 결인처에서 분수하여 용호 밖에서 교합하는 것을 산수대회분합(山水大會分合)이라 하여 제3의 분합이라 한다.

이러한 분합은 산과 물의 교합임과 동시에 음양의 교합이며 용혈을 보호하고 내기(內氣)를 보존하여 혈을 맺도록 하는 중요한 작용이다.(이러한 삼분은 용세에 따라 약간의 차이가 생긴다)

⑱ 극운수(極暈水) : 태극운의 진혈을 회포한 것이니 진혈에는 반드시 태극운이 있어야 하지만 이러한 형상(形狀)은 확인하기 어려울 정

도로 모호하기 때문에 특히 극운수는 진짜로 물이 있다는 것이 아니라 약간 낮은 곳을 물이라 표현한 것이다. 그러나 최근의 장지 조성에서는 굴착기 등 중장비로 혈장을 정지(整地)하면서 이러한 혈증을 파서 없애기 때문에 개미 등의 침로로 해를 보는 경우가 많다.

⑲ 진응수(眞應水) : 혈전에서 솟아 흐르는 길수이다. 대개 진룡은 기가 왕성하여 이미 혈을 맺은 후에도 수기(秀氣)가 넘쳐 흘러 천(泉)으로 나타나는 길수이지만 대소를 불문하고 맑고 수질이 좋아야 한다. 그리고 우수기인 봄과 여름에도 넘치지 않고 건조기인 가을과 겨울에도 마르지 않고 웅덩이에 모여 흘러가지 않고 고요하며 물소리가 없어야 영천(靈泉)이라 한다. 이러한 곳은 대귀지로서 높은 벼슬이 난다.

⑳ 원진수(元辰水) : 혈장론에서도 설명한 바 있지만 용호내 혈전에서 모인 물을 말한다. 혈장본신(穴場本身)에 친절히 붙어 있는 물이다. 원진수에 대한 설명도 구구하다. 어느 책에서는 '원진수는 혈전당심(穴前當心)에서 직거(直去)하는 흉수이다' 라고 했다. 이 원진수의 혈전 중심에서 곧게 흐르는 것은 대 흉수임에는 틀림이 없지만 원진수 전체가 흉수라고는 할 수 없다. 이어서 그 책에는 혈전출수(穴前出水)도 지현구곡(之玄九曲)으로 흐르면 이를 원진수라 하지 않는다' 했다. 또 다른 책에서는 원진수가 길게 직거하면 크게 흉하나 원진수가 굴곡이면 길하다 했다. 결론적으로 말하자면 직거하는 원진수는 대흉이며 선익사(蟬翼砂)에 의해 역관되어 굴곡하는 원진수는 길수임이 틀림이 없는 것이다(혈장론 참조).

㉑ 천심수(天心水) : 천심이란 혈전 명당의 중심처를 말하며 이곳에 융취(融聚 : 모인)된 물을 천심수라 한다. 이 천심수는 거부와 귀인이 나는 길수이다. 그러나 천심에 들어오는 물도 머무르지 않고 급류로 직거하면 이를 수파천심(水破天心)이라하여 패가망신하는 흉한 물로

변하는 것이다. 옛 글에도 '위인무자(爲人無子)는 수파천심에 원인이
있는 것'이라 하였으니 천심수는 반드시 취(聚)한 것만을 취(取)해야
된다.

㉒ 폭포수 : 높은 석벽에서 많은 물이 쏟아 떨어지는 대흉수이다. 따
라서 이 폭포수는 패가상정(敗家傷丁)하는 대흉수인 바 폭포수 근처
에서는 구혈(求穴)해서는 안 된다.

제9절 물의 형세에 의한 종류

1. 길수(吉水)

① 조회수(朝懷水) : 혈전으로 흘러 들어오는 물을 말한다. 그림처럼
구곡수로 입회함이 길하며 이 물은 발복이 빠르며 아침 때 가난이 저
녁 때 부자로 바뀐다는 것이다. 양공이 말하기를 '대수(大水)가 양양
히 혈을 향해 흘러 들어오면 부가 난다'고 했고 청오경(靑烏經)에는
'큰 물이 서서히 혈 앞으로 흘러오면 무상지귀(無上之貴)라' 하였음
을 감안할 때 조회수는 부자뿐만 아니라 귀도 능히 이룰 수 있는 길수
이다.

② 위신수(衛身水) : 용혈이 기이하게도 홀연히 강호수(江湖水) 위에
돌기하여 맺은 수중혈의 주위를 만수호위(滿水護衛)하는 길수이다.
그 형국은 마치 고월심강형(孤月沈江形)이나 연화부수형(蓮花浮水
形)과 같다. 위신수 역시 물이 탁하지 않고 맑으며 마르지 않고 넘치
지 않아야 길하다고 했고 이렇게 되면 대부귀현(大富貴顯)이 난다. 강
호수가 소리내며 급류하면 흉격이다.

③ 취면수(聚面水) : 혈의 앞에 모여든 물을 말하며 이 역시 길수이
다. 옛 글에 '수취천심(水聚天心 : 물이 혈 앞의 명당 중심에 모여듬)

이면 누가 그 부귀함을 모르리오'라고 하였으니 대개 물은 동(動)하는 성질이 있으니 정(靜)해야 그 묘(妙)가 있는 것이다. 따라서 취즉(聚則) 정(靜)이어야 길하다. 즉 천심이란 혈전 명당의 중심처를 말하기 때문에 그곳으로 여러 물이 모여들면 수법 중에서 상격이며 모인 물이 완만하게 흘러가면 부귀병발(富貴並發)이 기약되는 길수이다.

④ 공배수(拱背水) : 일명 수전현무(水纏玄武)라 한다. 혈전명당수가 혈의 뒤 현무를 감고 도는 길수이다. 수전현무하는 공배수 역시 맑고 완만해야 함은 당연한 수세의 원칙이지만 그림처럼 감고 도는 물이 급류인 경우는 거의 없다. 그리고 물은 용의 기를 모으는 것이니 수전이 산전(山纏)보다 길하며 부귀가 병발하여 그 발복이 오래 간다 했다.

⑤ 입구수(入口水) : 혈 앞으로 들어온 물이 용호의 어느 한 쪽에 역사(逆砂 = 下手砂)가 있어 역관하여 흘러가는 길수이다. 대개 수세가 아름답다 해도 당(혈의 정면)에 이르지 못한다거나 당에 이른다 해도 역사(逆砂)가 없어 역관이 이루어지지 못하면 아름답다 할 수 없다. 진혈에 입구수가 분명하면 주로 발복이 빠르며 부귀와 자손의 번창이 기약된다.

⑥ 구곡수(九曲水) : 다음 그림처럼 현(玄)자 모양으로 구불구불 감고 도는 물을 말하며 길수이다. 즉 명당에 내거(來去)하는 물이 구불구불 감고 돌면 극히 좋은 물로 큰 부자나 귀인이 기약된다. 옛 글에 '수류지현(水流之玄)이면 막간방(莫間方)하라'는 말이 있다. 즉 지(之)·현(玄)자 모양으로 감고 도는 굴곡수는 수법상의 길흉방을 불문하고 무조건 길수라는 뜻이다. 또 '구곡지현수의 내조입당(來朝入堂)은 당조재상(장관 벼슬)'이라 하였다.

⑦ 탕취수(盪聚水) : 수세가 혈전에 모이는 것을 말한다. 그 수세가 취면수와 비슷하나 마치 혈전의 주머니 속에 모이는 것처럼 모여든 물이기 때문에 부자가 물건을 모으는 상이므로 크게 치부하며 주머니

모양인 탕이 좌에 있으면 장방(長房 : 장손)이 부하고 우로 탕하면 차방(次房)이 부한다 했다.

⑧ 회류수(廻流水) : 혈지를 감고 돌면서 혈후로 흘러가는 것을 말하며 길수이다. 다시말해 명당에 돌아 들어와 혈후로 돌아 나가는 물이다. 이 회류수가 깊고 완만하게 혈지를 돌아다보며 마치 떠나기 싫은 표정으로 유유히 흐르면 기는 왕성하고 자손은 부귀한다.

⑨ 암공수(暗拱水) : 혈장이 주밀하여 안산 밖에서 보이지 않게 흐르는 물이다. 이 역시 혈의 진결을 보장하는 사산(砂山) 밖에서 흐르는 길수이다. 한편 유정하게 흐르는 암공수는 '명조불여암공(明朝不如暗拱)'이라 하여 비록 보이지 않은 조수(朝水)라 할지라도 잘 보이는 조수보다 오히려 길하다는 것이어서 부귀발복에도 아무런 지장이 없다.

⑩ 요대수(腰帶水) : 글자 그대로 감고 도는 물의 형세가 마치 허리띠를 두른 것 같다는 뜻이다. 금성수(金城水)에 해당되니 최고로 길한 것이다. 용이 약하고 고한(孤寒)한 경우는 이두수(裏頭水 - 흉수)와 착각하기 쉬우니 세심히 관찰해야 된다.

⑪ 융저수(融潴水) : 용호 사이에 깊은 물이 모여 흘러버리지 않고 잠겨 있는 물로 거부귀현(巨富貴顯)이 유구하다는 길수이다. 고서에 '전안(前案)이 난잡하면 적수(積水)의 기(奇)함을 찾아라' 하였으니 비록 혈 앞의 안산에 흉살이 있다 해도 이 융저수가 있으면 제압할 수 있기 때문에 무해하다. 그러나 이 역시 상호 정도에 따라 차이가 있을 것이니 비교하면서 잘 살펴야 할 것이다.

⑫ 창판수(倉板水) : 전원수(田原水)의 내조(來朝)를 말한다. 지면이 평탄하므로 일명 어가수(御街水) 또는 평전수(平田水)라고도 한다. 평평하고 충사(沖射)하지 않기 때문에 귀하며 부는 고을에서 으뜸일 정도이기에 최대로 귀한 물이다. 고서에 '불충불할 무천사(不衝不割無穿射)하고 전조(田朝)가 되면 해조수보다 길하다' 하였다.

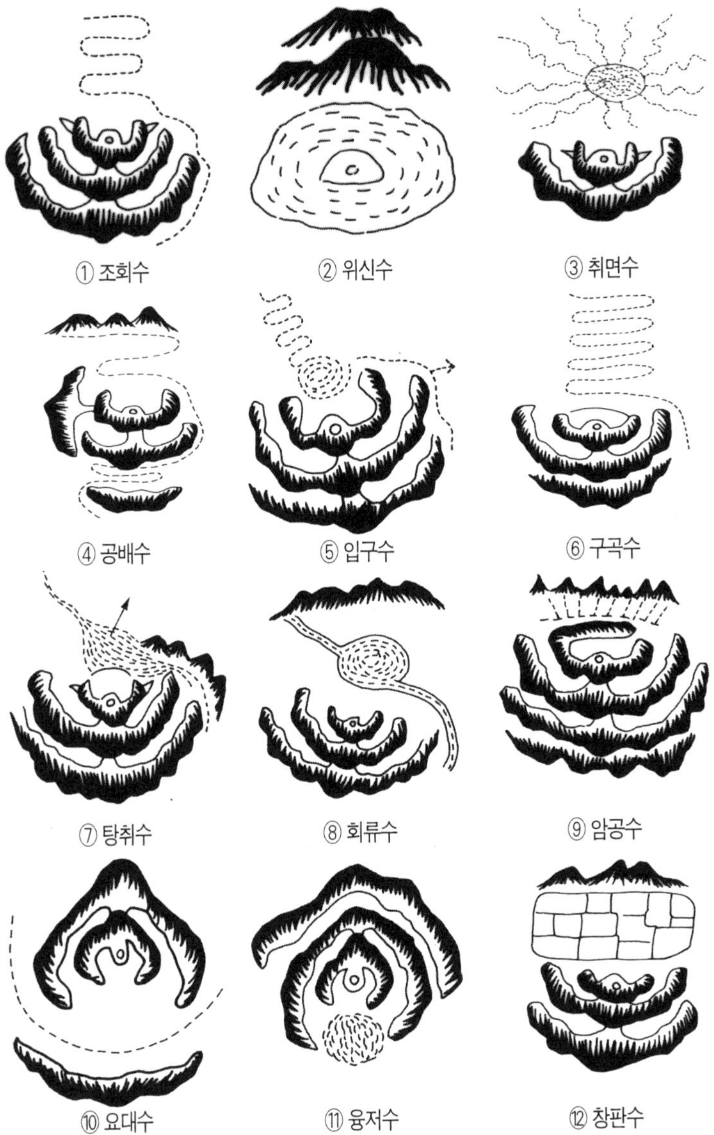

① 조회수
② 위신수
③ 취면수
④ 공배수
⑤ 입구수
⑥ 구곡수
⑦ 탕취수
⑧ 회류수
⑨ 암공수
⑩ 요대수
⑪ 융저수
⑫ 창판수

2. 흉수(凶水)

① 폭면수(瀑面水) : 저소(低小)한 용혈에 웅대한 수세로 억누르는 흉수를 말한다. 이 폭면수는 용혈이 졸한 데 비해 수세가 지나치게 웅대하기 때문에 음양의 조화가 이루어지지 않아 인정(人丁)이 불왕(不旺)하다. 즉 폭면수가 혈을 제압하면 자손이 불성하여 절손의 우려도 있다. 그러나 혈후에 낙산(樂山)이 있고 용혈이 진결이라면 재앙은 반감된다.

② 사협수(射脇水) : 물이 혈의 좌우 옆구리를 쏘는 흉수이다. 직(直)은 사(射)요 횡(橫)은 천(穿 : 뚫을 천)이니 모두 흉한 것이다. 그 화복은 주로 횡사가 두려우며 좌측에서 사협(射脇)하면 장방이 피해를 입고 우측에서 사협하면 차방이 피해를 당하게 된다. 따라서 '물의 귀한 것은 만환(彎環 : 혈을 둥글게 감아준 것)이요 두려운 것은 충심(衝心 : 혈 앞의 중심을 찌르는 것)과 사협이라' 하였다.

③ 충심수(衝心水) : 급류가 곧게 혈심을 찌르고 들어오는 것을 말한다. 이는 물이 혈심을 부수니 직사(直射)가 되기 때문에 흉수인 것이다. 충심수가 되면 자손이 빈한하다 하였으니 물이란 반드시 굴곡유완하여야 길하며 급류직사는 흉한 것이다.

④ 반신수(反身水) : 일명 반조수(反挑水)라 하며 혈전에 이르렀다가 반대로 나가는 것을 말한다. 가산이 기울어지고 불효손이 나고 패가걸식(敗家乞食)하는 극히 흉한 물이다.

⑤ 반궁수(反弓水) : 조입수가 그림처럼 반궁하는 지극히 흉한 물이다. 옛 글에서 '수근과혈이반궁 일문불치시야(水僅過穴而反弓 一文不値是也)'라 하여 반궁수로 혈을 지나는 물은 한푼의 가치도 없는 물이라 하여 가패(家敗) 빈한한 극히 흉한 물이다.

⑥ 천비수(穿臂水) : 혈의 좌우 용호를 절단하는 물을 말하며 인위적으로 절단하는 것도 물론 이에 해당된다. 비(臂)는 사람 팔뚝을 뜻하

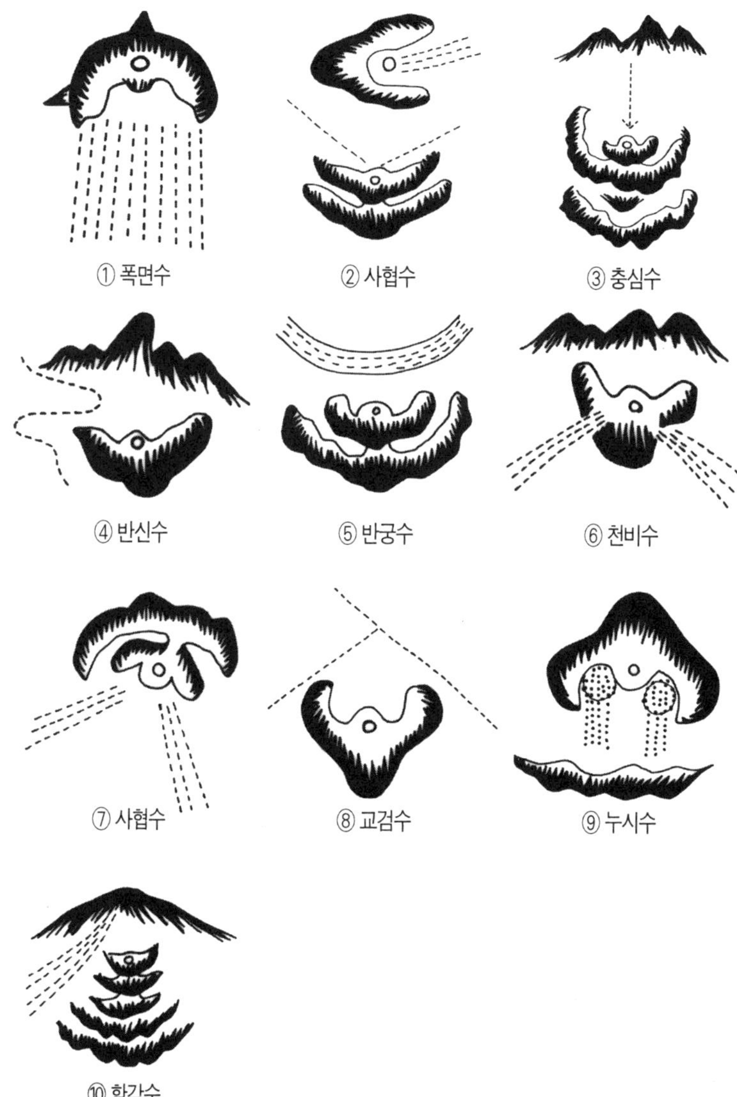

① 폭면수
② 사협수
③ 충심수
④ 반신수
⑤ 반궁수
⑥ 천비수
⑦ 사협수
⑧ 교검수
⑨ 누시수
⑩ 할각수

는 것이니 왼쪽 천은 청룡비를 뚫은 것이니 장손에 화가 되고 우가 뚫 린 것은 백호비를 뚫은 것이니 차방에 화가 온다.

⑦ 사협수(射脇水) : 혈전에서 팔자(八字)로 분류하는 흉수이기 때문에 분류수(分流水)라고도 한다. 혈전 당면수(當面水)가 양분하여 유거(流去)하면 결혈이 불능이요 그 재앙은 고향을 떠나 패가하고 형제 불화한다.

⑧ 교검수(交劍水) : 혈전에서 두 갈래의 물이 서로 만나는 것을 말한다. 즉 혈의 좌우에서 서로 곧게 급래한 외수가 혈전에서 서로 상교하는 흉수이다. 경(經)에 '이수(二水)가 상교하는 혈은 수풍(受風)이라' 함이 이것이다. 두 물이 마주보고 오는 것도 흉수이다. 그 재화는 전상자(戰傷者)가 나고 관재가 빈발한다. 한편 용혈의 양쪽에서 흘러 혈전에서 교합하여 명당을 유거(流去)하는 길수와는 그 화복과 내용이 전혀 다르다.

⑨ 누시수(漏腮水) : 혈의 양쪽 뺨에 해당되는 곳에 샘구멍이 있어서 청랭한 물이 흐르는 것이며 혹 한쪽에서만이라도 흐르면 용의 기를 누설시키므로 혈의 융결이 없다. 이런 곳은 가업이 쇠퇴하고 남녀간에 치루병이 생긴다. 이 누시수는 누조수(漏槽水)와도 비슷하다.

⑩ 할각수(割脚水) : 혈전에 여기(餘氣)가 없어 무순개각(無脣開脚)으로 혈장 내외수(원진수와 내당수)의 계합(界合)이 잘 이루어지지 않고 할각유거(割脚流去)하는 흉수이다. 진혈에는 순전(脣氈)이 있어 할각수가 생기지 않는다. 할각수는 자손이 불왕하고 패가하나 혈이 높이 있으면 별무손실(別無損失)이라 한다.

⑪ 월견수(越見水) : 청룡 백호 밖에 있는 물이 혈지를 넘어다보는 흉한 물이다. 즉 혈지를 에워싸고 있는 청룡 또는 백호가 극히 낮았을 때 외당수가 용호 위로 넘어다 보이면 자손이 상하고 가패와 혼란이 있게 된다. 한편 겁살방(劫殺方)에서의 월견수(越見水)는 더욱 재화

가 크며 길격보국(吉格保局)에 진룡진혈이면 월견수도 그 피해는 반
감된다.

⑫ 재견수(再見水) : 한 줄기의 강하수(江河水)가 여러 사산에 가려
안 보이다가 낮은 곳에서 두 번 세 번 다시 보이는 물을 재견수 또는
재견파(再見破)라 한다. 이는 규봉(窺峰)에 비유되는 흉수이다. 즉 패
가관재와 음란망신이 우려된다. 무릇 보혈(保穴)해주는 길수라 할지
라도 두 번 세 번 넘겨다 보이면 흉살이 되어 패가하는 화를 입게 된
다. 한편 재견수 및 월견수의 살을 피하는 방비책으로는 낮은 곳을 인
공으로 돋우거나 수목으로 월견처를 가려주면 피해가 반감되며 용혈
이 진이면 이 또한 피해가 반감된다.

제10절 오성형과 수성론

물이 용혈을 감고 도는 형세에 따라 金 木 水 火 土 등 다섯 가지
수성(水城)으로 분류되고 또 그에 의한 화복발음(禍福發蔭)도 오성
(五星)의 각 성능에 따라 결정된다. 그리고 오성(五星)이라 하지 않고
오성(五城)이라 함은 용혈과 명당을 물로 에워싼 성과 같다 해서이다.
즉 물이 용혈과 명당을 원포(圓抱 : 둥글게 감고 도는 것)하면 금성수
라 하고, 지현(之玄)자 모양으로 구불구불 감고 돌면 수성수요, 일자
직류수는 목성수, 첨예직류(尖銳直流)는 화성수, 방정(方正)한 모양
으로 흐르면 토성수라 한다.

이 오성수 중에서 금성수, 수성수, 토성수는 용혈의 기를 보호해주
는 길격수성이며 이 밖에 목성수와 화성수는 용혈의 기를 누설시키기
때문에 흉격수성이다. 물이란 항상 둥글게 감고 돌면(環抱) 귀격이요,
반배직류(反背直流)하면 천격임을 명심해야 된다. (다음 수성도 참조)

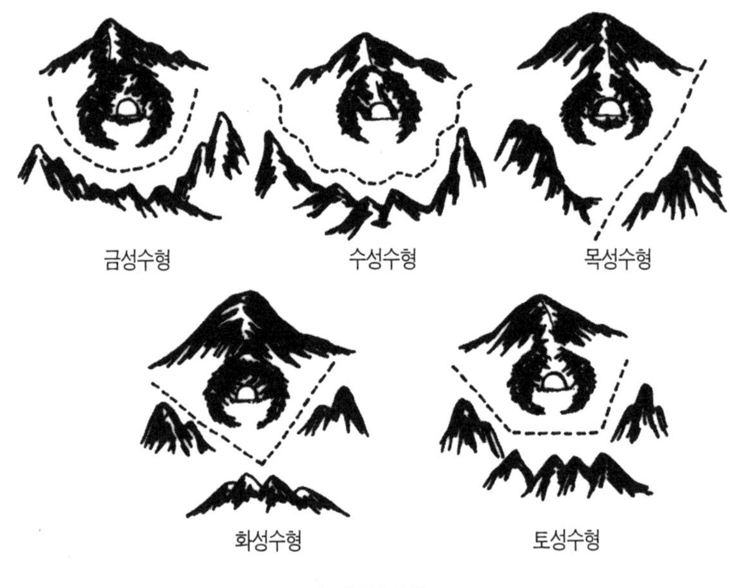

〈그림 60〉 수성

제11절 물의 사길 사흉 지세

물의 형세에 의한 길흉은 다양하지만 다음 사길사흉(四吉四凶)으로 분류하여 정리하면 다음과 같다.

1. 교·쇄·직·결의 사길수

•교(交) : 용혈의 좌우에서 내도(來到)한 모든 물이 혈전 내외 명당에서 취회(모인 것)하여 합류함을 교라 한다.

•쇄(鎖) : 거수처(합금지처)를 한문(捍門), 화표(華表) 등 수구사(水口砂)가 있어 마치 자물쇠로 채워놓은 것같이 좁고 긴밀한 수구를

쇄라 한다.

•**직**(織) : 직이란 원진수 및 내당수의 구불구불하는 형세가 마치 베틀에서 북이 왔다갔다하며 베를 짜는 모양 같다 하여 직이라 하는 것이다.

•**결**(結) : 여러 골짜기에서 흘러 모인 많은 물이 혈전의 명당 한 쪽에 모여 있는 그 형세가 마치 새끼 한 묶음과 같다 하여 결이라 한다.

2. 천·할·전·사의 사흉수

•**천**(穿) : 천이란 직류하는 급수가 명당을 뚫거나 혹은 청룡과 백호의 팔뚝을 뚫어 자르는 것을 천이라 한다.

•**할**(割) : 할이란 나누다, 찢는다는 뜻으로 할이란 혈전에 순전(脣氈)이 없어 여기(餘氣)가 없는 허약한 묘 아래를 사나운 물이 할퀴고 지나가거나 또는 내당을 부수고 찢어 나누는 현상을 할이라 한다.

•**전**(箭) : 전이란 물의 흐름이 마치 화살같이 곧고 급한 물을 전이라 한다.

•**사**(射) : 사란 급류수가 혈전당심(혈장의 중심)을 찌르거나 또는 화살같이 빠르고 날카로운 물이 용혈의 한쪽 갈빗대를 찌르는 것을 사라 한다.

제12절 물의 형세

물의 형세를 다음 여덟 가지로 분류하여 그 길흉을 설명하기도 하나 표현만 다를 뿐 앞에서 분류한 내용과 중복되기도 하니 참고로 하기 바랄 뿐이다.

•**만**(灣) : 지현(之玄)자 모양의 굴곡수 즉 구곡수를 말한다. 이 만

곡수(灣曲水)는 오는 물이건 가는 물이건 간에 길하며 수법상의 길흉방간(吉凶方間)에 부귀왕정하는 길격수세에 속한다.

• **구(鉤)** : 혈전을 지나는 횡수나 직거수가 다시 갈고리처럼 굽어 혈을 돌아다보는 수세를 말한다. 절지회생(絕地回生)하는 격이어서 선흉후길(先凶後吉)이다.

• **두(兜)** : 혈장에서 흐르는 원진수(元辰水)가 혈전에 있는 지호(池湖)에 합류되는 형세를 말한다. 그 화복은 길흉이 반반이다.

• **전(轉)** : 과혈직거(過穴直去)하다 회전하여 만궁(灣弓)하는 수세이다. 그러나 정답게 회포하면 길하나 혈을 배반하고 역포하면 반궁수가 되어 흉하다.

• **충(沖)** : 깊고 급하게 흘러와 용혈을 앞에서 충사(沖射)하거나 옆에서 횡격(橫擊)하면 흉한 형세이다. 전후좌우 혹은 길흉방을 불문하고 충에 해당되면 흉하며 패가한다.

• **해(解)** : 장대수(長大水)와 소수 또는 길수와 흉수 및 길방수와 흉방수가 합류하여 길수가 흉수로 변하거나 반대로 흉수가 길수로 변하는 것을 해라 한다. 즉 적은 흉수 또는 흉방소수가 많은 길수나 길방대수와 합류하면 흉수가 길수로 변하며 이에 반하여 적은 길수 혹은 길방소수가 많은 흉수 또는 흉방대수와 합류하면 길수가 흉수로 변하여 흉하다.

• **사(射)** : 깊고 급하게 흐르는 직래수가 혈을 향해 직사하는 흉한 형세이다. 자손이 상하고 손재(損財)한다. 특히 혈 앞에서 사하면 전 자손이, 좌사(左射)는 장방(長房)이, 우사(右射)는 차방(次房)이 피해를 본다.

• **조(照)** : 혈 앞에 지당(池塘)이 있으나 항상 말라서 물이 없으면 혈 속에 개미가 침범한다. 항상 만수된 지당이 혈전에 있으면 길하여 치부하나 건수고갈(乾水枯渴)된 연못이 있으면 많은 개미가 혈 중에

침입하여 혼백이 편치 못하여 자손의 불왕(不旺)이 우려되는 흉수이
다.

혈의 진결(眞結)은 산과 물의 외적 배합과 이법상(理法上)의 합법
이 다 같이 맞아야 된다는 것은 수세 총론에서도 강조한 바 있으나 우
리 육안으로 길흉 판별이 가능한 수세는 오히려 수법보다 더욱 중요
하다. 예를 들면 수법상 흉방에서 내거하는 물이라 할지라도 구곡수
로 흘러 다정하게 용혈을 회포하면 길한 것이며, 그와 반대로 득파간
에 합법한 물이라 할지라도 혈을 배반하며 반궁수로 흘러가면 흉한
것이기 때문이다: 따라서 지금까지 설명한 수세론을 숙독하여 수세에
의한 혈의 길흉 판단이 정확을 기할 수 있도록 능력을 길러주기 바라
면서 수세편을 마칠까 한다.

제2장
수법론

제1절 수법 개요

수세론에는 물의 형세길흉을 가리는 형세론과 음양오행에 의한 수법론으로 나누어진다. 풍수지리학의 수세론은 물의 형세를 관찰 평가하는 것이며 수법론이란 음양오행에 의한 이법적 타당성과 혈지의 진가(眞假)와 그 화복을 추정하는 방법이다.

본장 수법론은 용혈과 유관한 모든 물의 위치를 음양오행이법으로 길흉화복을 분별하는 방법이다. 이와 같은 물은 용혈명당과 유관한 물이어야 하며 특히 내외명당에 도당(到堂)한 물과 용혈에서 직접 보이는 물에 한해서 본 수법의 대상이 된다.

제2절 수법에 대한 이설

수법론에 관한 학설과 그 실용방법론이 고금의 산서(山書)에 따라 구구하다. 『음택요결(陰宅要訣)』 수법 해설에서도 수법이 너무 많아 수십 가지가 있으니 피길차흉(彼吉此凶)하므로 종을 못 잡으니 진룡

과 진혈에는 수법도 합하니 굴곡됨이 유정(有情)하여 내(來)해도 충
(沖)하지 않으며, 거(去)해도 직거(直去)치 않으며, 횡(橫)해도 반
(返-반배)치 않고, 사(斜)해도 급(급류)치 않아서 횡(橫)으로 역포(逆
抱)와 만환(彎環)하고, 내(來)는 현(玄)자형으로, 거(去)는 곡절(曲
折)할지니 청수가 모여 있어야 길하다 하였으며, 인자수지에도 형기
상으로 용, 혈, 사, 수가 다 알맞으면 이기법도 자연히 맞게 되어 있는
것이라 했다. 그리고 도선국사께서도 물은 법보다 형세가 더 중요하
니 세(勢)는 활처럼 굽어 안아주는 것을 가장 좋게 보는 것이며 물이
구곡으로 돌아나가면 비록 이기로는 흉수가 되는 방위라도 무방하다
고 했으며 더럽고 상충하며 쏘는 듯하면 길방도 도리어 흉으로 변한
다 했으니 이는 형기상의 수세를 강조한 말이다. 그러나 형기상으로
개안(開眼)이 되어 진룡 · 진혈 · 진사 · 진수를 가려서 정확히 판별할
수 있는 사람이 과연 몇 사람이나 있겠는가? 그러니 형기와 이기를 다
같이 연구해야 된다는 것을 강조한다.

제3절 각종 수법에 대한 검증

앞에서 설명한 바와 같이 수십 종의 다양한 수법 중 어느 것이 제일
적중률이 높은가를 검증한다는 것은 결코 쉬운 일이 아니다. 여러 가
지 방법을 동원하여 비교 검증해보았지만 별로 객관성이 없었다. 최
종적으로 어느 수법이 우리나라 풍수지리 원조이신 도선국사의 수법
과 일치하는가를 확인하기 위해 우선 도선국사 유산록 및 결지(訣誌)
에 있는 국내 명혈도 중 좌향과 물의 득파가 명확히 기록된 50개 소를
간추렸다. 그리고 50개 소의 명혈을 대상으로 여러 수법을 적용시켜보
았다.

그 결과 우리나라 지사들이 제일 많이 쓰고 있는 향상포태법(向上胞胎法)도 62퍼센트만 적중되었음이 밝혀졌다.

따라서 본 검증결과를 토대로 각 수법에 대한 이론과 그 운용방법에 대해서 설명함과 동시에 각 수법에 따른 검증결과를 비교 연구하면서 초학자들이 가장 혼돈하기 쉬운 내용을 정리하여 이해하기 쉽고 운용하기 쉬운 객관도 높은 수법을 간추려볼까 한다.

제4절 수법의 종류

1. 포태수법론

12포태수법론(胞胎水法論)은 길흉화복의 정확성과 운용상의 편리성이 어느 수법보다 높아 옛날부터 가장 많이 실용되고 있는 수법이다. 이 수법의 바탕이 되는 12포태법이란 우주만물의 생로병사(生老病死)와 영고성쇠(榮枯盛衰)의 필연적 과정을 나타내는 것이며 만고불변의 우주질서이다. 그 12과정은 다음과 같다.

포·태·양·장생·목욕·관대·임관·제왕·쇠·병·사·장(胞·胎·養·長生·沐浴·冠帶·臨官·帝旺·衰·病·死·葬)이다. 이를 요약하여 포(絶)·태·양·생·욕·대·관·왕·쇠·병·사·장이라 약칭하기도 하고 또 절(絶)을 포(胞), 장(葬)을 묘(墓) 혹은 고(庫)라고도 한다.

위 12포태법 과정을 길흉성쇠로 분류하면 다음과 같다.

생(장생)·왕(생왕)·관(임관)·대(관대) 등 4궁위(四宮位)는 성

왕융창(盛旺隆昌)하고 상격이며, 양과 쇠는 차길(중격)이며 다음 병·사·장 등 3궁위는 대흉하고, 절·태·욕 등 3관위(三官位)는 차흉이다.

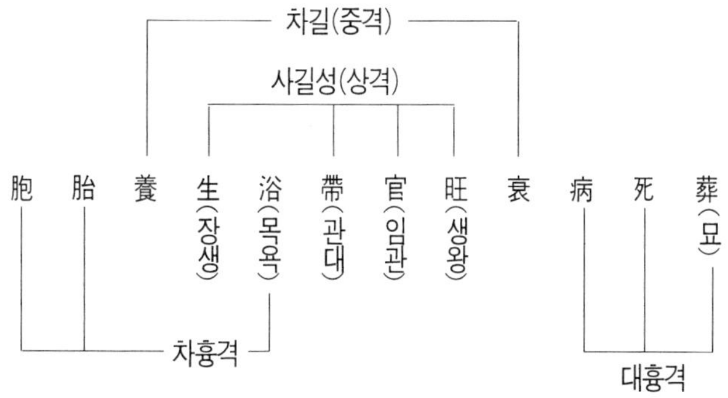

포태법 길흉도

　　어떤 지사나 서적에는 4길궁 외는 8흉성으로 취급하기도 하나 위와 같이 길흉화복을 분류하는 것이 무난할 것 같다.
　　12궁위별 기본 화복론은 대략 다음과 같다.

　　① 절태수(絶胎水) : 득수도당(得水到堂)은 불생아손(不生兒孫)에 자손이 끊기고 부자분정(父子分情)에 부부불화이며 이 득수(절태수)가 장대(長大)한즉 여인이 음란하다. 거수(去水)의 경우는 득수의 경우와는 정반대로 길하며 높은 벼슬이 난다.
　　② 양생수(養生水) : 득수도당은 문명 높은 자손과 장방(長房)의 부귀가 기약된다. 특히 '수곡입조 관직중(水曲入朝官職重)'이라 하여 지현구곡수(之玄九曲水)로 구불구불 혈 앞을 흐르는 양생수는 고위관

직이 기약된다. 양생파의 경우는 청상과부가 나며 단명한 자손이 우려된다.

③ 관대수(冠帶水) : 관대수의 득수과당(得水過堂)은 '칠세아동능작시(七歲兒童能作詩)'라 하여 7세 어린 아이가 시를 지을 정도로 총명한 자손이 나와 이름과 가문을 빛낼 것이다. 관대파의 경우는 가장 흉하다. 촉망된 자손의 병약단명이 염려된다.

④ 임관수(臨官水) : 임관수과당(過堂 : 혈 앞을 지나는 것) 또는 임관지호수는 소년등과(少年登科)에 관로(官路)가 양양하다. 임관수거(수구)는 '성재지자 조귀음(成才之子 早歸陰)'이라 하여 똑똑한 자손이 애석하게 빨리 죽는다.

⑤ 생왕수(生旺水) : 생왕수의 지현(之玄 : 之字나 玄字 모양으로 구불구불 혈 앞을 지나는 것) 과당은 '관고작중 금곡풍성(官高爵重 金穀豊盛)'이라 하여 높은 벼슬과 곡식이 풍성하다는 뜻이다. 제왕수(帝旺水)는 생양수(生養水)·임관수와 더불어 3대길수이다. 생왕수가 내조과당하면 벼슬은 높고 재산 또한 풍성하다. 반대로 생왕방으로 수거〔水口〕하는 경우는 석숭(石崇) 같은 거부도 일조(一朝)에 패망한다.

⑥ 쇠방수(衰方水) : 쇠방수는 거문학당수(巨門學堂水)라 하여 길수이다. 이 쇠방수가 내조입당하거나 쇠방의 내거수가 적법합국(適法合局)이면 총명한 자손이 소시등과(少時登科)에 그 문명(文名)이 세상에 드높다 하였다.

⑦ 병사수(病死水) : 병방 사방(病方 死亡)의 2방수는 내거양수(來去兩水 : 득수와 거수)가 다 같이 흉수이다. 내거수 다 같이 이혼·병사·전상(戰傷) 등 각종 재앙이 우려된다. 그러나 일부 병파는 길파로 취급하는 수법도 있으니 다음에 자세히 설명될 것이다.

⑧ 고장수(庫藏水) : 일명 묘고수(墓庫水)라 하며 흉수에 해당되며

묘고수(墓庫水 : 묘방의 득수)의 득수과당 혹은 묘방의 지호수(墓方池湖水) 등이 비추면 가업이 도산한다. 한편 묘고방(墓方을 말함)의 유거수구(流去水口)는 길격으로 출장입상(出將入相 : 장군이 입각함)하는 큰 인물이 연출된다.

⑨ **목욕수(沐浴水)** : 음란 도화(桃花)수로 흉수에 속한다. 목욕수의 득수과당은 첫째 도화수가 되어 가녀(家女)가 음란하고 질병과 관재와 패가망신이 우려되는 흉수이다.

한편 목욕류거(沐浴流去)는 원칙적으로는 흉수이나 수법에 맞도록 유거하는 경우는 문고소수(文庫消水)가 되어 자손이 성하고 부자가 되는 경우도 있다.

위 각종 수의 길흉을 종합적으로 정리해보면,

첫째, 양(養)·생(生)·대(帶)·관(官)·왕(旺)은 길수인 바 득수입조 또는 지호수가 있으면 부귀왕정(富貴旺丁)에 문장이 다출하고 차방위(此方位) 거수〔水口〕의 경우는 반대로 자손이 상하고 재산상의 손해가 많은 흉수가 된다.

둘째, 절태병사(絶胎病死)는 흉수이므로 조입득수(朝入得水)는 병약단명에 가업이 부진하며 거수(去水)의 경우는 또한 유해무익일 뿐이다.

셋째, 절태욕수(絶胎浴水)의 경우는 향법에 합법류거하면 흉수가 길수로 변하여 부귀왕정한다.

포태수법의 용법

포태수법의 용법에는 대체적으로 세 가지 방법이 있다.

첫째, 수구 4국을 중심으로 천간지지를 1궁위로 배합한 12궁위(포, 태……)로 운용한다.

둘째, 향을 중심으로 金水木火 4국으로 나누어 포태법으로 득파수의 길흉을 살피는 방법이다.

셋째, 음양에 따라 순과 역으로 포태를 돌리는 포태법이다.

이 세 가지 외에도 여러 가지 포태법이 소개되고 있으나 다음 구체적인 용법에 대한 설명에서 자세히 밝히고 우선 한 가지만은 한계를 분명히 해두고 싶다. 그는 포태법이나 구성법 등 모든 수법에서 득수와 거수(파구)를 동일하게 길성이면 길하고 흉성이면 흉하다는 이론과 그와는 반대로 득수는 생·대·관·왕의 4길성이라야 길하고 수구는 반대로 흉성에 해당되어야 된다는 양론이 있으나 좋은 것을 얻고(득수) 나쁜 것을 버려야(파) 된다는 것이 자연의 섭리라고 믿는다.

따라서 이러한 원칙하에 수법 중 가장 많이 실용되고 있는 포태법에 대해서 자세히 설명하기로 하겠다.

2. 수구 4국 포태법

본 수구 4국법은 포태수법의 대종(大宗)이며 또한 기본이다. 즉 수구를 다음과 같이 水木火金의 4국으로 나누어 취급한다. 나경 대신 수장법(手掌法)으로 왼손바닥을 펴고 엄지손가락으로 12궁위를 짚어가면 편리한 때가 있다.

각 국마다 12포태를 돌리기 위한 첫 출발점을 기포점이라 하며 다음과 같다. (순포태의 경우→ 수구4국을 알고 득수의 길흉을 알고자 할 때)

- 火國의 기포는 乾亥에서 시작하며
- 金국의 기포는 艮寅에서 시작하며
- 水국의 기포는 巽巳에서 시작하며
- 木국의 기포는 坤申에서 출발한다.

예를 들면 수구가 金국일 경우라면 수구가 癸丑·艮寅·甲卯位 중

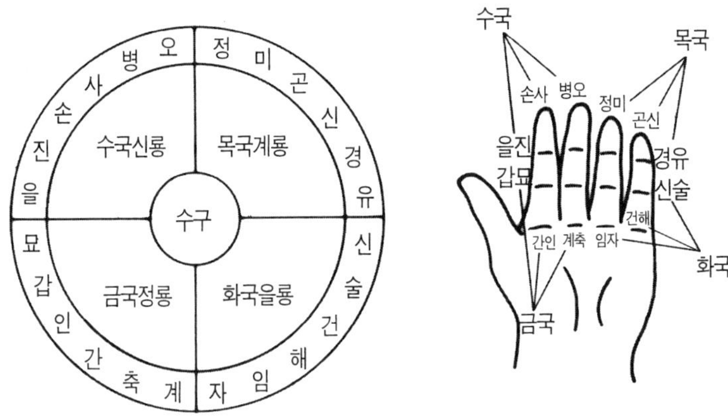

각 국별 기포점(起胞点)

에서 어느 곳이든 金국에 해당하며, 수구가 金국의 경우 그 중간 艮寅이 기포점이 되기 때문에 다음 표와 같이 艮寅이 절(絶), 甲卯는 태(胎)요, 乙辰은 양(養), 巽巳는 생(生)……의 순으로 배정된다.

다음 표는 수구 4국을 알고 득파수의 길흉을 쉽게 알 수 있다. 예컨대 艮寅득에 辛戌파라면 국은 火국이요 기포는 乾亥에서 시작한다. 그런즉 乾亥위는 절(포)궁, 壬子위는 태궁, 癸丑은 양, 艮寅은 생, 甲卯위는 욕의 순이다. 그래서 火국의 艮寅득수 辛戌파는 장생득수에 묘궁거수(묘파)가 된다. 이른바 생득과 묘파가 되어 자손이 성하고 부귀가 나는 길득길파(득도 파도 다 길하다)가 된다.

다음은 수구 4국을 알고 용이나 입수의 길흉을 판정하는 방법이다. 즉 수구 4국을 알고 용(좌), 입수의 길흉을 알아보기 위해서는 포태양생……을 역(거꾸로)으로 돌려서 확인한다. 그 요령은 다음과 같다.

<표 17> 조견표

火局	木局	水局	金局	四局
신술건해임자 →기포	정미곤신경유 →기포	을진손사병오 →기포	계축간인갑묘 →기포	수구 / 득파수
태	욕	왕	사	임자
양	대	쇠	묘	계축
생	관	병	포	간인
욕	왕	사	태	갑묘
대	쇠	묘	양	을진
관	병	포	생	손사
왕	사	태	욕	병오
쇠	묘	양	대	정미
병	포	생	관	곤신
사	태	욕	왕	경유
묘	양	대	쇄	신술
포	생	관	병	건해

※ 수구 4국을 알고 득파수의 길흉을 알기 위한 수법이다.

① 수구가 乙辰파인 경우 水局에 해당된다. 이때 용이나 입수가 坤申이라면 甲卯에서 기포하여 역으로 포태양생……장의 순으로 돌리면 坤申룡은 왕룡에 해당되기 때문에 길룡 길입수가 되는 것이다.

② 수구가 辛戌·乾亥·壬子의 火局이라면 용이나 입수가 壬子일 경우는 앞에서의 요령과 같이 庚酉에서 기포하여 역으로 포태를 돌리면 壬子룡, 壬子입수는 병룡(病龍) 병입수(病入首)가 되기 때문에 흉하다.

※ 포태법에서 용이나 입수는 陰이기 때문에 수구를 알고 용, 입수, 좌 등의 길흉을 알아보기 위해서는 항상 거꾸로 돌리기 때문에 역포태 또는 음포태라 하며 물은 양이기 때문에 득수나 거수(수구)의 길흉관계를 파악하기 위해서는 항상 시계바늘 방향으로 돌려서 확인해야 된다. 양포태 또는 는 순포태라 한다.

4국별 역포태의 기포점은 <표 18>과 같다.

③ 다음 수구가 癸丑·艮寅·甲卯에 해당되는 金局에서 巽巳룡이나 巽巳입수라면 위와 같은 요령으로 壬子에서 기포하여 거꾸로 포태를 돌리면 巽巳룡은 생왕룡이기 때문에 길격이다.

수구사국	수 구	기포점
화국	신술, 건해, 임자	경유에서 기포하여 역으로 돌린다
금국	계축, 간인, 갑묘	임자에서 기포하여 역으로 돌린다
수국	을진, 손사, 병오	갑묘에서 기포하여 역으로 돌린다
목국	정미, 곤신, 경유	병오에서 기포하여 역으로 돌린다

④ 수구가 丁未 · 坤申 · 庚酉 · 木국이라면 壬子룡 壬子 입수는 위와 같은 요령으로 丙午에서 기포하여 역포태로 돌리면 壬子룡은 임관룡(臨官龍)에 해당되기 때문에 길격이며, 만약에 丙午룡이라면 조견표 내용처럼 절룡(絶龍)에 해당되기 때문에 흉룡인 것이다.

여기까지 설명한 내용들은 수구 4국을 정확히 알고 그와 관련지어서 용, 입수의 길흉을 역포태로 확인하고 득파수의 길흉은 순포태로 확인하는 요령을 간략히 설명했지만 이 외에도 수법은 너무도 가짓수가 많고 복잡하니 각종 수법을 정확히 비교 연구하여 확고한 자기 주

〈표 19〉 수구 4국을 알고 입수 및 용의 길흉을 확인하는 표

수구 \ 용·입수	임자	계축	간인	갑묘	을진	손사	병오	정미	곤신	경유	신술	건해
신술 건해 임자(화국을룡)	병	쇠	왕	관	대	욕	생	양	태	절	묘	사
계축 가인 갑묘(금국정룡)	절	묘	사	병	쇠	왕	관	대	욕	생	양	태
을진 손사 병오(수국신룡)	생	양	태	절	묘	사	병	쇠	왕	관	대	욕
정미 곤신 경유(목국계룡)	관	대	욕	생	양	태	절	묘	사	병	쇠	왕

※4길성 → 대(冠帶) · 관(臨官) · 생(長生) : 왕(生旺)

관을 수립해야 될 것으로 믿는다.

3. 향상 4국 포태법

약칭 향상(向上) 포태법이라고도 하는데 이 역시 12쌍산위(雙山位)를 火국·金국·水국·木국의 4국으로 나누고 기포점(起胞点 = 포태의 출발점) 또한 金국은 艮寅, 水국은 巽巳에서, 木국은 坤申에서, 火국은乾亥에서 기포하는 것은 앞의 수구 4국법의 경우와 같다. 다만 작국(作局)에서 수구 기준이 아니라 향을 위주로 한 것이 틀리다. 그러므로 향상 작국법(向上作局法) 또는 향상 포태법이라 한다. 향상 작국방법은 우선 24위를 삼합오행으로 木국·火국·金국·水국의 4국으로 분류하면 된다. 木국인 乾·甲·丁·亥·卯·未란 곧 乾亥·甲卯·丁未향이 木국이란 것이다. 기포점도 수구 4국에서와 꼭 같은 요령으로 운용한다.

예시하면 壬좌丙향은 火국으로 乾亥에서 기포(출발)하고, 卯좌酉향은 酉향이니까 金국으로 艮寅에서 기포하며, 癸좌丁향은 木국으로 坤申에서 기포하고, 寅좌申향은 水국인 바 巽巳에서 기포하여 순행하여 길흉화복을 도출하는 방법에서는 수구(水口) 기준 4국법과 별로 다를 바 없다.

<표 20> 향상포태사국(또는 삼합오행사국)

• 乾甲丁 亥卯未향은 木국이다.
• 艮丙辛 寅午戌향은 火국이다.
• 巽庚 癸 巳酉丑향은 金국이다.
• 坤壬 乙 申子辰향은 水국이다.

향상 포태 4국의 운용방법

향상 포태법은 우리나라 지사들이 진혈을 재혈(裁穴)할 때나 구묘의 길흉을 확인하기 위해 제일 많이 운용하고 있는 수법이다. 이는 혈의 향을 중심으로 물의 파구와 득수의 길흉을 확인하는 수법이다. 우리가 산에 올라가 용·혈·사·수에 대해서 두루 살피고 여러 가지 혈증을 찾아 진혈이 될 만한 자리를 발견했을 때 최종적으로 제일 어렵고 제일 중요한 것은 재혈인데 제일 중요한 것이 수구와 좌향과의 조절이다. 선견수구(先見水口)라는 말도 그러기 때문인 것이다. 물론 재혈에 있어 입수와 좌향 조절, 좌향과 망인의 생년, 사격(砂格)과의 관계 등 두루 세밀히 살펴야 되지만 그 중에서도 수법이 가장 중요함을 강조하는 말이다.

수구는 인위적으로 조절할 수 없으므로 혈의 좌향을 수구에 알맞도록 조절하되 수구에 맞는 좌향이 없으면 진혈이 아니라는 뜻이다.

88향법에서는 향상 포태법의 운용방법을 다음과 같이 설명하고 있다.

양파(養破)·욕파(浴破)·쇠파(衰破)·병파(病破)·장파(葬破)는 길파에 해당되며 기타 파는 흉파이다. 다만,

• 양파의 경우 艮寅·坤申·乾亥·巽巳향에 한해서 차고소수(借庫消水)가 되어 길하며 기타 향에서는 양파가 흉파이다.

• 욕파의 경우도 艮寅·坤申·乾亥·巽巳·甲卯·庚酉·丙午·壬子향에 한해서 문고소수(文庫消水)에 해당되는 길파이며 기타 향에서는 욕파는 흉파이다.

• 쇠파의 경우 甲卯·丙午·壬子·庚酉향에 한해서 차고소수가 되어 길파에 해당된다.

• 병파는 乙辰·辛戌·丁未·癸丑향에 한해서 녹마귀인파(祿馬貴人破)가 되어 길파에 해당된다.

<표 21> 향상포태(득파수 포태법) 조견표

득파구(향) \ 12신성	胞	胎	養	生	浴	帶	冠	旺	衰	病	死	葬
손경계사유축향 (금국)	寅	卯	辰	巳	午	未	申	酉	戌	亥	子	丑
건갑정해묘미향 (목국)	申	酉	戌	亥	子	丑	寅	卯	辰	巳	午	未
곤임을신자진향 (수국)	巳	午	未	申	酉	戌	亥	子	丑	寅	卯	辰
간병신인오술향 (화국)	亥	子	丑	寅	卯	辰	巳	午	未	申	酉	戌

• 관파는 甲卯·庚酉·丙午·壬子향에서는 특히 대황천파(大黃泉破)가 되어 대흉파이다. 다른 향에서도 흉파이다.

• 태파는 乙辰·辛戌·丁未·癸丑향에 한해서 길흉이 반반되는 특이한 향이다. 그러나 새로 혈을 정할 때는 다른 길향을 택한 것이 가능할 것이다.

• 사파(死破)는 乙辰, 辛戌, 丁未, 癸丑향에 한해서 소황천파(小黃泉破)가 되어 흉파이다.

• 절파(絶破)의 경우 乙辰·辛戌·丁未·癸丑향에 한해서 구빈황천파(救貧黃泉破)가 되어 길파이다.

• 묘파(墓破)의 경우 乾亥, 坤申, 艮寅, 巽巳, 甲卯, 庚酉, 丙午, 壬子향에 한해서 정고소수(正庫消水)인 길파가 된다.

위와 같은 기준으로 다음 조견표를 보면 빨리 이해할 수 있을 것이다.

예를 들어 혈의 좌향이 艮좌坤향일 경우 수구가 丁파라면 丁파가 坤향의 혈에 대해서 길파인가 흉파인가를 확인하려 할 때 우선 坤향은 수국(水局)에 해당된다. 따라서 巽巳에서 기포하여 순행으로 돌리

〈표 22〉 향과 수구(파)와의 길흉관계

좌향	酉坐卯向	庚坐甲向	申坐寅向	坤坐艮向	未坐丑向	丁坐癸向
길파와 흉파	丁未파(葬파)‖正庫消水)※艮寅파(官파)‖大黃泉파)	乙辰파(衰파)‖借庫消水)壬子파(浴파)‖文庫消水파)	辛戌파(葬파)‖正庫消水)艮파는 當面出殺法(不犯寅字라야)	癸丑파(養파)‖借庫消水)甲卯파(浴파)‖文庫消水파)	艮寅파(絶파)‖救貧黃泉파)乾亥파(病파)‖祿馬貴人파)	乙辰파(衰파)‖正庫消水)※壬子파(死파)‖小黃泉파)

좌향	午坐子向	丙坐壬向	巳坐亥向	巽坐乾向	辰坐戌向	乙坐辛向
길파와 흉파	乙辰파(葬파)‖正庫消水)※乾亥파(官파)‖大黃泉파)	癸丑파(衰파)‖借庫消水)庚酉파(浴파)‖文庫消水)	丁未파(葬파)‖正庫消水)乾파는 當面出殺法(不犯亥字라야)	辛戌파(養파)‖借庫消水)壬子파(浴파)‖文庫消水파)	壬子파(胎파)‖吉凶相半)※庚酉파(死파)‖小黃泉파)	乾亥파(絶파)‖救貧黃泉파)坤申파(病파)‖祿馬貴人파)

좌향	卯坐酉向	甲坐庚向	寅坐申向	艮坐坤向	丑坐未向	癸坐丁向
길파와 흉파	癸丑파(葬파)‖正庫消水)※坤申파(官파)‖大黃泉파)	丙午파(浴파)‖文庫消水)辛戌파(衰파)‖借庫消水파)	乙辰파(葬파)‖正庫消水)坤파는 當面出殺法(不犯申字라야)	丁未파(養파)‖借庫消水)庚酉파(浴파)‖文庫消水파)	庚酉파(胎파)‖吉凶相半)※丙午파(死파)‖小黃泉파)	坤申파(絶파)‖救貧黃泉파)巽巳파(病파)‖祿馬貴人파)

좌향	子坐午向	壬坐丙向	亥坐巳向	乾坐巽向	戌坐辰向	辛坐乙向
길파와 흉파	辛戌파(葬파)‖正庫消水)※巽巳파(官파)‖大黃泉파)	甲卯파(浴파)‖文庫消水)丁未파(衰파)‖借庫消水파)	癸丑파(葬파)‖正庫消水)巽파는 當面出殺法(不犯巳字라야)	乙辰파(養파)‖借庫消水)丙午파(浴파)‖文庫消水파)	丙午파(胎파)‖吉凶相半)※甲卯파(死파)‖小黃泉파)	巽巳파(絶파)‖救貧黃泉)艮寅파(病파)‖祿馬貴人파)

墓파 : 乾亥, 坤申, 艮寅, 巽巳, 甲卯, 庚酉, 丙午, 壬子向에 한해서 正庫消水吉破이다.

養파 : 乾亥 坤申 艮寅 巽巳향이 借庫消水	衰파 : 甲卯 庚酉 丙午 壬子향만 借庫消水
浴파 : 乾亥 坤申 艮寅 巽巳 甲卯 庚酉 丙午 壬子 향만 文庫消水	病파 : 乙辰 辛戌 丁未 癸丑향만 祿馬貴人파
絶파 : 乙辰 辛戌 丁未 癸丑향만 救貧黃泉	死파 : 乙辰 辛戌 丁未 癸丑향만 小黃泉파
胎파 : 乙辰 辛戌 丁未 癸丑향만 吉凶相半	官파 : 甲庚丙壬향은 특히 大黃泉殺大凶

向上胞胎四局		
	木局 : 乾甲丁亥卯未향	金局 : 巽庚癸巳酉丑향
	火局 : 艮丙辛寅午戌향	水局 : 坤壬乙申子辰향

면 丁파는 양파(養破)이며 차고소수(借庫消水)에 해당되기 때문에 길 파인 것이다.

다음 조견표는 혈의 향에 대한 수구와의 길흉관계를 앞에서 설명한 〈표 21〉의 기준 아래 작성한 내용으로 88향법과도 거의 일치되기 때문에 일반 지사들이 제일 많이 이용하는 수법이다. 다만 이 조견표는 가장 상격인 길파와 가장 흉격인 대황천파(大黃泉破) 및 소황천파(小黃泉破)만을 소개했을 뿐 어느 정도로 어떻게 길하며 반대로 나쁘면 어느 자손이 어떻게 어느 정도로 화를 입게 되느냐 하는 구체적 사례는 다음에 별도로 설명이 있을 것이다.

여기까지의 포태법 중 가장 중요한 핵심을 요약하면,

1. 수구 4국을 알고 용. 입수. 좌의 길흉을 알기 위해서는 역포태로 역행(산이나 용은 陰이기 때문에 역으로)

2. 향상 포태 4국을 알고 득과 파구의 길흉관계를 알기 위해서는 물은 陽이기 때문에 순행(양포태)하여 득수는 길성이라야 길하며 파구는 흉성이어야 길하다는 원칙만은 충분히 이해하고 다음 다른 수법에 대해서 연구해야 할 것이다.

4. 좌상 4국 포태법

약칭으로 좌상(坐上) 포태법이라 한다. 혹자는 득파수 포태법이라고도 한다. 좌상 포태법의 운용방법은 앞에서 설명한 향상 포태법의 운용방법과 같다.

예를 들면 乾甲丁亥卯未향 대신 乾甲丁亥卯未좌를 木국으로 작국(作局)하는 것만 다르다. 여러 지사들과 출판된 도서 내용을 보면 포태법 중에서도 향을 위주로 보는 향상 포태와 좌(坐)를 중심으로 하는 좌상 포태법으로 나누어진데다 다음 표에서 예시한 바와 같이 득파구(得破口) 다 같이 길성이면 길하고 흉성이면 흉한 것으로 보는 사람과 반대로 득수는 길성이라야 좋고 파는 흉성이라야 길파로 보는 상반된 수법(水法)으로 초심자들을 혼란스럽게 하고 있다. 필자는 앞에서도 설명한 바와 같이 자연의 섭리에 따라 득(得)은 좋은 것을 얻어야 길하며 파(破)는 나쁜 것을 버려야 됨을 강조하기 때문에 좌상 포태법에 있어서도 득과 파를 동일하게 보는 것은 이법에 어긋나는 것으로 생각된다.

〈표 23〉 어느 저서에 나오는 설명 내용

> 득파수 포태법의 경우, 가령 건갑정해묘미 목국좌에 득이 신방(申方)이면 포(胞), 즉 흉성이 되어 불길하고 파가 축방이 되면 대(帶) 즉 길성이 되어 길하다.
>
> 사대국 포태법의 경우도 가령 을, 진, 손, 사, 병, 오방에 파구가 되어 혈에 있어서 혈좌가 신(申)좌이면 생성(生星)으로 길하고 용맥이 오방이면 태성(胎星)이 되어 불길하며 득이 해방(亥方)에 있으면 관성이니 길하다고 본다.

예를 들어 〈표23〉을 보면 乾甲丁亥卯未좌의 木국좌에 득이 坤申방이면 포(절)에 해당된즉 흉성이 되어 불길하다는 이론은 동일하지만 파가 丑방인 경우 대(관대)파에 해당된즉 길성이 파가 되어도 길하다는 이론은 필자의 생각과는 다르다.

乙辰 · 巽巳 · 丙午파인 경우 수구 4대국 포태법의 水국에 해당되기 때문에 혈좌가 申좌의 경우는 坤壬乙申子辰이 水국이기 때문에 巽巳에서 기포하여 순행하면 坤申좌는 '생〔長生〕'에 해당되어 길하며 丙午룡맥이라면 태성(胎星)이 되어 불길하며 득수가 해방(亥方)에 있으면 관성(官星)이니 길하다고 설명하고 있으나 향상수법에서는 수구 4국을 알고 용이나 입수를 알기 위해서는 역으로 포태를 돌려 위의 水국

인 경우는 甲卯에서 시작하여 역선(逆旋)하면 坤申좌는 왕룡에 해당되어 길하며 丙午룡의 경우도 病룡이 되어 불길하다는 주장이니 〈표 23〉의 내용과는 큰 차이가 있다. 앞으로 비교 연구가 필요할 것 같다.

다음 조견표는 앞에 제시한 향상포태 조견표의 향(向)을 좌(坐)로 바꾼 것만 다르다.(역포태를 적용한다.)

〈표 24〉 좌상포태사국 조견표

좌(사국) \ 12신성	絶(胞)	胎	養	生	浴	帶	官	旺	衰	病	死	墓(藏)
巽庚癸巳酉丑 (金국)	壬子	乾亥	辛戌	庚酉	坤申	丁未	丙午	巽巳	乙辰	甲卯	艮寅	癸丑
乾甲丁亥卯未 (木국)	丙午	巽巳	乙辰	甲卯	艮寅	癸丑	壬子	乾亥	辛戌	庚酉	坤申	丁未
坤壬乙申子辰 (水국)	甲卯	艮寅	癸丑	壬子	乾亥	辛戌	庚酉	坤申	丁未	丙午	巽巳	乙辰
艮丙辛寅午戌 (火국)	庚酉	坤申	丁未	丙午	巽巳	乙辰	甲卯	艮寅	癸丑	壬子	乾亥	辛戌

따라서 〈표 24〉는 앞에서 설명한 내용들을 적용시켜 득과파의 길흉을 좌상포태로 확인할 수 있는 조견표이다. 다만 이 내용에 대한 길흉 해석은 앞에서 설명한 것과 같이 구구한 이설들이 많다. 수법이 다르면 그 적용 결과도 다르게 나타난다.

풍수지리를 연구하는 사람들은 자기가 알고 있는 수법만 옳고 다른 수법은 틀리다고 생각해서는 안 된다. 여러 가지 수법을 비교해서 연구하고 검증해보면서 답을 얻으려고 노력해야 될 것이다.

5. 9성 수법

9성(九星) 수법은 구빈(救貧) 선생으로 알려진 양균송(楊筠松)의 길흉판별법으로 포태수법과 더불어 양대수법의 하나이다.

이는 혈의 좌향을 정하는데 물의 득과 파와의 길흉관계를 보는 방법이다. 이때 9성 중 탐낭(貪狼) · 거문(巨門) · 부곡성(富曲星)이 상격길성으로 크게 길하고, 복음〔伏吟 : 좌보(左輔)와 우필(右弼)을 합하여 복음 또는 보필이라 한다〕은 다길소흉(多吉少凶)의 성신(星神)이며 녹존(祿存), 문곡(文曲)은 다흉소길(多凶少吉)하기에 이 3성을 중격성으로 취급하며, 염정(廉貞)과 파군성(破軍星)은 대흉이라 했다.

그러나 어떤 분은 문곡을 흉성으로 취급한 분도 있으며『풍수지리보감』에서는 탐낭 · 거문 · 무곡(武曲)의 3길성을 제외한 나머지는 전부 흉성으로 취급했으며, 또 어느 책에는 복음을 길성에 포함시켜 9성 중 4길성이라고 주장했다. 그러나 탐낭 · 거문 · 무곡 · 복음을 4길성으로, 기타를 흉성으로 취급하는 것이 제일 타당할 것 같다.

9성수법은『현묘경(玄妙經)』에 기록되어 있는 수법으로 지리가들이 많이 활용하고 있으나 물의 형세에 따른 길흉을 더 강조하고 있다. 물의 형상이 일단 흉격이면 아무리 9성법으로 길격을 이루어도 소용이 없다고 했다. 예를 들면 물의 형상이 혈에 대하여 반배수(反背水)가 되었다면 흉수이기 때문에 아무리 득과 파가 9성법에 맞다 해도 소용이 없이 흉하다는 말이다.

그런데 이 9성법도 역시 각기 다른 이론을 전개하고 있어 그 통일된 수법이 아쉽기만 하다. 예를 들면 9성법 중, 좌를 위주로 물의 득과 파에 대한 길흉을 보는 수법과 향을 중심으로 물의 득과 파에 대한 길흉을 보는 방법으로 나누어지는데 좌 중심의 좌상 9성법 중에서도 득과 파를 동일하게 길성이면 길하고 흉성이면 흉한 것으로 보는 방법과 반대로 득은 길성이라야 길하고 파는 흉성이라야 길하다고 보는 방법 등 네 가지로 크게 나누어진다.

이러한 9성법 중 후천수법(後天水法)과 선천수법(先天水法)은 변화순서가 약간 다르지만 결과는 큰 차이가 없기 때문에 크게 문제되지는 않는다.

좀더 자세히 말하자면 국내 지리학자들이나 국내 출판서적에는 거의 좌상 9성법에다가 득과 파를 동일하게 취급하는 즉 위의 ③번에 해당되는 방법을 다음 조견표와 같이 활용하고 있으나, 대만에서 발행한『구성법지리 이기탐원(九星法地理 理氣探原)』에서는 향상 9성법에다가 득파를 다 같이 길성이면 길득 길파이고 흉성에 해당되면 득파 간에 흉득 흉파로 보는 방법을 소개하고 있으며, 중국에서 발행한『나경투해(羅經透解)』에서는 향상 9성법에다가 득과 파를 정반대로 득은 길성이어야 좋고 파는 흉성이어야 길하다는 이론을 소개하고 있다.

예컨대 무곡 · 거문 · 탐낭 · 복음의 4길수가 득이면 길하지만 파가 되면 흉하다고 했으니 이렇게 분류해보면 9성법만도 네 가지 이상으로 분류할 수 있으며『인자수지(人子須知)』에는 9성법의 오류를 구체적으로 지적했으니 포태법이나 9성법 모두 다 같이 견해차가 너무도 심하여 어느 이론을 믿어야 할지 의문이 생길 수밖에 없다. 풍수지리에서 혈의 길흉화복에 결정적 영향을 주는 것은 '선견수구(先見水口)하라' 했듯이 수법이 제일 중요함에도 이처럼 서로 상반된 이론들이 많다는 것은 풍수지리에 대한 불신의 요소가 되고 있다.

※ 궁위(宮位)와 작괘법(作卦法) : 12포태법은 각 국(木 · 火 · 金 · 水 4국)의 12절을 돌아 각 궁위를 도출하는 것이나 본 9성법은 괘를 따로 만들어 각 성신(星神)을 도출하는 것이다.

정양궁(淨陽宮)

· 건궁(乾宮)···乾甲은 동궁(同宮)이요,
· 곤궁(坤宮)···坤乙은 동궁이고,
· 감궁(坎宮)···坎癸申辰은 동궁이요,

· 이궁(離宮)…離(午)壬寅戌은 동궁이다.

정음궁(淨陰宮)

· 간궁(艮宮)…艮丙은 동궁이요,
· 손궁(巽宮)…巽辛은 동궁이고,
· 진궁(震宮)…震庚亥未는 동궁이요,
· 태궁(兌宮)…兌丁巳丑은 동궁이다.

한편 9성8괘(좌보·우필은 합궁동괘)의 운용은 9성 각법의 본궁괘(수법에서는 주로 坐山位)에 따라 길흉성신(吉凶星神)을 도출한다.

※이들 구성별로 득파의 길흉을 정리하면 다음과 같다.

〈표 25〉 후천수법(구성수법) 길흉조견표

得破坐山 ＼ 9성水位	破軍	祿存	巨門	貪狼	文曲	廉貞	武曲	伏吟
乾甲山	兌丁巳丑	震庚亥未	坤乙	坎癸申辰	巽辛	艮丙	離壬寅戌	乾甲
坤乙山	艮丙	巽辛	乾甲	離壬寅戌	震庚亥未	兌丁巳丑	坎癸申辰	坤乙
坎癸申辰山	巽辛	艮丙	離壬寅戌	乾甲	兌丁巳丑	震庚亥未	坤乙	坎癸申辰
離壬寅戌山	震庚亥未	兌丁巳丑	坎癸申辰	坤乙	艮丙	巽辛	乾甲	離壬寅戌
艮丙山	坤乙	坎癸申辰	兌丁巳丑	震庚亥未	離壬寅戌	乾甲	巽辛	艮丙
震庚亥未山	離壬寅戌	乾甲	巽辛	艮丙	坤乙	坎癸申辰	兌丁巳丑	震庚亥未
巽辛山	坎癸申辰	坤乙	震庚亥未	兌丁巳丑	乾甲	離壬寅戌	艮丙	巽辛
兌丁巳丑山	乾甲	離壬寅戌	艮丙	巽辛	坎癸申辰	坤乙	震庚亥未	兌丁巳丑

〈표 26〉 구성별(九星別) 득파의 길흉 내용

九星	得水	去水
貪狼星	諸房均發에 富貴旺丁하고	少亡家敗에 賭奢敗家이다.
巨門星	少年登科에 代代隆盛하고	家産不興에 別無發旺이다.
祿存星	丁財不旺에 每事不振하고	諸房幷發에 小職小富이다.
文曲星	才勝薄德에 好奢敗産하고	文章花柳에 小職小富이다.
廉貞星	人傷敗家에 不息官災하고	丁財少吉에 一孫武功이다.
武曲星	富貴雙全에 代代將相하고	少亡戰傷에 敗産乏嗣이다.
破軍星	諸房不盛에 人亡家敗하고	破軍流去는 富貴旺丁이다.
伏吟星	聰明文章에 諸房多福하고	不盛丁財에 孤寡家貧이다.

6. 보성수법론

보성수법(輔星水法)은 앞에서 소개한 대만과 중국에서 출판 소개된 향(向)을 기준으로 한 득파수의 길흉화복을 가늠하는 향상 9성수법과 거의 같다. 향의방위에 따라 득파수의 길흉화복을 정하되 혈의 향과 득수가 정음정양법(淨陰淨陽法)으로 같은 陰이거나 같은 陽이라면 탐낭·거문·무곡·복음의 4길성이 길방득수(吉方得水)가 되고 반대로 파군·염정·녹존·문곡의 4흉성은 길방거수(吉方去水)가 되어 수법에 맞는 부귀왕정의 길국이 된다. 만약 득수처(得水處)와 향상위(혈의 향)의 음양이 같지 않으면 득파수의 길흉 방위가 뒤바뀌어 빈천핍손(貧賤乏孫 : 가난하고 천하며 자손이 끊긴다)의 흉국이 된다. 그러니까 보성수법은 구성수법과 정음정양수법을 합친 수법이라고 생각하면 될 것이다.

따라서 본 보성수법의 요체는 혈의 향과 득수방위의 음양이 동일함에 있다.

※ 길흉좌향(吉凶坐向)의 도출 방법

첫째, 득수처의 방위를 정확히 측정하고 이에 의해 동일음양(同一陰陽)으로 좌향을 결정한다. 이때 득수와 향의 음양이 서로 다르면 득파위(得破位)가 각기 흉하게 된다. (조견표를 이용해도 편리하다)

둘째, 본법 운용은 향에서 초기 보필(보필에서 시작하고)하고 이중무곡(二中武曲), 삼하파군(三下破軍), 사중염정(四中廉貞), 오상탐낭(五上貪狼), 육중거문(六中巨門), 칠하녹존(七下祿存), 팔중문곡(八

〈표 27〉 보성수법 조견표

득파 \ 향위 (9성)	乾 乾甲 (양)	離 午壬寅戌 (양)	艮 艮丙 (음)	巽 巽辛 (음)	坎 子癸申辰 (양)	坤 坤乙 (양)	震 卯庚亥未 (음)	胎 酉丁巳丑 (음)
乾甲 (양)	輔	武	破	廉	貪	巨	祿	文
午壬寅戌 (양)	武	輔	廉	破	巨	貪	文	祿
艮丙 (음)	破	廉	輔	武	祿	文	貪	巨
巽辛 (음)	廉	破	武	輔	文	祿	巨	貪
子癸申辰 (양)	貪	巨	祿	文	輔	武	破	廉
坤乙 (양)	巨	貪	文	祿	武	輔	廉	破
卯庚亥未 (음)	祿	文	貪	巨	破	廉	輔	武
酉丁巳丑 (음)	文	祿	巨	貪	廉	破	武	輔

中文曲)의 순으로 번괘(翻卦)하여 득파수의 길흉을 도출한다.

(예 1) : 子坐午향에 申득丁파의 경우 보필에서 시작하여 이중건궁(二中乾宮)은 무곡이요 삼하손궁(三下巽宮)은 파군, 사중간(四中艮)은 염정, 오상곤(五上坤)은 탐낭, 육중감(六中坎)은 거문, 칠하태궁(七下兌宮)은 녹존, 팔중묘궁(八中卯宮)은 문곡인바 다음 조견표를 보면 오향(午向)에 신득수(申得水)는 거문이요, 정파(丁破)는 녹존이다. 그리하여 좌향과 득파길흉이 이법에 맞는 길격이다.

(예 2) : 艮坐坤향에 辛득丁파인 경우, 앞에서 같은 요령으로 돌리면 坤향에 대한 신득수는 녹존이 되고 丁파는 파군에 해당되니 득수는 흉성이며 파구(破口)는 길격이니 중격이 된다.

(예시 3) : 艮坐坤향에 亥득癸파의 경우, 득수해위(得水亥位)는 염정이 되고 거수계위(去水癸位)는 무곡에 해당된다. 그러한바 득파길흉이 뒤바뀌어 흉격이 된다. (조견표 참조)

※ 보성수법의 길흉결(吉凶訣)

보성수법의 길흉결은 일반적 구성수법의 길흉결과 대체적으로 그 내용과 경중이 비슷하다. 다만 득파 각 궁위에 따른 길흉화복을 좀더 자세히 구분했을 뿐이다. 그 원문(原文)을 소개하면 다음과 같다.(두 가지 중 한 가지 길흉결만 기억해두면 큰 불편이나 모순은 없다.)

• 보필수(輔弼水)
보필수래최고강(輔弼水來最高强) 방방부귀복수장(房房富貴福壽長)
보필수거퇴전장(輔弼水去退田庄) 남녀요망위고유(男女夭亡爲孤孀)

• 무곡수(武曲水)

무곡수래발중방(武曲水來發衆房) 세대위관근제왕(世代爲官近帝王)
무곡수거혈광사(武曲水去血光死) 남녀이향주외방(男女離鄕走外邦)

• 파군수(破軍水)

파군수래시흉신(破軍水來是凶神) 선망장자후패손(先亡長子後敗孫)
파군수거대길창(破軍水去大吉昌) 위관영웅근제왕(爲官英雄近帝王

• 염정수(廉貞水)

염정수래최난당(廉貞水來最難當) 연년병질기재앙(連年病疾起災殃)
염정수거최위량(廉貞水去最爲良) 부귀영화정일방(富貴榮華定一房)

• 탐낭수(貪狼水)

탐낭수래조혈장(貪狼水來照穴場) 인정대왕발중방(人丁大旺發衆房)
탐낭수거호탐화(貪狼水去好貪花) 매진전지절료해(賣盡田地絶了解)

• 거문수(巨門水)

거문수래조곡당(巨門水來朝曲塘) 아손세대주영창(兒孫世代主榮昌)
거문수거주이향(巨門水去主離鄕) 매료전지가빈궁(賣了田地家貧窮)

• 녹존수(綠存水)

녹존수래패장방(綠存水來敗長房) 장방유방정조앙(長房幼房定遭殃)
녹존거수대길창(綠存去水大吉昌) 부귀영화귀장방(富貴榮華歸長房)

• 문곡수(文曲水)

문곡수래기고봉(文曲水來起高峯) 출입소망주빈궁(出入少亡主貧窮)

문곡수거생쌍동(文曲水去生雙童) 전지가재차제융(田地家財次第隆)

이 보성수법도 위에서 말한 것처럼 각기 다른 이설들이 많다. 그러나 선사(先師)들께서 후천구성수법과 보성수법을 주로 실용의 근간으로 삼은 것 같다. (검증란 참조)

7. 정음정양수법(淨陰淨陽水法)

24위 중 乾甲 · 坤乙 · 坎(子)癸申辰 · 離(午)壬寅戌은 양이요
艮丙 · 巽辛 · 震(卯)庚亥未 · 兌(酉)丁巳丑은 음이다.
따라서 수법에서는
· 양좌에는 양득 양파라야 길득 길파이며
· 음좌에는 음득 음파라야 길득 길파로 보는 방법이다.
그러나 위 정음정양수법은 앞에서 설명한 보성수법과 비슷하기 때문에 구체적 설명을 생략한다.

8. 쌍산삼합수법(삼합오행수법)

• 乾甲丁 亥卯未는 木국 삼합(三合)이다. 따라서 乾좌에 甲득 丁파는 길득 길파이다. 또 亥좌에 卯득 未파도 길득 길파이다. 甲좌에 乾득 丁파, 卯좌에 亥득 未파도 같다.

• 坤壬乙 申子辰은 수국삼합(水局三合)이기에 坤좌에 壬득 乙파, 또는 辛좌에 子득 辰파가 길격이다. 壬좌에 坤득 乙파나 子좌에 申득 辰파도 같다.

• 巽庚癸 巳酉丑은 금국삼합(金局三合)이다. 따라서 巽좌에 庚득 癸파나 巳좌에 酉득 丑파이면 길득 길파이다. 庚좌에 巽득 癸파나 酉좌에 巳득 丑파도 같은 길격이다.

• 艮丙辛 寅午戌은 화국삼합(火局三合)이다. 따라서 艮좌에 丙득

辛파나 寅좌에 午득 戌파는 길득 길파이다. 또는 丙좌에 艮득 辛파나 午좌에 寅득 戌파도 같은 길격이다.

9. 격팔상생법(隔八相生法)

이 수법은 격팔육률법(隔八六律法)이라고도 하며 천간은 천간끼리 서로 좋아하여 상생하고 지지는 지지끼리 상통하여 상생하는 수법이며 다음 조견표 내용과 같으니 일일이 기억하기 어려운 사람은 나경을 이용하여 조견표의 내용을 쉽게 찾을 수 있는 방법이 있다. 예를 들자면 가령 乙좌의 경우 乙辰·巽巳·丙午·丁未·坤申·庚酉·辛戌·乾亥 즉 여덟 번째 천간인 乾이 천간을좌(天干乙坐)의 격팔(隔八)에 해당되며 子좌라면 지지에 해당되기 때문에 子·丑·寅·卯·辰·巳·午·未로 子에서 여덟 번째인 未가 子의 격팔이 된다. 따라서 격팔상생이라 하며 巽득은 여섯 번째가 되기 때문에 육률이라 한다.

이처럼 나경을 이용하는 요령만 알아두면 일일이 어렵게 외우지 않

〈표 28〉 격팔상생수법 조견표

壬좌 : 巽득 : 丁파	甲좌 : 坤득 : 辛파	丙좌 : 乾득 : 癸파	庚좌 : 艮득 : 乙파
子좌 : 巳득 : 未파	卯좌 : 申득 : 戌파	午좌 : 亥득 : 丑파	酉좌 : 寅득 : 辰파
癸좌 : 丙득 : 坤파	乙좌 : 庚득 : 乾파	丁좌 : 壬득 : 艮파	辛좌 : 甲득 : 巽파
丑좌 : 午득 : 申파	辰좌 : 酉득 : 亥파	未좌 : 子득 : 寅파	戌좌 : 卯득 : 巳파
艮좌 : 丁득 : 庚파	巽좌 : 辛득 : 壬파	坤좌 : 癸득 : 甲파	乾좌 : 乙득 : 丙파
寅좌 : 未득 : 酉파	巳좌 : 戌득 : 子파	申좌 : 丑득 : 卯파	亥좌 : 辰득 : 午파

아도 쉽게 응용할 수 있다. 도선국사의 『유산록』을 보면 수법에서 쌍산삼합수법과 격팔상생법 등 많은 수법들을 이용한 흔적이 나타나고 있으나 선사들은 이처럼 종합적으로 적용한 것 같으나 실제로 50개 혈에 격팔상생수법을 적용시켜보면 해당된 곳은 별로 없다.

50개 혈 중 격팔상생수법에 적법인 곳은 25번의 壬좌 巽득 丁파와 13번의 庚좌에 艮득 乙파 두 군데뿐이었다.

10. 장생수법(長生水法)

팔천간(八天干)은 甲乙丙丁庚辛壬癸를 말하고 그 중 甲庚丙壬은 양간(陽干)이요 乙辛丁癸는 음간(陰干)이다. 따라서 양간의 갑목(甲木 : 木局)의 기(氣)란 乾甲丁亥卯未를 말하며 병화의 기(火局의 氣)는 艮丙辛寅午戌을 말하며 경금지기(庚金之氣의 金局)는 巽庚癸巳酉丑을 뜻하며 임수지기(壬水之氣의 水局)는 坤壬乙申子辰에 해당된다.

다음 음간(陰干)은 아래 그림과 같이 辛戌·乾亥·壬子방의 수구는 火局 乙룡에 해당되며 癸丑·艮寅·甲卯방의 수구는 金局 丁룡이며 乙辰·巽巳·丙午방의 수구는 水局 辛룡에 해당되며 丁未·坤申·庚酉는 木局 癸룡이다.(양간과 음간으로 나누어 포태를 순선과 역선으로 나누어 그 길흉을 확인하는 것이 88향법이나 향상 포태법과 틀린 점이다)

이러한 내용들을 알기 쉽게 정리하면,

양간(陽干)의 경우〔순선(順旋) → 시계바늘 방향〕
- 甲木(陽의 木국)의 생방은 乾亥이며
- 丙火는 장생방이 艮寅이고
- 庚金의 장생방이 巽巳이며
- 壬水의 장생방은 坤申이다.

음간(陰干)의 경우〔역선(逆旋) → 시계 반대 방향〕

- 火국乙룡의 장생방은 丙午이며
- 金국丁룡의 장생방은 庚酉이고
- 水국辛룡의 장생방은 壬子이며
- 木국癸룡의 장생방은 甲卯이다.

팔천간(八天干)을 양간과 음간으로 나누어 다음 표와 같이 정리해 보면 결국 ① 혈의 향을 알고 수구나 득수의 길흉을 확인하기 위한 향 상포태수법과 ② 수구 4국을 알고 용(좌 포함)이나 입수의 길흉을 분

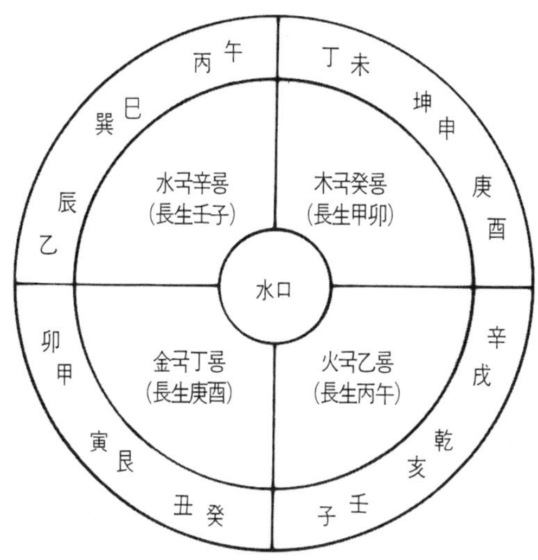

※火국에서는 경유에서 기포하여 역
으로 돌리면 병오가 長生에 해당된
다는 뜻이다(이하 같음).

별하기 위한 수구 4국 포태법으로 나누어진다. (다음 표 참조)

　다음 조견표 ①은 향상포태수법에서 설명한 바와 같이 乾·甲·丁·亥·卯·未 6자 속에서 어느 향이든 木局에 해당되며 坤申에서 기포(포태…의 시발점)하여 시계 방향으로 돌려 득은 길성이 되어야 길득이며 수구(파)는 흉성이어야 길파가 된다. 예를 들면 수구가 丁未 파이며 묘의 향은 艮坐坤향에 득은 辛득인 경우 坤향은 수국(水局)의 음왕향(陰旺向)이기에 甲卯에서 기포하여 역선(逆旋)하면 丁未파는 쇠파(衰破)이다. 차고소수파(借庫消水破)의 길파이며 辛득은 대득(帶得)이기에 길득에 해당된다. 향상 포태법이라면 수국(坤향)에서 丁未파는 양파(養破)인 차고소수에 해당되어 그 결과는 같은 길파이다.

　② 수구 4국(水口四局) 포태법에서 설명한 바와 같이 24궁위를 차례로 6궁위씩 묶어서 4국으로 나누어 신술 건해 임자의 6궁위를 화국수구(火局水口)라 하는데 다음 차례로 金·水·木국도 같다. 이는 주로 수구4국을 알고 용이나 입수의 길흉을 확인하는 수법이다. 예를 들면 乙辰파인 경우 경태룡(庚兌龍)의 길흉을 알기 위해서는 乙辰파는 수국에 해당되기 때문에 甲卯에서 기포하여 역으로 돌리면 庚兌는 임관룡(臨冠龍)에 해당되어 길룡인 것이다. 입수 및 좌도 그러한 요령으로 길흉을 감정하는 수법이다.

　③은 삼합오행 중 양간(陽干)을 말한다. ①에서 말하는 乾甲丁은 쌍산삼합오행을 말하며 乾亥 甲卯 丁未 묘향(墓向)은 모두 木국에 해당된다는 뜻이기에 한 자 한 자가 각기 향을 나타내며 여기서 乾甲丁이란 乾좌에 甲득丁파를 뜻하며 정삼각을 나타내는 음왕향을 표시한다. 乾향에 甲득丁파인 경우도 있으나 이런 경우는 우선수 역선이 된다.

　이처럼 삼합국으로 나타나면 길득 길파가 되어 수법에 맞는 진혈로

<표 29> 양간과 음간의 비교

天干		궁위 (묘향 또는 좌)	국	기포	생의 방위	왕의 방위	묘의 방위	순과 역	용법
양간 ①	甲木	향상포태4국	乾甲丁亥卯未	木국甲룡	坤申	乾亥	甲卯	丁未	順旋	향이나 좌를 알고 득파의 길흉을 확인하는 수법(쌍산삼합법)
	丙火		艮丙辛寅午戌	火국丙룡	乾亥	艮寅	丙午	辛戌	順旋	
	庚金		巽庚癸巳酉丑	金국庚룡	艮寅	巽巳	庚酉	癸丑	順旋	
	壬水		坤壬乙申子辰	水국壬룡	巽巳	坤申	壬子	乙辰	順旋	
음간 ②	乙木	수구4국	辛戌乾亥壬子	火국乙룡	庚酉	丙午	艮寅	辛戌	逆旋	수구사국을 알고 용이나 입수의 길흉을 확인하는 수법
	丁火		癸丑艮寅甲卯	金국丁룡	壬子	庚酉	巽巳	癸丑	逆旋	
	辛金		乙辰巽巳丙午	水국辛룡	甲卯	壬子	坤申	乙辰	逆旋	
	癸水		丁未坤申庚酉	木국癸룡	丙午	甲卯	乾亥	丁未	逆旋	
양간 ③	甲木	삼합오행중양간	乾甲丁亥卯未	木국甲룡	坤申	乾亥	甲卯	丁未	順旋	건좌에 갑득정파면 좌선수이기에 양간순선이며 건갑정은 정삼각을 이룬다.
	丙火		艮丙辛寅午戌	火국丙룡	乾亥	艮寅	丙午	辛戌	順旋	
	庚金		巽庚癸巳酉丑	金국庚룡	艮寅	巽巳	庚酉	癸丑	順旋	
	壬水		坤壬乙申子辰	水국壬룡	巽巳	坤申	壬子	乙辰	順旋	
음간 ④	癸水	삼합오행중음간	甲乾丁卯亥未	木국癸룡	丙午	甲卯	乾亥	丁未	逆旋	갑좌에 건득정파의 삼합국은 우선수이기에 역선이며 정삼각을 이룬다.
	乙木		丙艮辛午寅戌	火국乙룡	庚酉	丙午	艮寅	辛戌	逆旋	
	丁火		庚巽癸酉巳丑	金국丁룡	壬子	庚酉	巽巳	癸丑	逆旋	
	辛金		壬坤乙子申辰	水국辛룡	甲卯	壬子	坤申	乙辰	逆旋	

생각할 수 있는 것이다. 묘의 향은 왕향(旺向)에 생득(甲득) 묘파(丁파)이다. 삼합혈은 항상 왕향에 생득 묘파라야 진(眞)이다. 좌의 경우도 같다.

④ 같은 삼합국이지만 乾甲丁 삼합(三合)과 甲乾丁과는 다르다. 즉, 乾좌에 甲득 丁파와 甲좌에 乾득 丁파는 다르다. 甲좌 庚향은 陽왕향이기 때문이다. 다시 말해서 좌선수(左旋水)와 우선수(右旋水)의 차이로 순선과 역선으로 달라진다. 甲향에 乾득 丁파의 경우도 있다. 왕향에 생득 묘파가 되는 것은 같다. 甲좌 乾득 丁파의 경우도 생득 묘파가 되는 이치는 같다.

여기까지 포태법에 의한 장생수법에 대해서 대략적인 설명을 했지만 이 중에서도 가장 중요한 점은 순선과 역선일 것으로 생각된다. 그 구분을 간략히 설명하자면 역선이란 포태를 시계 반대 방향으로 돌리는 것을 말하며 일명 음포태라고도 한다. 다음과 같은 경우에 역포태로 돌린다.

• 수구 4국을 알고 용이나 입수에 대한 길흉을 포태법으로 확인하려 할 때 산은 음이기 때문에 역선이다.

• 墓향이 음왕향(乾坤艮巽寅申巳亥向)이거나 음쇠향(乙辛丁癸向)의 경우 묘향과 득파와의 관계를 확인할 때

• 순선은 묘의 향이 양왕향(甲庚丙壬子午卯酉향) 또는 양쇠향(辰戌丑未향)의 경우 묘향과 득파 간의 길흉을 순포태법으로 확인할 때

위와 같은 원칙하에 순선과 역선을 구별하여 포태법을 운용해보면 다음 검증 대상인 50개 혈 중 乙辛丁癸향을 제외한 기타 40개 혈은 한 군데도 예외없이 묘의 향이 왕향임을 확인할 수 있다. 그리고 乙辛丁癸향인 10개 혈은 예외없이 묘향이다. 50개 혈 가운데는 해당이 없으

陽旺向 順旋 (양국)	甲 庚 丙 壬 향 卯 酉 午 子 향
陰旺向 逆旋 (음국)	乾 坤 艮 巽 향 亥 申 寅 巳 향
陽衰向 順旋 (양국)	辰 戌 丑 未 향
陰衰向 逆旋 (음국)	乙 辛 丁 癸 향

나 辰戌丑未향도 묘향이 된다. 묘향을 쓰게 되면 전국(全局)이 흉살로 가득 차게 되기 때문에 쇠방차향(衰方借向)을 하지 않으면 안된다.

그리고 삼합오행수법에 해당되는 경우 거의가 좌를 중심으로 삼합 국을 이룬다. 50개 혈 중 삼합국을 이루는 혈이 16개 혈 중 한 군데만 향 중심의 삼합국이고 기타는 전부가 좌 중심의 삼합국이다. 즉 乾좌 에 甲득 丁파의 삼합국이지 향과 득과 파로 된 삼합국은 하나밖에 없 다는 뜻이다. 이런 경우 15개 삼합국에 한해서만 좌 중심의 포태를 적 용하고 기타 35개 혈에 대해서는 향상포태를 적용한 것도 모순인 것 같지만 묘의 향이 양왕향이면 좌도 양왕좌가 되기 때문에 순선과 역 선의 판단에는 모순이 없다. 다만 향과 좌에 따라 기포점이 달라질 뿐 이다. 예를 들면 乾좌의 경우는 木국이지만 巽향은 金국이 되기 때문 이다. 결론적으로 말하자면 모든 묘의 향은 왕향이라야 하며 향에 따 라 양(순선)과 음(역선)으로 나누며 乙辛丁癸 辰戌丑未향은 묘향이 되어 살이 충만하니 쇠향으로 차향(借向)해야 함이 장생수법의 다른 점이다. 삼합국인 경우는 좌 중심 또는 향 중심의 삼합국 여하에 따라 순선과 역선도 달라진다는 것을 이해해야 된다.

입쇠향(立衰向)의 경우

묘의 향은 원칙적으로 왕향(旺向)이어야 하지만 경우에 따라서는 쇠향을 차향(借向)하는 경우가 있다. 이때는 반드시 향이 辰戌丑未(양쇠향)방이나 乙辛丁癸(음쇠향)방에 놓일 때에 한해서이다. 따라서 辰戌丑未방으로 떨어질 때는 양쇠향으로 입(立)해야 된다. 예를 들어 戌방의 경우 원래대로라면 寅午戌火국이기 때문에 乾亥에서 기포하여 순선하면 묘방(墓方)이 되는데 묘의 향이 묘방이 되면 절대 불가하기 때문에 辛戌향에서 쇠(衰)를 갖는 천간을 찾아 차국(借局)한다. 즉 辛戌향에서 쇠가 되는 양간(陽干)은 金국뿐이다. 때문에 金국인 艮寅에서 기포하여 순선하면 辛戌이 쇠향으로 변하게 된다.

丁좌癸향의 경우 원래 巽庚癸향은 金국이기에 壬子에서 기포하여 역선하면 癸향은 묘향이 되기 때문에 불가하다. 따라서 癸향에서 쇠(衰)가 들어 있는 음국(陰局) 천간을 찾아보면 음화국(陰火局)뿐이다. 金국 대신 火국을 차국(借局)하여 역선하면 癸향이 쇠향이 된다.

좀 쉽게 나경을 이용하여 차국하는 요령을 설명하면 예컨대 癸향의 경우 원래는 金국이기에 壬子에서 기포하여 역포태로 돌리면 癸향은 卯향이므로 불가하기 때문에 차국에 가장 가까운 곳은 癸丑향의 양쪽 子향과 艮향이다. 그 중에서 음은 艮뿐이며 이는 火국임을 알 수 있다. 더 쉽게 말하자면 癸향(金局)과 국이 다르면서도 가장 가까운 향은 子향(水局)과 艮향(火)이다. 그 중에서 원래의 癸향이 음이었기 때문에 새로 차향(借向)도 음국을 취해야 되니 壬子향은 양향(陽向)이기 때문에 음향(陰向)인 艮향을 선택하면 원 癸향(금국)을 버리고 火국을 빌리게 된다. 艮향은 艮丙辛寅午戌火국이기 때문이다. 따라서 火국 역선의 기포점인 庚酉에서 시작하여 역으로 포태를 돌리면 癸향은 쇠향(衰向)으로 변함을 알 수 있다. 이런 경우 계향(금국)을 버리고 새로 火국의 衰향을 차국(借局)차향(국과 향을 빌림)한 것이다.

과 진혈에는 수법도 합하니 굴곡됨이 유정(有情)하여 내(來)해도 충(沖)하지 않으며, 거(去)해도 직거(直去)치 않으며, 횡(橫)해도 반(返-반배)치 않고, 사(斜)해도 급(급류)치 않아서 횡(橫)으로 역포(逆抱)와 만환(彎環)하고, 내(來)는 현(玄)자형으로, 거(去)는 곡절(曲折)할지니 청수가 모여 있어야 길하다 하였으며, 인자수지에도 형기상으로 용, 혈, 사, 수가 다 알맞으면 이기법도 자연히 맞게 되어 있는 것이라 했다. 그리고 도선국사께서도 물은 법보다 형세가 더 중요하니 세(勢)는 활처럼 굽어 안아주는 것을 가장 좋게 보는 것이며 물이 구곡으로 돌아나가면 비록 이기로는 흉수가 되는 방위라도 무방하다고 했으며 더럽고 상충하며 쏘는 듯하면 길방도 도리어 흉으로 변한다 했으니 이는 형기상의 수세를 강조한 말이다. 그러나 형기상으로 개안(開眼)이 되어 진룡·진혈·진사·진수를 가려서 정확히 판별할 수 있는 사람이 과연 몇 사람이나 있겠는가? 그러니 형기와 이기를 다같이 연구해야 된다는 것을 강조한다.

제3절 각종 수법에 대한 검증

앞에서 설명한 바와 같이 수십 종의 다양한 수법 중 어느 것이 제일 적중률이 높은가를 검증한다는 것은 결코 쉬운 일이 아니다. 여러 가지 방법을 동원하여 비교 검증해보았지만 별로 객관성이 없었다. 최종적으로 어느 수법이 우리나라 풍수지리 원조이신 도선국사의 수법과 일치하는가를 확인하기 위해 우선 도선국사 유산록 및 결지(訣誌)에 있는 국내 명혈도 중 좌향과 물의 득파가 명확히 기록된 50개 소를 간추렸다. 그리고 50개 소의 명혈을 대상으로 여러 수법을 적용시켜보았다.

그 결과 우리나라 지사들이 제일 많이 쓰고 있는 향상포태법(向上胞胎法)도 62퍼센트만 적중되었음이 밝혀졌다.

따라서 본 검증결과를 토대로 각 수법에 대한 이론과 그 운용방법에 대해서 설명함과 동시에 각 수법에 따른 검증결과를 비교 연구하면서 초학자들이 가장 혼돈하기 쉬운 내용을 정리하여 이해하기 쉽고 운용하기 쉬운 객관도 높은 수법을 간추려볼까 한다.

제4절 수법의 종류

1. 포태수법론

12포태수법론(胞胎水法論)은 길흉화복의 정확성과 운용상의 편리성이 어느 수법보다 높아 옛날부터 가장 많이 실용되고 있는 수법이다. 이 수법의 바탕이 되는 12포태법이란 우주만물의 생로병사(生老病死)와 영고성쇠(榮枯盛衰)의 필연적 과정을 나타내는 것이며 만고불변의 우주질서이다. 그 12과정은 다음과 같다.

포 · 태 · 양 · 장생 · 목욕 · 관대 · 임관 · 제왕 · 쇠 · 병 · 사 · 장(胞 · 胎 · 養 · 長生 · 沐浴 · 冠帶 · 臨官 · 帝旺 · 衰 · 病 · 死 · 葬)이다. 이를 요약하여 포(絶) · 태 · 양 · 생 · 욕 · 대 · 관 · 왕 · 쇠 · 병 · 사 · 장이라 약칭하기도 하고 또 절(絶)을 포(胞), 장(葬)을 묘(墓) 혹은 고(庫)라고도 한다.

위 12포태법 과정을 길흉성쇠로 분류하면 다음과 같다.

생(장생) · 왕(생왕) · 관(임관) · 대(관대) 등 4궁위(四宮位)는 성

왕융창(盛旺隆昌)하고 상격이며, 양과 쇠는 차길(중격)이며 다음 병·사·장 등 3궁위는 대흉하고, 절·태·욕 등 3관위(三官位)는 차흉이다.

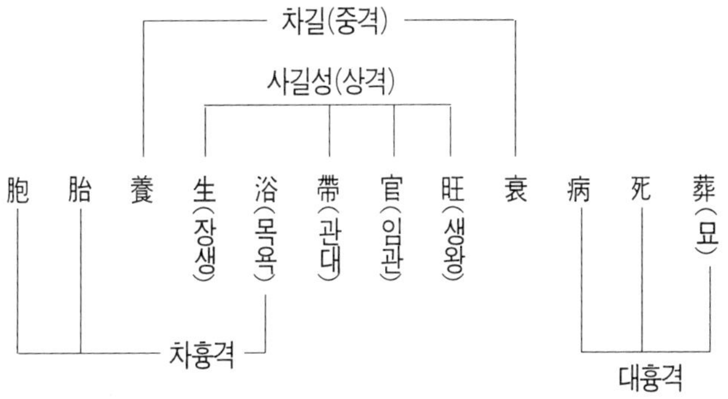

포태법 길흉도

어떤 지사나 서적에는 4길궁 외는 8흉성으로 취급하기도 하나 위와 같이 길흉화복을 분류하는 것이 무난할 것 같다.

12궁위별 기본 화복론은 대략 다음과 같다.

① 절태수(絶胎水) : 득수도당(得水到堂)은 불생아손(不生兒孫)에 자손이 끊기고 부자분정(父子分情)에 부부불화이며 이 득수(절태수)가 장대(長大)한즉 여인이 음란하다. 거수(去水)의 경우는 득수의 경우와는 정반대로 길하며 높은 벼슬이 난다.

② 양생수(養生水) : 득수도당은 문명 높은 자손과 장방(長房)의 부귀가 기약된다. 특히 '수곡입조 관직중(水曲入朝官職重)'이라 하여 지현구곡수(之玄九曲水)로 구불구불 혈 앞을 흐르는 양생수는 고위관

직이 기약된다. 양생파의 경우는 청상과부가 나며 단명한 자손이 우려된다.

③ 관대수(冠帶水) : 관대수의 득수과당(得水過堂)은 '칠세아동능작시(七歲兒童能作詩)'라 하여 7세 어린 아이가 시를 지을 정도로 총명한 자손이 나와 이름과 가문을 빛낼 것이다. 관대파의 경우는 가장 흉하다. 촉망된 자손의 병약단명이 염려된다.

④ 임관수(臨官水) : 임관수과당(過堂 : 혈 앞을 지나는 것) 또는 임관지호수는 소년등과(少年登科)에 관로(官路)가 양양하다. 임관수거(수구)는 '성재지자 조귀음(成才之子 早歸陰)'이라 하여 똑똑한 자손이 애석하게 빨리 죽는다.

⑤ 생왕수(生旺水) : 생왕수의 지현(之玄 : 之字나 玄字 모양으로 구불구불 혈 앞을 지나는 것) 과당은 '관고작중 금곡풍성(官高爵重 金穀豐盛)'이라 하여 높은 벼슬과 곡식이 풍성하다는 뜻이다. 제왕수(帝旺水)는 생양수(生養水)·임관수와 더불어 3대길수이다. 생왕수가 내조과당하면 벼슬은 높고 재산 또한 풍성하다. 반대로 생왕방으로 수거[水口]하는 경우는 석숭(石崇) 같은 거부도 일조(一朝)에 패망한다.

⑥ 쇠방수(衰方水) : 쇠방수는 거문학당수(巨門學堂水)라 하여 길수이다. 이 쇠방수가 내조입당하거나 쇠방의 내거수가 적법합국(適法合局)이면 총명한 자손이 소시등과(少時登科)에 그 문명(文名)이 세상에 드높다 하였다.

⑦ 병사수(病死水) : 병방 사방(病方 死亡)의 2방수는 내거양수(來去兩水 : 득수와 거수)가 다 같이 흉수이다. 내거수 다 같이 이혼·병사·전상(戰傷) 등 각종 재앙이 우려된다. 그러나 일부 병파는 길파로 취급하는 수법도 있으니 다음에 자세히 설명될 것이다.

⑧ 고장수(庫藏水) : 일명 묘고수(墓庫水)라 하며 흉수에 해당되며

묘고수(墓庫水 : 묘방의 득수)의 득수과당 혹은 묘방의 지호수(墓方池湖水) 등이 비추면 가업이 도산한다. 한편 묘고방(墓方을 말함)의 유거수구(流去水口)는 길격으로 출장입상(出將入相 : 장군이 입각함)하는 큰 인물이 연출된다.

⑨ **목욕수(沐浴水)** : 음란 도화(桃花)수로 흉수에 속한다. 목욕수의 득수과당은 첫째 도화수가 되어 가녀(家女)가 음란하고 질병과 관재와 패가망신이 우려되는 흉수이다.

한편 목욕류거(沐浴流去)는 원칙적으로는 흉수이나 수법에 맞도록 유거하는 경우는 문고소수(文庫消水)가 되어 자손이 성하고 부자가 되는 경우도 있다.

위 각종 수의 길흉을 종합적으로 정리해보면,

첫째, 양(養) · 생(生) · 대(帶) · 관(官) · 왕(旺)은 길수인 바 득수입조 또는 지호수가 있으면 부귀왕정(富貴旺丁)에 문장이 다출하고 차방위(此方位) 거수〔水口〕의 경우는 반대로 자손이 상하고 재산상의 손해가 많은 흉수가 된다.

둘째, 절태병사(絶胎病死)는 흉수이므로 조입득수(朝入得水)는 병약단명에 가업이 부진하며 거수(去水)의 경우는 또한 유해무익일 뿐이다.

셋째, 절태욕수(絶胎浴水)의 경우는 향법에 합법류거하면 흉수가 길수로 변하여 부귀왕정한다.

포태수법의 용법

포태수법의 용법에는 대체적으로 세 가지 방법이 있다.

첫째, 수구 4국을 중심으로 천간지지를 1궁위로 배합한 12궁위(포, 태……)로 운용한다.

둘째, 향을 중심으로 金水木火 4국으로 나누어 포태법으로 득파수의 길흉을 살피는 방법이다.

셋째, 음양에 따라 순과 역으로 포태를 돌리는 포태법이다.

이 세 가지 외에도 여러 가지 포태법이 소개되고 있으나 다음 구체적인 용법에 대한 설명에서 자세히 밝히고 우선 한 가지만은 한계를 분명히 해두고 싶다. 그는 포태법이나 구성법 등 모든 수법에서 득수와 거수(파구)를 동일하게 길성이면 길하고 흉성이면 흉하다는 이론과 그와는 반대로 득수는 생·대·관·왕의 4길성이라야 길하고 수구는 반대로 흉성에 해당되어야 된다는 양론이 있으나 좋은 것을 얻고(득수) 나쁜 것을 버려야(파) 된다는 것이 자연의 섭리라고 믿는다.

따라서 이러한 원칙하에 수법 중 가장 많이 실용되고 있는 포태법에 대해서 자세히 설명하기로 하겠다.

2. 수구 4국 포태법

본 수구 4국법은 포태수법의 대종(大宗)이며 또한 기본이다. 즉 수구를 다음과 같이 水木火金의 4국으로 나누어 취급한다. 나경 대신 수장법(手掌法)으로 왼손바닥을 펴고 엄지손가락으로 12궁위를 짚어가면 편리한 때가 있다.

각 국마다 12포태를 돌리기 위한 첫 출발점을 기포점이라 하며 다음과 같다. (순포태의 경우→ 수구4국을 알고 득수의 길흉을 알고자 할 때)

- 火국의 기포는 乾亥에서 시작하며
- 金국의 기포는 艮寅에서 시작하며
- 水국의 기포는 巽巳에서 시작하며
- 木국의 기포는 坤申에서 출발한다.

예를 들면 수구가 金국일 경우라면 수구가 癸丑·艮寅·甲卯位 중

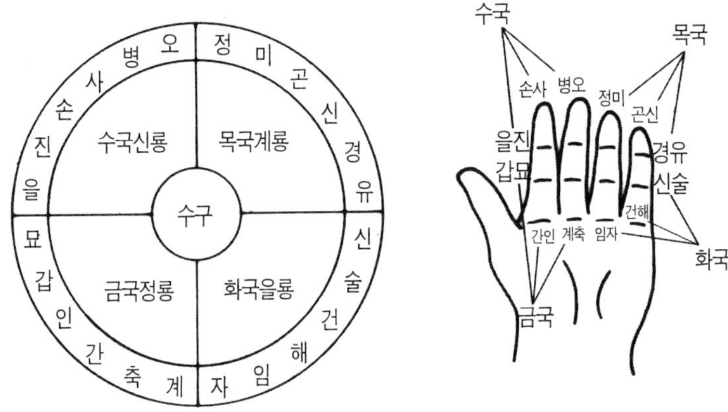

각 국별 기포점(起胞点)

에서 어느 곳이든 金국에 해당하며, 수구가 金국의 경우 그 중간 艮寅이 기포점이 되기 때문에 다음 표와 같이 艮寅이 절(絕), 甲卯는 태(胎)요, 乙辰은 양(養), 巽巳는 생(生)……의 순으로 배정된다.

다음 표는 수구 4국을 알고 득파수의 길흉을 쉽게 알 수 있다. 예컨대 艮寅득에 辛戌파라면 국은 火국이요 기포는 乾亥에서 시작한다. 그런즉 乾亥위는 절(포)궁, 壬子위는 태궁, 癸丑은 양, 艮寅은 생, 甲卯위는 욕의 순이다. 그래서 火국의 艮寅득수 辛戌파는 장생득수에 묘궁거수(묘파)가 된다. 이른바 생득과 묘파가 되어 자손이 성하고 부귀가 나는 길득길파(득도 파도 다 길하다)가 된다.

다음은 수구 4국을 알고 용이나 입수의 길흉을 판정하는 방법이다. 즉 수구 4국을 알고 용(좌), 입수의 길흉을 알아보기 위해서는 포태양생……을 역(거꾸로)으로 돌려서 확인한다. 그 요령은 다음과 같다.

火局	木局	水局	金局	四局
신술건해임자 →기포	정미곤신경유 →기포	을진손사병오 →기포	계축간인갑묘 →기포	수구 / 득파수
태	욕	왕	사	임자
양	대	쇠	묘	계축
생	관	병	포	간인
욕	왕	사	태	갑묘
대	쇠	묘	양	을진
관	병	포	생	손사
왕	사	태	욕	병오
쇠	묘	양	대	정미
병	포	생	관	곤신
사	태	욕	왕	경유
묘	양	대	쇄	신술
포	생	관	병	건해

※ 수구 4국을 알고 득파수의 길흉을 알기 위한 수법이다.

① 수구가 乙辰파인 경우 水局에 해당된다. 이때 용이나 입수가 坤申이라면 甲卯에서 기포하여 역으로 포태양생……장의 순으로 돌리면 坤申룡은 왕룡에 해당되기 때문에 길룡 길입수가 되는 것이다.

② 수구가 辛戌·乾亥·壬子의 火局이라면 용이나 입수가 壬子일 경우는 앞에서의 요령과 같이 庚酉에서 기포하여 역으로 포태를 돌리면 壬子룡, 壬子입수는 병룡(病龍) 병입수(病入首)가 되기 때문에 흉하다.

※ 포태법에서 용이나 입수는 陰이기 때문에 수구를 알고 용, 입수, 좌 등의 길흉을 알아보기 위해서는 항상 거꾸로 돌리기 때문에 역포태 또는 음포태라 하며 물은 양이기 때문에 득수나 거수(수구)의 길흉관계를 파악하기 위해서는 항상 시계바늘 방향으로 돌려서 확인해야 된다. 양포태 또는 는 순포태라 한다.

4국별 역포태의 기포점은 〈표 18〉과 같다.

③ 다음 수구가 癸丑·艮寅·甲卯에 해당되는 金局에서 巽巳룡이나 巽巳입수라면 위와 같은 요령으로 壬子에서 기포하여 거꾸로 포태를 돌리면 巽巳룡은 생왕룡이기 때문에 길격이다.

수구사국	수 구	기포점
화국	신술, 건해, 임자	경유에서 기포하여 역으로 돌린다
금국	계축, 간인, 갑묘	임자에서 기포하여 역으로 돌린다
수국	을진, 손사, 병오	갑묘에서 기포하여 역으로 돌린다
목국	정미, 곤신, 경유	병오에서 기포하여 역으로 돌린다

④ 수구가 丁未 · 坤申 · 庚酉 · 木국이라면 壬子룡 壬子 입수는 위와 같은 요령으로 丙午에서 기포하여 역포태로 돌리면 壬子룡은 임관룡(臨官龍)에 해당되기 때문에 길격이며, 만약에 丙午룡이라면 조견표 내용처럼 절룡(絶龍)에 해당되기 때문에 흉룡인 것이다.

여기까지 설명한 내용들은 수구 4국을 정확히 알고 그와 관련지어서 용, 입수의 길흉을 역포태로 확인하고 득파수의 길흉은 순포태로 확인하는 요령을 간략히 설명했지만 이 외에도 수법은 너무도 가짓수가 많고 복잡하니 각종 수법을 정확히 비교 연구하여 확고한 자기 주

〈표 19〉 수구 4국을 알고 입수 및 용의 길흉을 확인하는 표

수구 \ 용 · 입수	임자	계축	간인	갑묘	을진	손사	병오	정미	곤신	경유	신술	건해
신술 건해 임자(화국을룡)	병	쇠	왕	관	대	욕	생	양	태	절	묘	사
계축 가인 갑묘(금국정룡)	절	묘	사	병	쇠	왕	관	대	욕	생	양	태
을진 손사 병오(수국신룡)	생	양	태	절	묘	사	병	쇠	왕	관	대	욕
정미 곤신 경유(목국계룡)	관	대	욕	생	양	태	절	묘	사	병	쇠	왕

※4길성 → 대(冠帶) · 관(臨官) · 생(長生) : 왕(生旺)

관을 수립해야 될 것으로 믿는다.

3. 향상 4국 포태법

약칭 향상(向上) 포태법이라고도 하는데 이 역시 12쌍산위(雙山位)를 火국·金국·水국·木국의 4국으로 나누고 기포점(起胞点 = 포태의 출발점) 또한 金국은 艮寅, 水국은 巽巳에서, 木국은 坤申에서, 火국은乾亥에서 기포하는 것은 앞의 수구 4국법의 경우와 같다. 다만 작국(作局)에서 수구 기준이 아니라 향을 위주로 한 것이 틀리다. 그러므로 향상 작국법(向上作局法) 또는 향상 포태법이라 한다. 향상 작국 방법은 우선 24위를 삼합오행으로 木국·火국·金국·水국의 4국으로 분류하면 된다. 木국인 乾·甲·丁·亥·卯·未란 곧 乾亥·甲卯·丁未향이 木국이란 것이다. 기포점도 수구 4국에서와 꼭 같은 요령으로 운용한다.

예시하면 壬좌丙향은 火국으로 乾亥에서 기포(출발)하고, 卯좌酉향은 酉향이니까 金국으로 艮寅에서 기포하며, 癸좌丁향은 木국으로 坤申에서 기포하고, 寅좌申향은 水국인 바 巽巳에서 기포하여 순행하여 길흉화복을 도출하는 방법에서는 수구(水口) 기준 4국법과 별로 다를 바 없다.

〈표 20〉 향상포태사국(또는 삼합오행사국)

• 乾甲丁 亥卯未향은 木국이다.
• 艮丙辛 寅午戌향은 火국이다.
• 巽庚癸 巳酉丑향은 金국이다.
• 坤壬乙 申子辰향은 水국이다.

향상 포태 4국의 운용방법

향상 포태법은 우리나라 지사들이 진혈을 재혈(裁穴)할 때나 구묘의 길흉을 확인하기 위해 제일 많이 운용하고 있는 수법이다. 이는 혈의 향을 중심으로 물의 파구와 득수의 길흉을 확인하는 수법이다. 우리가 산에 올라가 용·혈·사·수에 대해서 두루 살피고 여러 가지 혈증을 찾아 진혈이 될 만한 자리를 발견했을 때 최종적으로 제일 어렵고 제일 중요한 것은 재혈인데 제일 중요한 것이 수구와 좌향과의 조절이다. 선견수구(先見水口)하라는 말도 그러기 때문인 것이다. 물론 재혈에 있어 입수와 좌향 조절, 좌향과 망인의 생년, 사격(砂格)과의 관계 등 두루 세밀히 살펴야 되지만 그 중에서도 수법이 가장 중요함을 강조하는 말이다.

수구는 인위적으로 조절할 수 없으므로 혈의 좌향을 수구에 알맞도록 조절하되 수구에 맞는 좌향이 없으면 진혈이 아니라는 뜻이다.

88향법에서는 향상 포태법의 운용방법을 다음과 같이 설명하고 있다.

양파(養破)·욕파(浴破)·쇠파(衰破)·병파(病破)·장파(葬破)는 길파에 해당되며 기타 파는 흉파이다. 다만,

• 양파의 경우 艮寅·坤申·乾亥·巽巳향에 한해서 차고소수(借庫消水)가 되어 길하며 기타 향에서는 양파가 흉파이다.

• 욕파의 경우도 艮寅·坤申·乾亥·巽巳·甲卯·庚酉·丙午·壬子향에 한해서 문고소수(文庫消水)에 해당되는 길파이며 기타 향에서는 욕파는 흉파이다.

• 쇠파의 경우 甲卯·丙午·壬子·庚酉향에 한해서 차고소수가 되어 길파에 해당된다.

• 병파는 乙辰·辛戌·丁未·癸丑향에 한해서 녹마귀인파(祿馬貴人破)가 되어 길파에 해당된다.

<표 21> 향상포태(득파수 포태법) 조견표

득파구(향) \ 12신성	胞	胎	養	生	浴	帶	冠	旺	衰	病	死	葬
손경계사유축향 (금국)	寅	卯	辰	巳	午	未	申	酉	戌	亥	子	丑
건갑정해묘미향 (목국)	申	酉	戌	亥	子	丑	寅	卯	辰	巳	午	未
곤임을신자진향 (수국)	巳	午	未	申	酉	戌	亥	子	丑	寅	卯	辰
간병신인오술향 (화국)	亥	子	丑	寅	卯	辰	巳	午	未	申	酉	戌

• 관파는 甲卯 · 庚酉 · 丙午 · 壬子향에서는 특히 대황천파(大黃泉破)가 되어 대흉파이다. 다른 향에서도 흉파이다.

• 태파는 乙辰 · 辛戌 · 丁未 · 癸丑향에 한해서 길흉이 반반되는 특이한 향이다. 그러나 새로 혈을 정할 때는 다른 길향을 택한 것이 가능할 것이다.

• 사파(死破)는 乙辰, 辛戌, 丁未, 癸丑향에 한해서 소황천파(小黃泉破)가 되어 흉파이다.

• 절파(絶破)의 경우 乙辰 · 辛戌 · 丁未 · 癸丑향에 한해서 구빈황천파(救貧黃泉破)가 되어 길파이다.

• 묘파(墓破)의 경우 乾亥, 坤申, 艮寅, 巽巳, 甲卯, 庚酉, 丙午, 壬子향에 한해서 정고소수(正庫消水)인 길파가 된다.

위와 같은 기준으로 다음 조견표를 보면 빨리 이해할 수 있을 것이다.

예를 들어 혈의 좌향이 艮坐坤향일 경우 수구가 丁파라면 丁파가 坤향의 혈에 대해서 길파인가 흉파인가를 확인하려 할 때 우선 坤향은 수국(水局)에 해당된다. 따라서 巽巳에서 기포하여 순행으로 돌리

〈표 22〉 향과 수구(파)와의 길흉관계

좌향	길파와 흉파
酉坐卯向	丁未파(葬파)=正庫消水)※艮寅파(官파)=大黃泉파)
庚坐甲向	乙辰파(衰파)=借庫消水)壬子파(浴파)=文庫消水파)
申坐寅向	辛戌파(葬파)=正庫消水)艮파는 當面出殺法(不犯寅字라야)
坤坐艮向	癸丑파(養파)=借庫消水)甲卯파(浴파)=文庫消水파)
未坐丑向	甲卯파(胎파)=吉凶相半)※壬子파(死파)=小黃泉파)
丁坐癸向	艮寅파(絶파)=救貧黃泉)乾亥파(病파)=祿馬貴人파)
午坐子向	乙辰파(葬파)=正庫消水)※乾亥파(官파)=大黃泉파)
丙坐壬向	癸丑파(衰파)=借庫消水)庚酉파(浴파)=文庫消水)
巳坐亥向	丁未파(葬파)=正庫消水)乾파는 當面出殺法(不犯亥字라야)
巽坐乾向	辛戌파(養파)=借庫消水)壬子파(浴파)=文庫消水파)
辰坐戌向	壬子파(胎파)=吉凶相半)※庚酉파(死파)=小黃泉파)
乙坐辛向	乾亥파(絶파)=救貧黃泉)坤申파(病파)=祿馬貴人파)
卯坐酉向	癸丑파(葬파)=正庫消水)※坤申파(官파)=大黃泉파)
甲坐庚向	丙午파(浴파)=文庫消水)辛戌파(衰파)=借庫消水파)
寅坐申向	乙辰파(葬파)=正庫消水)坤파는 當面出殺法(不犯申字라야)
艮坐坤向	丁未파(養파)=借庫消水)庚酉파(浴파)=文庫消水파)
丑坐未向	庚酉파(胎파)=吉凶相半)※丙午파(死파)=小黃泉파)
癸坐丁向	坤申파(絶파)=救貧黃泉)巽巳파(病파)=祿馬貴人파)
子坐午向	辛戌파(葬파)=正庫消水)※巽巳파(官파)=大黃泉파)
壬坐丙向	甲卯파(浴파)=文庫消水)丁未파(衰파)=借庫消水파)
亥坐巳向	癸丑파(葬파)=正庫消水)巽파는 當面出殺法(不犯巳字라야)
乾坐巽向	乙辰파(養파)=借庫消水)丙午파(浴파)=文庫消水파)
戌坐辰向	丙午파(胎파)=吉凶相半)※甲卯파(死파)=小黃泉파)
辛坐乙向	巽巳파(絶파)=救貧黃泉)艮寅파(病파)=祿馬貴人파)

墓파 : 乾亥, 坤申, 艮寅, 巽巳, 甲卯, 庚酉, 丙午, 壬子向에 한해서 正庫消水吉破이다.

養파 : 乾亥 坤申 艮寅 巽巳향이 借庫消水	衰파 : 甲卯 庚酉 丙午 壬子향만 借庫消水
浴파 : 乾亥 坤申 艮寅 巽巳 甲卯, 庚酉 丙午 壬子 향만 文庫消水	病파 : 乙辰 辛戌 丁未 癸丑향만 祿馬貴人파
絶파 : 乙辰 辛戌 丁未 癸丑향만 救貧黃泉	死파 : 乙辰 辛戌 丁未 癸丑향만 小黃泉파
胎파 : 乙辰 辛戌 丁未 癸丑향만 吉凶相半	官파 : 甲庚丙壬향은 특히 大黃泉殺大凶

向上胞胎四局	木국 : 乾 甲 丁 亥 卯 未향	金국 : 巽 庚 癸 巳 酉 丑향
	火국 : 艮 丙 辛 寅 午 戌향	水국 : 坤 壬 乙 申 子 辰향

면 丁파는 양파(養破)이며 차고소수(借庫消水)에 해당되기 때문에 길파인 것이다.

다음 조견표는 혈의 향에 대한 수구와의 길흉관계를 앞에서 설명한 〈표 21〉의 기준 아래 작성한 내용으로 88향법과도 거의 일치되기 때문에 일반 지사들이 제일 많이 이용하는 수법이다. 다만 이 조견표는 가장 상격인 길파와 가장 흉격인 대황천파(大黃泉破) 및 소황천파(小黃泉破)만을 소개했을 뿐 어느 정도로 어떻게 길하며 반대로 나쁘면 어느 자손이 어떻게 어느 정도로 화를 입게 되느냐 하는 구체적 사례는 다음에 별도로 설명이 있을 것이다.

여기까지의 포태법 중 가장 중요한 핵심을 요약하면,

1. 수구 4국을 알고 용. 입수. 좌의 길흉을 알기 위해서는 역포태로 역행(산이나 용은 陰이기 때문에 역으로)

2. 향상 포태 4국을 알고 득과 파구의 길흉관계를 알기 위해서는 물은 陽이기 때문에 순행(양포태)하여 득수는 길성이라야 길하며 파구는 흉성이어야 길하다는 원칙만은 충분히 이해하고 다음 다른 수법에 대해서 연구해야 할 것이다.

4. 좌상 4국 포태법

약칭으로 좌상(坐上) 포태법이라 한다. 혹자는 득파수 포태법이라고도 한다. 좌상 포태법의 운용방법은 앞에서 설명한 향상 포태법의 운용방법과 같다.

예를 들면 乾甲丁亥卯未향 대신 乾甲丁亥卯未좌를 木국으로 작국(作局)하는 것만 다르다. 여러 지사들과 출판된 도서 내용을 보면 포태법 중에서도 향을 위주로 보는 향상 포태와 좌(坐)를 중심으로 하는 좌상 포태법으로 나누어진데다 다음 표에서 예시한 바와 같이 득파구(得破口) 다 같이 길성이면 길하고 흉성이면 흉한 것으로 보는 사람과 반대로 득수는 길성이라야 좋고 파는 흉성이라야 길파로 보는 상반된 수법(水法)으로 초심자들을 혼란스럽게 하고 있다. 필자는 앞에서도 설명한 바와 같이 자연의 섭리에 따라 득(得)은 좋은 것을 얻어야 길하며 파(破)는 나쁜 것을 버려야 됨을 강조하기 때문에 좌상 포태법에 있어서도 득과 파를 동일하게 보는 것은 이법에 어긋나는 것으로 생각된다.

<표 23> 어느 저서에 나오는 설명 내용

> 득파수 포태법의 경우, 가령 건갑정해묘미 목국좌에 득이 신방(申方)이면 포(胞), 즉 흉성이 되어 불길하고 파가 축방이 되면 대(帶) 즉 길성이 되어 길하다.
>
> 사대국 포태법의 경우도 가령 을, 진, 손, 사, 병, 오방에 파구가 되어 혈에 있어서 혈좌가 신(申)좌이면 생성(生星)으로 길하고 용맥이 오방이면 태성(胎星)이 되어 불길하며 득이 해방(亥方)에 있으면 관성이니 길하다고 본다.

예를 들어 <표23>을 보면 乾甲丁亥卯未좌의 木國좌에 득이 坤申방이면 포(절)에 해당된즉 흉성이 되어 불길하다는 이론은 동일하지만 파가 丑방인 경우 대(관대)파에 해당된즉 길성이 파가 되어도 길하다는 이론은 필자의 생각과는 다르다.

乙辰·巽巳·丙午파인 경우 수구 4대국 포태법의 水국에 해당되기 때문에 혈좌가 申좌의 경우는 坤壬乙申子辰이 水국이기 때문에 巽巳에서 기포하여 순행하면 坤申좌는 '생〔長生〕'에 해당되어 길하며 丙午룡맥이라면 태성(胎星)이 되어 불길하며 득수가 해방(亥方)에 있으면 관성(官星)이니 길하다고 설명하고 있으나 향상수법에서는 수구 4국을 알고 용이나 입수를 알기 위해서는 역으로 포태를 돌려 위의 水국인 경우는 甲卯에서 시작하여 역선(逆旋)하면 坤申좌는 왕룡에 해당되어 길하며 丙午룡의 경우도 病룡이 되어 불길하다는 주장이니 〈표 23〉의 내용과는 큰 차이가 있다. 앞으로 비교 연구가 필요할 것 같다.

다음 조견표는 앞에 제시한 향상포태 조견표의 향(向)을 좌(坐)로 바꾼 것만 다르다.(역포태를 적용한다.)

〈표 24〉 좌상포태사국 조견표

좌(사국) / 12신성	絶(胞)	胎	養	生	浴	帶	官	旺	衰	病	死	墓(藏)
巽庚癸巳酉丑 (金국)	壬子	乾亥	辛戌	庚酉	坤申	丁未	丙午	巽巳	乙辰	甲卯	艮寅	癸丑
乾甲丁亥卯未 (木국)	丙午	巽巳	乙辰	甲卯	艮寅	癸丑	壬子	乾亥	辛戌	庚酉	坤申	丁未
坤壬乙申子辰 (水국)	甲卯	艮寅	癸丑	壬子	乾亥	辛戌	庚酉	坤申	丁未	丙午	巽巳	乙辰
艮丙辛寅午戌 (火국)	庚酉	坤申	丁未	丙午	巽巳	乙辰	甲卯	艮寅	癸丑	壬子	乾亥	辛戌

따라서 〈표 24〉는 앞에서 설명한 내용들을 적용시켜 득과파의 길흉을 좌상포태로 확인할 수 있는 조견표이다. 다만 이 내용에 대한 길흉 해석은 앞에서 설명한 것과 같이 구구한 이설들이 많다. 수법이 다르면 그 적용 결과도 다르게 나타난다.

풍수지리를 연구하는 사람들은 자기가 알고 있는 수법만 옳고 다른 수법은 틀리다고 생각해서는 안 된다. 여러 가지 수법을 비교해서 연구하고 검증해보면서 답을 얻으려고 노력해야 될 것이다.

5. 9성 수법

9성(九星) 수법은 구빈(救貧) 선생으로 알려진 양균송(楊筠松)의

좌에 艮득 乙파의 두 군데만 격팔육률법에 해당되었다. 천간은 천간
끼리 지지는 지지끼리만 모이면 무조건 길격으로 본다면 40개 혈이나
해당되지만 격팔육률(隔八六律)이기 때문에 여덟 번째와 여섯 번째로
국한시킨다면 이에 해당된 명묘는 별로 많지 않다.(앞에 격팔상생수
법 참고)

9. 장생수법(팔간장생오행수법)에 대한 검증 결과 분석(〈표32〉 참고)

대만 오기상(吳基祥) 선생 저, 구성법지리이기탐원(九星法地理理
氣探原) 및 삼합법지리이기법탐원(三合法地理理氣法探原)과 풍수지
리이기법을 보면 甲庚丙壬(陽干)과 乙辛丁癸(陰干) 및 삼합오행으로
나누어 다음과 같이 다른 책보다 상세히 설명하고 있다. 앞에서 설명
한 내용과 관련지어 연구하기 바란다.

장생수법에 대해서 이미 설명하였거니와 그 검증에 앞서 향상포태
사국에 대해서 간략히 설명하고 다음에 陽왕향과 陰왕향에 대한 설명
을 해야 할 것 같다.

향상포태 4국은,
乾甲丁亥卯未향은 木국이요(乾亥甲卯丁未향을 말한다.)
艮丙辛寅午戌향은 火국이고(艮寅丙午辛戌향을 말한다.)
巽庚癸巳酉丑향은 金국이요(巽巳庚酉癸丑향을 말한다.)
坤壬乙申子辰향은 水국이다(坤申壬子乙辰향을 말한다.)
이는 24궁위를 4국으로 나누어놓은 것이다.

• 구묘(舊墓)를 감정할 때,
첫째, 어떤 묘의 길흉을 확인하기 위해선 묘의 좌향과 득수득파의
방위를 정확히 파악해야 된다.

다음은 묘의 좌향이 양왕향인가 음왕향인가를 다음 조견표대로 정확히 확인해야 된다.

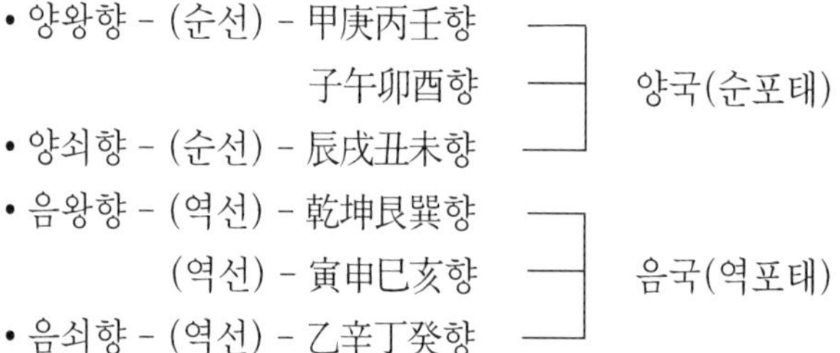

좌향에 따른 순선과 역선의 기포점(포태의 첫 출발점)을 알고 순포태는 기포점에서 출발하여 시계 바늘의 방향으로 돌리며 역포태는 시계 바늘의 반대 방향으로 돌려 묘향(墓向)과 득과 파의 방위를 확인하여 그 길흉을 안다.

예를 들면 앞에서 열거한 50개 혈 가운데 전남 무안군에 있는 운중반월형(雲中半月形)은 임좌병향(壬坐丙向)에 乙득未파이다.

병향은 묘의 향이 양왕향에 해당되는 갑경병임향 속의 한 향이기 때문에 양왕향(順旋)에 해당되며 병향은 향상포태 4국 중 火국에 해당된다. 따라서 화국양왕향이니 건해에서 기포하여 순포태로 돌리면 乙득은 관대득(冠帶得)에 해당되며 정미파(丁未破)는 쇠파에 해당되어 길득길파이며 墓向은 왕향(旺向)이다.

이러한 요령으로 장생수법에 따라 50개 혈을 검증해본 결과는 다음과 같다.

```
        ┌ 길득 … 34개 소 - 생득 1, 대득 12, 관득 7, 병득 14(병득
        │                   15개 소 중 14개 소가 삼합국이기 때문
 • 득    │                   에 길득으로 간주)
```

└ 흉득 … 16개 소 - 사득 8, 욕득 6, 태득 1, 병득 1(병득 중 삼합국이 아닌 1개 소)

┌ 길파 … 37개 소 - 병파 7, 묘파 1, 사파 1, 쇠파 14, 대파 14(대파 자체는 흉파이지만 17개 대파 중 14개 소는 삼합국이기 때문에 길파로 간주한다.

• 파

└ 흉파 … 13개 소 - 왕파 3, 관파 6, 양파 1(차고소수가 아닌 양파) 대파 3(삼합국이 아닌 대파)

위 검증결과 길파가 37개 소에 흉파가 13개 소이다. 다른 수법에 비해 적중율이 제일 높은 편이다.

제3절 검증 결과에 대한 결론

앞에서 설명한 바와 같이 포태수법, 구성수법, 보성수법, 정음정양수법, 쌍산삼합수법, 장생수법 등 일반적으로 많이 이용되고 있는 일곱 가지 수법을 50개 혈에 적용시켜본 결과 그 중에서도 제일 많은 지사들이 금과옥조로 여기는 향상포태수법(88향법과 거의 같음)이 길득은 35개 소, 길파는 31개 소에 흉파가 14개 소, 길흉 반반이 5개 소였다. 다음 좌상포태법의 검증 결과는 길흉득이 반반이었으며 길파는 30개 소, 흉파가 20개 소이기에 향상포태수법에 비해서는 적중률이 낮은 편이면서도 삼합법에 해당되는 14개 소가 자동적으로 묘파에 해당되기 때문에 향상포태법처럼 삼합수법을 동원하지 않아도 되는 장점도 있다.

다음 구성수법의 경우 우리나라에서 많이 이용되고 있는 좌상구성수법(후천수법) 역시 길득이 36개 소, 길파가 29개 소였다. 이 구성수법 역시 이법이 통일되었으면 좋겠다고 생각되었다.

다음 장생수법은 앞에서도 설명했지만 혈의 향에 따라 陽향과 陰향으로 나누어 순선과 역선이 구별된다. 확인한 결과 길득이 34개 소, 흉득이 16개 소에 길파가 37개 소, 흉파가 13개 소였다. 제일 적중률이 높은 편이다.

이러한 수법들 외에도 용맥의 단자(單字), 쌍자(雙字), 삼자(三字) 및 사자(四字)에 따라 용법(龍法)은 물론 수법도 달라진다는 학설도 있으나 길흉화복을 감정하는 데 과연 어느 정도의 정확성이 있는 것인지 확인하기도 어려울 뿐만 아니라 더 깊이 파고들면 수법은 참으로 어려워져 더욱 혼란스러울 것이기에 각자 자기 수준에 따라 연구의 깊이를 조절하시기 바랄 뿐이다. 도선국사 등 옛 신안(神眼)들은 오히려 용, 혈, 사, 수에 대한 종합적 형기(形氣)에 치중하고 수법보다 오히려 물의 형세(수세)를 더욱 중요시했음을 이번 검증에서도 확인할 수 있었다.

이상 검증을 통해서 필자가 특히 권하고 싶은 수법은 장생수법이다. 50개 혈에 대한 검증만으로 장생수법이 제일 정확하다고 단정할 수는 없다. 도선국사『유산록』이 전수되는 과정에서도 오류가 많았으리라고 믿어지기 때문이다. 특히 장생수법은 乙辛丁癸향에 한해서는 예를 들어 乙향과 辰향을 동궁으로 취급하지 않고 음향과 양향으로 나누어 취급한다는 것과 그에 따라 포태를 순선(順旋)과 역선(逆旋)으로 나누어 운용한다는 점이 다른 수법과 좀 다르지만 그 두 가지 내용만 이해하면 오히려 더 운용하기 쉬운 수법이다. 검증 결과 장생수법 13개 흉파 중 乙辛丁癸향 6개 소를 길파로 조절할 수도 있다. 예를 들면 乙좌辛향을 辰좌戌향으로 바꾸면 흉파가 길파로 바꾸어지기 때문이다. 그렇게 바꾸고 보면 7개 소만이 흉파로 남게 되기 때문에 다

〈표 35〉 50개 명묘에 대한 수법에 따른 길흉비교

○표는 길향(88향)과 길파
⊗표는 三合국으로 합법
不絶은 不立絶向의 뜻(기타도 같음)

△ 표는 길흉이 반반
×표는 흉향, 흉파
※이상은 파의 길흉임

소재지	혈의 물형	좌	향	득	파	88향법	향상포태	장생수법	구성수법	좌상포태법
전남 무안	老僧禮佛	丁	癸	巽	艮	○正墓	○絶	×旺	○巨	×浴
전남 장흥	君臣奉朝	艮	坤	辛	丁	○自生	○養	○衰	○巨	○養
전남 무안	雲中半月	壬	丙	乙	未	○自旺	○衰	○衰	×破	○衰
전북 부안	梅花落地	酉	卯	艮	乙	○自旺	○衰	○衰	×廉	○衰
대구 팔공산	仙人鋪전	艮	坤	寅	庚	○文庫	○浴	×冠	○貪	×絶
광주시	渴馬飲水	艮	坤	庚	丁	○自生	○養	○衰	○巨	○養
전북 성산	伏狗形	癸	丁	巽	丁	×不絶	○墓	○衰	×文	×帶
전남 고흥	老僧禮佛	甲	庚	乾	乙	×不浴	×養	×養	○巨	×養
전남 담양	雲中半月	坤	艮	壬	辰	⊗不病	⊗帶	⊗帶	○武	○墓
전주시	金盤形	壬	丙	乙	坤	×不死	×病	○病	○貪	×旺
경남 사천	靈龜望海	庚	甲	巽	癸	⊗不胎	⊗帶	⊗帶	⊗廉	○墓
전남	臥牛形	庚	甲	巽	癸	⊗不胎	⊗帶	⊗帶	⊗廉	○墓
전남 장흥	老僧禮佛	庚	甲	艮	乙	○自旺	○衰	○衰	×文	○衰
광주 무등산	將軍大坐	乙	辛	坤	壬	×不墓	△胎	×冠	○貪	×生
전남	木蘭花檻	庚	甲	壬	辰	○自旺	○衰	○衰	×廉	○衰
전남 강진	雲中伏月	坤	艮	壬	乙	⊗不病	⊗帶	⊗帶	○伏	○墓
장성	落俊形	甲	庚	丁	乾	×不死	×病	○病	○伏	×旺
장성	金龜飲水	坤	艮	乙	壬	×不生	×胎	○病	○貪	×生
보성	丹鳳含書	甲	庚	乾	丁	⊗不胎	⊗帶	⊗帶	⊗破	○墓
순창회문산	五仙圍碁	壬	丙	坤	乙	⊗不胎	⊗帶	⊗帶	○貪	○墓
정읍고부	鳴金形	甲	庚	壬	辛	○自旺	○衰	○衰	×文	○衰
홍양 임북	臥牛形	丁	癸	巽	癸	○當出	○墓	○衰	×文	○帶
담양삼각산	臥牛形	丙	壬	艮	辛	⊗不胎	⊗帶	⊗帶	○武	○墓
전남낙안	金鷄	酉	卯	巳	丑	⊗不胎	⊗帶	⊗帶	○伏	○墓
전남 경산	猛虎出林	壬	丙	巽	丁	○自旺	○衰	○衰	×祿	○衰

소재지	혈의 물형	좌	향	득	파	88향법	향상포태	장생수법	구성수법	좌상포태법
전남 영광	老僧禮佛	庚	甲	乾	丁	○正墓	○養	○養	○武	⊗帶
전남 여천	渴馬飲水	乾	巽	丁	甲	×不生	×胎	○病	○伏	×生
전남 창평	黃龍負舟	坤	艮	乙	壬	×不生	×胎	○病	○貪	×生
전남 담양	雲中盤龍	癸	丁	乾	丁	×不墓	×墓	○衰	○文	×帶
광주 북	金釵掛壁	艮	坤	辛	丁	○自生	○養	○衰	○巨	○養
순천 북	九虎臥嶺	乙	辛	坤	壬	×不墓	△胎	×冠	○貪	×生
전남 화순	金掛銀鉤	庚	甲	巽	癸	⊗不胎	⊗帶	⊗帶	⊗廉	○墓
영광	飛鳳歸巢	巽	乾	申	癸	×不病	×帶	×帶	×破	○墓
전남 화순	天燈形	壬	丙	巽	乙	×不胎	×帶	×帶	○貪	○墓
전남 영암	木蘭花檻	庚	甲	壬	乙	○自旺	○衰	○衰	×文	○衰
장흥	飛鳳抱卵	艮	坤	辛	坤	○當出	×生	×旺	×破	×胎
장흥	土牛陰伏	艮	坤	辛	丙	×不生	×胎	○病	○伏	×生
장흥	月照桂林	甲	庚	乾	丁	⊗不胎	⊗帶	⊗不胎	⊗破	○墓
장평봉미산	桃花落地	亥	巳	甲	丁	⊗不病	⊗帶	⊗帶	○武	○墓
장흥 대덕	金龜弄月	酉	卯	艮	甲	○當出	×旺	×旺	×破	○墓
장흥	天馬시風	丁	癸	乾	甲	×不墓	△胎	×冠	×破	×生
영광	順龍飲水	壬	丙	乙	丁	○自旺	○衰	○衰	×祿	○衰
영광	渴馬飲水	甲	庚	乾	丁	⊗不胎	⊗帶	⊗帶	⊗破	○墓
홍양군	團軍形	甲	庚	乾	未	⊗不胎	⊗帶	⊗帶	⊗祿	○墓
전남 고흥	玉女端坐	乙	辛	壬	坤	○正養	○病	○死	○伏	×旺
전남 낙안	群雁落地	壬	丙	坤	乙	⊗不胎	⊗帶	⊗帶	○貪	○墓
전남 여천	飛鳳抱卯	壬	丙	甲	辰	×不胎	×帶	×帶	○巨	○墓
장흥군	將軍大坐	乙	辛	坤	壬	×不墓	△胎	×冠	○貪	×生
순창	龍蛇聚會	甲	庚	丁	乾	×不死	×病	○病	○伏	×旺
순천	將軍大坐	癸	丁	巽	庚	⊗不墓	×胎	×冠	×廉	×生

른 수법에 비해 월등히 적중률이 높은 편이다. 따라서 앞으로 장생수
법에 대한 연구가 더욱 활발해졌으면 하는 것이 필자의 바람이다.(다
음 표 참고)

〈표 36〉 50개 명묘에 대한 각 수법 길흉비교

향파의 길흉 / 각 수법	길향 또는 길파	길반 흉반	흉향 또는 흉파	비고
88향법	32개 길향	5	13흉향	수구에 대한 향의 길흉
향상포태수법	32개 길파	5	13흉파	향에 대한 수구의 길흉
장생수법	37개 길파	6개 소의 을신정 계향은 조절가능	7개 흉파	묘의 음양에 따른 파(수구)의 길흉
구성수법(후천수법)	31개 길파	·	19흉파	좌에 대한 파의 길흉(후선수법)
좌상포태수법	30개 길파	·	20흉파	좌에 대한 파(수구)의 길흉

제**9**부

향법론

제1장
향법의 개요

무릇 풍수지리학은 용과 물과 바람과 기타 여러 주변 현상과 역(易)의 법칙에 의한 혈의 융결 및 그 화복을 추구하는 학문이기 때문에 형상적(形象的) 길흉론과 이기법칙에 의한 화복론으로 구분된다. 이법론(理法論)이란 음양오행인 우주법칙으로 산과 물을 비롯한 각종 형상체(形象體)의 방위를 서로 조화시키는 신비한 동양철학적 방법론이다.

따라서 용과 물과 사(砂)의 조화작용에 의해 혈의 좌향을 결정하는 향법론 역시 이 범주에 속한다. 즉 용, 혈, 사, 수를 주체로 하는 풍수지리는 향법으로 생령(生靈 : 자손)과 사령(死靈 : 조상)의 안녕과 길흉화복을 따지는 동양철학의 진수다.

따라서 용혈이 비록 생왕(生旺)할지라도 이기(理氣)가 사절(死絶)이면 부귀가 따르지 못하며 재앙이 뒤따르게 된다. 그러기 때문에 향법처럼 용과 물과 좌향을 하나로 조화시켜 화를 피하고 복을 취하는 법칙은 드물다. 따라서 향법은 용과 물과 좌향을 조화시키는 신비한 이법이며 당(唐)나라 양균송(楊筠松) 선생의 14진신수법(十四進神水法)과 10퇴신수법(十退神水法)에 그 근원을 두고 있다.

진신수법에 의한 입향에는 부귀하고 자손이 많은 정생향(正生向),

정왕향(正旺向), 자생향(自生向), 자왕향(自旺向), 정양향(正養向), 정묘향(正墓向) 등이 있으며 퇴신수법에 의한 입향에는 자손이 상하고 재물을 잃는 태향(胎向), 목욕향(沐浴向), 임관향(臨官向), 관대향(冠帶向), 쇠향(衰向), 병향(病向) 등이 있다.

한편 용, 혈, 사, 수의 형세적 판단은 지사에 따라 각기 다를 수 있지만 향법은 풍수지리에서 하나의 중요한 공식이기 때문에 어느 풍수가 혈의 길흉화복을 평해도 똑같은 판단이 나오게 된다.

제1절 향법의 기본 원칙

향법을 운용하기 위해서는 다음과 같은 원칙이 있다.

향법은 4국12포태법과 쌍산오행법에 의해 운용된다. 즉, 火·金·水·木 매일국(每一局)에 각각 쌍산 12향이 있으며 매일향(每一向)에는 12수구가 있다. 그리고 쌍산 12향에는 앞에서 설명한 정생향·정왕향·정묘향·정양향·자정향(自正向)·자왕향(自旺向)과 쇠향·병향·태향·임관향·관대향·목욕향 등이 있다.

각 향의 길흉화복은 향과 물의 좌우선(左右旋)과 12수구의 방향과의 상호관계에 따라 달라진다.

선사들이 말하기를 향법은 용, 혈, 사, 수의 조화를 위해 긴요한 관건이며 용, 혈, 사, 수의 총합적 조화법칙이라 했다. 따라서 아무리 용, 혈, 사, 수가 좋아도 향법이 맞지 않으면 그 길복이 반감되며 졸지에 패망하는 수도 있다.

입향(立向)에는 내거수(來去水)의 좌우 위치가 가장 중요하다. 만약 내거수의 위치가 바뀌면 그 화복도 바뀌게 된다. 때문에 "선견수구하라" 한 것이다. 그러나 물이 입향에 가장 중요한 요인이라고는 하나 모든 물이 다 입향의 기준이 되는 것이 아니라 오직 혈전에 이르러 과당(혈전을 지나는 물)하는 용과 물의 교배수(交配水)만이 입향의 대상이 된다.

입향에는, 좌선룡에는 우선수, 우선룡에는 좌선수라는 원칙이 있으나 절대적 원칙은 아니다. 따라서 내룡입수의 좌우선에 지나친 제약을 받지 않고 다만 국세(局勢)에 따라 장대수(長大水)의 내도과당(來倒過堂) 및 수구의 좌우에 따라 입향함이 원칙이다.

풍수가 나경의 사용법을 모르고는 향법을 운용할 수 없으며, 나경 용법에 다소의 오차만 있어도 향법에 의한 길흉화복의 판단이 전혀 달라진다.

향법의 길흉판단법을 열심히 익혀 조장(造葬)에 선용하면 흉살(凶煞)을 피하고 장후(葬後)에 후환이 없을 것이다.

제2절 88향론

입향 방법

입향이란 혈의 좌향, 즉 음택(묘)과 양택의 좌향을 정하는 일이다. 옛날부터 "선견수구하라" 했듯이 수구의 방위에 따라 입향하는 것이 원칙이므로 우선 수구 4국을 알고 상당수(上堂水)의 최종 거수처(내파)를 나경 외반 봉침으로 정확히 정하고 입향해야 한다. 그 요령은 다음과 같다.

① 우수(右水)가 도좌(倒左)한 물(우선수라 한다)이 乙, 辛, 丁, 癸 4자상(四字上)으로 유거(流去)해 당국의 형세가 입향에 합당하면 乾亥, 坤申, 艮寅, 巽巳 등 장생방위(長生方位)를 향해 정생향(正生向)을 세우고, 혹시 당국의 방향이 적합하지 않거나 사산(砂山) 등이 파

쇄되어 흉살로 보이거나 용상팔살(龍上八煞 : 나경 4층과 1층으로 확
인 가능) 등으로 형세가 입향에 적합치 못하면 乾亥, 坤申, 艮寅, 巽巳
방위 중 절위(絶位)를 향해 절처봉생(絶處逢生) 자생향으로 입향한
다.

② 좌수가 도우(倒右)한 물(좌선수라 한다)이 乙, 辛, 丁, 癸 등 4자
상으로 유거하면 甲卯, 庚酉, 丙午, 壬子를 향해 당국의 형세에 따라
정왕향, 자왕향을 골라 입향한다.

③ 좌선수가 乾, 坤, 艮, 巽 등 4자상으로 유거출수(流去出水)하면
고장위(庫藏位)인 乙辰, 辛戌, 丁未, 癸丑을 향해 정묘향을 세운다.

④ 우선수가 乾, 坤, 艮, 巽 등 4자상으로 유거(내파)하면 양위(養
位)인 乙辰, 辛戌, 丁未, 癸丑 방위를 향해 정양향으로 입향한다.

⑤ 우선수가 甲, 庚, 丙, 壬 4자상으로 유거(내파)하면 역시 甲卯,
庚酉, 丙午, 壬子 등을 향해 입향하여 목욕소수한다.

⑥ 좌선수가 甲, 庚, 丙, 壬 향상(向上) 목욕위(沐浴位)로 유거하면
장생위(長生位)인 乾亥, 坤申, 艮寅, 巽巳 등을 향해 입향하여 문고소
수(文庫消水)한다.

⑦ 좌선수가 甲, 庚, 丙, 壬 방으로 유거하면 쇠향태류(衰向胎流)를
택해 입향한다.

⑧ 우선수가 甲, 庚, 丙, 壬 방으로 유거하면 甲卯, 庚酉, 丙午, 壬
子 등 태향(胎向)을 택해 입향한다.

⑨ 우선수가 乾坤艮巽방으로 유거하면 절향절유하는 乾亥, 坤申,
艮寅, 巽巳향으로 입향한다(絶向絶流當面出殺法).

※ 이상 설명한 내용을 좀더 알기 쉽게 간추려 번호 순서대로 정리
한 일람표는 다음과 같다.

국향	입　수	향위 및 포태법과의 관계
정 국 향 (48향)	乙辛丁癸 水口가 右旋水인 경우 乙辛丁癸 水口가 左旋水인 경우 乾坤艮巽 水口가 左旋水인 경우 乾坤艮巽 水口가 右旋水인 경우	1) 堂局의 형세가 입향에 합당하면 乾亥, 坤申, 艮寅, 巽巳 등의 長生方으로 입향한다(正生向). 　堂局의 형세가 적합치 않거나 龍上八煞 흉사 등이 있으면 乾亥, 坤申, 艮寅, 巽巳 등의 絶位方으로 입향한다(自生向). 2) 甲卯, 庚酉, 壬子, 丙午 등 왕향으로 입향한다(正旺向). 3) 乙辰, 辛戌, 丁未, 癸丑 중 庫藏方을 향해 입향한다(正墓向). 4) 乙辰, 辛戌, 丁未, 癸丑 중 養位를 향해 입향한다(正養向).
변 국 향 (40향)	向上浴方인 甲庚丙壬방으로 右旋水라면 左旋水가 역시 甲庚丙壬 등 浴方으로 출수하면 左旋水가 甲庚丙壬方으로 유거하면 右旋水가 甲庚丙壬方으로 거하면 水口가 乾坤艮巽이면서 우선수가 된다면	5) 甲卯, 庚酉, 丙午, 壬子 등을 향해 입향하여 沐浴消水한다(沐浴消水法). 6) 乾亥, 坤申, 艮寅, 巽巳, 향 중 長生位를 택해 입향한다(文庫消水法). 7) 乙辰, 辛戌, 丁未, 癸丑향 등 衰向胎流하는 帝旺位를 택해 입향한다(衰向胎流法). 8) 甲卯, 庚酉, 丙午, 壬子 등 胎向을 택해서 입향한다(胎向胎流當面出煞法). 9) 絶向絶流가 되는 乾亥, 坤申, 艮寅, 巽巳 향으로 입향한다(絶向絶流當面出煞法).

제3절 88향이란

정국향

• 물이 乙, 辛, 丁, 癸 사고장위(四庫藏位)로 유거하고 甲卯, 庚酉, 丙午, 壬子 방위와 乾亥, 坤申, 艮寅, 巽巳 방위로 입향하는 정생향(正生向)과 정왕향(正旺向), 자생향(自生向), 자왕향(自旺向)의 32향과

• 물이 乾, 坤, 艮, 巽 위로 유거하고 乙辰, 辛戌, 丁未, 癸丑 방위로 향해 입향하는 정양향(正養向)과 정묘향(正墓向)의 16향이 있어 합하면 48향이며 이를 정국향(正局向)이라 한다.

변국향

• 물이 甲, 庚, 丙, 壬 방위로 유거(내파)하고 甲卯, 庚酉, 丙午, 壬子 위로 입향하는 목욕소수법과

• 乾亥, 坤申, 艮寅, 巽巳 위로 입향하는 문고소수법이 있다.

• 甲, 庚, 丙, 壬 방위인 당문파(堂門破)로 흐르고 역시 乙辰, 辛戌, 丁未, 癸丑 위로 입향하는 쇠향태류법(衰向胎流法)이 있으며

• 甲卯, 庚酉, 丙午, 壬子 위로 입향하는 태향태류법(胎向胎流法)도 있다.

• 乾, 坤, 艮, 巽 위로 출수(出水)하고 역시 乾亥, 坤申, 艮寅, 巽巳 방위로 입향하는 절향절류의 당면출살법(當面出煞法)이 있다.

• 끝으로 乙, 辛, 丁, 癸 위로 입향하고 물이 甲, 庚, 丙, 壬 위로 출수(파)하는 쇠향태류법도 있다.

이를 모두 합하면 40향인데 이를 변국향(變局向)이라 한다.

정국향48향과 변국향 40향을 합하여 88향이라 한다.

다음 표는 정국향 48향과 변국향 40향을 좀더 알기 쉽게 나타낸 것이다.

〈표 36〉 정국향과 변국향 일람표

	좌향	수구(파)	좌향	수구(파)
正生向 (右旋水)	坤좌艮향 / 申좌寅향 에는	辛戌파가 합법	乾좌巽향 / 亥좌巳향 에는	癸丑파가 합법
	艮좌坤향 / 寅좌申향 에는	乙辰파가 합법	巽좌乾향 / 巳좌亥향 에는	丁未파가 합법
正旺向 (左旋水)	壬좌丙향 / 子좌午향 에는	辛戌파가 합법	甲좌庚향 / 卯좌酉향 에는	癸丑파가 합법
	丙좌壬향 / 午좌子향 에는	乙辰파가 합법	庚좌甲향 / 酉좌卯향 에는	丁未파가 합법
正養向 (右旋水)	癸좌丁향 / 丑좌未향 에는	巽巳파가 합법	乙좌辛향 / 辰좌戌향 에는	坤申파가 합법
	丁좌癸향 / 未좌丑향 에는	乾亥파가 합법	辛좌乙향 / 戌좌辰향 에는	艮寅파가 합법
正墓向 (左旋水)	丁좌癸향 / 未좌丑향 에는	艮寅파가 합법	辛좌乙향 / 戌좌辰향 에는	巽巳파가 합법
	癸좌丁향 / 丑좌未향 에는	坤申파가 합법	乙좌辛향 / 辰좌戌향 에는	乾亥파가 합법
自生向 (右旋水)	坤좌艮향 / 申좌寅향 에는	癸丑파가 합법	乾좌巽향 / 亥좌巳향 에는	乙辰파가 합법
	艮좌坤향 / 寅좌申향 에는	丁未파가 합법	巽좌乾향 / 巳좌亥향 에는	辛戌파가 합법
自旺向 (左旋水)	丙좌壬향 / 午좌子향 에는	癸丑파가 합법	庚좌甲향 / 酉좌卯향 에는	乙辰파가 합법
	壬좌丙향 / 子좌午향 에는	丁未파가 합법	甲좌庚향 / 卯좌酉향 에는	辛戌파가 합법
文庫消水 (左旋水)	坤좌艮향 / 申좌寅향 에는	甲卯파가 합법	乾좌巽향 / 亥좌巳향 에는	丙午파가 합법
	艮좌坤향 / 寅좌申향 에는	庚酉파가 합법	巽좌乾향 / 巳좌亥향 에는	壬子파가 합법
沐浴消水 (右旋水)	壬좌丙향 / 子좌午향 에는	甲卯파가 합법	庚좌甲향 / 酉좌卯향 에는	壬子파가 합법
	丙좌壬향 / 午좌子향 에는	庚酉파가 합법	甲좌庚향 / 卯좌酉향 에는	丙午파가 합법
胎向胎流 (堂門破)	壬좌丙향 / 子좌午향 에는	丙午파가 합법	甲좌庚향 / 卯좌酉향 에는	庚酉파가 합법
	丙좌壬향 / 午좌子향 에는	壬子파가 합법	庚좌甲향 / 酉좌卯향 에는	甲卯파가 합법
絶向絶流 (堂門破)	乾좌巽향 / 亥좌巳향 에는	巽巳파가 합법	艮좌坤향 / 寅좌申향 에는	坤申파가 합법
	巽좌乾향 / 巳좌亥향 에는	乾亥파가 합법	坤좌艮향 / 申좌寅향 에는	艮寅파가 합법
衰向胎流 (左旋水)	丁좌癸향 / 未좌丑향 에는	丙午파가 합법	辛좌乙향 / 戌좌辰향 에는	庚酉파가 합법
	癸좌丁향 / 丑좌未향 에는	壬子파가 합법	乙좌辛향 / 辰좌戌향 에는	甲卯파가 합법

제4절 입향과 불입향

향법에는 乙辰, 辛戌, 丁未, 癸丑 정고(正庫)와 차고(借庫)로 출수하고 입향할 수 있는 정생향, 정왕향, 정양향, 정묘향과 자생향, 자왕향 등 입향이 가능한 6향과 입향할 수 없는 태향, 목욕향, 관대향, 임관향, 쇠향, 병향 등 6향이 있다. 이를 육불입향(六不立向)이라 한다. 그러나 변국입향(變局立向)인 쇠향태류나 태향태류 등은 불입향론에 구애받지 않는다.

만약 입향할 수 없는 육궁위(六宮位)를 향해 입향하면 집안이 망하고 자손이 상한다. 용진혈적(龍眞穴的)일지라도 입향이 알맞지 않으면 간혹 그에 상응하는 재앙을 면할 수가 없다.

다음 도표는 정국향과 변국향 88향의 복잡한 내용을 알기 쉽게 도표화한 것이다. 최종적으로 다음 설명도 내용만 잘 이해하면 앞에서 설명한 복잡한 내용들은 필요가 없게 된다.

정국향(48향)		변국향(40향)	
수구	향위		
水口(木局) 乙(水) 辛(火) 丁(木) 癸(金) 乾(火) 坤(木) 艮(金) 巽(水)	甲卯 正旺向 庚酉 丙午 自旺向 (絕處逢旺向) 壬子 乾亥 正生向 坤申 自生向 (絕處逢生向) 艮寅 巽巳 乙辰 辛戌 正養向 丁未 正墓向 癸丑	우선수 수구 　 향위 乾(火) ●—● 乾亥 坤(木) ●—● 坤申 艮(金) ●—● 艮寅 巽(水) ●—● 巽巳 絕向	절향절류당면출살법
水口(水局) 乙(水) 辛(火) 丁(木) 癸(金) 乾(火) 坤(木) 艮(金) 巽(水)	甲卯 自旺向 (絕處逢旺向) 庚酉 丙午 壬子 正旺向 乾亥 坤申 正生向 艮寅 巽巳 自生向 (絕處逢生向) 乙辰 正墓向 辛戌 丁未 正養向 癸丑	우선수 수구 　 향위 甲(金) ●—● 甲卯 庚(木) ●—● 庚酉 丙(水) ●—● 丙午 壬(火) ●—● 壬子 胎向	태향태류당면출살법
水口(金局) 乙(水) 辛(火) 丁(木) 癸(金) 乾(火) 坤(木) 艮(金) 巽(水)	甲卯 庚酉 正旺向 丙午 壬子 自旺向 (絕處逢旺向) 乾亥 坤申 艮寅 自生向 (絕處逢生向) 巽巳 正生向 乙辰 正養向 辛戌 丁未 癸丑 正墓向	좌선수 수구 　 향위 甲(金) ●╳● 乙辰 庚(木) ●╳● 辛戌 丙(水) ●╳● 丁未 壬(火) ●╳● 癸丑 衰向	쇠향태류법
		좌선수 수구 　 향위 甲(金) ●╳● 乾亥 庚(木) ●╳● 坤申 丙(水) ●╳● 艮寅 壬(火) ●╳● 巽巳 絕向	문고소수법
水口(火局) 乙(水) 辛(火) 丁(木) 癸(金) 乾(火) 坤(木) 艮(金) 巽(水)	甲卯 庚酉 自旺向 (絕處逢旺向) 丙午 正旺向 壬子 乾亥 自生向 (絕處逢生向) 坤申 艮寅 正生向 巽巳 乙辰 辛戌 正墓向 丁未 癸丑 正養向	우선수 수구 　 향위 甲(金) ●╳● 甲卯 庚(木) ●╳● 庚酉 丙(水) ●╳● 丙午 壬(火) ●╳● 壬子 浴向	목욕소수법

제2장
88향(수구별 길흉화복론)

88향법에 의한 수구 4국별로 각 향위(向位)에 대한 길흉화복을 간략히 설명하면 다음과 같다(다음 여러 좌향 중 ◎는 정국향 48향에 해당되며 ☐는 변국향 40향에 해당된다).

辛戌파(수구)

◎ **壬坐丙향 子坐午향** : 우선룡에 좌선수가 합법이며 정왕향(正旺向)이라 한다. 수구 4국 중 辛戌파는 火局에 해당되기 때문에 火局의 기포점(포태의 시발점)인 乾亥에서부터 시작하여 포태를 돌리면 丙午향은 왕(旺)에 해당된다. 파(破)는 향상포태 4국에 따라 역시 火局에 해당되므로 乾亥에서 기포하여 포태를 돌리면 辛戌파는 묘파(墓破)에 해당되어 丙午향에 辛戌파는 길향길수(吉向吉水)다. 용과 혈이 분명하고 정왕향이면 부귀왕정에 자손마다 고루 발복된다.

• **癸坐丁향 丑坐未향** : 불립쇠향(不立衰向 : 입향할 수 없는 향)에 재물과 자손이 별로 성하지 않으나 대흉은 없는 것이 특징이다. 향상으로는, 辛戌파는 양파(養破)에 해당되나 乾坤艮巽향이 아니기 때문

에 차고소수파(길파)가 아니다.

• **艮坐坤向 寅坐申向** : 불립병향(不立病向)에 해당되며 향상포태로는 坤申향은 水국이기에 巽巳에서 시작하여 포태를 돌리면 辛戌파는 관대파에 해당되어 정재양패(丁財兩敗)가 우려되고 특히 영특한 어린 자녀가 상한다.

◎ **甲坐庚向 卯坐酉向** : 庚酉향은 자왕향이기에 우선룡에 좌선수가 합법이며 이를 자왕향이라 한다. 자왕향은 향상으로는 쇠파(衰破)에 해당되는 양공(楊公)의 차고소수법에 해당되어 절처봉왕향(絶處逢旺向)에 해당된다. 따라서 남자는 총명하고 여자는 수려하며 부와 귀가 함께 발복하나 우선수가 되면 크게 흉하다.

• **乙坐辛向 辰坐戌向** : 우선룡에 좌선수가 합법이며 술자(戌字)를 범하지 않고 향상으로 신자상(辛字上)으로 유거하면 큰 부자나 귀인이 나지만 우선수의 경우는 자손이 상하고 재산을 잃게 된다. 이 혈좌는 쓰지 않는 것이 좋다.

◎ **巽坐乾向 巳坐亥向** : 우선룡에 좌선수가 합법이며 절처봉생(絶處逢生)하는 자생향이다. 여기서 '절처봉생'의 뜻을 초보자들이 알기 쉽게 말하자면, 수구 4국으로는 辛戌파는 火국이므로 乾亥향은 절향(絶向)에 해당되나 향상으로는 乾亥향이 木국이기에 木국 坤申에서 시작하여 돌리면 乾亥는 생향(生向)에 해당되기 때문에 절처가 생을 만난다는 뜻이다. 오른쪽의 향상 관(官), 왕(旺), 관대수(冠帶水)가 같이 상당(上堂:혈 앞으로 흐르는 것)하여 차고소수한다. 용과 혈이 참하면 주로 부귀장수에 자손이 크게 번성하고 발복이 오래 지속된다.

• **丙坐壬向 午坐子向** : 불립태향에 해당되고 향상으로는 관대파에 해당되어 흉하다. 이는 향상이나 장생수법에서도 대황천살로 취급한다. 용혈이 부실하면 가업이 망하고 자손이 끊긴다.

• **丁坐癸向 未坐丑向** : 향상으로는 쇠파에 해당되어 비록 자손이나

재물이 부진하나 크게 흉한 일도 없으며 평안장수(平安長壽) 무해지지(無害之地)는 된다.

◎ **坤坐艮向 申坐寅向** : 좌선룡에 우선수가 합법이며 火국의 정생향(正生向)이다. 정생향은 오른쪽 길수가 좌회상당(左廻上堂)하여 향상왕수(旺水 : 丙午水)가 영생(迎生 艮寅:혈 앞을 흘러)하여 묘파(정고소수)가 되는 火국 辛戌파가 되게 흐르니 이를 정생향이라 한다. 용진혈적에 정생향이면 주로 부귀쌍전에 자손이 크게 성하고 오복이 가득하며 백세영화(百世榮華)가 기약된다.

• **庚坐甲向 酉坐卯向** : 입향할 수 없는 목욕향에 향상으로는 양파다. 목욕향에 용혈이 부실하면 어린아이를 기르기 어렵고 음탕한 자손 때문에 집안이 망하고 자손이 끊긴다.

• **辛坐乙向 戌坐辰向** : 불립관대향(不立冠帶向)에 향상으로도 辛戌파는 관대파다. 용혈이 부실하고 관대파가 되면 주로 수재(秀才)가 일찍 죽고 자손이 끊긴다.

• **乾坐巽向 亥坐巳向** : 불립임관향(火국에서 기포하면 巽巳는 임관향에 해당)에 향상으로는 巽巳향이 巽庚癸巳酉丑 金국이니 辛戌파는 쇠파에 해당된다. 이 향에 용혈까지 부실하면 인정(人丁)이나 재물이 다 함께 불왕하고 관재가 생겨 패망한다.

乾亥파(수구)

• **壬坐丙向 子坐午向** : 丙午향의 乾亥파는 절파(絶破)다. 乙辰, 辛戌, 丁未, 癸丑향에 한해서 절파(絶破)가 구빈황천파(救貧黃泉破)에 해당되며 기타 향에서는 흉하다. 그러나 용과 혈이 진(眞)이면 늦게 고수만귀(高壽晩貴)가 기약되기도 한다.

• 癸坐丁향 丑坐未향 : 丁未향에 乾방이 수구가 되면 날로 정재(丁財)가 쇠퇴(衰退)하여 심하면 절손까지도 우려되니 이런 향은 취하지 않는 것이 좋다.

• 艮坐坤향 寅坐申향 : 坤申향에 乾亥파는 향상포태로 坤申향은 坤壬乙申子長水국이기 때문에 水국인 巽巳에서 출발하여 포태를 돌리면 乾亥파는 임관파(臨官破)에 해당된다. 따라서 흉파이다. 학업을 마친 성재지자(成才之子)가 상(傷)하고 단명하며 재산이 줄고 가난해진다.

• 甲坐庚향 卯坐酉향 : 庚酉향에 乾亥파는 가정에 질병이 많아 단명하고 과부가 5~6명 난다. 향상으로는 庚酉향에 乾亥파는 병파(病破)에 해당되나 乙, 辛, 丁, 癸 향이 아니기 때문에 녹마귀인파가 아닌 흉파다.

◎ 乙坐辛향 辰坐戌향 : 우선룡에 좌선수가 합법이다. 乾亥파는 火국이기에 辛戌향은 정묘(正墓)향이다. 향상법으로는 辛戌향은 火국에 해당되어 乾亥파는 절파(絶破)이지만 앞에서 말한 乙辛丁癸 辰戌丑未향인 경우는 구빈황천파(救貧黃泉破)에 해당되어 길향길수다. 여기에 용과 혈이 적실하며 정묘향(正墓向)이면 부와 귀가 함께 이루어지며 인정(人丁:자손)이 크게 성하고 수(壽)와 복(福)이 함께한다.

▣ 巽坐乾향 巳坐亥향 : 장대(長大)한 우수(右水)가 도좌(倒左)하여 해방(亥方)을 범하지 않고 건방(乾方)으로 흐르면 절향절류(絶向絶流)의 당면출살법(當面出煞法)이라 하여 대부대귀한다. 물론 여기에도 용진혈적이 갖추어져야 된다. 해자(亥字)를 물이 범하면 흉하다.

• 丙坐壬향 午坐子향 : 壬子향에 乾亥파는 향상으로는 임관파(臨官破)이므로 살인대황천파(殺人大黃泉破)다. 황천에 겸해서 용혈까지 부실하면 주로 가정에 병이 많아 패절하고 가재(家財)가 궁하고 관재구설에 백사(百事)가 혼란하며 이방(二房)이 선패한다.

◎ 丁坐癸향 未坐丑향 : 좌선룡에 우선수가 합법이며 火국의 정양향

(正養向)이다. 정양향은 우측 길수가 좌편에서 혈 앞을 흘러 절위(絶位)로 흐르는 길향길수다. 향상으로는 병파에 해당되는 '귀인녹마상어가(貴人綠馬上御街)'라 하여 정재가 왕하고 공명이 높고 남녀수고(男女壽高)에 발복이 영원하며 특히 삼방(三房)에 병발여수(竝發女秀)라 한다.

• 坤坐艮향 申坐寅향 : 향상으로는 艮寅향 火국에서 乾亥파는 절파이며 초년에는 수고(壽高)하나 가난하고 오래 되면 빈곤하고 공명(功名)이 불리하다.

• 庚坐甲향 酉坐卯향 : 甲卯향에 乾亥파는 향상으로는 생파에 속하는 흉파다. 용혈이 부실하면 재산은 있어도 자손이 없고 큰집이 먼저 실패한다.

• 辛坐乙향 戌坐辰향 : 乙辰향에 乾亥파는 향상으로는 임관파(臨官破)로 흉파다. 더욱이 용혈이 부실하면 주로 어린아이를 기르기 어렵고 남녀가 단명요망(短命夭亡)하고 가재퇴패(家財退敗)에 마침내 자손이 끊길까 염려된다. 큰집이 먼저 실패한다.

• 乾坐巽향 亥坐巳향 : 巽巳향에 乾亥파는 병파에 해당된다. 여기서 병파는 특히 용혈이 부실하면 병이 많아 단명하며 가난하다. 그러나 실질적으로 乾亥좌에 乾亥파는 있을 수 없는 흉파다.

壬子파(수구)

• 壬坐丙향 子坐午향 : 丙午향의 壬子파는 丙午향(火국)에 대한 태파에 해당되는 흉파이다. 용혈부실이면 낙태상인(落胎傷人)에 무자(無子)가 우려된다.

▫️ 癸坐丁향 丑坐未향 : 丁未향에 혈 앞 정수(丁水)가 입당하여 좌

변의 관, 왕수와 합수하여 좌선수가 되어 혈후의 임방(壬方)으로 흐르
면 길향길수인 쇠향태류에 해당된다. 향상으로는 丁未향(木局)에 대
한 壬子파는 욕파에 해당되나 향상욕파는 甲庚丙壬향에 한해서 문고
소수가 되기 때문에 여기서는 길파로 보기는 어렵다. 이 점이 88향법
과 향상법의 차이점이다. 이 법은 평양지(平洋地)에서나 입향이 가능
하며 산지(山地)에서는 입향이 불가능하기 때문에 실질적으로 이런
경우는 별로 없다.

• 艮坐坤향 寅坐申향 : 坤申향에 壬子파는 향상으로는 왕파에 해당
되는 흉파이며 또한 壬子파(火局)에 대한 坤申향은 불립병향(不立病
向)에 해당된다. 따라서 비록 초년에는 자손들이 약간 번창하나 오래
되면 재산도 없어지고 자손도 끊긴다.

• 甲坐庚향 卯坐酉향 : 庚酉향에 壬子파는 흉파인 단명수이다. 용혈
이 부실하면 주로 재산이 없어지고 단명에 과부가 많음이 우려된다.
한편 단명수는 초년에는 간혹 약간의 발복도 있으나 자손이 있으면
재물이 없고 재산이 있으면 자손이 없다.

• 乙坐辛향 辰坐戌향 : 辛戌향에 壬子파는 향상으로는 태파에 해당
되며 壬子파(火局)에 대한 辛戌향은 불립묘향(不立墓向)에 속한다.
이러한 향과 파는 인정부귀(人丁富貴)가 간혹 나기도 하고 불발하기
도 하는 길흉이 반반되는 향법이다. 그러나 단명하여 자손이 끊어지
기도 하니 삼가해야 된다.

▣ 巽坐乾향 巳坐亥向향 : 乾亥향의 우선룡에 좌선수 壬子파는 욕파
인 문고소수이다. 문고소수는 왼쪽 물이 돌아서 혈 앞을 지나 태위(胎
位 — 壬子파가 水局이기 때문에 乾亥에서 기포하면 壬子는 胎位가
된다)로 흐르는 길향길수이다. 본국태방(本局胎方)은 향상(향상포태
를 말함)으로는 목욕파(乾亥향은 乾申丁亥卯未향이 木局이기 때문에
坤申에서 기포하여 포태를 順으로 돌리면 壬子파는 목욕파에 속한다)

가 되는 바 향상목욕파라 하기도 한다. 용과 혈이 확실하면 부자와 귀인이 나고 수와 복을 고루 갖추게 된다.

▫ **丙坐壬향 午坐子향** : 壬子향에 우수도좌(우선수)하여 향상 임자상(壬字上)으로 흐르면 태향태류(胎向胎流)의 당면출살법(묘의 향과 같은 방위로 파가 되면 당면출살법 또는 당문파라고도 한다)에 해당된다. 태향태류는 오른쪽 장대수와 왼쪽의 가는 물이 합류하여 태류한다. 용진혈적이면 대부대귀에 인정(人丁)이 흥왕한다. 한편 간혹 단명함이 본향의 결점이며 또한 약간의 차이에도 패절이라 하니 정혈에 조심해야 된다. 子방을 범하지 않고 壬자상으로 물이 거해야 火국 태향의 참이다. 혹 亥자를 범하면 살인황천이며 진룡진혈이 아니면 즉시 자손이 끊기니 극히 조심해야 되는 향이다.

• **丁坐癸향 未坐丑향** : 癸丑향에 우선수 壬子파는 사파(死破)에 해당되는 소황천파이다. 용혈이 부실하고 소황천파가 되면 재산이 없이 가난하며 질병이 많아 단명하고 방방 핍사(乏嗣 : 대가 끊어진다)한다. 한편 향상 癸丑방에 창칼과 같이 생긴 흉석이 보이면 악한(惡漢)이 태어난다.

• **坤坐艮향 申坐寅향** : 艮寅향에 壬子파는 향상으로는 태파에 속한다. 태신(胎神)을 충파하기 때문에 흉하다. 초년에는 간혹 자손이 흥하고 재산도 많고 장수하기도 하나 오래 되면 낙태에 사람이 상하고 패산빈곤이 우려된다.

▫ **庚坐甲향 酉坐卯향** : 甲卯향에 우선수가 임자방(壬子方)으로 흐르면 이른바 목욕소수이다. 이 역시 길향길수이다. 용진혈적이면 부자와 귀인이 함께 나고 자손이 흥한다. 그러나 지지자방(地支子方)을 범하면 재앙이 적지 않다고 했다. 그렇기 때문에 조심스럽게 정혈해야 된다.

• **辛坐乙향 戌坐辰향** : 乙辰향에 壬子파는 향상으로는 왕파에 해당

되는 흉파이다. 용혈이 부실하면 주로 자손은 있어도 집이 빈곤하고
마침내는 패가한다.

• 乾坐巽향 亥坐巳향 : 巽巳향에 壬子파는 불립(不立) 임관향이다.
용혈이 부실하면 주로 단명하고 재산이 없어진다.

癸丑파(수구)

• 壬坐丙향 子坐午향 : 丙午향에 癸丑파는 불립 욕향(浴向)에 향상
으로 癸丑파는 양파에 해당된다. 향상양파의 경우도 乾坤艮巽향에 한
해서만 차고소수에 해당되기 때문에 여기서는 주로 패가절손이 우려
되는 흉향 흉파이다.

• 癸坐丁향 丑坐未향 : 丁未향에 癸丑파는 불립 관대(冠帶)향이다.
용혈이 부실하고 丁未향에 癸丑파가 되면 요망패절(젊어서 빨리 죽어
손이 끊기며 패망한다)에 집이 가난하다.

• 艮坐坤향 寅坐申향 : 坤申향에 癸丑파는 불립 임관향이다. 자손과
재물이 없어지고 크게 실패하지 않으면 자손이 끊어진다.

◎ 甲坐庚향 卯坐酉향 : 우선룡에 좌선수가 합법이며 금국의 정왕향
(正旺向)이다. 향상으로는 庚酉향은 金국이기에 艮寅에서 시작하여
포태를 돌리면 癸丑파는 묘파(정고소수)에 해당되는 길향길수이다.
그러므로 용과 혈이 적실하면 큰 부자와 귀인이 나며 충효현량(忠孝
賢良)하고 남녀가 다 같이 장수하며 방방(房房)이 균일하게 발복한다.

• 乙坐辛향 辰坐戌향 : 辛戌향에 癸丑파는 입향할 수 없는 쇠향(衰
向)이다. 불립 쇠향은 비록 자손과 재물은 성하지 않으나 별다른 큰
피해는 없다. 장생법(長生法)으로는 戌향으로 하면 길하다.

• 巽坐乾향 巳坐亥향 : 乾亥향에 癸丑파는 불립 병향에 해당되며 향

상으로는 관대파인 흉파에 속한다. 용혈이 부실하면 정재(丁財)가 다 패하고 총명한 수재가 어려서 상(喪)하기 쉽다.

◎ **丙坐壬向 午坐子向** : 우선룡에 좌선수가 합법이며 壬子향에 癸丑파는 금국 자왕향(自旺向)에 해당되는 화사위자왕향(化死爲自旺向)이다('화사위자왕향'의 뜻을 알기 쉽게 말하자면 수구 4국으로는 癸丑파는 金국이기에 壬子향은 사향에 해당되나 향상으로는 壬子향이 水국이므로 水국의 기포점 巽巳에서 시작하여 포태를 돌리면 壬子는 왕위에 해당되니 死가 旺으로 변한다는 뜻이다). 향상으로 쇠파에 해당되는 차고소수는 양공(楊公)의 14진신수법(十四進神水法)이다. 그런즉 용혈이 진이면 부자나 귀인이 나며 자손이 크게 번창한다.

• **丁坐癸向 未坐丑向** : 癸丑향의 좌선수에서 향상계자유파(向上癸字流破 : 向上포태로 癸破의 뜻)는 당면출살법이다. 즉 좌선수가 당면유거(當面流去 : 향과 같은 방위로 흘러가는 것)하되 地支축방(丑方)을 범(犯)하지 않고 癸방상으로 유거하면 대부대귀한다. 그러나 용혈에 약간의 차만 있어도 속패하며 만약에 우선수가 癸자상으로 직거(直去)하면 크게 흉살이 되니 조심하여야 한다.

◎ **坤坐艮向 申坐寅向** : 좌선룡에 우선수가 합법이며 癸丑파는 절처봉생 자생향이다. 자생향은 비록 절위(絶位)에 입향했으나 우측 길수가 차고하는 길향길수이다. 주로 부귀장수에 자손이 크게 성하고 발복이 오래 간다. 용과 혈이 확실하면 장손이 선발하고 그렇지 않으면 차손이 선발한다. 향상으로는 艮寅향에 癸丑파는 養파에 해당되어 乾坤艮巽향에 속하니 차고소수에 속하는 길파이다.

• **庚坐甲向 酉坐卯向** : 甲卯향에 癸丑파는 불립 태향에 해당되며 향상으로는 甲卯 木국에 대한 관대파(冠帶破)로 흉파에 속한다. 용과 혈이 부실하면 총명한 아들이 일찍 죽고 가산이 크게 패하며 결국은 자손이 끊어진다.

• 辛坐乙향 戌坐辰향 : 癸丑파에 乙辰향은 향상으로는 쇠파이다. 쇠파의 경우 甲卯, 庚酉, 丙午, 壬子향에 한해서 차고소수가 되어 길파에 해당되나 乙辰향은 그에 해당되지 않기 때문에 흉파이다. 따라서 쇠위(衰位)를 충하면 비록 자손은 있으나 부나 귀는 없으며 오래 가면 사람도 재산도 부진하여 길흉이 반반이다. 그러나 장생수법(長生水法)에서는 乙향과 辰향을 동궁으로 보지 않기 때문에 辛坐乙향의 경우는 묘파에 해당되어 길파로 취급된다(물론 戌坐로 하면 흉파가 된다).

◎ 乾坐巽향 亥坐巳향 : 巽巳향에 우선수의 癸丑파는 金국의 정생향(正生向)이다. 향상으로는 金국인 巽巳향에 대한 癸丑파는 묘파인 정고소수(正庫消水)에 해당되는 길향길수이다. 효자에 오복이 임문(臨門)하여 현처와 효자가 나고 부와 귀가 집집마다 고루 발복한다.

艮寅파(수구)

• 壬坐丙향 子坐午향 : 丙午향의 艮寅파에 용혈이 부실하면 차향(此向)은 어린아이를 기르기 어렵고 재산은 있어도 마침내는 자손이 끊긴다. 향상으로는 丙午향에 艮寅파는 생파에 해당되는 흉파이다. 장손부터 피해를 보고 차례로 다른 자손에까지 미친다.

• 癸坐丁향 丑坐未향 : 丁未향에 艮寅파는 임관파로 흉파에 속하며 용혈부실에 충파임관파(沖破臨官破)가 되면 주로 어린아이를 기르기 어렵고 남녀가 빨리 죽고 재산이 탕진된다. 한편 장손이 먼저 실패하고 다음에 다른 자손까지 실패한다.

• 艮坐坤향 寅坐申향 : 坤申향에 艮寅파는 용혈마저 부실하면 정재불발에 병이 많아 패절한다.

• 甲坐庚향 卯坐酉향 : 향상으로는 金국인 庚酉향에 艮寅파는 절파

이다. 절파도 乙辰, 辛戌, 丁未, 癸丑향에 한해서 구빈황천파에 해당
되는 길파이다. 그 외에는 흉파이다. 때문에 별로 발전이 없고 자손은
있어도 재물이 없어 길과 흉이 반반이다.

• 乙坐辛향 辰坐戌향 : 辛戌향에 艮寅파는 향상으로는 辛戌향이 火
국이기에 艮寅파는 생파에 해당되는 흉파이다. 따라서 자손과 재산이
쇠퇴하고 자손이 끊길 염려도 있다.

• 巽坐乾향 巳坐亥향 : 乾亥향에 艮寅파는 향상으로는 임관파에 해
당되는 대황천파이다. 황천대살에 용혈마저 부실하면 젊은 아들이 죽
고 자손이 끊길 수도 있다.

• 丙坐壬향 午坐子향 : 壬子향에 艮寅파는 과숙수(寡宿水)라 하는
흉수이다. 향상으로는 병파에 해당되나 병파도 乙辛丁癸향 외에는 흉
파이기 때문이다. 용혈이 부실하면 남자가 단명하고 과부가 많이 생
기고 재산이 없어지며 둘째나 셋째 집이 먼저 망한다.

◎ 丁坐癸향 未坐丑향 : 우선룡에 좌선수가 합법이며 癸丑향에 艮寅
파는 金국의 정묘향(正墓向)이다. 향상으로는 癸丑향이 金국이기 때
문에 艮寅파는 절위에 해당된다. 앞에서 설명한 바와 같이 절파의 경
우 乙辰, 辛戌, 丁未, 癸丑향의 경우에 한해서 구빈황천파가 되기 때
문에 이곳 계축향에서도 구빈황천파가 되어 길향길수이다. 다만 장생
수법으로 보면 丑향의 경우만 병파로 길파에 해당되나 癸파의 경우는
왕파로 대황천파로 취급된다 했다. 이처럼 각 수법에 따라 차이가 있
으나 각자 비교 연구를 통해 정확한 자기 소신을 가질 필요가 있을 것
이다. 장생수법에서는 癸丑을 동궁으로 취급하지 않기 때문이다. 88향
법으로는 정묘향으로써 역시 귀인녹마향이라 하여 지극히 귀한 향법
이다. 주로 총명한 수재가 과거에 급제하고 문장명필이 계속해서 연
출(連出)한다. 따라서 이런 경우는 癸향을 쓰지 않고 丑향을 쓰면 세
가지 수법이 다 합법이기 때문에 특히 乙辰, 辛戌, 丁未, 癸丑향의 경

우는 장생수법도 참고할 필요가 있다.

◎ 坤坐艮향 申坐寅향 : 艮寅향에 우선수가 천간(天干) 간자(艮字) 상으로 寅을 범하지 않고 흐르면 당문파 또는 절향절류의 당면출살법으로 역시 길향길수이다. 용진혈적에 寅방을 범하지 않으면 큰 부귀가 기약된다. 그러나 반대로 좌선수가 되면 대흉살이 되고 용혈마저 확실치 못하면 패망하니 본법 당면출수는 조심스럽게 취급해야 한다.

• 庚坐甲향 酉坐卯향 : 艮寅파에 甲卯향은 불립 태향이며 甲卯향에 艮寅파는 향상으로는 임관파이며 살인대황천살에 해당된다. 대황천에 용혈마저 부실하면 성재(成才)된 아들이 죽고 가환(家患)이 끊이지 않으며 마침내는 자손이 끊어지기 쉽다.

◎ 辛坐乙향 戌坐辰향 : 乙辰향의 좌선룡 우선수에 艮寅파라면 金국의 정양향(正養向)이다. 정양향은 이른바 귀인녹마의 향이라 하여 길하다. 그리고 용과 혈이 확실하면 자손과 재산이 크게 성하고 공명이 높고 자손들이 다 같이 발복하여 오래 지속된다. 향상으로도 乙辰향에 艮寅파는 병파(녹마귀인파)에 해당되는 길파이다. 다만 장생수법에서는 乙향과 辰향은 각 동궁으로 취급 않기 때문에 다르다. (乙향은 길하고 辰향은 황천파이다.) 따라서 辰향을 쓰지 않고 乙향을 취하면 다른 수법도 다 만족할 수 있다.

• 乾坐巽향 亥坐巳향 : 巽巳향에 艮寅파는 이른바 정과이항(情過而 亢)한 과궁수(過宮水)이다. 비록 불발부귀에 부자나 귀인은 나지 않아도 의식주에 지장이 없을 정도는 된다. 그러나 오래 갈수록 불리하다.

甲卯파(수구)

□ 壬坐丙향 子坐午향 : 丙午향의 좌선룡에 우선수의 甲子파는 향상

으로 욕파인 문고소수파이다. 88향에서는 오른쪽에서 들어오는 과당수가 목욕파인 갑자상(甲字上)으로 유거(流去)하면 목욕소수라 한다. 용진혈적에 목욕소수는 부자가 나고 자손의 번창이 기약된다. 그러나 卯자나 寅을 범하지 않고 갑자상(甲字上)으로만 흘러야 된다. 우선수이면서 卯자를 범하지 않고 甲字上으로만 흘러감이 어려우니 이런 경우는 조심해야 된다.

　•癸坐丁향 丑坐未향 : 丁未향에 甲卯파는 향상으로는 왕파에 속하는 흉파이며 金국인 甲卯파에 대한 丁未향은 입향할 수 없는 관대향(冠帶向)에 속한다. 비록 초년에는 간혹 자손이 성하나 가난하며 오래가면 단명하며 자손이 끊기고 재산도 없어진다.

　•艮坐坤향 寅坐申향 : 坤申향에 甲卯파는 용혈이 부실하면 자손과 재산이 성하지 못하며 단명패절이 우려된다.

　•甲坐庚향 卯坐酉향 : 庚酉향에 甲卯파는 金국 庚酉향에 대한 태파이다. 용혈마저 부실하면 주로 낙태로 사람이 상하고 초년에는 자손이 성한 듯하나 오래 되면 가업이 성하지 못한다.

　▣ 乙坐辛향 辰坐戌향 : 辛戌향에 신수(辛水)가 조당(朝堂)하여 왼쪽 왕위수(旺位水 : 丙午水)와 합류하여 혈 뒤 甲방으로 흐르며 卯자를 범하지 않으면 쇠향태류의 길향길수이다. 태류(胎流)는 용과 혈이 확실하면 큰 부자나 귀인이 나고 수복이 함께하나 평양지(平洋地)에서는 입향이 가능하되 산지에서는 입향이 불가능하다. 특히 용이 다한 곳에 혈증이 확실하고 물이 지지묘자(地支卯字)를 범하지 않는 것이 이 향의 요건이다. 따라서 이러한 기준에 맞는 곳은 거의 없다.

　•巽坐乾향 巳坐亥향 : 乾亥향에 甲卯파는 향상포태법으로는 왕파에 속하는 흉파이기 때문에 오래 가면 집안이 파산되고 실패한다. 겸해서 자손이 끊어질까 우려된다.

　•丙坐壬향 午坐子향 : 壬子향에 甲卯파는 교여불급(交如不及)으로

단명수(短命水)이다. 이 단명수는 특히 용혈이 부실하면 자손이 단명하여 패가 또는 빈곤하며 다출유상(多出幼孀 = 어린 과부가 많다는 뜻)이 두렵다. 특히 선상이문(先傷二門)이라 한다.

• 丁坐癸향 未坐丑향 : 癸丑향에 甲卯파는 간혹 부귀도 있으나 불발하기도 하는 무해지지(無害之地) 정도에 속한다.

▣ 坤坐艮향 申坐寅향 : 우선룡에 좌선수 甲卯파는 욕파인 문고소수이다. 문고소수는 왼쪽의 물이 우회상당하여 향상목욕위로 유거하는 양공(楊公)의 진신수법이며 용진혈적이면 주로 부귀에 수복이 함께하고 문인이 다출하여 문명사해(文名四海)가 기약된다.

▣ 庚坐甲향 酉坐卯향 : 甲卯향에 우선수가 향상 갑자상(甲字上)으로 유거하며 卯자를 범하지 않으면 태향태류(胎向胎流)의 당면출살법이라 하여 길향길수에 속한다. 용진혈적에 물이 卯방을 범하지 않으면 대부대귀에다 자손이 번창한다. 다만 용혈이 부실하거나 지지자(地支字)인 卯자를 범하면 패절하니 본향 역시 정혈에 조심해야 된다.

• 辛坐乙향 戌坐辰향 : 乙辰향에 甲卯파는 향상법으로는 사파에 해당되는 소황천파이다. 용혈부실에 소황천파이면 주로 곤궁하고 젊어서 죽은 사람이 많아 과부가 많다. 한편 辰방에 창칼과 같은 악석(惡石)이 보이면 악한(惡漢)이 나와 가문을 훼손한다.

• 乾坐巽향 亥坐巳향 : 巽巳향에 甲卯파는 향상으로는 태파이다. 이 역시 초년에는 간혹 정재가 양발(兩發)하나 오래 되면 자손이 끊기고 가난을 면치 못한다.

乙辰파(수구)

• 壬坐丙향 子坐午향 : 丙午향의 乙辰파는 불립 태향에 해당되며 향

상으로는 관대파이다. 용혈이 부실한데다가 차향이면 주로 총명한 아들이 상하고 재산이 퇴패하고 마침내는 절손이 우려된다. 용과 혈이 확실하다 해도 한 대를 넘기기 어렵다.

• 癸坐丁향 丑坐未향 : 丁未향에 乙辰파는 향상으로는 쇠파에 해당된다. 이 향은 비록 초년에 자손은 있으나 부귀는 없으며 크게 흉한 일도 없다.

◎ 艮坐坤향 寅坐申향 : 坤申향의 좌선룡에 우선수가 합법이며 乙辰파에 대한 坤申향은 정생향(正生向)이다. 정생향은 오른쪽 관(官), 왕(旺), 관대(冠帶) 즉 辛戌, 乾亥, 壬子방의 귀인수가 왕거영생(旺去迎生)하여 乙辰으로 귀거(歸去)하는 향상으로는 장파(葬破 : 정고소수)에 해당되는 길향길수이다. 부와 귀를 함게 갖추며 자손이 크게 왕성하고 현처와 효자가 나며 집안에 오복이 가득 찬다.

• 甲坐庚향 卯坐酉향 : 庚酉향에 乙辰파는 입향할 수 없는 목욕향이며 향상으로는 양파이다(庚酉향은 金국이기에 乙辰파는 양파임). 양파는 乾坤艮巽향에 한해서 차고소수인 길파가 되기 때문에 여기서는 흉파이다. 더욱 용과 혈이 부실하면 이러한 향은 주로 어린아이를 기르기 어렵고 재산이 망하고 자손도 끊어지기 쉽다.

• 乙坐辛향 辰坐戌향 : 辛戌향에 乙辰파는 입향할 수 없는 관대향에 용과 혈이 부실하면 정재 불발에 자손이 단명하여 절손이 우려된다.

• 巽坐乾향 巳坐亥향 : 乾亥향에 乙辰파는 불립 임관향이다. 옛날부터 본 향을 '십개퇴신여귀령(十個退神如鬼靈)'이라 하여 용혈마저 부실하면 재산도 실패하고 자손도 끊길 염려가 있다.

◎ 丙坐壬향 午坐子향 : 壬子향의 우선룡에 좌수(左水)가 도우(좌선수)하면 乙辰파는 수국 정왕향(正旺向)이다. 정왕향은 생래회왕(生來會旺)에 크게 부귀를 겸하며 현처와 효자를 낳으며 남자는 총명하고 여자는 수려하다. 집집마다 같이 발복하고 오랜 세월 자자손손 부와

귀를 겸하게 된다. 향상으로는 묘파(정고소수)인 길파이다.

• 丁坐癸向 未坐丑向향 : 癸丑향에 乙辰파는 불립 쇠향에 향상으로는 양파이다. 용혈이 부실하면 비록 초년에는 이로우나 점차 재산을 지키지 못하게 된다.

• 坤坐艮향 申坐寅향 : 艮寅향에 乙辰파는 입향할 수 없는 병향에 속하며 향상으로는 관대파에 속하기 때문에 흉파이다. 거기에다 용혈까지 부실하면 총명한 아들이 어려서 상하고 장병자(長病者)가 다출하며 정절을 지킨 여자도 나온다.

◎ 庚坐甲向 酉坐卯향 : 우선룡 좌선수에 乙辰파는 이른바 화사위자왕향(化死爲自旺向)이다. 이 뜻은 水국인 乙辰수구에서 甲卯향은 사향(死向)이지만 향상으로는 木국이다. 따라서 木국(坤申에서 기포)에서 甲卯향은 왕위(旺位)이다. 따라서 사(死)가 왕(旺)으로 변한다는 뜻이다. 자왕향은 향상으로는 쇠파인 차고소수에 해당되는 길파이다. 이는 역시 양공(楊公)의 구빈수법이다. 용과 혈이 적실하면 주로 부귀를 겸하며 자손들이 장수하며 발복이 오래 지속된다. 만약에 녹위(祿位)인 艮寅방수가 내조(來朝)하면 7세의 신동이 능히 글을 짓는 법이라 하여 극히 귀한 수법이다.

• 辛坐乙向 戌坐辰향 : 乙辰향에 좌선수가 辰자를 범하지 않고 乙자 위로 다정하게 흘러가고 용혈이 적실하면 큰 부귀가 기약된다. 그러나 이 법 역시 약간의 차만 있어도 패절하며 특히 우선수가 乙자 위로 직거하면 대황천(大黃泉)이니 정혈 때는 조심해야 된다.

◎ 乾坐巽향 亥坐巳향 : 좌선룡 우선수에 乙辰파는 水국의 자생향(自生向)이다. 향상법으로는 양파의 차고소수요 절처봉생(絶處逢生)에 해당되는 길향길수이다. '절처봉생'이란 수구 4국으로 乙辰파는 水국이므로 巽巳향은 水국의 기포점이기에 절향에 해당되나 巽巳향은 향상으로는 金국이기 때문에 巽巳향은 생향이 됨에 따라 절(絶)이 생

(生)을 만난다는 뜻이다. 부와 귀가 나며 자손들이 고루 장수하고 자
손과 재물이 크게 성하니 작은 아들이 먼저 발복한다.

巽巳파(수구)

　• 壬坐丙향 子坐午향 : 丙午향에 우선수 巽巳파는 향상법으로는 임
관파에 해당되는 대황천파이다. 용혈마저 부실하면 학업을 다 이룬
아들이 상하고 난치병인 장병자(長病者)가 많으며 선상이방(先傷二
房)에 차급타방(次及他房)에 미친다.

　◎ 癸坐丁향 丑坐未향 : 丁未향의 좌선룡 우선수에 巽巳파는 정양향
(正養向)이다. 정양향은 우측 임관수 및 생양수가 상당(上堂)하여 절
류하는 길향길수이다. 향상으로는 본향이 巽巳파 귀인녹마파(병파)에
해당된다. 용진혈적에 정양향을 입향하면 자손과 재물이 양왕(兩旺)
하고 공명이 높고 충효현량(忠孝賢良)에 이름을 떨치고 장수가 기약
된다. 더욱 집집이 다 같이 고루 발복하고 여자까지 병발하니 최고의
길향이라 한다.

　• 艮坐坤향 寅坐申향 : 坤申향에 巽巳파는 향상으로 절파이다. 절파
의 경우 乙辰, 辛戌, 丁未, 癸丑향에 한해서 구빈황천파이고 기타 향
에서 절파는 흉파임은 앞에서도 설명한 바 있다. 따라서 여기서는 비
록 초년에는 간혹 유정유수(有丁有壽)이나 해가 지날수록 빈궁이 우
려된다. 다만 용과 혈이 확실하면 늦게 귀(貴)를 얻고 장수하는 경우
도 있다.

　• 甲坐庚향 卯坐酉향 : 庚酉향에 巽巳파는 향상으로 생파에 해당되
는 흉파이다. 비록 재물은 있으되 자손이 없고 더욱이 용혈이 부실하
면 어린아이를 기르기 어려워 손이 끊기고 장자가 선패한다.

•乙坐辛향 辰坐戌향 : 辛戌향에 巽巳파는 향상으로 임관파에 해당
되는 흉파이다. 88향법에서는 불립대향(不立帶向)에 속하는 흉향으로
소개되고 있다. 자녀를 기르기 어렵고 가난하며 자손이 끊기기 쉽고
큰집이 선패한다.

•巽坐乾향 巳坐亥향 : 乾亥향에 巽巳파는 교여불능(交如不能)이
다. 巽巳좌에 巽巳파가 되는 경우는 거의 없지만 혹시라도 있으면 질
병에 의해 단명하고 장차 대가 끊길까 우려된다. 이런 경우는 정혈하
지 않는 것이 좋다.

•丙坐壬향 午坐子향 : 壬子향에 巽巳파는 과궁수(過宮水 : 壬子향
에 乙辰파면 88향법으로는 墓향이며 향상으로는 장파인 정고소수로써
길향길파인데 정이 과해서 애석하게 손사파가 되었으니 과궁수가 되
어 흉하다는 뜻이다)이다. 향상으로는 壬子향은 水국이기 때문에 巽
巳파는 절파에 속하며 乙辰, 辛戌, 丁未, 癸丑향도 아니기 때문에 구
빈황천파에 속하지 않은 흉파이다. 따라서 초년에는 약간 활발하다
좀 지나면 실패한다. 만득으로 약간 회복하는 경우도 있다.

•丁坐癸향 未坐丑향 : 癸丑향에 巽巳파는 향상으로 장생위이다. 용
혈이 부실한데 장생방이 파가 되면 재산이 쇠해지고 손이 끊어질까
우려된다.

•坤坐艮향 申坐寅향 :艮寅향에 巽巳파는 향상으로는 임관파이다.
용과 혈이 부실하고 임관파이면 주로 성재지자(成才之子)가 상하고
단명하여 손이 끊어지기 쉽다.

•庚坐甲향 酉坐卯향 : 甲卯향에 巽巳파는 향상으로는 병파에 해당
되나 병파도 乙, 辛, 丁, 癸향에 한해서 녹마귀인파가 되며 기타 향에
있어서는 흉파가 된다. 따라서 甲卯향에 巽巳파는 단명과숙수(短命寡
宿水)이다. 단명과숙수에 용혈마저 부실하면 집안에 남자가 단명하고
과부가 다출하여 손이 끊기되 삼방(三房)이 더욱 심하다.

◎ 辛坐乙향 戌坐辰향 : 乙辰향에 우선룡 좌선수에 巽巳파는 水국의 정묘향이다. 향상으로는 乙辰향에 巽巳파는 절파인 구빈황천파에 해당되는 길파이다. 정묘향(正墓向)은 왼쪽의 장대한 길수와 우측의 가는 길수가 합하여 절방(絶方)으로 나가는 길향길수이다. 정묘향에 용진혈적이면 부귀에 자손이 크게 성하고 수복이 겸전하며 복록이 장원하다.

▣ 乾坐巽향 亥坐巳향 : 巽巳향에 장대한 우선수가 왼쪽으로 흘러 혈 앞을 지나 지지(地支)巳자를 범하지 않고 손자천간상(巽字天干上)으로 출수(出水)하면 양공(楊公)의 절향절류(絶向絶流)인 당면출살법이라 하여 큰 부자나 귀인이 나고 자손과 재산이 크게 성하며 남녀가 같이 장수한다. 한편 장대한 좌선수가 巽巳로 혈 앞을 지나가면 이른바 묘절충생대살(墓絶沖生大煞)이라 하여 극히 흉한 것이다. 巽파(수국)에서 巽巳향이 절(絶)향이 되기 때문에 손방수(巽方水)를 묘절수(墓絶水)라 하며 충생(沖生)이라 함은 巽巳향은 金국이기에 金국인 艮寅에서 기포하면 巽巳는 생위(生位)가 된다. 때문에 묘절수가 생위를 친다는 뜻이다. 한편 좌선수가 巽巳방으로 거하면 어린 아들이 상하고 끝내는 자손이 끊긴다. 때문에 조심조심 정혈해야 된다.

丙午파(수구)

▣ 壬坐丙향 子坐午향 : 丙午향의 장대한 우선수가 午자를 범하지 않고 丙자 상(上)으로 흘러나가면 당면출수(堂門破)의 태향태류이다. 즉 丙파는 水국이기 때문에 丙午향은 태향이며 파구 역시 丙파이기 때문에 태파이므로 이를 태향태류라 한다. 생(生), 양(養), 관대수(冠帶水) 등이 합쳐 상당(上堂)하여 午자를 범하지 않고 丙자로만 흘러

나가면 당면출살법이라 하여 큰 부자나 귀인이 나며 자손이 흥왕하나 간혹 남자가 단명하고 젊은 과부가 우려된다. 한편 좌선수가 丙午방으로 거하면 향상으로는 火국(艮丙辛寅午戌은 火국이다)에 대한 丙파는 왕파가 되어 흉파가 되기 때문에 자손은 있으나 재물이 없어 빈한(貧寒)을 면치 못한다.

• 癸坐丁향 丑坐未향 : 丁未향에 丙午파는 충파녹위(沖破祿位)이며 향상법으로는 사(死)파에 해당되는 소황천파이다. 용혈이 부실하고 소황천파가 되면 주로 궁핍요망(窮乏夭亡 = 가난하고 젊어서 죽음)이 우려된다. 한편 향상인 미자상(未字上)에 칼처럼 뾰족한 바위가 있으면 횡폭(橫暴)한 사람이 난다.

• 艮坐坤향 寅坐申향 : 坤申향에 丙午파는 향상법으로는 태파에 해당되어 흉파이니 입향이 불가하다. 부실용혈에 태파가 되면 비록 초년에는 간혹 재물도 있고 장수도 하나 해가 지나면 낙태하거나 사람이 크게 상하고 가난하며 자손이 끊길 우려도 있다.

▢ 甲坐庚향 卯坐酉향 : 庚酉향에 좌선룡에 우선수 丙파는 목욕소수파이다(앞 도표 변국향 참조). 좀더 설명하자면 향상으로는 庚酉향은 金국이므로 艮寅에서 시작하여 포태를 돌리면 丙午궁은 욕파(浴破 : 문고소수)에 해당된다. 壬子 乾亥의 병사수(病死水)가 목욕위인 丙午파로 거하는 바 이는 길향길수이다. 용진혈적에 목욕파가 되면 비록 자손이 성하고 부귀를 이루나 午방을 약간이라도 범하면 자손이 음탕하고 절손도 우려된다. 그러므로 조심스럽게 정혈해야 한다.

• 乙坐辛향 辰坐戌향 : 辛戌향에 丙午파는 향상으로는 辛戌향이 火국(艮丙辛寅午戌火국)이기 때문에 丙午파가 왕파에 해당된다. 88향으로는 더욱 입향할 수 없는 묘향이다. 왕파에 용혈이 부진(不眞)이면 초년에는 자손은 있으나 가난하고 여러 해가 지나면 재산이 없어져 집안이 망하고 젊어서 죽음을 맞게 되어 손이 끊기기도 한다.

• 巽좌乾향 巳좌亥향 : 乾亥향에 丙午파는 이른바 교여불급(交如不及)이다. 용수가 서로 음양교합이 되지 못하므로 용혈마저 부실이면 병이 많아 단명하고 시간이 지나면 가난해지며 자손이 끊길까 우려된다.

• 丙좌壬향 午좌子향 : 壬子향에 丙午파는 충파태신(沖破胎神)이다. 향상으로는 壬子향이 水局(坤壬乙申子辰)이기 때문에, 丙午파가 태파에 해당되기 때문이다. 이 역시 용혈마저 부실하면 초년에는 자손도 재물도 심하게 나쁘지는 않으나 오래 가면 주로 낙태하고 자손이 상하며 패망한다. 다만 초년에는 간혹 정재소발(丁財小發)에 장수하는 경우도 있다.

▣ 丁좌癸향 未좌丑향 : 癸丑향에 계수(癸水)가 내조입당하여 좌변수(左邊水)와 같이 합류우회하여 혈후 병자상(丙字上)으로 유거하면 쇠향태류법에 해당되는 길향길수이다(앞에 도표 변국향 참조). 쇠향태류에 용진혈적이면 큰부자나 귀인이 나며 수복이 기약되나 용과 혈이 부진이거나 물이 누방을 범하면 화가 적지 않으므로 조심해서 입혈해야 된다. 향상법으로는 金국향(巽庚癸巳酉丑향)이기 때문에 丙파는 욕파에 해당되나 욕파의 경우도 乾坤艮巽甲庚丙壬향이 아니기 때문에 문고소수의 길파에 해당되지 못하여 흉파에 속한다. 이런 경우 88향법과 향상포태법 사이에 약간의 차이가 생긴다.

• 坤좌艮향 申좌寅향 : 艮寅향에 丙午파는 향상으로는 왕파이다. 자손은 있으나 가난하다. 초년에는 비록 자손이 있으나 뒤에는 끊어지기 쉽다.

• 庚좌甲향 酉좌卯향 : 甲卯향에 丙午파는 교여불급(交如不及)에 이른바 단명수이다. 용혈이 부실하면 주로 남자가 젊은 나이에 죽음을 맞게 되어 과부가 많으며, 마침내는 자손이 끊기며 삼방(三房)이 먼저 패한다.

※ 교여불급 : 甲卯향은 乾甲亥卯未의 木국이다. 木국의 기포점 坤

申에서 출발하여 포태를 돌리면 丁未궁이 묘파(정고소수)에 해당되는데 아깝게도 그에 미치지 못하고 丙午에서 거하니 단명수가 되어 흉하다는 뜻이다.

• 辛坐乙향 戌坐辰향 : 乙辰향에 丙午파는 이른바 과궁수(過宮水)이다. 간혹 부자가 되기도 하고 자손이 성하며 수고(壽高)하기도 하나 때로는 가난하기도 하며 젊어서 요절하기도 하는 길흉이 고르지 못한 길흉 반반인 특이한 향위(向位)이다.

※과궁수 : 乙辰향의 경우 향상으로 坤壬乙申子辰향 水국에 해당되니 乙辰파가 되면 묘파(정고소수파)가 되어 길파가 되는데 애석하게도 궁을 넘어서 丙午파가 되니 태파가 되어 흉파가 되었다는 뜻이다.

▣ 乾坐巽향 亥坐巳향 : 巽巳향 좌선룡에 우선수 丙午파는 문고소수이다. 향상법으로는 욕파에 해당되는 문고소수파이다. 양공(楊公)의 구빈수법으로 용진혈적이면 부자와 귀가 나며 수와 복이 겸전한다. 그러나 이 법은 조금만 차이가 있어도 큰 화가 따르니 조심스럽게 정혈해야 된다.

丁未파(수구)

◎ 壬坐丙향 子坐午향 : 丙午향의 우선룡 좌선수에 丁未파는 木국의 자왕향(自旺向)이다. 자왕향은 향상으로는 쇠파에 해당되는 차고소수파이다. 길향길수이기 때문에 용진혈적이면 부자와 귀인이 나고 자손이 번성한다. 그리고 丁未 수구에는 용이 생방 건해룡(乾亥龍)에 붙는 것이 정상이다. 따라서 해입수(亥入首)에 壬좌 丙향이면 모든 것이 적합하다.

• 癸坐丁향 丑坐未향 : 丁未향에 좌선수 丁未파는 당면출수에 묘향

(墓向)이 되니 인상재패(人傷財敗)가 심한 것이다. 특히 용혈마저 부실하면 절손패가가 우려된다. 한편 좌선수가 未방을 범하지 않고 정방상(丁方上)으로 유거 보이지 않게 직거하면 대부대귀한다. 하나 약간의 차이에도 즉절(卽絶)이라 하니 조심해야 된다. 즉 丁방의 앞에 午방이 수구가 되거나 우선수가 되면 황천파가 되기 때문이다.

◎ 艮坐坤향 寅坐申향 : 좌선룡 우선수 丁未파에 대한 坤申향은 木국의 자생향(自生向)이다. 자생향은 우측의 향상 관(官), 왕(旺), 관대수(冠帶水)가 합류하여 丁未수구로 유거(流去)하는 길향길수이다. 이를 절처봉생(絶處逢生) 자생향이라 한다. 향상으로는 坤申향(水국)에 대한 丁未파는 양파 차고소수에 해당되어 역시 길파이다. 용진혈적에 자생향으로 입향하면 부귀장수에 자손이 대왕하고 소방(小房)이 먼저 발복하여 점차 대(大), 중(中)방까지도 발복한다.

※절처봉생 : 丁未수구는 木국이기 때문에 坤申향은 절향이다. 그러나 묘의 향인 坤申향은 水국이기 때문에 坤申 묘위(墓位)는 장생위(長生位)이므로 절(絶)이 생(生)을 만나 길하다는 뜻이다.

• 甲坐庚향 卯坐酉향 : 丁未파에 庚酉향은 불립태향에 향상으로는 관대파(冠帶破)에 해당되어 역시 흉하다. 용혈부실에 차향은 어린 총명한 아들이 상하게 되며 패가한 후 오래 가면 자손이 끊기기 쉽다.

• 乙坐辛향 辰坐戌향 : 辛戌향에 丁未파는 향상으로 쇠파에 해당된다. 쇠파는 비록 초년에는 자손들과 포식이 가능하나 오래 가면 손이 끊기거나 가난이 심해진다(쇠파의 경우 甲卯·丙午·壬子·庚酉향에 한해서만 차고소수인 길파에 해당된다).

◎ 巽坐乾향 巳坐亥향 : 좌선룡 우선수 丁未파에 乾亥향은 木국의 정생향(正生向)이다. 정생향은 우변의 관대수(癸丑), 임관수(艮寅) 왕수(甲卯)가 함께 상당(上堂)하여 묘파(정고소수)가 되면 길향길수이다. 용진혈적이면 주로 부자와 귀인이 함께 나고 현처와 효자가 기

약되며 오복이 집집마다 고루 깃든다.

• 丙坐壬향 午坐子향 : 丁未파에 壬子향은 입향할 수 없는 목욕향에 속하며 향상으로는 양파에 해당된다. 양파의 경우도 乾坤艮巽향에 한해서 차고소수인 길파에 해당되며 기타 향에서 양파는 흉파이다. 때문에 용혈이 부실하고 충파양위이면 어린아이를 기르기 어렵고 재산이 없어지고 자손이 끊긴다.

• 丁坐癸향 未坐丑향 : 癸丑향에 丁未파는 불립관대향에 향상으로는 흉파인 관대파이다. 용혈이 부실하고 관대파가 되면 소년이 상하고 모든 일이 실패하고 가난하며 마침내는 자손이 끊긴다.

• 坤坐艮향 申坐寅향 : 艮寅향에 丁未파는 불립임관향이다. 용혈이 부실하고 임관향이면 가산이 없어지거나 아니면 자손이 끊긴다.

◎ 庚坐甲향 酉坐卯향 : 甲卯향의 우선룡 좌선수에 丁未파는 木국의 정왕향(正旺向)이다. 정왕향은 양공(楊公)의 진신수법에 해당되는 길향길수이다. 그런즉 용진혈적이면 큰 부자와 귀인이 나고 남녀가 다 장수하며 자손이 번창(繁昌)하며 집집이 다 같이 발복한다. 향상으로도 甲卯향(木국)에 대한 丁未파는 묘파 정고소수(墓破正庫消水)에 해당되는 길파이다.

• 辛坐乙향 戌坐辰향 : 乙辰향의 丁未파는 불립쇠향에 속한다. 자손이나 재산이 다 같이 불리하나 크게 흉한 일은 없다. 향상으로는 양파이나 乾坤艮巽향이 아니기 때문에 차고소수인 길파에 해당되지 않는다. 장생수법으로는 천간을(天干乙)과 지지인 辰을 동궁으로 취급하지 않고 戌坐辰향은 길파로 소개되고 있으니 연구가 필요하다.

• 乾坐巽향 亥坐巳향 : 巽巳향에 丁未파는 불립병향에 속한다. 향상으로는 입향할 수 없는 관대향(冠帶向)에 속한다. 따라서 병이 많고 가난하며 총명한 자손이 상하고 오랜 뒤에는 자손이 끊어지기 쉽다.

坤申파(수구)

· 壬坐丙향 子坐午향 : 丙午향에 坤申파는 불립사향이며 향상으로
는 병파이지만 乙辛丁癸향이 아니기 때문에 녹마귀인파가 아닌 흉파
이다. 차향에 용혈마저 부실하면 주로 남자가 단명하고 과부가 여럿
난다.

◎ 癸坐丁향 丑坐未향 : 丁未향의 우선룡에 좌선수 坤申파는 정묘향
(正墓向)이다. 향상으로는 丁未향(木국)에 대한 坤申파는 절파에 해
당되나 여기서는 乙辰, 辛戌, 丁未, 癸丑향에 해당되기 때문에 양공
(楊公)의 구빈황천파에 해당된다. 정묘향은 왼쪽의 장대한 관(官 : 艮
寅水), 왕(旺 : 甲卯水), 수(水)와 오른쪽의 세소(細小)한 생(乾亥水)
양(辛戌水)수가 양수(兩水) 합류하는 길향길수이다. 부자와 귀인이
나며 자손이 많아 수복쌍전이 기약된다.

한편 장대한 우변수가 입당하고 좌변수가 세소하면 극히 흉하다.
장생수법으로는 좌선수에 축좌미향(丑坐未向)만이 합법 길향길수로
소개되고 있다. 88향이나 향상포태수법은 丁未를 동궁으로 취급하기
때문에 丑坐로 하면 세 가지 수법이 다 맞다.

▣ 艮坐坤향 寅坐申향 : 坤申향의 좌선룡에 우선수가 申자를 범하지
않고 坤방상으로 흐르면 절향절류의 길향길수이다. 오른쪽 생양수가
우회상당하여 申자를 범하지 않고 坤방상으로만 흐르면 당면출거에
용진혈적이기에 대부대귀에 자손이 흥왕한다. 그러나 장대한 좌수가
도우하여 坤申 위로 당면출거하면 묘절충생대살(墓絶沖生大煞)이 되
어 큰 재앙이 우려된다.

· 甲坐庚향 卯坐酉향 : 庚酉향에 坤申파는 향상으로는 임관파에 해
당되는 대황천살에 해당된다. 만약 용혈마저 부실하면 성재지자(成才
之子)가 상(喪)하게 되고 재산이 없어지고 다병다재(多病多災)가 우

려되며 이방(二房)부터 처음에 상하고 다른 자손에게도 미친다.

◎ 乙坐辛向 辰坐戌向 : 辛戌향의 좌선룡 우선수에 坤申파는 木국의 정양향(正養向)이다. 정양향은 오른쪽 장생수(艮寅水)가 상당하여 절위(絶位)로 유파하는 이른바 녹마귀인파의 丙파에 해당된다. 용진혈적에 정양향이면 자손과 재산이 크게 성하고 공명이 높고 남녀가 다 장수하며 충효자녀가 탄생하고 방방마다 고루 발복한다. 장생수법으로는 을좌신향(乙坐辛向)의 우선수만이 길향길수로 소개되고 있다. 따라서 우선수의 경우는 乙좌로 하고 좌선수의 경우는 辰좌로 입향하는 요령도 터득해야 한다(장생수법 참조).

• 巽坐乾向 巳坐亥向 : 乾亥향에 坤申파는 정과이항(情過而亢)한 과궁수(過宮水)이다. 때문에 초년에는 불발부귀이나 만년에 약간의 귀가 기약된다.

정과이항(情過而亢) 과궁수(過宮水)의 뜻은 乾亥향은 木국이기 때문에 坤申에서 기포하여 포태를 돌리면 丁未파가 묘파(정고소수)가 되어 최고로 길파인데 정이 너무 많아 묘궁을 넘어 애석하게 흉파인 坤申파가 되었다는 뜻이다.

• 丙坐壬向 午坐子向 : 壬子향에 坤申파는 향상으로는 흉파인 생파에 해당되며 불립욕향(不立浴向)이다. 용혈마저 부실하면 비록 유재(有財)이나 어린아이를 기르기 힘들고 마침내는 핍사(대를 잇지 못함)가 우려된다.

• 丁坐癸向 未坐丑向 : 癸丑향에 坤申파는 향상으로는 충파 임관파 흉파이다. 용혈이 부실하며 흉파인 임관파가 되면 자녀를 기르기 어렵고 남녀가 다 일찍 세상을 떠나고 가산이 패망하여 가난하고 집집마다 대가 끊기며 장손이 선패한다.

• 坤坐艮向 申坐寅向 : 艮寅향에 坤申파 역시 용혈 부실에 교여불급(交如不及)이면 질병으로 일찍 죽게 된다.

• 庚坐甲향 酉坐卯향 : 甲卯향에 坤申파는 불립왕향(不立旺向)에 속하며 주로 귀(貴)나 재(財)가 전무하고 공명이 불리하나 크게 흉한 일은 별로 없다 해도 취할 만한 자리가 못된다.

• 辛坐乙향 戌坐辰향 : 乙辰향에 坤申파는 입향이 불가능한 쇠향에 해당되어 크게 흉하다. 향상으로는 생파가 되어 아주 흉파이다. 더욱 이 용혈이 부실하면 가난하고 자손도 성하지 못해 심하면 손이 끊길 까 우려된다.

• 乾坐巽향 亥坐巳향 : 巽巳향에 坤申파는 향상으로는 임관파에 해 당되며 坤申수구(木局)에 대한 巽巳향은 불립병향에 속한다. 용혈이 부실하고 임관파가 되면 주로 성재(成才)된 아들이 상하고 젊어서 죽 어 대를 잇지 못하고 빈곤하며 전상객사(戰傷客死)하여 대가 끊기기 쉽다.

庚酉파(수구)

• 壬坐丙향 子坐午향 : 丙午향의 庚酉파는 교여불급(交如不及)에 단명과숙수(短命寡宿水)이다. 이 향은 이른바 안회요수지수(顔回夭壽 之水)라 하여 비록 어려서 학문과 공명이 높았다 하나 수명이 너무 짧 아 빨리 패망케 하는 흉한 향이란 뜻이다.

※ 교여불급 단명과숙수 : 쉽게 풀이하면 丙午향 火局에 대한 庚酉 파는 死파이다. 다음 辛戌파가 되면 정고소수인 길파가 되는데 애석 하게도 미치지 못하여 死파가 되어 명이 짧고 과부가 많이 나는 흉파 가 되었다는 뜻이다.

• 癸坐丁향 丑坐未향 : 丁未향에 庚酉파는 향상으로는 木局인 丁未 향에 대한 태파에 속하는 길흉 반반의 파이다. 그리고 木局인 庚酉파

에 대한 丁未향은 입향할 수 없는 묘(墓)향에 속하기 때문에 간혹 유정발귀(有丁發貴)이나 집이 가난하고 자손이 상하므로 길흉이 반반이다. 특히 오래 되면 자손은 있어도 너무 가난할까 우려된다.

　▣ 艮坐坤향 寅坐申향 : 坤申향의 좌선수 庚酉파는 길향길수인 욕파의 문고소수이다. 문고소수법은 좌변의 왕쇠수가 향상 목욕위로 흐르는 것이다. 이 수법에 용진혈적이면 비록 부와 귀를 겸할 수 있으나 약간의 차만 있어도 패망하는 것이니 입향에 특히 조심해야 된다.

　▣ 甲坐庚향 卯坐酉향 : 庚酉향에 우선수가 향상 경자상(庚字上)으로 수거(水去)하면 태향태류법(胎向胎流法)이다. 즉 오른쪽 장대수(長大水)가 왼쪽의 가는 물과 합류하여 목국태류함을 당면출살이라 한다. 용진혈적에 당면출살이면 대부대귀에 자손이 흥왕한다. 본 태향태류 역시 지지(地支) 酉자를 범하지 않고 庚방으로만 거해야 된다. 한편 장대한 좌수가 도우하여 당면출거는 향상으로는 생래파왕(生來破旺)으로 비록 자손은 있어도 재산이 없어 빈곤을 면치 못한다. 태향태류는 자칫하면 가장 흉한 것이니 조심해야 된다.

　• 乙坐辛향 辰坐戌향 : 辛戌향에 庚酉파는 향상으로는 사파인 소황천파이다. 용혈부실에 소황천파가 되면 궁핍하고 요망(夭亡 : 조사)하니 과부가 생기게 마련이다. 특히 향상의 戌자 위에 창, 칼과 같은 악석이 보이면 악한이 간혹 태어나 가문을 훼손한다.

　• 巽坐乾향 巳坐亥향 : 乾亥향에 庚酉파는 향상으로는 태파에 해당된다. 초년에는 간혹 자손과 재산이 흥할 때도 있으나 오래 되면 낙태상인에 손이 끊어지거나 가난이 우려된다.

　▣ 丙坐壬향 午坐子향 : 壬子향에 우선수가 경자상(庚字上)으로 흐르면 목욕소수이다. 목욕소수법은 우수가 좌회상당하여 향상 목욕위로 흐르되 酉방을 범하지 않고 천간(天干) 경방상(庚方上)으로만 물이 나가야 한다. 그러한 즉 용진혈적이면 부귀쌍전에 자손이 크게 번

창한다. 한편 지지유자(地支酉字)를 범하거나 용혈이 부진하면 큰 실패가 우려된다. 그러므로 입향에 신중해야 된다.

• 丁坐癸향 未坐丑향 : 癸丑향에 庚酉파는 향상으로는 왕파이다. 초년에는 간혹 발정무재(發丁無財 : 자손은 있어도 재산이 없음)에 장수도 하나 오래 가면 단명하여 손이 끊기고 재산도 없어져 가난을 면치 못한다.

• 坤坐艮향 申坐寅향 : 艮寅향에 庚酉파는 역시 향상으로는 사파에 해당되며 용혈이 부실하면 단명하고 재산도 없어져 가난을 면치 못한다. 여기서 艮寅향은 우선수인데 수구가 辛戌이면 묘파인 정고소수가 되어 길향길파가 될 것인데 아깝게도 정이 미치지 못해 庚酉에 미쳐 흉파가 되니 이를 교여불급(交如不及)이라 표현한다.

• 庚坐甲향 酉坐卯향 : 甲卯향에 庚酉파는 향상으로는 태파이다. 충파태신(沖破胎神)은 초년에 간혹 자손과 재물은 있으나 주로 낙태로 사람이 상하니 패가가 우려된다. 그 중에서도 셋째 집이 더 심하다.

▣ 辛坐乙향 戌坐辰향 : 乙辰향에 향상 乙방으로 유입하여 조당한 물이 좌변 길수와 합류우회하여 혈후 경자상(庚字上)으로 흐르면 이는 쇠향태류이다. 이는 양공(楊公)의 구빈수법이다. 따라서 용과 혈이 확실하면 큰 부자와 귀인이 나며 수복이 함께한다. 한편 이 향법은 평양발복(平洋發福)에 산지패절(山地敗絶)이라 한다. 산지입향이 불가능하니 실질적으로 이런 경우는 흔치 않다.

• 乾坐巽향 亥坐巳향 : 巽巳향에 庚酉파는 향상으로는 왕파이다. 용혈이 부실하고 왕파가 되면 비록 초년에는 성한 것 같아도 곧 가난해 결국 패가망신하게 된다. 庚파에 대한 巽巳향은 불입병향에 속하는 흉향 흉파이다.

■ 참고 문헌

· 기본완성 풍수지리(風水地理)

· 나경투해(羅經透解)

· 도선국사유산록(道詵國師遊山錄)

· 도선국사풍수문답(道詵國師風水問答)

· 만산도(萬山圖)

· 명당 백문 백답

· 명당요결(明堂要訣)

· 명당전서(明堂全書)

· 신한국풍수(新韓國風水)

· 유산록(遊山錄)

· 음택요결(陰宅要訣)

· 인자수지(人子須知)

· 장경(葬經)

· 좋은 땅이란 어디를 말함인가

· 전통풍수지리(傳統風水地理)

· 지리학전서(地理學全書)

· 지리대전(地理大全)

· 지리십결(地理十訣)

· 지리오결(地理五訣)

· 지리이기탐원(地理理氣探原)

· 청오경(靑烏經)

· 88향진결(八十八向眞訣)

· 풍수지리대명당보감(風水地理大明堂寶鑑)

· 풍수지리 이기법(風水地理 理氣法)

· 풍수지리학원전(風水地理學原典)

· 한국지리총람(韓國地理總覽)

실전풍수입문

글쓴이 | 박봉주
펴낸이 | 유재영
펴낸곳 | 동학사

1판 1쇄 | 1998년 10월 20일
1판 8쇄 | 2012년 7월 20일
출판등록 | 1987년 11월 27일 제10-149

주소 | 121-884 서울 마포구 토정로 53 (합정동)
전화 | 324-6130, 324-6131 · 팩스 / 324-6135
E-메일 | dhsbook@hanmail.net
홈페이지 | www.donghaksa.co.kr
www.green-home.co.kr